Arnold Jacobshagen (Hg.)

Gustav Mahler und die musikalische Moderne

Arnold Jacobshagen (Hg.)

Gustav Mahler
und die musikalische Moderne

Franz Steiner Verlag

Bibliografische Information der Deutschen Nationalbibliothek:
Die Deutsche Nationalbibliothek verzeichnet diese Publikation in der Deutschen
Nationalbibliografie; detaillierte bibliografische Daten sind im Internet über
<http://dnb.d-nb.de> abrufbar.

© Franz Steiner Verlag, Stuttgart 2011
Druck: AZ Druck und Datentechnik, Kempten
Gedruckt auf säurefreiem, alterungsbeständigem Papier.
Printed in Germany.
ISBN 978-3-515-09902-8

INHALT

VORWORT

„Ich bin dreifach heimatlos: als Böhme unter den Österreichern, als Österreicher unter den Deutschen und als Jude in der ganzen Welt."[1] Der resignierende Ausspruch Gustav Mahlers, den Alma Mahler-Werfel in ihren Erinnerungen überliefert hat, ist symptomatisch für das Selbstverständnis eines Musikers, in dessen Biographie wie auch in dessen Musik sich das Thema „Heimat" respektive „Heimatlosigkeit" in vielfältigen Brechungen spiegelt. Nur wenige Monate nach seiner Geburt am 7. Juli 1860 im böhmischen Kalischt (Kaliště) zog die Familie in die mährische Kleinstadt Iglau (Jihlava), das Zentrum einer deutschen Sprachenklave. Fünfzehnjährig verließ Mahler seine „Heimat" und ging zum Musikstudium nach Wien, bereits mit zwanzig Jahren begann seine steile Kapellmeisterlaufbahn, die ihn rastlos von einem Wohnort an den anderen versetzte. Bad Hall, Laibach, Olmütz, Kassel, Leipzig, Budapest und Hamburg hießen die Stationen, ehe Mahler bereits 1897 das Ziel seiner künstlerischen Ambitionen erreichte: Er wurde Erster Kapellmeister und kurz darauf auch Künstlerischer Direktor der Wiener Hofoper. Der zum Katholizismus konvertierte Mahler sah sich auch weiterhin zunehmenden antisemitischen Anfeindungen ausgesetzt, die wesentlich dazu beitrugen, zehn Jahre später seinen letzten Karriereschritt von Wien nach New York zu gehen.

Mahler, der nur in den Sommerferien komponierende Kapellmeister, genoss als charismatischer, kompromissloser Stardirigent weltweit höchste Anerkennung. Seine „äußere Biographie in den von ihm gespielten gesellschaftlichen Rollen ist eine Erfolgsgeschichte jüdischer Assimilation, das Exemplum eines atemberaubenden sozialen Aufstiegs im Zeichen von Wissenschaft, Bildung und Kunst", so Hermann Danuser.[2] Gleichzeitig aber fanden seine Kompositionen zu Lebzeiten keineswegs die Anerkennung, die ihnen gebührte, und auch im Kontext der musikalischen „Moderne(n)" zu Beginn des 20. Jahrhunderts war Mahler Protagonist und Außenseiter zugleich. Sein symphonisches Werk wurde in seiner stilistischen Ambivalenz, seiner Monumentalität wie seiner Zerrissenheit oft auch im Umkreis avantgardistischer Zeitströmungen als eigentümlich querständig empfunden.

„Ferne Heimatklänge – Gustav Mahler und die Moderne": Unter dieser Überschrift fand am 6. und 7. Mai 2010 in der Kölner Philharmonie sowie in der Hochschule für Musik und Tanz Köln im Rahmen der MusikTriennale Köln 2010 aus Anlass des hundertfünfzigsten Geburtstags Gustav Mahlers ein internationales musikwissenschaftliche Symposium statt, dessen erweiterte Beiträge der vorliegende Band unter leicht verändertem Titel präsentiert. Er reflektiert zugleich das

---

1 Alma Mahler-Werfel, *Erinnerungen an Gustav Mahler* / Gustav Mahler, *Briefe an Alma Mahler*, hrsg. von Donald Mitchell, Frankfurt am Main / Berlin / Wien 1978, S. 137.

2 Hermann Danuser, *Mahler*, in: *Die Musik in Geschichte und Gegenwart*, Personenteil, Bd. 11, Kassel 2004, Sp. 821.

Generalthema der MusikTriennale, die unter dem Motto „Heimat – Heimatlos"
stand. Daher setzen sich die Beiträge des vorliegenden Bandes vor allem mit Fragen der Identität Mahlers und seines Werkes in der Moderne und in der Rezeption
seiner Zeitgenossen auseinander. Zunächst wird die Position Mahlers innerhalb
der „Wiener Moderne" verortet und in der Rezeption der „Wiener Schule" diskutiert (Stefanie Rauch). Hieran schließen sich Interpretationen von Mahlers Symphonien an, die die Werke aus unterschiedlichen analytischen Perspektiven beleuchten. Mahlers „Poetik des musikalischen Spaziergangs" präsentiert den „Er-
zähler-Komponisten" als einen großstädtischen und zugleich zivilisationskriti-
schen Flaneur (Hartmut Hein). Die Abkehr von traditionellen Gattungsnormen,
die Aufhebung der Grenzen zwischen Lied und Symphonie und die Tendenz zu
weltanschaulicher Deutung kennzeichnen die Modernität von Mahlers Vokal-
symphonik (Elisabeth Schmierer). Die Untersuchung narrativer Strukturen bzw.
Dissonanzen in der Vierten und Siebten Symphonie (Wolfram Steinbeck, Julian
Caskel) wird ergänzt um die Charakterisierung Mahlers als soziokultureller No-
made (Jeremy Barham), dessen Heimatlosigkeit sich nicht zuletzt in Ironie arti-
kuliere (Julian Johnson) und in Vorhaltsbildungen besonders typische Formulierungen finde (Norbert Jers). Die Gattung des Liedes wird nicht nur anhand *Des
Knaben Wunderhorn* erörtert (Dietrich Kämper), sondern auch im Hinblick auf
die Kompositionen von Alma Schindler-Mahler (Marion Gerards). Die Rezeption Mahlers im Umfeld der Moderne wird exemplarisch an drei Komponisten mit
zunehmender räumlicher und zeitlicher Distanz behandelt. War Mahler für Arnold
Schönberg ein „sachlicher Heiliger" (Andreas Jacob), so steht die frühe Mahler-
Bewunderung Karol Szymanowskis in einem eigentümlichen Spannungsverhältnis zu dessen antisemitischen Äußerungen (Regina Naczinski). Die viel diskutierten Parallelen zwischen der Symphonik Schostakowitschs und derjenigen Mahlers
werden um grundsätzlich neue analytische Befunde bereichert (Johannes Schild).
Zuletzt wird auch der Frage nachgegangen, warum Mahler nicht nur als Exponent
der Moderne, sondern bisweilen auch in Distanz zu dieser erscheinen konnte. Hinweise hierzu geben u. a. sein Verhältnis zur Literatur (Annette Kreutziger-Herr)
und sein Repertoire als Dirigent (Arnold Jacobshagen).

Der Dank des Herausgebers gilt dem Intendanten der Philharmonie Köln,
Louwrens Langevoort, für seine Gastfreundschaft und die Öffnung seines Hauses
für die Musikwissenschaft. Danken möchte ich auch der Koordinatorin der MusikTriennale Dr. Nicolette Schäfer, dem Rektor der Hochschule für Musik und Tanz
Köln Prof. Reiner Schuhenn sowie Peter Büssers. Vor allem danke ich den Auto-
rinnen und Autoren für ihre Beiträge und für die intensive, kollegiale und freund-
schaftliche Zusammenarbeit, die inmitten des Mahler-Doppeljubiläums eine reine
Freude war. Und nicht zuletzt gebührt ein besonderer Dank dem Verlagsleiter Dr.
Thomas Schaber für seine spontane Bereitschaft zur Veröffentlichung des Bandes
und die in jeder Hinsicht zuvorkommende, schnelle und reibungslose Kooperation:
Nur so war es möglich, dass ein Symposium zum Mahler-Jahr 2010 mit einem
Buch zum Mahler-Jahr 2011 vollendet werden konnte.

Köln, im März 2011   *Arnold Jacobshagen*

„WIEN, WIEN NUR DU ALLEIN,
DU SOLLST VON ALLEN VERACHTET SEIN!"

Rezeptionsästhetik, Mahler und die Wiener Schule

Stefanie Rauch

Die Stadt Wien im ersten Jahrzehnt des 20. Jahrhunderts steht in ihrer Vielschichtigkeit häufig als Konstrukt für eine Zeitspanne, die gerne als ‚Moderne' bezeichnet wird. Gegensätze, die sich ebenso konstruktiv wie destruktiv auswirkten, mögen als eines der Kennzeichen gelten, die nicht nur Künstler und Kunstformen hervorbrachten, sondern diese auch – im besten Sinne – hinterfragten, im schlechtesten Sinne bekämpften. Zwei Protagonisten der sich verändernden Musikkultur insbesondere – nämlich Gustav Mahler und Arnold Schönberg – empfanden aufgrund dieser Dialektik eine Hassliebe gegenüber der Stadt, die sie als Symbol für ein Konglomerat an Diffamierung, Intrigenspiel und Verrat an der Kultur aber auch gleichzeitig an Erfolg, geistigem Austausch und als Schmelztiegel der Künste sahen. In Wien den Ort einer geistigen sowie realen Heimat zu suchen, wandelt sich für beide nicht durch ein singuläres Schlüsselereignis, sondern durch das stetige Aufsummieren kleiner Umstände, die letztendlich zu einer Dekonstruktion eben dieser Heimat Wien führten. So unterschiedlich die individuellen Hintergründe waren, so deutlich brachte Schönberg seine Enttäuschung 1939 zum Ausdruck, indem er den Text des 1912 von Rudolf Sieczyński komponierten Wienerlieds *Wien, Wien, nur Du allein, sollst stets die Stadt meiner Träume sein* umdichtete und zehn Jahre später die ihm angetragene Ehrenbürgerwürde ablehnte.

Abb. 1: Schönbergs Textversion des Wienerlieds *Wien, Wien, nur Du allein* (ASC T24.13 2)[1]

---

1 Verwendet mit freundlicher Genehmigung *Belmont Music Publishers*; an dieser Stelle sei Herrn Eike Feß vom Arnold Schönberg Center herzlich für seine wiederholte Hilfe gedankt.

Die personalisierte Stadt fungiert parallel als Spiegel und als Projektionsfläche re-
zeptionsbedingter Phänomene, und zwar für Künstler und Musikschaffende ebenso
wie für das Publikum, genauer: den Konzertbesucher und den Kritiker. Sowohl
Mahler als auch die Mitglieder der sogenannten „Zweiten Wiener Schule" waren in
der Öffentlichkeit der bürgerlichen Musikkultur wiederholt Anfeindungen ausgesetzt, die zu einer persönlichen Form der Rezeption führten, die gleichsam als
‚innere' bezeichnet werden kann, da sie innerhalb bestimmter Kreise stattfand. Sie
kann sich wiederum nicht nur in ästhetischen Äußerungen über bestimmte Kompositionen oder Kunstansichten niederschlagen, sondern eben auch in Handlungen, als
‚äußere' Form der Rezeption.

In doppelter Funktion – nämlich als Hofoperndirektor und als komponieren-
der Künstler – stand Mahler seit April 1897 im Zentrum der musikalischen Öffentlichkeit Wiens. Reaktionen auf seine Person, sein Wirken und sein Schaffen
lassen sich gefiltert und durchaus auch polarisierend verschoben anhand von Zei-
tungskritiken nachvollziehen, die einerseits Einblicke in die Ereignisse – wie Pub-
likumsreaktionen – während einer Aufführung geben und andererseits politisie-
rend die Haltung bestimmter Wiener Kreise und deren Verhältnis zu Mahler zeigen. So heißt es beispielsweise in der Besprechung seiner ersten Aufführung als
Hofoperndirektor in der *Wiener Abendpost* vom 12. Mai 1897:

> „Gustav Mahler, der neuernannte und bereits hart umstrittene Capellmeister des k. k.
> Hofoperntheaters, begann gestern mit der Leitung des von ihm gründlich vorbereite-
> ten ,Lohengrin' seine Dirigenten-Thätigkeit. Der Anfang war vielverheißend. [...]
> Klar und bestimmt wie seine künstlerischen Absichten ist sein Bewegungsausdruck.
> [...] Weil Mahler Geist besitzt und seinen Willen leicht und lebendig auf die Darstel-
> ler zu übertragne weiß, gab er uns eine der schönsten ,Lohengrin'-Aufführungen. [...]
> Das Publicum schien sofort für den neuen Mann gewonnen."[2]

Positiven Kritiken[3] als Operndirigent stehen vor allem ab September 1898, d. h. ab
dem ersten philharmonischen Konzert unter Mahlers Leitung, negative als Dirigent
von sinfonischen Konzerten gegenüber.[4] Wie Kristin Marta Knittel feststellte,[5] verfassten insbesondere bestimmte Protagonisten wie Theodor Helm, Robert Hirsch-

---

2 *Wiener Abendpost* Nr. 108 vom 12. Mai 1897, S. 2; der durchweg positiv geschriebene Artikel ist interessanterweise von R[obert] H[irschfeld], dem späteren Feind Mahlers.

3 Eine ähnlich positive Resonanz findet sich in der *Neuen Freien Presse*: „Herr Mahler wurde
  nach dem Vorspiele, das er in etwas langsamem Zeitmaße nahm, vom Publicum acclamirt. Er
  mußte sich wiederholt dankend verneigen." *Neue Freie Presse* Nr. 11752 vom 12. Mai 1897,
  S. 8.

4 Zur Mahler-Rezeption einzelner Wiener Kritiker geben wertvolle Anregungen beispielsweise
  Sandra McColl, *Richard Wallaschek. Vienna's Most Uncomfortable Music Critic*, in: *International Review of the Aesthetics and Sociology of Music* 29 / 1, 1998, S. 41–73; Federico Ce-
  lestini, *Der Trivialitätsvorwurf an Gustav Mahler. Eine diskursanalytische Betrachtung
  (1889–1911)*, in: *Archiv für Musikwissenschaft* 62 / 3, 2005, S. 165–176; Karen Painter, *The
  Sensuality of Timbre. Responses to Mahler and Modernity at the „Fin de siècle"*, in: *19th-
  Century-Music* 18 / 3, 1995, S. 236–256 und Kristin Marta Knittel, *„ Polemik im Concertsaal". Mahler, Beethoven, and the Viennese critics*, in: *19th-Century Music* 29/3 (2006),
  S. 289–321.

5 Knittel, *„ Polemik im Concertsaal"*, S. 289–321.

feld, Richard Wallaschek oder Hans Geisler antisemitisch gefärbte Anfeindungen, die u. a. auf einen in Richard Wagners Schrift *Das Judentum in der Musik* begegnenden Jargon zurückgriffen.[6] Nicht erst seit Mahlers Veränderungen an Beethovens Neunter Symphonie für die Aufführungen am 18. und 22. Februar 1900 fanden sich negative Besprechungen, aber spätestens seit dieser Zeit häufte sich die Kritik an Mahlers Kunsthaftigkeit:

> „Thus Mahler was seen as the corrupter of the Ninth. His new, impure Ninth – separate from the real thing – was unable to 'give voice to the community' as Wagner claimed art should, but was recognizable in distinct ways, revealing its „Jewishness'. In these reviews, Mahler is therefore not so much characterized as Jewish himself but rather as the corrupting agent who acts to make the Ninth „Jewish.' Yet underneath the true Ninth will endure, we are assured – Mahler cannot alter its essence. Likewise, the Wiener Philharmoniker remained unaffected: the orchestra, the critics say, retained its virtuosity in spite of Mahler. Separating Mahler from the orchestra allowed the critics to praise the performance without praising Mahler himself."[7]

In Zeitungen werden die beiden Facetten Mahlers – der Dirigent und der Kunstschaffende – miteinander vermischt und im Konzertsaal, nicht in der Oper, spiegeln sich nun zwei Reaktionsmuster des Publikums. Das eine – Einigkeit unter den Zuschauern aber eine davon abweichende Haltung der Kritiker – beschreibt Natalie Bauer-Lechner beispielhaft für eine Aufführung am 14. Januar 1900: „Die Aufnahme, welche die Lieder im Konzerte fanden, war ungemein warm. [...] Nur die Kritik war natürlich wieder nicht einverstanden."[8] Das andere Muster war die direkte offene Konfrontation von Befürwortern und Gegnern während der Veranstaltung. Von beiden Arten von Kritiken konnte sich Mahler meist recht effektiv abgrenzen, indem er sie entweder nur in begrenztem Maße las[9] oder sie ignorierte, wie folgende Kommentare zeigen mögen:

> „Die Leutchen bleiben sich immer gleich. Jetzt gefallen ihnen auf einmal meine ersten fünf Sinfonien. Die VI. muß mal warten, bis meine VII. erschienen ist."[10] (1904)
> „Notiz im *Tagblatt* sehr unangenehm. Durch solche Sachen verdirbt man mehr, als man nützen kann. Ich begreife diese Leute nicht!"[11] (1897)
> „Hat jemand einen so vorgezeichneten Weg wie ich, so kann ihn weder ungerechter Tadel noch einsichtsloses Lob aus dem Gleichgewicht bringen. Im übrigen glauben

---

6   Im Anhang ihres Aufsatzes listet Kristin Marta Knittel u. a. die Kritiken auf, die während Mahlers drei Saisons als Leiter der *Philharmonischen Konzerte* erschienen.

7   Knittel, *„Polemik im Concertsaal"*, S. 303.

8   *Gustav Mahler in den Erinnerungen von Natalie Bauer-Lechner*, hrsg. von Herbert Killian, Hamburg 1984, S. 152.

9   Juliane Wandel betont Mahlers bewussten Umgang gerade mit schriftlicher Kritik; vgl. Juliane Wandel, *Mahler und die zeitgenössische Kritik*, in: Bernd Sponheuer und Wolfram Steinbeck (Hrsg.), *Mahler Handbuch*, Stuttgart / Weimar 2010, S. 408f.

10 Brief Mahlers an Ludwig Karpath vom Oktober 1904; Gustav Mahler, *Briefe 1879–1911*, hrsg. von Maria Alma Mahler, Nachdruck der Ausgabe von 1924, Hildesheim / New York 1978, S. 254.

11 Brief Mahlers an Ludwig Karpath vom September 1897; ebd., S. 251.

Sie mir, daß ich all den Zorn, den ich errege, besser begreife und verzeihe, als die
Gegner meinen Gleichmut."[12] (1905)

In Momenten, wo er sich nicht abgrenzte oder bewusst ‚schützte', sondern sich tatsächlich in seinem künstlerischen Credo angegriffen fühlte, trat er den Stimmen
entgegen – wie etwa im Februar 1900, als er aufgrund der Angriffe gegen seine
‚Eingriffe' an Beethovens op. 125[13] vor der zweiten Vorstellung eine *Erklärung*
dem Programm beilegen ließ, in der er seine Vorgehensweise ästhetisch begründete
und damit auch ein Detail seines Kunstverständnisses offenbarte.[14]

Die eigenen Werke werden von Mahler ebenso wie von Schönberg gleichsam
als Teile ihres Selbst verstanden, wodurch das Rezeptionsverhalten des (Wiener)
Publikums psychologische Kraft erhalten kann, wenn sie sich von der äußeren
Kritik berühren lassen. Friedrich von Hausegger beschreibt in seinen musikästhetischen und -psychologischen Schriften in den 1890ern in diesem Sinne und den
Zeitgeist reflektierend, wie etwas durch die Persönlichkeit des Künstlers zum
Kunstwerk wird – greift man folglich die Werke an, so greift man automatisch
den Künstler an und umgekehrt.[15] Vor dieser Folie zeigt sich Mahlers Selbstbild
als Komponist und als Dirigent; denn er versucht mit seinen auf Musik bezogenen
Handlungen – also beim Komponieren sowie beim Dirigieren im Konzertsaal und
an der Hofoper –, seine Kunstmaxime zu verwirklichen.

Der Unterschied zwischen Mahler und Schönberg in den 1900er Jahren bestand in erster Linie darin, dass Mahler in Wien die institutionell wichtigste Position der Stadt innehatte und neben Anfeindungen gerade bei Aufführungen seiner
Werke in Deutschland große Erfolge erlebte, während Schönberg – trotz Mahlers
Unterstützung – nur begrenzt die Anerkennung bekam, die er psychologisch
‚gebraucht' hätte. Über das Verhältnis von Mahler und Schönberg ist bereits viel
geschrieben worden – kurze Zusammenfassungen bieten etwa Renate Ulm oder
auch Dieter Rexroth[16] –, so dass an dieser Stelle nur noch einmal drei Punkte hervorgehoben sein sollen, um die Nähe der beiden gerade in dieser Zeit zu verdeutlichen:[17] Erstens gab es einen regen persönlichen Kontakt mit musikalischen und

---

12 Brief Mahlers an Ludwig Karpath vom 7. März 1905; in: Mahler, *Briefe 1879–1911*, S. 256.
13 Eine genaue Untersuchung der Mahler'schen Aufführungsversion von Beethovens Neunter
     Symphonie findet sich bei Denis McCaldin, *Mahler and Beethoven's Ninth Symphony*, in:
     Proceedings of the Royal Musical Association 107, 1980–1981, S. 101–110.
14 Ein Abdruck sowie eine englische Übersetzung der *Erklärung* finden sich bei Knittel, *„Pole-
     mik im Concertsaal"*, S. 296f.
15 Als einschlägige Schriften mögen gelten: Friedrich von Hausegger, *Die Musik als Ausdruck*,
     Wien 1885; ders., *Das Jenseits des Künstlers*, Wien 1893; ders., *Die künstlerische Persön-
     lichkeit*, Wien 1897; ders., *Gedanken eines Schauenden. Gesammelte Aufsätze*, Siegmund von
     Hausegger (Hrsg.), München 1903.
16 Renate Ulm, *Der ‚Heilige' und der ‚rabiateste aller sezessionistischen Tonsetzer' Mahler und
     Schönberg*, in: Renate Ulm (Hrsg.), *Gustav Mahlers Symphonien. Entstehung, Deutung, Wir-
     kung*, München u. a. 2001, S. 289–298; Dieter Rexroth, *Mahler und Schönberg*, in: Otto Kol-
     leritsch (Hrsg.), *Gustav Mahler. Sinfonie und Wirklichkeit*, Graz 1977, S. 68–80.
17 Das heißt, in der Zeit nach Schönbergs Wandlung vom ‚Gegner' zum Freund; vgl. auch Bernd
     Sponheuer, *Grundzüge der Mahler-Rezeption seit den 1920er Jahren*, in: Bernd Sponheuer
     und Wolfram Steinbeck (Hrsg.), *Mahler Handbuch*, Stuttgart / Weimar 2010, S. 420.

musikästhetischen Diskursen. Zweitens setzte sich Mahler aktiv für die Realisierung Schönberg'scher Aufführungen ein, förderte und half ihm. Und drittens war Mahler bei Konzerten, bei denen Werke Schönbergs auf dem Programm standen, anwesend und ergriff offenbar z. T. lautstark Partei für den jüngeren Komponisten, der versuchte sich zu etablieren und dabei kontrovers und polemisierend aufgenommen wurde. Kommentare wie, „als ob man über die noch nasse Tristan-Partitur darüber gewischt hätte!",[18] nach der Uraufführung von *Verklärte Nacht* op. 4 am 18. März 1902 oder der Vorschlag nach derjenigen von *Pelleas und Melisande* op. 5 am 25. Januar 1905, „mich in eine Irrenanstalt zu stecken und Notenpapier außerhalb meiner Reichweite aufzubewahren",[19] konnten Schönberg eher treffen als ähnliche Angriffe Mahler, da jener mangelnder Anerkennung und negativer Kritik in weit höherem Maße ausgesetzt war. „Das gegenseitige Aufschaukeln von Anhängern und Gegnern blieb [...] für [...] Werke Schönbergs das übliche Rezeptionsmuster",[20] bemerkt Martin Eybl, es waren jedoch erst die Skandalkonzerte von 1907 und 1908, die Schönbergs konsequent stark reservierte bis oppositionelle Haltung gegenüber dem Wiener Publikum und den Wiener Kritikern endgültig festigen sollten.[21] Im Gegensatz zu Mahler gab Schönberg seinem Unmut nicht nur mündlich oder in Briefen, sondern auch in essayistischer Form Ausdruck:

„Der Einfluß der Kritik auf das Publikum ist vollständig verschwunden. Kein Mensch gibt mehr etwas auf ihr Urteil. Denn entweder interessiert man sich für die Angelegenheit nicht, oder man ist selbst Laie und versteht daher ebensoviel wie der von der Redaktion. Man ist entweder dabeigewesen und weiß, wie's war, oder man war nicht dabei und weiß es also nicht. Auf die Berichterstattung kann man sich gar nicht verlassen. Die sieht, was sie sehen will, und nicht, was wirklich war; macht aus Beifall Durchfall, aus Zischen Erfolg; misst der Zuhörerschaft jene Stellungnahme zu, die sie selber hat; denn der Kritiker hat meistens nicht den Mut, mit seiner Meinung allein zu stehn. Fühlt er sich durch einen, wenn auch geringen Teil des Publikums gedeckt, so erzählt er, das ganze Publikum sei entrüstet oder begeistert gewesen. Ist es ganz unmöglich, das Verhalten der Zuhörer falsch zu deuten, so sucht er eine Stütze bei seinen Kollegen von der öffentlichen Meinung. So wird das Publikum bald mit dem Künstler mitbeschimpft, bald mit dem Kritiker mitgelobt. Aber wahr ist es fast nie; ohne Einstellungen und Verdächtigungen (Freundschaft, Clique) geht's selbst dann selten ab, wenn die Wahrheit denselben Zweck erreichte wie die Lüge."[22]

---

18 Alexander Zemlinsky, *Jugend-Erinnerungen*, in: *Arnold Schönberg zum 60. Geburtstag. 13. September 1934*, Wien 1934, S. 34.

19 Arnold Schönberg, Analyse von *Pelleas und Melisande*, in: Ivan Vojtěch (Hrsg.), *Stil und Gedanke. Aufsätze zur Musik* (Gesammelte Schriften 1), Frankfurt a. M. 1976, S. 439.

20 Martin Eybl (Hrsg.), *Die Befreiung des Augenblicks. Schönbergs Skandalkonzerte 1907 und 1908. Eine Dokumentation* (Wiener Veröffentlichungen zur Musikgeschichte 4), Wien / Köln / Weimar 2004, S. 13.

21 Nähere Ausführungen sowie sämtliches Material, das mit den vier ‚Haupt'-Skandalkonzerten zusammenhängt, sind nachzulesen in Eybl, *Die Befreiung des Augenblicks*.

22 Arnold Schönberg, *Über Musikkritik*, in: Ivan Vojtěch (Hrsg.), *Stil und Gedanke. Aufsätze zur Musik* (Gesammelte Schriften 1), Frankfurt a. M. 1976, S. 163.

Mit dieser Erkenntnis verband sich auch die Kraft, weiterhin in Wien zu wirken, dort andere Wege zu gehen und innerlich nicht in eine Emigration zu flüchten, sondern weiterhin schaffend tätig zu sein und Kunst in Interaktion mit anderen – Musikern, Künstlern, Zuhörern – zu (er-)leben. Mahler hingegen zog letztendlich räumliche Konsequenzen aus einer Häufung verschiedener unangenehmer Umstände. Die Zensur, der er an der Hofoper unterstand, sperrte sich immer wieder gegen seine Vorschläge und besonders gegen die Aufführung der *Salome* im Jahr 1905. Antisemitisch gefärbte Anfeindungen wurden immer offener artikuliert und Mahlers Bedürfnis nach Zeit zum Komponieren und für Konzertauftritte musste er gegen starke Widerstände durchsetzen. Ferner – und das dürfte einer der wichtigsten Faktoren gewesen sein – erreichte das Intrigenspiel in Hofopernkreisen im Jahr 1907 eine neue Stufe und wurde mit einem „Pressefeldzug"[23] kombiniert, während Mahler auf Konzertreise war. Letztendlich erhoffte sich Mahler, in New York eine alternative Wirkungsstätte zu finden, und wurde im Dezember 1907 von rund 200 Freunden am Wiener Westbahnhof verabschiedet.

Zurück blieben u. a. Schönberg und sein Kreis, die daraufhin und vor allem nach dem überraschenden Tod Mahlers eine neue Art der Rezeption entwickelten. Da ein direkter Austausch nicht mehr möglich war, kam es zu gleichsam ‚inneren' Auseinandersetzungen, die sich etwa in Schriften wie denen von Schönberg niederschlugen, und zu ‚äußeren' Handlungen. So nahmen sie aktiven Einfluss darauf, dass sich die Mahler'schen Werke im Konzertrepertoire etablieren konnten, indem sie Konzerte organisierten und Vorträge hielten. Gerade in der Zeit nach dem Ersten Weltkrieg griffen sie ferner eine Idee wieder auf, die bereits ab 1904 unter Beteiligung Mahlers in der *Vereinigung schaffender Tonkünstler* umgesetzt werden sollte: ein Podium für die Pflege der sogenannten Neuen Musik – und damit auch für Mahlers Werke – in Wien zu schaffen.

Die Erfahrungen mit dem Wiener Publikum und den Kritikern führten dazu, dass sich gerade Schönberg „von der bürgerlichen Kulturpflege [distanzierte], [...] aber die Pflege dieses Kulturgutes als seine höchste Aufgabe [sah]. Institutioneller Ausdruck dieser Haltung war der *Verein für musikalische Privataufführungen*, durch den Schönberg die bürgerliche Kultur vor sich selbst zu retten meinte."[24] In einem ‚Schutzraum' sollte fern von Urteilen gerade dieses Publikums speziell ausgewählte Musik erklingen, also wertungsfrei musikalische Kunst ermöglicht werden. Anstatt wie Mahler die Stadt zu verlassen, wählte der Schönberg-Kreis für ein bestimmtes Zeitfenster einen individuellen Weg, sich vor unreflektierter Rezeption zu schützen und der eigenen Ästhetik sowie dem eigenen Kunstanspruch gerecht zu werden. Es entstand damit zudem eine andere Form der Mahler-Rezeption, mit der auf die ähnlichen Phänomene reagiert wurde, die Theodor W. Adorno im Jahr 1930 sogar als „Kampf gegen Schönberg und gegen Mahler" bezeichnete:

---

23 Wolfgang Schreiber, *Mahler*, Reinbek [19]1997, S. 111.
24 Christopher Hailey, *Aus der Enge getrieben. Anton Webern zwischen „Stelle" und Stellungnahme*, in: *Anton Webern. Persönlichkeit zwischen Kunst und Politik* (Wiener Schriften zur Stilkunde und Aufführungspraxis Sonderband 2), hrsg. von Hartmut Krones, Wien / Köln / Weimar 1999, S. 105–120, hier S. 107f.

„[…] der jüdische Intellektuelle, der mit wurzellosem Geist die ach so gute Natur
verdirbt; der Destruktor ehrwürdig traditionaler Musikgüter, die sei es banalisiert, sei
es schlechthin zersetzt werden; der abstrakte Fanatiker, der mit jenem von Riemann
entdeckten Willen, ‚Unerhörtes zu leisten‘, die schöne grüne Weide rings herum ver-
brennt, auf der es den anderen so wohl zumute ist; all dies wird gegen Mahler wie
Schönberg vorgebracht"[25].

An dieser Stelle lohnt es sich, einmal innezuhalten und einen genaueren Blick auf
das Wiener Publikum – und zwar explizit nicht auf die Wiener Kritiker – zu werfen,
mit dem es Mahler und Schönberg zu tun hatten und das als eine ‚Partei‘, als ein
‚Gegner‘ in diesem „Kampf" infrage käme. Gerade während des ersten Jahrzehnts
des 20. Jahrhunderts wird es in bürgerlichen und adeligen Kreisen verortet und war
viel eher vertraut mit Werken des Musiktheaters – von der Operette bis zu Wagner
– oder mit Kammermusik als mit symphonischer Musik.[26] Die Mehrheit der Zei-
tungskritiken richtete sich denn auch primär an diese Leserschaft.

Die Stadt Wien verfügte jedoch bekanntermaßen über ein äußerst vielseitiges
Musikleben und gerade ab den 1890er Jahren hatten weitere Kreise der Gesellschaft
faktischen, da bezahlbaren, und sich peu à peu institutionalisierenden Zugang zur
‚klassischen‘ bürgerlichen Musikkultur. So richtete sich beispielsweise die *Arbeiter-
Zeitung* – aber auch diverse andere Zeitungen – an diese Adressaten u. a. mit dem
pädagogischen Zweck, deren musikalisches Bildungsniveau zu verbessern. Teile
der Bevölkerung, die mit Musik vor allem auf der Straße, in der Kirche und in Arten der Hausmusik in Berührung kamen, organisierten sich, um in Chören und Or-
chestern verschiedener Besetzungen gemeinsam zu musizieren. Die Laienmusikkul-
tur im Allgemeinen, die zunächst eben auch bürgerlich geprägt war, öffnete sich in
Richtung Arbeiterschaft, ohne sich allerdings mit dieser zu ‚vermischen‘ – man
blieb größtenteils weiterhin ‚unter sich‘ und gründete eigene Zirkel.[27]

Als wesentlicher Protagonist trug David Josef Bach bis zu seiner Emigration
maßgeblich zu einer Erweiterung der kulturellen Möglichkeiten für diese Kreise
bei: Seit Beginn seiner Tätigkeit bei der *Arbeiter-Zeitung* und verstärkt, seit er
dort im Jahr 1904 die Nachfolge Josef Scheus als Kulturverantwortlicher angetre-
ten hatte, engagierte er sich für die sozialistische Kulturpolitik, rückblickend fasste er sein Credo wie folgt zusammen:

„Eine Beethoven-Sinfonie ist ewig, ist revolutionär [...]. Danach haben wir unsere
Kunstpolitik gerichtet, nicht nach dem, was sich für modern oder revolutionär schon
deshalb hält, weil es dieses Wort ausspricht oder sich so gebärdet. Der Sozialismus,
der sich als Träger der Zukunft fühlt, seiner Sendung sich bewusst ist, wird allemal

25   Theodor W. Adorno, *Mahler heute*, in: *Musikblätter des Anbruch* XII / 3, 1930, S. 86.
26   Sehr detaillierte Informationen zur Fragen nach der ‚Gattung‘ der Symphonie und ihrer Zu-
     gänglichkeit für breitere Kreise der Wiener Bevölkerung gibt Margaret Notley, *„Volksconcer-
     te" in Vienna and late Nineteenth-Century Ideology of the Symphony*, in: *Journal of the Ame-
     rican Musicological Society* 50 / 2 / 3, 1997, S. 421–453.
27   Als ein Beispiel für diese Entwicklungen beschreibt Franz Fellner die Situation der Mandoli-
     nen- und Zitherkultur in Wien: Franz Fellner, *„Verfall" und Wiederentdeckung der Mandoli-
     ne in Wien. Zur Kultur- und Sozialgeschichte eines Instruments im 19. Jahrhundert*, in: *Wie-
     ner Geschichtsblätter* 51 / 2, 1996, S. 73–94.

die Kunst wählen, die in die Zukunft weist, auch wenn sie in vergangener Zeit entstanden ist; er wählt die Zukunft und nicht die Gegenwart."[28]

Bachs erklärtes Interesse lag vor allem im Bereich der musikalischen Kulturförderung und -verbreitung, wofür er sich nicht nur als Journalist aktiv einsetzte, gab er doch neben seiner publizistischen Tätigkeit für die *Arbeiter-Zeitung* zusätzlich zwischen 1918 und 1922 – gemeinsam mit Julius Bittner – die Zeitschrift *Der Merker* sowie ab Februar 1926 einmal im Monat *Kunst und Volk* heraus. Darüber hinaus war er maßgeblich daran beteiligt, neue Rezeptionsorte zu etablieren, indem er zunächst gemeinsam mit Victor Adler ab 1905 die Konzertreihe der *Arbeiter-Sinfoniekonzerte* installierte und durchführte: „It was the final, public rehearsal for the première of Mahler's Third Symphony in 1904 that David Josef Bach and Victor Adler decided to implement their cherished plans, so often discussed, to make music and theatre, both classical and modern, readily available and affordable for the ordinary worker."[29]

Zwischen 1905 und 1934 – dem erzwungenen Ende der Initiative – fanden 228 Konzerte für die „Arbeiterschaft Wiens"[30] statt, u. a. um diese musikalisch zu bilden.[31] Gerade in der Zeit der Republik gab es bessere Möglichkeiten als zuvor, da der politische Wandel in der „Wiener Kulturpolitik in den zwanziger und frühen dreißiger Jahren [...] von den progressiven Kräften der Sozialdemokratie gelenkt wurde."[32] Ähnlich wie der *Verein für musikalische Privataufführungen* ein bestimmtes Publikum ansprach oder vielmehr entstehen ließ und ‚einweihte‘, so etablierte sich – bei aller Kritik etwa durch Karl Kraus – bis in die 1920er Jahre unter Bachs Leitung ein anderes, neues Publikum, das tatsächlich teilweise „zu einer Welt [gehörte], die sich bewusst abseits von Wiens etabliertem Musikbetrieb hielt"[33] und für das der Kanon des bürgerlichen Konzertlebens ein Novum war; denn „für Bach war es selbstverständlich, dass auch neue Musik – deren Mittelpunkt das Werk Mahlers und Schönbergs war, integraler Bestandteil des zu vermittelnden [...] Kulturerbes war."[34] Diese neue Hörerschaft mag wenig darin geübt gewesen sein, Musik rational und in der Tiefe etwa der Mahler'schen Assoziationen zu erfassen, so dass der Zugang durch andere Kanäle – vielleicht eher emotional – erfolgte; denn „Bach's mission was to make art more genuinely accessible to as wide a population as possible".[35] Die Programmgestaltung, die wie die Or-

---

28 David Josef Bach, *Eine Erinnerung. Auch unsere Kunststelle ist ein Kind der Revolution*, in: *Kunst und Volk* 4 / III, 1929, S. 97.

29 Jared Armstrong und Edward Timms, *The Legacy of David Josef Bach*, in: Judith Beniston und Robert Vilain (Hrsg.), *Culture and Politics in Red Vienna* (Austrian studies 14), Leeds 2006, S. 72.

30 Ankündigungsplakat z. B. *1. Arbeiter-Sinfonie-Konzert*, zitiert nach ebd.

31 Armstrong und Timms, *The Legacy of David Josef Bach*, S. 73.

32 Hailey, *Aus der Enge getrieben*, S. 111.

33 Ebd., S. 112.

34 Ebd., S. 114.

35 Johnson, *Anton Webern, the Social Democratic Kunststelle and Musical Modernism*, S. 210; vgl. hierzu auch Henriette Kotlan-Werner, *Kunst und Volk. David Josef Bach 1874–1947* (Materialien zur Arbeiterbewegung 6), Wien 1977, S. 49: „Man darf annehmen, dass die Ar-

ganisation seit 1919 institutionell im Verein *Sozialdemokratische Kunststelle Wien* verankert war,[36] orientierte sich an der gesamten Bandbreite der tradierten, sogenannten ‚klassischen' Musik ebenso wie an neuen Werken. Den Dirigenten der *Arbeiter-Sinfoniekonzerte* konnte bei Konzerten, mit denen neben der reinen Musikdarbietung ein zweites, pädagogisches Ziel verfolgt werden sollte, eine wichtige Funktion zukommen, wenn sie bei der Werkauswahl mitwirkten.

Neben dem Konzert als Ort für das bildende Hören oder Erleben von Musik setzte sich Bach ferner für das aktive Musizieren als weitere Möglichkeit zur musikalischen Volksbildung ein, indem er Kontakte mit verschiedenen Arbeiter-Sängervereinigungen hielt, regen Anteil an deren Aufführungen nahm, eng mit dem *Verein für volkstümliche Musikpflege* zusammenarbeitete sowie im Jahr 1923 den *Singverein* der *Kunststelle* gründete[37] und unter die Leitung Anton Weberns stellte.[38] Hier manifestiert sich also in bisher eher weniger beachteten Kreisen ein Kennzeichen der Wiener ‚Moderne': Kunst hervorbringen bzw. fördern. Während Mahlers Sinfonien zu seinen Lebzeiten in Wien im Prinzip nur je einmal aufgeführt wurden, dirigierte alleine Webern zwischen 1922 und 1933 acht der großen Mahler-Werke im Rahmen der insgesamt 19 von ihm geleiteten *Arbeiter-Sinfoniekonzerte* und erschloss damit neue Rezipienten.[39] Seine Motivation war offenbar zunächst eher egoistisch denn idealistisch: „Es nützt nichts: Ich muß dirigieren! Seit ich denke, will ich es. Ich kann nicht entsagen. Ich muß Schönberg

---

36   Näheres zu Funktion und Organisation der *Sozialdemokratischen Kunststelle* – oder der *Kunststelle der Sozialdemokratischen Arbeiterpartei* bzw. der *Kunststelle der sozialistischen Arbeiterzentrale* – findet sich bei Kotlan-Werner, *Kunst und Volk*, S. 66–73, bei Robert Pyrah, *The ‚Enemy Within'? The Social Democratic Kunststelle and the State Theatres in Red Vienna*, in: Judith Beniston und Robert Vilain (Hrsg.), *Culture and Politics in Red Vienna* (Austrian Studies 14), Leeds 2006, S. 143–164 sowie bei Julian Johnson, *Anton Webern, the Social Democratic Kunststelle and Musical Modernism*, in: Judith Beniston und Robert Vilain (Hrsg.), *Culture and Politics in Red Vienna* (Austrian Studies 14), Leeds 2006, S. 197–214 und vor allem bei Helmut Kretschmer, *Anton Webern und die Sozialdemokratische Kunststelle*, in: Hartmut Krones (Hrsg.), *Anton Webern. Persönlichkeit zwischen Kunst und Politik* (Wiener Schriften zur Stilkunde und Aufführungspraxis Sonderband 2), Wien / Köln / Weimar 1999, S. 87–93.

37   Vgl. hierzu folgenden widersprüchlichen Kommentar Henriette Kotlan-Werners in Kotlan-Werner, *Kunst und Volk*, S. 58: „David Bach strebte das gleiche Ziel an [die Arbeiter „zum Verständnis echter klassischer Musik zu erziehen"; Anmerkung der Autorin]. Aber nicht ausübend, sondern zuhörend sollten nach seiner Vorstellung zunächst die Arbeiter zum Verständnis gehobener Musik gebracht werden. In diesem Unterschied allein liegen zahlreiche Möglichkeiten für Auseinandersetzungen und Spannungen. Die gegenseitigen Vorwürfe – immer höflich geäußert – hören nie auf. Die Arbeitersänger sagten, Bach fordere zu viel, Bach meinte, die Sänger könnten mehr geben." Hieran wird deutlich, dass erstens das lernende Hören für Bach unter bestimmten Umständen gegenüber dem eigenen Musizieren Priorität zu haben schien und dass zweitens offenbar eine Differenz im musikalischen Anspruch existierte, die zu Unmut führte.

38   Ende der 1920er Jahre wurde sogar noch ein Kammerorchester der *Kunststelle* gegründet.

39   Vgl. die Liste der von Webern dirigierten *Arbeiter-Sinfoniekonzerte* im Anhang des Artikels: Hartmut Krones, *Anton Webern, die „Wiener Schule" und die Arbeiterkultur*, in: Hartmut Krones (Hrsg.), *Anton Webern. Persönlichkeit zwischen Kunst und Politik* (Wiener Schriften zur Stilkunde und Aufführungspraxis Sonderband 2), Wien / Köln / Weimar 1999, S. 82ff.

u. Mahler und alles was heilig ist aufführen."[40] Da sich ihm eine herkömmliche Karriere als Dirigent doch nicht in dem gewünschten Ausmaße bot, betätigte er sich in den 1920er Jahren im Laienmusikbereich und leitete neben dem *Singverein* 1921/22 z. B. den *Wiener Schubertbund* sowie 1921 bis 1926 den *Mödlinger Gesangsverein.* In den 1920er und 1930er Jahren dirigierte er etwa 105 Konzerte, wovon sich rund ein Viertel durch das Aufführen eigener Werke oder durch Zugehörigkeit zur Wiener Schule ergaben – ein Drittel erhielt er über Kontakte in sozialdemokratische Kreise.[41] Obwohl Webern ursprünglich wenig sozialistisch geprägt war und sich vielleicht auch primär in der Hoffnung auf Selbstverwirklichung als Dirigent engagierte,[42] so ist es dennoch bezeichnend, wie sehr er sich in die Programmgestaltung der von ihm geleiteten Konzerte einbrachte und ihnen gleichzeitig seinen ästhetischen ‚Stempel aufdrückte'[43] – wodurch er gleichzeitig das Credo Bachs umsetze. In einem der insgesamt 48 in der Paul-Sacher-Stiftung erhaltenen Briefe Weberns an Bach vom 18. Juni 1929 schreibt er:

> „Nun frage ich, was könnte es zur Eröffnung dieses Festkonzertes anlässlich der Feier des 25jährigen Jubiläums der Arbeiter-Sinfon.-Konz. geeigneteres, glänzenderes geben als diese beiden Stücke [Bach- und Volkslied-Bearbeitungen von Arnold Schönberg; Anmerkung der Autorin]?!!! Da nun aber dazu ein so großes Orchester notwenig ist, so wird dadurch natürlich unsere Wahl der ‚Eroica' für dieses Konzert problematisch. Und drum erlaube ich mir, einen Dir schon einmal gemachten Vorschlag zu wiederholen, nämlich in diesem Konzerte die 1. Mahler zu machen. [...] Wirklich: jedes Stück wächst direkt aus dem vorhergehenden heraus! Und nun zum Abschluß ganz dem Tone des Volksliedmäßigen entstammend diese I. Mahler!!!"[44]

Webern demonstrierte jene zuvor beschriebene ‚äußere' Handlung als Resultat der ‚inneren' Rezeption, indem er aktiv und gleichzeitig künstlerisch durchdacht handelte, sich für die Aufführung bestimmter Werke vor neuen Kreisen einsetzte und dadurch seine innere Haltung – die der des Schönberg-Zirkels entsprach und u. a. anhand des *Vereins für musikalische Privataufführungen* nachvollziehbar ist – in die Tat umsetzte, um „die Musik diesen bürgerlichen Scheußälern [sic!] [zu] entreißen! Was für ein herrlicher Platz dafür, diese *Arbeiter-Sinfoniekonzerte!*"[45]

---

40   Zitiert nach Hailey, *Aus der Enge getrieben*, S. 106.
41   Hailey, *Aus der Enge getrieben*, S. 109f.
42   Christopher Hailey, *Webern Letters to David Joseph Bach*, in: *Mitteilungen der Paul-Sacher-Stiftung* 9, 1996, S. 36; vgl. hierzu auch den Text von Manfred Permoser, *Anton Webern und die „Freie Typographia"*, in: Hartmut Krones (Hrsg.), *Anton Webern. Persönlichkeit zwischen Kunst und Politik* (Wiener Schriften zur Stilkunde und Aufführungspraxis Sonderband 2), Wien / Köln / Weimar 1999, S. 95–103.
43   „Bach war beseelt von der Aufgabe, das bürgerliche Kulturerbe einem möglichst breiten Arbeiterpublikum zugänglich zu machen. Webern hoffte, seine Dirigentenkarriere und die im Schönberg eingeimpfte Kunstauffassung in diesen Politischen Kontext einzufügen, und es ist auffallend, wie sehr er sich bemühte – und sei es nur in den Redewendungen –, seine ästhetischen Überzeugungen diesen neuen Bedingungen anzupassen."; in: Hailey, *Aus der Enge getrieben*, S. 112.
44   Zitiert nach Hailey, *Webern Letters to David Joseph Bach*, S. 37.
45   Ebd., S. 39.

„Zugleich bemühte sich Webern, seine ‚unverdorbenen' Laien vor der Kunstpraxis der Professionellen zu bewahren: ‚[...] Also: der Amateur hat [...] eine viel größere Verpflichtung als der Berufssänger.' Hierin verbindet Webern das alte Spannungsverhältnis des Schönberg-Kreises, bürgerliches Kulturgut gegenüber bürgerlichem Konzertbetrieb in Schutz zu nehmen. [...] Ein weiteres Umdenken ergab sich aus der Zusammensetzung seines Publikums. Begeistert griff Webern die Idee auf, dass ein unverdorbenes Arbeiterpublikum viel eher als ein blasiertes Bürgerpublikum dem großen bürgerlichen Kulturgut gerecht werden könne."[46]

Das aktive ‚Erschließen' neuer Publikumskreise durch die Bestrebungen der Wiener Schule, durch Webern und allen voran durch Bach führte in den 1920er Jahren zu einer neuen, anderen öffentlichen Mahler-Rezeption, kulminierend in der Aufführung von Mahlers *VIII. Symphonie* im April 1926 anlässlich des 200. *Arbeiter-Sinfoniekonzertes*.[47] Das Wiener Publikum, das zunächst gemeinsam mit den Kritikern als Protagonist in einem „Kampf" gegen Mahler und Schönberg erschien, ist dadurch differenzierter zu sehen, so dass Wien in ihrer Facettenhaftigkeit „Stadt meiner Träume" bleiben könnte. Die Auffächerung im Rezeptionsverhalten geschieht jedoch erst zu einem Zeitpunkt, als auch Schönberg nicht mehr dort lebt. Fochten denn nun die Komponisten einer sogenannten Wiener ‚Moderne' tatsächliche Kämpfe aus, wie Adorno schreibt, wo doch ein Kampf das Agieren und Reagieren verschiedener involvierter Parteien voraussetzt? In den Fällen Mahler, Schönberg und Wiener Schule scheint es sich lediglich um Angriffe gehandelt zu haben, um Abwertung oder um Kampagnen gegen ihr Schaffen, ihre Kunst. Direktes Verhalten ihrerseits – etwa ein Gegenschlag –, wie man es in einem Kampf erwarten würde, folgt nicht. Stattdessen gehen sie andere Wege, um sich vor der – um wieder Adorno zu zitieren – „bürgerlichen Musikkultur"[48] zu schützen.

Die personalisierte Stadt wird wieder zur Projektionsfläche für ein dialektisches Phänomen: Von bestimmten Kreisen werden für als wertvoll erachtete Kunst neue Rezeptionsmöglichkeiten geschaffen. Wien bringt also nicht nur Kunst hervor oder bekämpft sie, sondern bestimmt vor allem auch, wie und wo sie als solche wahrgenommen wird. War es zuvor bedeutend, dass sogenannte bürgerliche Kreise inklusive der Kritiker neue Werke erlebten und mit gebildetem ‚Ohr' goutierten, so erweitert sich die Rezeptionsästhetik in beide Extreme. Während der *Verein für musikalische Privataufführungen* sich einerseits an eine intellektuelle Zuschauerschaft richtete, die gleichsam als ‚Kunst-Elite' bereit war, sich auf das Neue einzulassen und sich damit en detail auseinanderzusetzen, so zielten die *Arbeiter-Sinfoniekonzerte* Bachs andererseits auf eine breite Öffentlichkeit, die unbedingt auch hierarchisch tiefer stehende Bereiche der Gesellschaft umfassen

---

46 Hailey, *Aus der Enge getrieben*, S. 113.
47 Zu dieser Aufführung schreibt Kotlan-Werner, *Kunst und Volk*, S. 50: „Da war die denkwürdige achte Symphonie von Mahler, als Arbeiter im Parkett saßen, Arbeiter auf das Podium kamen, sogar der Kinderchor bestand aus Arbeiterkindern. Es war ein Triumph der Sache, ein Triumph des Publikums, ein Triumph des Werkes und ein Triumph des aufführenden Künstlers. Dirigent war Anton Webern, der die Welt durch seine Erscheinung als Künstler und als Mensch bereichert hat".
48 Adorno, *Mahler heute*, S. 86.

sollte. Der Kunstbegriff war in dieser Ästhetik eben nicht einer der ‚Eliten-Kunst‘ für die ‚Kunst-Elite‘ oder realitätsnäher: für ein scheinbar gebildetes, aber leicht durch andere Eindrücke beeinflussbares Publikum, sondern ein werkimmanenter. Dieser scheinbare Gegensatz erfährt seine Auflösung im Handeln Weberns, der beide Seiten zulässt und sie sogar aktiv befördert. Durch die ‚innere‘ Rezeption von Kunst im Schönberg-Umfeld sowie durch das Publikumsverhalten geprägt, handelt er nach außen im Sinne einer erweiterten Rezeptionsästhetik, indem er beiden Rezeptionswegen folgt, wobei Mahlers Werken eine Schlüsselrolle zukommt.

Im Wien der 1920er Jahre ist also ein Kunstschaffen und -erleben im bürgerlichen Rahmen mit all den damit verbundenen Schwierigkeiten ebenso möglich wie in einem Schonraum unter Ausschluss der Öffentlichkeit oder in einer anderen, von kontroverser bürgerlicher Tradition und polarisierender Kritikerschaft weiter entfernten Atmosphäre. Im Zuge der politischen Ereignisse der 1930er Jahre bleibt dieser Facettenreichtum nicht erhalten, die Pluralität der Stadt verschwindet durch das Verhalten ihrer Bewohner, so dass sich der Kreis wieder schließt und Schönbergs Reim das personifizierte Wien anprangert: „Wien, Wien nur Du allein, Du sollst von allen verachtet sein! Andern mag, wer's kann, verzeihn, Dich wird man nie von der Schuld befrein.“[49]

---

49   ASC T24.13 2. Vgl. oben Anm. 1.

SYMPHONIE IM ZWEITEN GANG

Zu Mahlers Poetik des (musikalischen) Spaziergangs

Hartmut Hein

Recht ‚heimatlich' (im Sinne eines eher romantisch eingefärbten Mahler-Bildes) könnte anmuten, was schon Hans Heinrich Eggebrecht in „der *Nachtmusik II* der VII. Symphonie ins Ohr"[1] geklungen hat:

> „So – stelle ich mir vor – klingt die Musik in den Wiener Caféhäusern und Gartenlokalen, gespielt vom Primas oder Stehgeiger mit seiner Begleitmannschaft: Hackbrett und Streicher (obzwar ich noch nie Gelegenheit hatte, solche Musik, jedenfalls in Wien, zu hören, und ein Hackbrett bei Mahler gar nicht vorkommt). Und von jener Eröffnungsphrase her, die in dem Symphoniesatz wie ein Motto mehrfach wiederkehrt und von der zahlreiche andere Motive abgeleitet sind, verstehe ich diese ganze Nachtmusik als Huldigung an Wien: Mahler geht durch die Stadt, abends, nachts, und nimmt alles auf, was es da an Musik zu hören gibt: Violinenseligkeit, Mandolinengezittertes, Gitarrenspiel, Klarinettengetön, das Stimmen von Instrumenten, Geschrammeltes, Geklimpertes – und dann schreitet er weiter, wohlig, glücklich, ganz voll von Schönem, und dann klingt es wieder, Melodienton und Klanggezupftes von links und rechts, auch mal etwas aus dem Opernhaus und dem musikalischen Volkstheater, und am Schluß machen die Caféhäuser dicht, wird das Gespiel immer weniger und dünner, gehen die Lichter aus, wird die Nacht still."[2]

Eggebrecht bedient sich hier ganz offensichtlich der dichterischen (Schreib-)Bewegung eines für die literarische Moderne archetypischen Narrativs bzw. eines literarischen Topos: der Figur und Perspektive eines (städtischen) ‚Flaneurs', wie sie Auguste de Lacroix oder Charles Baudelaire exemplarisch im 19. Jahrhundert und Walter Benjamin in seinem *Passagen-Werk* für die anbrechende Moderne ausgeprägt haben.[3] In bedachter Verschmelzung eines biographischen Subjekts (‚Mahler') mit einem „ästhetischen"[4] (‚Mahler/Eggebrecht') wandelt sich der Symphoniesatz als durchwanderter Klangraum zur „soundscape": Das Sujet „en passant" geschilderter Wahrnehmungen – statt Pariser Leben quasi Wiener Luft

---

1 Hans Heinrich Eggebrecht, *Die Musik Gustav Mahlers*, München 1982, S. 49.
2 Ebenda, S. 50.
3 Vgl. hierzu etwa die einschlägigen Textpassagen genannter Autoren unter der Rubrik „Die Figur des Flaneurs" in: *Der Spaziergang. Ein literarisches Lesebuch*, hrsg. von Angelika Wellmann, Hildesheim / Zürich / New York 1992, S. 215–236; sowie des weiteren Harald Neumeyer, *Der Flaneur. Konzeptionen der Moderne* (Epistemata Reihe Literaturwissenschaft 252), Würzburg 1999.
4 Zu divergenten Subjektvorstellungen und ihren Korrelationen vgl. Carl Dahlhaus, *Ästhetisches und biographisches Subjekt*, in: ders., *Beethoven und seine Zeit*, Laaber ³1994, S. 60–73.

als adäquater Rohstoff des Mediums Musik – wird zwar als ein klangliches ge-
schildert, die Musik aber zugleich zurückübersetzt in die Dichtung eines ihr nun
vom Rezipienten unterlegten Besichtigungsprogramms, welches zugleich Szene-
rien und Örtlichkeiten visuell indiziert: Stadt (Straßen), Cafés, verschiedene Rich-
tungen, implizit sogar Beleuchtungseffekte.

Dem literarischen Produkt Eggebrechts ist natürlich eine vorher bereits grundsätzlich formulierte Absicht von vornehrein fest eingeschrieben: bestimmter Par-
tikel der Musik Mahlers, welche „umgangssprachlich in hohem Grade" erscheinen, als verwendeten „Vokabeln" auf eine bestimmte Weise habhaft zu werden als
einer intradiegetischen Schicht, deren unmittelbare Wahrnehmung voraussetzt,
dass hier zugleich ein ästhetisch distanziert reflektierendes Subjekt agiert: der
scheinbar flanierende ‚Erzähler/Komponist', insbesondere aber das offenbar als
eine Art Mitläufer einkomponierte Subjekt des Hörers. Das klingende Bild von
Wien als einer gewissermaßen innermusikalischen „Heimat" Mahlers funktioniert
dem gemäß rezeptionsästhetisch nicht so ungebrochen, wie es Eggebrechts Beschreibung zunächst darstellt: Dass es nur ein Teilmoment einer übergreifenden
musikalischen Poetik Mahlers, Teil einer ästhetischen Strategie sein kann, stellen
Eggebrechts unmittelbar folgende „Überlegungen"[5] hinreichend fest. Denn gerade
das Beispiel der *Nachtmusik II* demonstriert exemplarisch die Mechanismen eines
sich letztlich notwendig auf der musikalisch-narrativen wie rezeptiv-reflektieren-
den Ebene verdoppelnden „stream of consciousness": Das ästhetische Subjekt
bemerkt sich letztlich beim Hören selbst, schwankt zwischen der mimetischen
Identifikation mit dem Flaneur (als einer Art Ich-Erzähler) und der sich distanzie-
renden Reflexion dieses Flaneurs als einer auktorial gesteuerten Figur, deren „innere Perspektive" – immer im Verein mit Formstrukturen des Satzes[6] – wiederum
einem scheinbar übergeordneten Erzähler (bzw. dem ‚Komponisten' in seiner
rezeptionsästhetisch präsenten „Autorenfunktion" à la Foucault[7]) erlaubt, das Sujet auf einer zweiten Ebene der Reflexion weiter zu entwickeln (innermusikalisch
etwa in einer Kombination mit anderer, nicht-diegetischer Musik, die als eine Art
kontextualisierter Kommentar auf einer Ausdrucks- und der formalen Ebene zu
fungieren vermag).

So, wie sich Eggebrecht als ‚subjektiver' Hörer fast umgehend von einer ver-
allgemeinerbaren Vorstellung „Mahlers" als einem bloße klangliche Eindrücke
sammelnden nächtlichen Flaneur distanziert und auf „artifizielle" Kontextualisie-

---

5   Vgl. Eggebrecht, *Die Musik Gustav Mahlers*, S. 51–54, sowie S. 62–65.
6   Die Formgestalt des Satzes fungiert in der Regel bereits als ein vorgefertigtes, durch Traditi-
     onen allgemeingültig codiertes Narrativ (gewissermaßen erster Ordnung), welche dem Ver-
     hältnis zwischen musikalisch vorcodierten („umgangssprachlichen") Topoi und ihrer aus
     Sicht ästhetischer Subjekte ‚unmittelbaren' sowie auch selbstreflexiven Apperzeptionweisen
     gewissermaßen als Bilderrahmen oder Bühne dient; wobei natürlich Elemente des Plots gera-
     de auch gezielt gegen tradierte Normen des Formverlaufs – wie auch die topologischen Stan-
     dardbedinungen – verstoßen und damit den gewohnten Rahmen sprengen können: ein narrati-
     ves Grundprinzip der raumerweiternden Transgression.
7   Siehe Michel Foucault, *Qu'est-ce qu'un auteur?* in: *Bulletin de la Société de philosophie* 63/3
     (1969), S. 73–104; dt. Übersetzung von Hermann Kocyba in: Michel Foucault, *Schriften zur
     Literatur*, Frankfurt/Main 2003, S. 234–270.

rungen des „Umgangssprachlichen" in dessen Musik verweist, gerät also ein musikimmanent konstatierbares ästhetisches Subjekt als ,lyrisches Ich' ins Visier, als letztlich eine gleichwohl „artifizielle" Figur: Neben der unmittelbaren Ortung (und mittelbaren Verortung[8]) klanglicher Ereignisse aus der unmittelbaren Hörerperspektive (die mit der des Eggebrechtschen Flaneurs zusammenfällt) bietet sich somit zugleich auch eine zweite, simultane Reflexion der spezifischen ästhetischen Funktion solchen ,musikalischen Flanierens' an und des Flaneurs („Mahler") nicht bloß als Stellvertreter des Hörers oder auch des Erzählers/Komponisten eines Sujets oder Plots, sondern zugleich in dieser aktiven Rolle und Funktion auch als wesentlicher Bestandteil des musikalischen Erzählens bzw. musikalisch Erzählten selbst als eines performativ gestalteten Diskurses.[9] Dass diese *Nachtmusik* Vorstellungen einen „Helden" sowie die Vorstellung des Ganges einer Erzählung aus einer Ich-Perspektive (des Helden oder auch eines Erzählers) heraus nahezulegen scheint, verbindet sie übrigens bereits mit Mahlers Erster Symphonie, zu deren Erläuterung Mahler bekanntlich oftmals das Bild eines sich durch ,die Welt' bewegenden Helden als werkimmanentem ästhetischem Subjekt verwendete (dazu später).

So reizvoll und wünschenswert nun an dieser Stelle auch eine genauere, entsprechend ,narratologisch' ausgerichtete Analyse der zweiten *Nachtmusik* erschiene (sowie anderer, ähnlicher Beispiele[10]): Ziel dieses Beitrags wird es nicht sein, die Diskussion solcher analytischer Ansatzmöglichkeiten fortzuführen, sondern stattdessen hier einmal dem kulturgeschichtlich und poetologisch hochrelevanten Grundmotiv des Spazierganges, wie es in seiner ,moderneren' Variante des städtischen Flanierens von Eggebrecht reproduziert worden ist, weiter nachzuspüren als einer offenbar für Mahlers Komponieren durchgängig wesentlichen (und vielleicht sogar kulturell ganz ,heimatlichen') Programmkomponente. Diese lässt sich tatsächlich aber eher aus den vielzitierten „Paratexten"[11] zur *Wunderhorn*-Tetralogie (der ersten vier Symphonien Mahlers) herleiten als aus den von

---

8   Die Schicht dieser spekulativ interpretierenden Verortung entsteht offenbar aus konnotativen Verknüpfungen des Gehörten mit kulturellem Vorwissen des Subjekts, nicht nicht unbedingt aber mit einer denotierten, simulierten Realität, worauf Eggebrechts Klammereinschub (dem Hackbrett als Fiktion entspricht keine eigene reale Wiener Erfahrung) geradezu ironisch anspielt.

9   Die hier angeführte Gegenübersetzung von „story" und „discourse" verweist auf die grundlegende musikwissenschaftliche Aufarbeitung narratologischer Ansätze von Vera Micznik, *Music and Narrative Revisited. Degrees of Narrativity in Beethoven and Mahler*, in: *Journal of the Royal Musical Association* 126, 2001, S. 193–249; vgl. des weiteren den Beitrag von Julian Caskel in diesem Band.

10 Demnächst an anderer Stelle: Hartmut Hein, *Die Vierte Symphonie*, in: Peter Revers / Oliver Korte (Hrsg.), *Mahler. Interpretationen seiner Werke*, 2 Bde., Laaber 2011 (in Vorb.). Auf diesem Text gründete mein auf der Tagung gehaltenes Referat *Der musikalische Spaziergang als Narrativ in Mahlers Symphonik*; um ein eigenes Copyright nicht überzustrapazieren, tritt dieser neue Beitrag hier an dessen Stelle.

11 Begriff nach Gérard Genette, *Paratexte. Das Buch vom Beiwerk des Buches*, übersetzt von Dieter Hornig, Frankfurt/Main 1989 (Originalausgabe Paris 1987): Gemeint sind die Programmzettel und -entwürfe (sowie Erinnerungen vor allem Natalie Bauer-Lechners) zu den ersten vier Symphonien Mahlers.

eher verstreuten Aperçus begleiteten späteren symphonischen Anlagen wie den *Nachtmusiken* der Siebten Symphonie.

Dennoch soll im Hinblick auch auf die Siebte Symphonie ein Gedankenspiel die Debatte um deren mögliche programmatische Momente abschließen und als Bindeglied zur Genealogie einer „Poetik des Spaziergangs" in Mahlers Symphonik dienen. Genutzt wird dabei ein undatierter Programmentwurf Mahlers (wohl Mitte der 1890er Jahre), welchen Paul Bekker[12] mitgeteilt hat und der sich als eine Art programmatischer Steinbruch (oder auch Universalprogramm) auf eine ganze Reihe von Symphonien Mahlers anwenden ließe. Hier also eine spekulative Lesart mit Bezug auf die Siebte Symphonie:

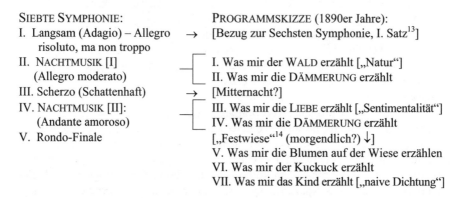

SIEBTE SYMPHONIE: PROGRAMMSKIZZE (1890er Jahre):
I. Langsam (Adagio) – Allegro   →   [Bezug zur Sechsten Symphonie, I. Satz[13]]
   risoluto, ma non troppo
II. NACHTMUSIK [I]   I. Was mir der WALD erzählt [„Natur"]
    (Allegro moderato)   II. Was mir die DÄMMERUNG erzählt
III. Scherzo (Schattenhaft)   →   [Mitternacht?]
IV. NACHTMUSIK [II]:   III. Was mir die LIEBE erzählt [„Sentimentalität"]
    (Andante amoroso)   IV. Was mir die DÄMMERUNG erzählt
V. Rondo-Finale   [„Festwiese"[14] (morgendlich?) ↓]
                                          V. Was mir die Blumen auf der Wiese erzählen
                                          VI. Was mir der Kuckuck erzählt
                                          VII. Was mir das Kind erzählt [„naive Dichtung"]

Der besagte, rechts angeführte Programmentwurf ist zwar durch die Überschrift „Das glückliche Leben. Ein Sommernachtstraum" und vor allem die parataktische Anlage der Satzüberschriften relativ eindeutig der Dritten Symphonie zugeordnet worden. Gleichwohl entspricht der geplante Schlusssatz – „Was mir das Kind erzählt" – der Anlage der Vierten Symphonie, die mit dem *Wunderhorn*-Lied „Das himmlische Leben" endet (aus welchem in der Vierten Material auch der drei vorgeschalteten Instrumentalsätze abgeleitet wird). Bemerkenswert sein dürfte aber vor allem die in jenen beiden Werken nicht eingelöste Anordnung gleich zweier Binnensätze mit dem Titel „Was mir die Dämmerung erzählt" (II. und IV.) als Umgebung des fünften Satzes „Was mir die Liebe erzählt": Wer denkt da nicht

---

12 Paul Bekker, *Gustav Mahlers Sinfonien*, Berlin 1921, S. 106; vgl. auch die Wiedergabe bei Constantin Floros, *Gustav Mahler III: Die Symphonien*, Wiesbaden 1985, S. 76 (Kapitel zur Dritten Symphonie).

13 Auf die mögliche Metareferenz des Satzes als komplementäres Gegenstück zum katastrophalen Finale der Sechsten ist in der Literatur regelmäßig hingewiesen worden; vgl. zuletzt Martin Geck, *Siebte Symphonie*, in: Wolfram Steinbeck / Bernd Sponheuer (Hrsg.), *Mahler Handbuch*, Stuttgart 2010, S. 312–328. Eine weitere von Paul Bekker (*Gustav Mahlers Sinfonien*, S. 145; Floros III, S. 104) angeführte Programmskizze – zur Vierten Symphonie als sechssätziger „Humoreske" – böte für den zerklüfteten Kopfsatz der Siebten assoziativ möglicherweise passende, da für bestimmte Satztypen Mahlers überaus recyclingfähige Titel an wie „Die Welt als ewige Jetztzeit" oder „Das irdische Leben" (als Verweis auf das entsprechende *Wunderhorn*-Lied).

14 Zu musikalischen Bezügen auf Wagners *Meistersinger* vgl. Geck, *Siebte Symphonie*, S. 321ff.

an Abend- und Morgendämmerungen, die ein seelenvolles nächtliches *Adagio amoroso* umrahmen? Und liegt die spätere Anordnung der (zuerst entstandenen) *Nachtmusiken* in der Siebten Symphonie da wirklich so fern, auch wenn diese dort ein „schattenhaft[es]" Scherzo umgeben (einen Gespensterreigen zu Fragmenten Wiener Walzerseeligkeit)?

Die zweite *Nachtmusik*, als *Andante amoroso* bezeichnet und mit der scheinbar schrecklich kitschigen, möglicherweise aber doppeldeutig-ironisch zu lesenden Brief-Wendung Anton Weberns verbunden, aus ihr ertöne „nichts als Liebe, Liebe, Liebe", scheint das nächtliche Flanieren mit einer (musikalisch „umgangssprachlich" karikierten) Liebesthematik ebenso zu verbinden[15] wie die erste *Nachtmusik* ,pseudo-realistische' Klangsymbole (Vogelstimmen, Herdenglocken) und einen von nahen und fernen Hornrufen[16] eingeleiteten ,Spaziergang in der Natur' – die Hörnerrufe werden quasi zu einem Wanderlied als satzgliederndem Refrain transformiert (T. 30ff.)[17] – mit (teilweise gar an symphonische Walzerpassagen Tschaikowskys gemahnenden) emotionalen Überschwängen in den Episoden. Spuren einer impliziten „Poetik des Spaziergangs" lassen sich also noch in der die „mittleren Symphonien" gewissermaßen abschließenden Siebten Symphonie zumindest in den beiden *Nachtmusiken* annehmen; diese scheinen sich dabei geradezu explizit aus Mahlers ,Frühwerken' zu speisen: aus den entsprechend naturhaften Klangszenerien der ersten vier Symphonien und auch einiger Lieder aus *Des Knaben Wunderhorn*, insbesondere der marschierenden *Revelge*, deren Tonfall in der *Nachtmusik I* zunehmend deutlich anklingt. Ist die Siebte Symphonie hier vielleicht ein retrospektiver, die ,Romantik' an der Schwelle zur Moderne nochmals als musikalisches „Naturtheater"[18] aufsuchender zweiter Gang durch Audiovisionen der eigenen bisherigen Werke?[19] In eine ähnliche Richtung weist sicherlich auch Alma Mahler in ihren Erinnerungen, wenn sie „Eichendorffsche Visionen, plätschernde Brunnen, deutsche Romantik"[20] als Bezugspunkte Mahlers bei der Komposition der Siebten anführt: Die Andeutung einer solchen „Butzen-

---

15 Vgl. übrigens die spannende Interpretation des Satzes (im Zeichen Richard Wagners) von Peter Davison, *Nachtmusik II: „Nothing but Love, Love, Love"?*, in: James L. Zychowitz (Hrsg.), *The Seventh Symphony of Gustav Mahler: A Symposium*, Cincinatti / Madison (Wisconsin) 1990, S. 89–97.

16 Illustrierend (zur Programmspekulation) könnte man sagen: Wie es in den Wald hineinruft, schallt es heraus.

17 Man könnte das Thema – mit einem vergleichenden Blick auf Modest Mussorgskys *Bilder einer Ausstellung* – auch als „Promenade" (durch ein mitunter fast kafkaeskes „Naturtheater") bezeichnen. Bereits im Zuge der Prager Uraufführung soll übrigens schon eine unmittelbare Wahrnehmung und Bezeichnung der *Nachtmusik I* als „Nachtwanderung" aufgekommen sein (vgl. Geck, *Siebte Symphonie*, S. 317f.).

18 Die nun noch einmal wiederholte Allegorie bezieht sich auf den rätselhaften Schluss von Franz Kafkas Romanfragment *Der Verschollene* (bzw. *Amerika*), das „Naturtheater von Oklahoma", eine manchen Finali Mahlers durchaus entsprechende, traumartige Himmelsvision auf Erden.

19 Diese These wurde in einem sich 2009 der Siebten Symphonie intensiv widmenden Forschungskolloquium von Wolfram Steinbeck mehrfach angedacht und harrt sicherlich einer weiteren Ausarbeitung.

20 Alma Mahler, *Gustav Mahler. Erinnerungen und Briefe*, Amsterdam ²1949, S. 115.

scheibenromantik"[21] und ihrer literarischen wie auch musikalischen Vokabeln (von Eichendorff bis Fontane, von Schubert bis Wagner – wenn nicht Mahler selbst) kennzeichnet die Siebte Symphonie fast schon als eine teils geradezu ‚historistisch' einfühlsame, teils allerdings wohl auch humorvoll distanzierte Retrospektive „vorwiegend heiteren Charakters"[22] mit vielbeschworenen Zügen einer Collage.

****

Zu zeigen, wie Mahler jene ‚Poetik des Spaziergangs', die sich schon in der Aufklärung bis hin zur Frühromantik[23] in literarischen Modellen[24] – und zugleich als popularphilosophisch propagiertes kulturelles ‚Programm'[25] – verfestigte, auch zu einer musikalischen Poetik transformierte, setzt nun einen chronologischen Durchgang früherer Symphonien voraus: Wesentlich für eine solche Poetik dürfte sein, dass sie sich keineswegs nur in den außermusikalischen Programmen und Assoziationen, also den bereits anzitierten primären und sekundären Paratexten manifestiert, auch nicht auf der Ebene einzelner „Vokabeln" als musikalisch-semantischer Schicht, sondern zugleich auch auf einer prinzipiellen kompositorischen Ebene der Musik, die produktions- wie rezeptionsästhetisch gleichermaßen struktur- und ausdrucksrelevant erscheint. Das sei jetzt formuliert als eine Hypothese: Die poetische Idee eines musikalischen Spaziergangs verschmilzt mit kompositionsgeschichtlich vorcodierten Formprozessen zu einem sich für Mahler am

---

21 Zitat René Michaelsen aus dem Kölner Forschungskolloquium (2009).

22 Gustav Mahler im Frühjahr 1908 an Emil Gutman (Gustav Mahler, *Briefe*. Zweite, nochmals revidierte Neuausgabe, hrsg. von Herta Blaukopf, Wien 1996, S. 360).

23 Prominent vor allem Jean-Jacques Rousseaus *Les Rêveries du Promeneur Solitaire* (1776–1778), welche zugleich – vielleicht in Deutschland im Verein mit Joachim Christian Blums *Spaziergänge* (1774, sowie 1784: *Neue Spaziergänge*) und Johann Wolfgang von Goethes epochaler Sturm-und-Drang-Variante in seinem Briefroman *Die Leiden des jungen Werther* (1774) – das Universalmodell eines peripatetischen, teils auch ins Schwärmerische geratenden Erzählens vorgaben.

24 Zu den grundlegenden Schriften einer literaturwissenschaftlichen ‚Promenadologie' gehören: Kurt Wölfel, *Kosmopolitische Einsamkeit. Über den Spaziergang als poetische Handlung* (1980), S. 117ff., sowie *Andeutende Materialien zu einer Poetik des Spaziergangs. Von Kafkas Frühwerk zu Goethes Werther* (1982), in: ders., *Jean Paul-Studien*, hrsg. von Bernhard Buschendorf, Frankfurt/Main 1989; sowie des weiteren (in Auswahl) Claudia Albes, *Der Spaziergang als Erzählmodell. Studien zu Jean-Jacques Rousseau, Adalbert Stifter, Robert Walser und Thomas Bernhard*, Tübingen und Basel 1999, Elisabetta Niccolini, *Der Spaziergang des Schriftstellers*, Stuttgart 2000 (insbesondere dort das erste Kapitel *Koordinaten der Bewegung*, S. 23–64); oder als zeitgenössisches Paralipomenon zu Schelles *Die Spaziergänge*: Wolfgang von der Weppen, *Der Spaziergänger. Eine Gestalt, an der Welt sich vielfältig bricht* (Tübinger Phänomenologische Bibliothek), Tübingen 1995.

25 Als Übergänge fungieren bereits literarische Reiseberichte – wie Johann Gottfried Seumes *Spaziergang nach Syrakus im Jahre 1802* oder Goethes *Italienische Reise* (1816/1817) – und die vielfach in Romane und Erzählungen eingeflochtenen ästhetischen Reflexionen von Figuren oder Erzähler über Spaziergang und Reise, letzteres beispielhaft in Jean Pauls *Die unsichtbare Loge* (1793, vgl. Jean Paul, *Sämtliche Werke*, hrsg. von Norbert Miller, *Band I/1: Die unsichtbare Loge · Hesperus*, München 1970, S. 404f.). Karl Gottlob Schelles 1802 erschienene Schrift *Die Spaziergänge oder die Kunst spatzierenzugehen* (Leipzig 1802, Nachdruck Hildesheim 1990) lieferte dazu eine Alltagsphilosophie des „lustwandelnden Menschen".

Ende bereits mehr oder minder rein musikalisch formierenden ‚Narrativ' (oder auch Performativ), das keineswegs mehr einer expliziten programmatischen Erläuterung bedarf, da es als kompositorisches Modell primär tradierte Form- und Satzprinzipien auf einer musikalisch-rhetorischen und zugleich rein ausdrucksorientierten Ebene[26] reflektiert (und dabei im doppelten Sinne ‚novelliert'). Mahlers kompositorischer Ansatz funktioniert dem gemäß von Werk zu Werk zunehmend von Außen nach Innen (anfangs mit Programm, schließlich reduziert auf eine hinreichende, in ihrer formalen Dramaturgie zugleich ausdrucksästhetisch orientierte Poetik) als ein letztlich programmatisch immer auch autoreferentiell angelegtes Spiel mit bereits vorhandener Musik und Form, welches dabei auf präexistente Musik durchaus als eine kontextuell präsente, durchstreifbare ‚Außenwelt' (bzw. als musikalische Substitution ‚realer Welt') rekurriert.

In (bzw. an) seiner Ersten Symphonie manifestierten sich am deutlichsten Mahlers explizite Vorstellungen eines ästhetischen Subjekts als ein *in* diegetischer und zugleich *mit* quasi ihn selbst ausdrückender Musik wandelnder Held und einer Symphonie als „Erlebnisdichtung" (als musikalischer Darstellung äußerer und innerer Perzeptionen); aus ihr spricht nach Paul Bekker noch Mahlers anfänglicher Ansatz, „Kunst als Mittel zur Bändigung von Erlebnisstoffen zu benutzen"[27] (wobei die von Mahler vorgestellte Erlebnisperspektive eines immanenten „Helden" von vornherein auch als die eines einkomponierten Hörers ausgewiesen werden kann). Im ersten Satz liegt bereits der Archetyp eines „musikalischen Spaziergangs" vor. Die Metapher selbst scheint dabei nicht unbedingt vonnöten, um in der Musik ein entsprechendes semantisches Feld wahrzunehmen: So hat im jüngst erschienenen *Mahler Handbuch* Wolfram Steinbeck etwa, das Satzgeschehen zusammenfassend, von „‚Aufbruch', Fortschreiten und (im Durchbruch erreichte[m]) Ziel" gesprochen und ein „innovatives Moment" darin gesehen, „dass die rein musikalische Konzeption" (als Kopfsatz einer modifizierten Sonatensatzform mit langsamer Einleitung) „mit einer solchen der symphonischen Dichtung verknüpft wird"[28]. Deren wohl recht konkretes Programm zeigt sich dabei von Beginn an in den Koinzidenzen des thematischen Materials und der formalen Anlage mit einer poetischen Grundidee: Einem anfänglichen Spiel mit motivischen Bausteinen (wie der nach Wagners *Tristan* so genannnten „Blicksext"), quasi

---

26 Betrachtet man die von Constantin Floros gesammelten Zeugnisse zu und nach Mahlers „Münchener Erklärung von 1900" („pereat jedes Programm", in: Floros, *Mahler I*, S. 20–35), so setzt die Absage Mahlers an sogenannte Programmusik keineswegs vorhandene Mechanismen der Rezeption von Musik als einer „Sprache der Empfindungen" außer Kraft; in solcher Hinsicht fungiert auch ein vagierendes innermusikalisches Subjekt oder ein dramaturgisch-narratives Gestaltungsmodell weiterhin an Angelpunkt einer gefühlsästhetischen Identifikation von Hörern mit dem jeweiligen ‚Gang der Musik': „Man lasse dem Publikum seine eigenen Gedanken über das aufgeführte Werk, man zwinge es während der Wiedergabe nicht zum Lesen, man bringe ihm kein Vorurteil bei! Hat ein Komponist den Hörern von selbst die Empfindungen aufgedrängt, die ihn durchfluteten, dann ist sein Ziel erreicht." (Mahler am 20. Oktober 1900 nach einem Bericht Ludwig Schiedermairs, vgl. Floros, *Mahler I*, S. 21).

27 Bekker, *Mahlers Sinfonien*, S. 165. Auch der Begriff „Erlebnisdichtung" findet sich dort.

28 Wolfram Steinbeck, *Erste bis Vierte Symphonie: „Eine durchaus in sich geschlossene* Tetralogie*"*, in: *Mahler Handbuch*, hrsg. von Bernd Sponheuer und Wolfram Steinbeck, Stuttgart 2010, S. 217–268, Zitat S. 220.

„Naturlauten" wie dem flirrenden Beginn, Kuckucksrufen und anderen naturalisti-
schen Versatzstücken bzw. Vokabeln („die Natur erwacht"), zudem einer schönen, Volksliedton reminiszierende Hornmelodie folgt bekanntlich jenes Hauptthema, dessen intertextuelle Konnotation sich unmittelbar durch die Selbst-
Entlehnung aus dem zweiten der drei Jahre vor der Ersten Symphonie uraufgeführten *Lieder eines fahrenden Gesellen* ergibt: *„Ging heut morgen übers Feld"*.
Bereits in der Einleitung bemüht sich Mahler um eine kompositorisch-konzer-
tante, jedoch naturalistisch wirkende Konstruktion von Räumlichkeit (entfernte
Fanfaren, Jagdrufe). In Bezug auf die Markierung des formlogisch erwarteten
Hauptsatzbeginns mit dem exponierten Liedthema spricht Steinbeck schließlich
treffend von einem „Ausschreiten"[29] (des in der Einleitung bereits präsenten Materials und Raumes).

Als ein zunächst rein musikalisches ‚Subjekt' (soggetto) des Satzes präsentiert
sich das „Lied" dann auch als strophischer, von Zeit zu Zeit immer wieder ange-
stimmter Wandergesang: Mahlers „Held" und wir als Hörer werden in seinem
Gefolge quasi sukzessive zu seinen Sängern. Ein kontrastierendes zweites Thema
fehlt; vielmehr fungieren – wie stattdessen die mehrfache Restitution der Ein-
gangszenerie zeigt – gerade die Einleitungselemente als kontinuierlicher themati-
scher Gegenpol in ihrer Funktion als musikalische „Landschaft" oder Bühne: Sie
stellen die inradiegetisch konzipierte musikalische „Welt" dar, nämlich eine latent
entropisch gestaltete und darin naturähnliche Laut- und Klang-Realität, in welche
sich das thematisierte Lied-Subjekt – gewissermaßen als Ausdruck musikalischer
„Empfindungen bei der Ankunft auf dem Lande" – einfügt und dann auch form-
dramaturgisch den Gang bestimmt. Dass ein mit Fanfaren inszenierter, heldischer
„Durchbruch" dieses Hauptthemas in der Durchführung dann aber keineswegs mit
dem Beginn einer regulären Reprise zusammenfällt, sondern deren spätere Inszenierung vielmehr anfangs ohne das Hauptthema anfängt und auf dessen verspäte-
te, aber dann im gesamten Orchester gefeierte finale „Ankunft" als Höhepunkt
hinausläuft, bedeutet nach dem Seitensatzverzicht eine weitere gravierende Modi-
fikation des eigentlich traditionell zu erwartenden Darstellungsprozesses; die Strategie der Reprise läuft aber so für sich überaus konsequent auf eine finale Synthese des thematischen Lied-Subjekts und des musikalischen „Naturraums" hinaus.
Die gewohnte Sonatensatzform fungiert hierbei topographisch durchaus noch als
eine Art Landkarte: Eine gelinde Verirrung des Liedthemas, seine womöglich nun
sehnsüchtig erwartete finale Ankunft und die Rückschau am Satzende thematisieren den eigentlich vorgegebenen Idealverlauf ex negativo, dem gegenüber alle
Abweichung, ungewohnte Stationen und Klangsituationen wie Teile eines Aben-
teuers besondere Signifikanz erlangen.

Im Hinblick auf die Symphonie als ein musikalisch-poetisches Natur-Szenario
dürfte sicherlich Ludwig van Beethovens *Pastoralsymphonie* als wesentlichstes
Vorbild[30] gelten (damals wie heute). Ihr musikalisch-programmatisches Sujet der

---

29 Ebenda, S. 223.
30 Der Titel des ersten Satzes wurde bereits oben anzitiert. Mangels Zeit oder Kenntnis müssen
    andere mögliche Kandidaten intertextueller Konnotationen unter den Tisch fallen: etwa Joa-
    chim Raffs Symphonie Nr. 3 *Im Walde* (1869/1870).

Naturerfahrung beim Gang aufs Land scheint bereits Beethoven die diversen Möglichkeiten wie Gefahren einer Nutzung von Tonmalerei ins Bewusstsein gerufen zu haben und eine bis zu Mahler reichende Ebene ästhetischer Reflexion zu begründen: Denn Beethoven waren die bereits programmkritischen Positionen Johann Georg Sulzers und anderer Musiktheoretiker der zweiten Hälfte des 18. Jahrhunderts sicherlich bekannt, welche in einem Brief des Schriftstellers Johann Jakob Engel von 1780 zu seiner Zeit auf den Punkt gebracht worden sind: Ein Musiker solle „immer lieber Empfindungen, als Gegenstände von Empfindungen malen", weil „die musikalische Nachahmung ihren weitesten Umfang erhalte, wenn der Komponist ‚weder einen Teil, noch eine Eigenschaft des Gegenstandes selbst male, [...], sondern den Eindruck nachahmt, den dieser Gegenstand auf die Seele zu machen pflegt‘"[31]. Allerdings hatte Beethoven in der *Pastorale* am *Bach* und im *Gewitter* auch ganz offensichtlich Techniken der Klangmalerei genutzt. In der gedruckten Partitur findet sich der Titel *Pastoral–Symphonie oder Erinnerungen an das Landleben* bekanntlich in nahezu wörtlicher Anlehnung an Engel ergänzt durch die in Klammern hinzugesetzte Formel „mehr Ausdruck der Empfindung als Malerei"[32] (man beachte das Wörtchen „mehr", welches ja Malerei in gewissen Maßen durchaus zulässt). Weitere poetische Betitelungen der Sätze sind bei Beethoven vorhanden und geben bekanntermaßen das Sujet einer Landpartie, einer „Ankunft" im ersten Satz und im folgenden verschiedene Stationen der Begegnung mit Land, Leuten und Natur wieder: ein typisches Spaziergangs-Szenarium also, in das sich der Komponist in seiner selbst zugewiesenen Autoren- und Erzählerfunktion einschreibt als ein (fiktionales) „biographisches Subjekt", dessen prototypische *Erinnerungen* und Empfindungen in der Symphonie reflektiert erscheinen sollen, einschließlich musikalisch transformierter „Natur-Vokabeln": also eine musikalisch verfasste „ambulatio meditativi" (gemäß den zeitgenössischen Topoi der Spaziergangsliteratur nach Rousseau über Jean Paul und Goethe bis hin zu Schelles und Seumes kulturphilosophischen Schriften im Jahre 1802).

Mahler liefert wie gesagt im Kopfsatz seiner Ersten Symphonie, aber auch im Folgenden eine ähnlich gestimmte Variante einer musikalischen Reflexion von ‚Natur‘ oder ‚Welt‘[33]: Dem merkwürdigen „Ständchen" des *Blumine*-Andantes als geruhsamer Idylle[34] wie auch dem Scherzo, einer Ländler-Walzer-Burleske, kommen im Gang des symphonischen Zyklus ähnliche Funktionen der stationären musikalischen Lokalisierung eines immanenten ästhetischen Subjekts zu wie schon der *Szene am Bach* und dem *Lustigen Zusammensein der Landleute* in Beethovens *Sinfonia Pastorale*: Man kann dort getrost von einem ‚perspektivischen Erzählen‘ sprechen, in welchem intradiegetische und mimetische Momente

---

31 Zitiert nach Renate Ulm (Hrsg.), *Die 9 Symphonien Beethovens. Entstehung, Deutung, Wirkung*, München / Kassel 1994, S. 199.

32 Vgl. die Urtext-Ausgabe der Symphonie von Jonathan del Mar, Kassel 1998 (Studien-Partitur 2001), S. XVI.

33 Die einschlägig bekannten Mahler-Zitate zum Bau einer „musikalischen Welt" seien in Erinnerung gerufen.

34 Auch die anfangs geplante Fünfsätzigkeit mag für eine Orientierung Mahlers an Beethovens *Pastorale* bezeichnend sein; in der revidierten viersätzigen Berliner Fassung von 1896 wurde der Satz dann gestrichen.

kontingent ihren musikalischen Ausdruck finden. Das ästhetische Subjekt wird also in und durch Musik geformt bis hin sogar zu dessen Distanzierung, ja Desintegration über die implizite Rolle des seine musikalische Umwelt wahrnehmenden „Helden" als reflektierendem Hörer, was sich insbesondere im *Todtenmarsch* der Ersten Symphonie Mahlers zu ereignen scheint: Dieser dritte Satz weist vor allem dank seiner überaus modernen Kollagetechnik über Beethovens klassisches Vorbild hinaus. Man folge hier Mahlers eigener Kommentierung in einer von Natalie Bauer-Lechner wiedergegebenen „Programmnotiz" (erst aus dem Jahr 1900, also im Umfeld bereits der Vierten Symphonie):

> An unserem Helden zieht ein Leichenbegräbnis vorbei und das ganze Elend, der ganze Jammer der Welt mit ihren schneidenden Kontrasten und der gräßlichen Ironie faßt ihn an. [...]. Es wirkt erschütternd in seiner scharfen Ironie und rücksichtslosen Polyphonie, besonders wo wir – nach dem Zwischensatz – den Zug vom Begräbnis zurückkommen sehen und die Leichenmusik die übliche (hier durch Mark und Bein gehende) ‚lustige Weise' anstimmt.[35]

Gerade dieser Satz präsentiert also überwiegend intradiegetisch konstruierte, vokabelhafte Musik, setzt aber zugleich die Distanz des ästhetischen Subjekts als konstitutive Perspektive voraus, in welcher erst die „schneidenden Kontraste" einer „rücksichtslosen Polyphonie" in ihrer „gräßlichen Ironie" begreifbar werden. Dass ein solcher Übergang von narrativer Diegesis – gewissermaßen musikalischer Reportage – zur mimetischen Vermittlung existenzieller Erfahrung eines beobachtenden Subjekts überhaupt zu funktionieren vermag, verdankt sich der im Zuge des 19. Jahrhunderts weitenteils erfolgten Poetisierung und Literarisierung musikalischer Ausdrucksmittel und Formstrukturen – nicht zuletzt auch im Diskurs einer öffentlichen Rezeption, die sich darauf angewiesen sah, hinsichtlich eines kollektivierbaren, interdiskursiven ‚Verstehens' von Musik statt der Termini technici der Kompositionslehre offensichtliche Analogien zur Dichtkunst zu bemühen.

Als „Vorspiel" der *Wunderhorn*-Tetralogie entwickelt die Erste Symphonie eine gegenüber herkömmlicher Programmsymphonik neuartige, da auf zwei Ebenen begreifbare musikalische Subjekt-Objekt-Relation: Indem das, was der Held als ‚Welt' erlebt, medien- und gattungsbedingt bereits musikalische Gestalt aufweist, wird dessen paratextuell bereits vorprogrammierter, fiktiver Gang durch Welt zum Gang durch reale, vergegenwärtigte Klangwelten – und die Symphonie, welche dann der Hörer erlebt, damit letztlich zugleich zu Musik über Musik. Das der Literatur entlehnte und programmatisch gerade bei Mahler anscheinend evident auf symphonische Prozesse und Zyklen übertragene poetische Modell eines „Spaziergangs" (es handelt sich dabei natürlich dennoch immer nur um eine Metapher oder Metonymie) verwischt aber letztlich auch eine Grenze zwischen musikalischer Diegesis und Mimesis auf der rezeptionsästhetischen Ebene, indem die Distanzen zwischen Subjekt und musikalischen Objekten fragwürdig werden: Stationäre Wahrnehmungen musikalischen Ausdrucks tendieren zur subjektivie-

---

35   *Gustav Mahler in den Erinnerungen von Natalie Bauer-Lechner*, hrsg. von Herbert Killian, Hamburg 1984, S. 174.

renden Identifikation, doch die narrativ von außen gesteuerten musikalischen Entwicklungsprozesse und motivischen Transformationen Mahlers wirken – als kontinuierliche Verschiebungen des Horizonts – der Stabilität nachempfindbarer „Seelenzustände" zumeist entgegen (daraus resultiert die „gräßliche Ironie" etwa der plötzlich begegnenden „lustigen Weise"). Im formalen Prozess und seiner Strukturierung musikalischer Erlebnisfolgen wird ein einzelnes musikalisches Ausdrucksmoment für das ästhetische Subjekt damit relativierbar und als ein narratives Moment objektivierbar.[36]

****

Abschließend lässt sich nun noch kurz jener kulturgeschichtliche und insbesondere für Mahlers Musik poetologisch offenbar äußerst relevante Überbau am Beispiel der Vierten Symphonie thematisieren, welcher das ganze 19. Jahrhundert zu überbrücken scheint, jenen Zeitraum also, welcher Mahler und Beethoven verbindet und trennt. Stellen wir hierzu noch einmal jene Programmentwürfe gegenüber, die Mahler in den 1890er Jahren im Hinblick auf zunächst die dritte seiner Symphonien im privaten Kreis publik machte:

DAS GLÜCKLICHE LEBEN EIN SOMMERNACHTSTRAUM	Brief an Natalie Bauer-Lechner vom 3. IX. 1[8]95 [„Meine fröhliche Wissenschaft"][37]
I. Was mir der Wald erzählt	I - ? (Zug zu Dionysos oder Sommer marschiert ein
II. Was mir die Dämmerung erzählt	II Was mir die Blumen auf d. Wiese erzählen
III. Was mir die Liebe erzählt	III Was mir die Thiere im Walde erz.
IV. Was mir die Dämmerung erzählt	IV Was mir die Nacht erzählt (der Mensch)
V. Was mir die Blumen auf der Wiese erzählen	V Was mir die Morgenglocken erz. (die Engel),
VI. Was mir der Kuckuck erzählt	VI Was mir die Liebe erzählt Motto: Vater, sieh an die Wunden mein kein Wesen lass verloren sein
VII. Was mir das Kind erzählt	VII Was mir das Kind erzählt.

Der im September 1895 für die Dritte Symphonie deutlich hierarchisch gegliederten und später auch (bis VI.) durchgangenen Stufenfolge ging in der undatierten Skizze eine Idee voraus, die bereits auf diversen, aber kaum aufsteigend konzipierten Erfahrungsebenen von ‚Natur' gründet. Statt des im späteren Entwurf schon erkennbaren Stufenmodells weist diese frühe ‚peripathetische' Konzeption eher eine Peripetie-Anlage auf: *Was mir die Liebe erzählt* dürfte einen Wendepunkt markieren; dieser Titel scheint ein wohl „elegisch" ausgerichtetes Intermezzo zu suggerieren. Die spaziergangstypischen Konfrontationen mit Natur und einem noch ‚natürlichen' Kind in den folgenden drei Sätzen scheinen schließlich auf komplementäre Wahrnehmungs-, Dichtungs- und latent auch Kompositionsarten zu verweisen, wie sie in Friedrich Schillers Schrift *Über naive und sentimen-*

---

36 Die letzten beiden Absätze sind leicht veränderte Übernahmen aus meinem noch unveröffentlichten Aufsatz zu Mahlers Vierter Symphonie (vgl. Anm. 10), auf welchem auch der (komprimierte) Schlussteil gründet.

37 Wiedergabe nach *Gustav Mahler in den Erinnerungen von Natalie Bauer-Lechner*, S. 38 (Brief dort auch als Faksimile, S. 36f.).

talische Dichtkunst (die zum Bildungskanon Mahlers und seines Kreises gehörte[38]) differenziert worden sind: Die Blumenwiese imaginiert eine „Idylle", das Kuckucksstück hingegen (zu beziehen auf eine Integration des *Wunderhorn*-Liedes *Ablösung im Sommer*) entspräche einer „Satire"; beides wäre, wie die „Elegie", der „sentimentalischen Dichtung" zuzurechnen. Und auch das „Kinderstück" als Abschluss – das 1892 entstandene Lied „Das himmlische Leben" – ließe sich dann überraschend evident, nämlich im Hinblick auf die Idee einer finalen Idealisierung des „Naiven", in den Horizont der Abhandlung Schillers einordnen. Mahlers Vierte Symphonie löst schließlich ein solches poetologisches Konzept der musikalischen Umsetzung von Dichtungsarten entsprechend ein: durch einen überwiegend idyllischen Kopfsatz (mit Naturtönen und Kinderliedern), eine unmittelbar kontrastierende Scherzo-Groteske und einen überirdisch-schönen, „sentimentalischen" Variationensatz vor dem schon früher vorgesehenen, naive Paradiesesvorstellungen (des „Kindes") verhandelnden Liedfinale.[39]

Schillers Schrift über die Dichtung wird bekanntlich ebenfalls mit der Vorstellung eines Spaziergangs eröffnet:

> Es gibt Augenblicke in unserem Leben, wo wir der Natur in Pflanzen, Mineralen, Thieren, Landschaften, so wie der menschlichen Natur in Kindern, in den Sitten des Landvolks und der Urwelt, nicht weil sie unsern Sinnen wohlthut, auch nicht weil sie unsern Verstand oder Geschmack befriedigt (von beyden kann oft das Gegenteil statt finden) sondern bloß weil sie Natur ist, eine Art von Liebe und von rührender Achtung widmen. Jeder feinere Mensch, dem es nicht ganz und gar an Empfindung fehlt, erfährt dieses, wenn er im Freien wandelt, wenn er auf dem Lande lebt, oder sich bey den Denkmälern der alten Zeiten verweilet, kurz, wenn er in künstlichen Verhältnissen und Situationen mit dem Anblick der einfältigen Natur überrascht wird. Dieses, nicht selten zum Bedürfniß erhöhte Interesse ist es, was vielen unserer Liebhabereyen für Blumen und Thiere, für einfache Gärten, für Spaziergänge, für das Land und seine Bewohner, für manche Produkte des fernen Alterthums, u. dgl. zum Grund liegt; vorausgesetzt, daß weder Affectation, noch sonst ein zufälliges Interesse dabey im Spiel sey. Diese Art des Interesses an der Natur findet aber nur unter zwey Bedingungen statt. Fürs erste ist es durchaus nöthig, daß der Gegenstand, der uns dasselbe einflößt, Natur sey oder doch für uns dafür gehalten werde; zweitens daß er (in weitester Bedeutung des Worts) naiv sey, d.h. daß die Natur mit der Kunst im Kontraste stehe und sie beschäme.[40]

Die Funktion der Mahlerschen Verwendung von „Vokabeln" als Stellvertretern für „Natur" (bzw. „Welt") ließe sich aus dem letzten Satz des Zitats ableiten: Im weiteren Sinne wären so auch die musikalischen Versatzstücke, denen Egge-

---

38 „Als sicher kann gelten", heißt es etwa bei Constantin Floros, dass Mahler mit diesem im 19. Jahrhundert dichtungstheoretisch kanonisierten Text „bestens vertraut war" (das belegt etwa ein Brief an Siegfried Lipiner vom 19. August 1900; vgl. Constantin Floros, *Gustav Mahler I: Die geistige Welt Gustav Mahlers in systematischer Darstellung*, Wiesbaden 1977, S. 53).

39 Vgl. Hartmut Hein, *Die Vierte Symphonie*, in: Peter Revers / Oliver Korte (Hrsg.), *Mahler. Interpretationen seiner Werke*, 2 Bde., Laaber 2011 (in Vorb.).

40 Friedrich Schiller, *Über naive und sentimentalische Dichtung*, hrsg. von Klaus L. Berghahn, Stuttgart (Reclam) 2002, S. 7. Der Text folgt *Schillers Werke. Nationalausgabe Zwanzigster Band: Philosophische Schriften. Erster Teil*, unter Mitwirkung von Helmut Koopman hrsg. von Benno von Wiese, Weimar 1962.

brechts Flaneur in der *Nachtmusik II* begegnet, als Momente einer (eher „sentimentalischen") Kulturerfahrung zu verstehen, welche der (überwiegend) „idyllischen" Naturdarstellung in der *Nachtmusik I* zur Seite gestellt erscheint. Der spukhafte Mittelsatz dürfte in diesem Kontext in der Siebten Symphonie eine satirische Groteske darstellen, womöglich auch das wahrscheinlich humorvoll gemeinte Finale, dessen ostentativ ‚kunstvoll' gearbeitete kontrapunktische Episoden geradezu einen (sich selbst parodierenden) Versuch darstellen, dem verlangten Erhabenheitstopos eines symphonischen Finales gerecht werden zu wollen: „Satyrisch ist der Dichter", definiert Schiller ja entsprechend, „wenn er die Entfernung von der Natur und den Widerspruch der Wirklichkeit mit dem Ideale (in der Wirkung auf das Gemüth kommt beydes auf eins hinaus) zu seinem Gegenstande macht. Dies kann er aber sowohl ernsthaft und mit Affekt als scherzhaft und mit Heiterkeit ausführen [...]."[41] Trifft Letzteres auf das Finale der Siebten zu, so ließe sich „ernsthaft und mit Affekt" durchaus für deren Kopfsatz reklamieren; das poetische Kernstück, einschließlich naturhafter „naiver" und „liebevoll-sentimentalischer" Töne, stellen umso mehr die beiden Gänge der *Nachtmusiken* dar.

Der Versuch, die Siebte somit als musikalische Reflexion insbesondere einer geradezu poetologischen Anlage der Vierten Symphonie zu lesen (unter Rückgriff auf die bereits als ein „Universalprogramm" Mahlers bezeichnete Programmskizze), gründet also in der vielleicht überstrapazierten Annahme, dass Mahler sich intensiv mit Schillers berühmter Abhandlung zur Dichtkunst auseinandergesetzt hat mit der Konsequenz, die dort typisierten Dichtungsarten auf musikalische Ausdruckslagen zu übertragen – für welche zugleich prototypisch die tradierten Satzmodelle der Symphonie einzustehen vermögen: Kopfsatz als programmatischer „Aufbruch" (mit thematisierten Marschcharakteren), Scherzo als Satire bzw. Groteske (in welcher sich eine „widerliche Zivilisationswelt"[42] spiegelt), das als Utopie inszenierbare Adagio-Schöne als traumartig erfahrene „Idylle" (insbesondere in der Vierten Symphonie oder auch im Adagietto der Fünften). Daraus resultiert auch eine spezifische Final-Problematik bei Mahler: Die sich hier gravierend unterscheidenden Lösungen – Verlagerungen des transzendentalen Adagios, eschatologische Ansätze, aber auch Rückwendungen zum „Naiven" eher diegetischer Natur (das Kind) oder auch affirmativer Erhabenheit artifizieller Kunstmusik (beides mit humorvoller Brechung) – sollten eher noch einmal gesondert diskutiert werden.

Von zentraler Bedeutung aber bleibt die Frage nach der Konstitution eines musikimmanent greifbaren, ästhetisch reflektierenden Subjekts: Dieses muss teils – wie schon in einem Beitrag von Carl Dahlhaus zu Beethoven angedeutet[43] – mit einem biographischen Subjekt identifiziert werden (im Sinne jener „Autorenfunktion", die den Komponisten selbst als musikalischen „Erzähler" imaginiert), und kann teils als dessen nachvollziehbare Imagination eines „Helden" als intersubjektiv ausgerichtete Identifikationsfigur eines somit performativ gewissermaßen ‚einkomponierten' Publikums verstanden werden. In diese Richtung weist auch, was Bruno Walter am 5. Dezember 1901 eingangs eines Briefes an Ludwig

41   Schiller, *Über naive und sentimentalische Dichtung*, S. 39.
42   Vgl. Eggebrecht, *Die Musik Gustav Mahlers*, S. 23.
43   Vgl. Anm. 4.

Schiedermayr gewissermaßen als Stellvertreter Mahlers zu dessen „Pereat den Programmen", vielmehr aber zu dessen Schiller entlehnter, anscheinend (zumindest aus Walters Sicht) ganz und gar empfindungsästhetisch orientierten Poetik ausgeführt hat:

> Es besteht die Möglichkeit, die Region, aus der so scharfumrissene musikalische Äußerungen kommen, durch ein passendes Bild anzudeuten; dies ist so zu erklären, daß der durch die Musik dargestellte innere Zustand zugleich auch zu zahllosen Lebensvorgängen in Beziehung stehen kann (Schiller z.B. konstatiert eine musikalische Gemütsstimmung vor der poetischen Idee) von denen jeder einzelne mehr oder weniger fern anzudeuten geeignet ist, was von der Musik in unerreichbarer Deutlichkeit geschildert wird.[44]

Als Medium dient Mahler zwar nicht die Dichtung, sondern die Musik; diese wird allerdings für Mahler (und durch Mahler) erfahrbar als eine zweite Welt, als „zweite Natur", deren Durchwanderung als klingender Zeitstrom für den Komponisten (wie auch erfahrenen Dirigenten) und auch für den erfahrenen wie den gerade erfahrenden Hörer mit ihrer kontinuierlichen Reflexion verbunden erscheint: eine Musik im zweiten Gang, die fortlaufend zur ästhetischen Positionierung zwingt in der quasi peripatetischen Wahrnehmung ihrer eigenen, aktuellen, performativen Bewegung, ihrer gattungsgeschichtlich routinierten Verlaufsmuster (als kultureller Relikte: „Produkte des fernen Alterthums") und ihrer dennoch scheinbar natürlichen, teils naiven, teils sentimentalischen Ausdrucksmöglichkeiten.

---

44 Zit. bei Rudolph Stephan, *Mahler: IV. Symphonie G-Dur* (Meisterwerke der Musik 5), München 1966, S. 34; ironischerweise folgt anschließend dennoch die Andeutung eines Programms der *Vierten Symphonie*.

„...WENN MAN VON DER MUSIK OHNE WORTE ZUM TEXT ZURÜCKKEHREN KANN..."

Mahlers Zweite Symphonie im Kontext der Moderne

Elisabeth Schmierer

„Wie das Wort die Töne unterstützt, das fühlt man, wenn man von der Musik ohne Worte zum Text zurückkehren kann. Da ist es wie wenn Antäus die Mutter Erde wieder berührt; den festen Boden unter den Füßen, erwachsen ihm Riesenkräfte, mit denen er den schwersten Gegner (den Stoff des Künstlers) unter den Händen bezwingt."[1] Mehr als einmal hat Mahler in der Entstehungszeit seiner Zweiten und Dritten Symphonie die Bedeutung der Vokalkomposition betont. Der Vergleich mit der mythologischen Figur des Riesen Antaios, der durch die Berührung mit der Erde immer wieder neue Kräfte gewinnt, um seine Gegner zu besiegen, unterstreicht, welch wesentliche Bedeutung das vokale Element in seinen Symphonien eingenommen hat. Und eingesetzt wird es dort, wo seiner Meinung nach die Musik allein nicht verständlich genug ist, um seine Intentionen auszudrücken. Mahler hatte es als eine große Entdeckung für sich selbst angesehen (er sprach vom „Ei des Kolumbus"[2]) dass er auf die Idee gekommen war, auch Vokalsätze in seine Symphonien zu integrieren. Er war sich natürlich des großen Vorbilds der Neunten Symphonie Beethovens bewusst und bewertete den Einbezug der Sprache dort als „riesenhaften Schritt". Und selbstverständlich bewog Mahler auch die Furcht, dass die Einführung eines Chorfinales als „äußere Nachahmung Beethovens"[3] gewertet werden könnte, was die Fertigstellung des Schlusssatzes der Zweiten Symphonie hinausgezögerte.

Dass Mahler die Einbeziehung des Wortes als etwas Besonderes herausstellte, verweist darauf, dass Vokalsätze in der Symphonik der zweiten Hälfte des 19. Jahrhunderts zumindest im deutschsprachigen Bereich nicht üblich waren. Man weiß nicht, ob er Symphonien mit Einbezug von vokalen Elementen nach Beethoven, z. B. Mendelssohns *Lobgesang*[4] oder etwa Liszts *Faust*- oder *Dante*-Symphonie gekannt hat, dirigiert hat er sie jedenfalls nicht. In Frankreich gab es in der

---

1   *Gustav Mahler in den Erinnerungen von Natalie Bauer-Lechner*, hrsg. von Herbert Killian, Hamburg 1984, S. 34.
2   Ebd., S. 35.
3   Gustav Mahler. *Briefe*, Neuausgabe hrsg. von Herta Blaukopf, Wien / Hamburg 1982.
4   Vgl. den Aufsatz von Christian Martin Schmidt, *Mendelssohns* Lobgesang *und Mahlers Zweite Symphonie*, in: *Gustav Mahler und die Symphonik des 19. Jahrhunderts. Referate des Bonner Symposions 2000,* hrsg. von Bernd Sponheuer und Wolfram Steinbeck, Frankfurt 2001, S. 113–122. Schmidt weist auf die Verbreitung des *Lobgesangs* hin, so dass Mahler das Werk durchaus gekannt haben könnte.

zweiten Hälfte des 19. Jahrhunderts in der Nachfolge von Berlioz *Roméo et Juliette* und Félicien Davids *Le Désert* zwar eine Blüte der Ode-Symphonie – d.h. Symphonien, die eigentlich überdimensionierte Kantaten bzw. Oratorien waren – auch sie hat Mahler wahrscheinlich zum Zeitpunkt der Komposition der Wunderhorn-Symphonien mit ziemlicher Wahrscheinlichkeit nicht gekannt, Sätze aus *Roméo et Juliette* hat er erst 1911 in New York dirigiert. Im Vergleich zu den genannten Werken besteht jedoch bei Mahler ein entscheidender Unterschied. In Beethovens Neunter Symphonie, Mendelssohns *Lobgesang* oder Liszts *Faust-Symphonie* finden Chor- bzw. Kantatensätze Eingang. Mahler hingegen – und das ist die Besonderheit gegenüber der Gattungstradition der vokalen Symphonie – integriert gerade Lieder als Vokalsätze in seine Symphonien.[5] Begründet ist dies freilich bei Mahler durch die zentrale Stellung, die das Lied in seinem Œuvre einnimmt. Neben der Symphonie umfasst sein Schaffen bekanntlich fast nur Lieder, Lied und Symphonie gehen in seinem Œuvre eine enge Synthese ein: Lieder werden in Instrumentalsätzen seiner Symphonik verarbeitet (in der Zweiten die *Fischpredigt*), sie werden als Vokalsätze in seine *Wunderhorn*-Symphonien integriert (in der Zweiten *Urlicht*), seine Lieder nehmen symphonische Prinzipien auf, sie werden als Orchesterlieder instrumentiert, er findet schließlich die Synthese in der gewaltigen Lied-Symphonie, dem *Lied von der Erde*.

Mahlers Œuvre ist in dieser Hinsicht nahezu einzigartig, und dies könnte mitunter daran liegen, dass seine Vorgehensweise gegen die Normen der Gattungsästhetik im 19. Jahrhundert verstieß. Denn Lied und Symphonie waren diejenigen Gattungen, die am weitesten voneinander entfernt waren und von daher am unvereinbarsten erschienen: Das Lied bildete in den Gattungsästhetiken die unterste, einfachste Stufe der Vokalgattungen, die Symphonie die höchste Stufe der Instrumentalgattungen. Das Lied sollte einfach sein, formal ein Strophenlied darstellen, im Haus oder Salon gesungen und keinesfalls im Konzertsaal dargeboten werden. Freilich hatte sich das Lied in der Kompositionspraxis bis zum Jahrhundertende von dieser Vorstellung weit entfernt. In Rezensionen jedoch, für die die Gattungsästhetik oft die Norm darstellte, wurden selbst Mahlers Lieder (die nun als Orchesterlieder explizit für den Konzertsaal geschaffen waren) noch mit den herkömmlichen Kriterien gemessen. Die Absetzung von herkömmlichen Gattungsnormen durch Nivellierung der Grenzen zwischen Lied und Symphonie hat Rudolph Stephan im Sinne der „Forderung nach Original und Neuheit" gerade als ein Charakteristikum der Moderne hervorgehoben.[6]

Wenn nun Mahler davon spricht, dass das „Wort die Töne unterstützt", so betont er damit, dass er mit den Worten eigentlich nur das sinnfällig machen will, was bereits in der Musik enthalten, aber noch nicht verständlich genug ist. Die Musik war für Mahler das primäre – dies hat er immer wieder betont, z. B. auch,

---

5   Danuser (*Gustav Mahler und seine Zeit*, Laaber 1991, S. 206) stellte fest, dass „die an Beethovens Neunte anknüpfende Tradition der 'Symphonie-Kantate' vor Mahlers Zweiter Symphonie – bei Mendelssohn, Berlioz und Liszt – in den Vokalpartien kaum je Lieder umfasste".

6   Rudolf Stephan, *Moderne*, in: *MGG*, Sachteil, Bd. 6, Kassel / Stuttgart 1997, Sp. 392–397, hier Sp. 395.

dass sie unter den Künsten die „erste"[7] sei. Selbst den Kompositionsprozess von Liedern beschrieb er oft als primär musikalischen. So schilderte er, dass er in der Dritten Symphonie „zwei Gedichte aus *Des Knaben Wunderhorn* und ein herrliches Gedicht von Nietzsche den Gesängen der kurzen Sätze zugrunde"[8] lege. Das würde aber nichts anderes heißen, als dass bereits instrumentale „Gesänge" komponiert waren, denen nachträglich Texte unterlegt wurden. Eine ganz ähnliche Beschreibung des Schaffensprozesses Mahlers ist anlässlich der Komposition des Liedes *Der Tambourg'sell* überliefert: Es sei ihm zunächst als symphonisches Thema eingefallen, dann aber habe er bemerkt, dass es eigentlich ein Liedthema sei, und er kam auf den *Tambourgs'ell*. Dass sich der Schaffensprozess bei diesem Lied tatsächlich so vollzogen haben könnte, ist an den Skizzen nachvollziehbar.[9] Schwerer nachzuvollziehen ist ein solcher Kompositionsvorgang bei den genannten Sätzen der Dritten Symphonie sowie an *Urlicht* und dem Finalsatz der Zweiten Symphonie, die ihre Inspiration ja nun gerade einer Textkomposition, der Auferstehungshymne Klopstocks, verdankt. Im Folgenden wird die Problematik an den letzten beiden Sätzen der Zweiten Symphonie aufgezeigt.

Urlicht, der vierte Satz der Zweiten Symphonie, wurde von Mahler zunächst als selbstständiges Klavierlied komponiert, das er dann orchestriert hat – in Steinbach am Attersee am 19. Juli 1893, wo er die Sommermonate verbrachte.[10] In denselben Sommerferien komponierte er auch die *Fischpredigt*, das Andante und das Scherzo der zweiten Symphonie, das auf der *Fischpredigt* basiert. Der erste Satz war bereits Jahre zuvor als selbständige Symphonische Dichtung entstanden, die Idee zum Finalsatz kam Mahler erst im darauf folgenden Jahr auf der Trauerfeier für Hans von Bülow, wo er die besagte Klopstock-Hymne hörte. *Urlicht* war zur Zeit der Komposition des Liedes wohl nicht dazu gedacht, in die Symphonie integriert zu werden, angeblich kam Mahler die Idee erst nach Fertigstellung des Finalsatzes.[11] *Urlicht* ist jedoch ein Satz, der unter den *Wunderhorn*-Liedkomposition auffällt, da er gegenüber den vielstrophischen Vertonungen (z.B. *Fischpredigt*, *Das irdische Leben*, *Rheinlegendchen*) relativ kurz ist und von äu-

---

7   *Gustav Mahler in den Erinnerungen von Natalie Bauer-Lechner*, S. 34.
8   Ebd., S. 35.
9   Vgl. hierzu Elisabeth Schmierer, *Zwischen Lied und Symphonie: Zu Mahlers Tamboursg'sell*, in: *Nachrichten zur Mahler-Forschung* 33 (März 1995), S. 15–22.
10 Eine Lieddefinition, die *Urlicht* nicht unter die Gattung Lied subsumiert, greift zu kurz; siehe Christian Martin Schmidt („*O Röschen rot*" – Lied und Symphonie, in: *Gustav Mahler und das Lied. Referate des Bonner Symposions 2001* hrsg. von Bernd Sponheuer und Wolfram Steinbeck, Frankfurt am Main 2003, S. 121–134, hier S. 133; siehe dazu hingegen die detaillierten Ausführungen in Elisabeth Schmierer, *Die Orchesterlieder Gustav Mahlers*, Kassel 1989, 1. Kapitel.
11 Rudolf Stephan (*Mahler. II. Symphonie c-moll*, München 1979, S. 10f.) weist auf den Widerspruch hin, dass eine thematische Beziehung zwischen *Urlicht* und dem *Finale* bestehe: „Ich bin von Gott und will wieder zu Gott" entspricht motivisch „In heißem Liebesstreben, wird' ich entschweben". Die Einfügung muss also entweder schon vorher erwogen worden sein oder Mahler hat die besagte Stelle nachträglich im Finale abgeändert. Möglicherweise hat Mahler auch nachträglich nach einer Art Legitimation für die Integration eines so relativ kurzen Liedsatzes gegenüber den ansonsten monumentalen Symphoniesätzen gesucht, und den Satz deshalb auch als Verbindungssatz bezeichnet.

ßerst verhaltenem Charakter, wie er die Wunderhorn-Vertonungen ansonsten allenfalls in den Couplets der Refrainformen prägt.

Mahler hat den Wunderhorntext von *Urlicht* nicht verändert, er hat nur Worte
und Sätze wiederholt, die ihm besonders wichtig erschienen.[12] Und die Komposition ist sowohl in der Gliederung als auch in kompositorischen Details eng an den
Zeilen des kurzen Textes des Wunderhorn-Gedichts orientiert. Er ist fortlaufend
durchkomponiert, d.h. jeder Teil ist gemäß dem Text anders gehandhabt. Man
kann jedoch eine Dreiteiligkeit feststellen, in der die beiden äußeren Teile motivisch aufeinander bezogen sind, der Mittelteil sich hingegen abhebt.[13]

Verhaltene Eingangsakkorde auf die erste Zeile „O Röschen roth!", tiefe Lage, nur mit Streichern begleitet, harmonisch zur Tonikaparallele b-moll eingetrübt, stehen mottoartig am Beginn des Satzes. Dann folgt – in Blechbläserinstru-
mentation – eine choralartige Passage („choralmäßig" ist auch die Anweisung),
die das dreitönige Eingangsmotiv aufnimmt. Der Beginn evoziert somit eine religiöse Sphäre, verstärkt noch durch die plagale Wendung Ges-Des (Subdominante-
Tonika) von T. 6 auf 7.

Vorbereitend auf die nächste Textpassage ist die folgende Überleitung (ab T.
8) durch Taktwechsel geprägt, so dass die metrische Orientierung verloren geht,
Mollakkorde (Subdominantparallele und Tonikaparallele) trüben den Dur-
Charakter der vorangehenden Takte ein. Die Taktwechsel antizipieren jedoch die
folgende Textpassage, und deren Gestaltung erscheint somit als vom Text inspiriert: Mit dem Wechsel zum 3/4-Takt hat Mahler die Textstellen in „größter Not"
bzw. in „größter Pein" besonders hervorgehoben (die Verkürzung bewirkt hier die
Betonung).[14] Die Instrumentation beruht auf Streichern statt auf Blechbläsern, und
die Harmonik wird ausgeweitet: Die erste Phrase steht in der Tonikavariante des-
Moll (als cis-Moll notiert), die zweite auf dem Dominantseptakkord auf B, der
über die Doppeldominante (im instrumentalen Zwischenspieltakt 21 Es-Dur) zur
Dominante As-Dur in der nächsten Singstimmenzeile (T. 23) führt (Quintfall).

In der folgenden Singstimmenzeile ist einer der für Mahlers Musik typischen
Widersprüche auskomponiert: Auf „im Himmel sein" stehen in der Melodik die
auf das Wort passenden Figuren – 'exclamatio' (Sprung nach oben) und Hochton;
harmonisch führt die Passage jedoch in die Tiefe des Quintenzirkels, über die

---

12   Ursprünglich intendierte Zusätze, die wohl im Manuskript des Klavierliedes enthalten waren,
     hat Mahler später weggelassen (vgl. dazu Mahler-Gesamtausgabe Bd. XIII/2b, S. 157): Den
     Choraltakten 3–6 bzw. 8–13 waren Worte aus dem *Erntelied* (Es ist ein Schnitter, der heißt
     Tod) von Clemens Brentano unterlegt: „O Stern und Blume, Geist und Kleid, Lieb' Leid und
     Zeit und Ewigkeit!" Verkürzt zu: „Stern und Blume! / Geist und Kleid! / Lieb und Leid! /
     Zeit! Ewigkeit!" Wie der Text unterlegt wurde, ist nicht mehr eruierbar. Das Lied existiert in
     einer Klavierfassung (Entstehung unbekannt) sowie drei Orchesterversionen: derjenigen vom
     19. Juli 1893, einer späteren Druckfassung (1901) und dem Symphoniesatz. Die Änderungen
     betreffen vor allem die Instrumentation, sie sind eher marginal. Im Symphoniesatz sind vor
     allem die Blechbläser zu Beginn verstärkt. Renate Hilmar-Voit (Mahler-Gesamtausgabe, Bd.
     XIV/2, S. 322) spricht hingegen von drei verschiedenen Fassungen, die sich „in wesentlichen
     Details" unterscheiden.
13   Zur folgenden Analyse vergleiche den Notentext von *Urlicht* in der Partitur.
14   Er ist nicht dadurch bedingt, dass Mahler die Irregularitäten der Gedichtvorlage nachzeichnen
     wollte, wie Hilmar-Voit meinte (*Im Wunderhorn-Ton*, Tutzing 1988, S. 71).

Zwischendominante zur Subdominante Ges-Dur, und auf der Textwiederholung steht der Hochton auf „Himmel" gar auf der Tonikaparallele b-Moll (T. 29). Bei der Wiederholung der Textzeile wird durch die Aufnahme des Blechbläsermotivs aus T. 3, nun in der Oboe, an den choralartigen Beginn und damit die Sphäre des ‚religioso' zurückerinnert. Der erste Abschnitt schließt melodisch mit Mahlers berühmter Doppelschlagfigur in der Oboe (T. 32).

Die Zweideutigkeit setzt sich im Mittelteil fort: Der „breite Weg" bedeutet das Verheißen der Hoffnung, musikalisch symbolisiert durch fließenderen Duktus, Triolenrhythmus, Klarinette, Harfe, Solovioline und Glockenspiel in der Instrumentation; dem steht jedoch die statische, wiederum von b-Moll geprägte Harmonik gegenüber, die auf den zweiten Abschnitt des Mittelteils zu verweisen scheint. Er wird durch eine plötzliche Rückung nach A-Dur erreicht, die hellere Sphäre steht für das „Englein", die jedoch im Zwischenspiel nach dem Satz „und wollt' mich abweisen" nach a-Moll mit zusätzlicher großer Sexte fis (die im Zwischenspiel in der Violine betont wird) eingetrübt wird. Auf den Text „ach nein, ich ließ mich nicht abweisen" folgt eine Rückung zum Cis-Dur-Dominantseptakkord, der enharmonisch verwechselt, eigentlich Des-Dur ist und somit wiederum in die tieferen Regionen des Quintenzirkels und – semantisch – auf Irdisches zurückverweist, als ob die Widersetzung gegen die Abweisung des Engels nicht gelingen wollte.

Der Höhepunkt des Satzes mit der Erklärung „Ich bin von Gott und will wieder zu Gott" hat eine extreme Gestaltung: die viermalige Wiederholung desselben Motivs, zunächst jeweils immer einen Halbton höher, dann zweimal auf derselben Stufe, von Mahler gegenüber der Textvorlage noch zusätzlich betont, indem er die Worte „der liebe Gott" nochmals wiederholt. Deutlich wird, dass hier ein flehentliches und fast verzweifeltes Bitten zum Ausdruck gebracht werden soll – ein Bitten, das möglicherweise nicht erhört wird, und dessen negative Konnotationen, wie gezeigt wurde, schon in der Struktur zuvor angeklungen waren. Und aufgenommen wird zudem gerade das Motiv des ersten Teils auf die Worte „Der Mensch liegt in größter Pein". Verschärft werden die Bitten auch durch die harmonische Konstellation: Die melodische Halbtonsequenz wird begleitet von einer harmonischen, dem parallelen Hochrücken eines Dominantseptakkords auf Des, D, Es in der Harfe; in der zweiten Violine und Viola bzw. Fagott und Hörnern sind es parallel verschobene Dreiklänge, wobei die betonten Töne der Melodie jeweils Dissonanzen zu der zugrunde gelegten Harmonik bilden.

In den letzten Takten (ab Ziffer 6 bzw. T. 60ff.) scheint sich im Rekurs auf die Melodik des ersten Teils „Je lieber möchte ich im Himmel sein" die Spannung aufzulösen: Harfenklänge – die bei Mahler oft für Jenseitig-Metaphysisches stehen – begleiten die Worte „ewig selig Leben", die ‚scheinbare Erlösung' wird jedoch sofort gestört durch den anschließenden Finalsatz, der, wie Mahler selbst formulierte, „mit dem Todesschrei im Scherzo" beginnt.[15] Mahler sah im ‚Urlicht' denn auch keinen Erlösungsgedanken verwirklicht, sondern „das Fragen und Ringen der Seele um Gott und ihre eigene ewige Existenz."[16]

---

15 *Gustav Mahler in den Erinnerungen von Natalie Bauer-Lechner*, S. 40.
16 Ebd.

Ein zweiter Aspekt ist die Verarbeitung von Material aus seinen Liedern in seiner Symphonik. Hört man in der Instrumentalmusik eine Melodie, zu der man einen Text kennt, so hört man den Text mit. Auch dies war für Mahler ein Mittel, sich verständlich zu machen. Hinsichtlich des Scherzos der Zweiten Symphonie tun sich jedoch geradezu Diskrepanzen zwischen Lied und symphonischem Satz auf.[17] Das Lied ist sowohl vom Text als auch von der Musik „Satire auf das Menschenvolk",[18] wie Mahler es selbst ausdrückte, deren humorvoller Ton („Behäbig, mit Humor" ist das Lied vorzutragen, „mit Humor" ist zudem an mehreren Stellen der Partitur angemerkt) mit bissiger Kritik gemischt ist. Mahler äußerte sich selbst dazu: „In der 'Fischpredigt' [...] herrscht [...] ein etwas süßsaurer Humor. Der heilige Antonius predigt den Fischen, und seine Worte verwandeln sich sofort in ihre Sprache, die ganz besoffen, taumelig (in der Klarinette) erklingt, und alles kommt daher geschwommen. Ist das ein schillerndes Gewimmel: die Aale und Karpfen und die spitzgoscheten Hechte, deren dumme Gesichter, wie sie an den steifen, unbeweglichen Hälsen im Wasser zu Antonius hinaufschauen, ich bei meinen Tönen wahrhaftig zu sehen glaubte, dass ich laut lachen musste."[19]

Mahler gibt nun nicht genau an, auf welche Stellen der Partitur er sich jeweils bei der Assoziation des Textes bezieht. Mit den Klarinettenstellen könnte die Wechseltonmelodik zu Beginn gemeint sein, aber auch die Stelle „mit Humor", welche die Ländlermelodik verzerrt: ungewöhnliche melodische Wendungen wie übermäßige Sekunden und verminderte Quarten (durch Sprünge vom Leitton auf die Mollterz und die sechste Stufe), im Anschluss auch chromatisch abwärts führende Melodik in Terzen. Auch der Bezug zwischen musikalischer Faktur und der „spitzgoscheten Hechte, die immerzu fechten" ist nicht so richtig dingfest zu machen; der Text hat zu Beginn nahezu den gleichen Tonsatz wie die erste Strophe („Antonius zur Predigt, die Kirche find't ledig"), erst bei „fechten" ändern sich Satzstruktur und Harmonik (Es-Dur statt c-Moll auf fechten, sowie Dreiklangsmelodik: karikierend kommt ein 'heroisches' Moment herein). Die Nicht-Spezifizierung Mahlers deutet jedoch gerade auf ein bezeichnendes Moment: Mahler scheute sich offenbar, Stellen, die den Text illustrieren, direkt zu nennen – von denen es viele gibt und die auch direkt textausdeutende Funktion haben. Auf zwei weitere, die vom Tonsatz her auffällig sind, soll noch eingegangen werden.

Am Schluss der ersten Strophe stehen harmonische Rückungen von G-Dur nach F-Dur, Es-Dur, Des-Dur, c-Moll; Mahler wiederholt hier die abschließenden Worte der Strophe „im Sonnenschein, Sonnenschein glänzen, sie glänzen, sie glänzen, glänzen", hebt also die Stelle auch durch die Textwiederholungen eigens hervor. Auf „im Sonnenschein, Sonnenschein glänzen" hat Mahler drei Takte lang ein helles G-Dur komponiert (die Dominante der Grundtonart c-Moll), während das wiederholte „glänzen" keineswegs gesteigert wird, wie man sich von den Textwiederholungen denken könnte, sondern im Gegenteil in den Bereich der b-

---

17 Vgl. hierzu den Aufsatz von Claudia Maurer-Zenck, *Technik und Gehalt im Scherzo von Mahlers Zweiter Symphonie*, in: *Melos* 1 (1975), S. 179–184.
18 *Gustav Mahler in den Erinnerungen von Natalie Bauer-Lechner*, S. 28.
19 Ebd.

Tonarten und melodisch abwärts geführt wird: der Glanz ist hohler Schein, das ganze ein Reflex der „Satire auf das Menschenvolk".

Eine weitere Stelle betrifft die neapolitanische Wendung (kleine Sekunde abwärts, phrygische Sekund) auf „Kein Predigt niemalen, den Fischen hat g'fallen": Sie geht auf das Modell zurück, das in der barocken Oper als Formel für Fragen verwendet wurde. Hier wird schon antizipiert, dass die Predigt an den Fischen vorbeiging, sie so blieben, wie sie waren, das Fischvolk – laut Mahler – „nicht um ein Jota klüger geworden ist, obwohl der Heilige ihnen aufgespielt hat!"[20]

Mahler hat nun diesem im Detail und im Charakter so subtil auf den Text abgestimmten Satz im Programm der Zweiten Symphonie eine andere außermusikalische Deutung verliehen: „Das im Scherzo Ausgedrückte kann ich nur so veranschaulichen: Wenn du aus der Ferne durch ein Fenster einem Tanze zusiehst, ohne dass du die Musik dazu hörst, so erscheint dir Drehung und Bewegung der Paare wirr und sinnlos, da dir der Rhythmus als Schlüssel fehlt. So musst du dir denken, dass einem, der sich und sein Glück verloren hat, die Welt wie im Hohlspiegel, verkehrt und wahnsinnig erscheint. – Mit dem furchtbaren Aufschrei der so gemarterten Seele endet das Scherzo." Der Ländler-Topos wird zunächst tatsächlich auf den Tanz bezogen, um dann als Abbild eines 'verkehrten' Bildes aufzuscheinen. Mahler benutzt nun weitgehend den gleichen Tonsatz für den ersten Teil des Scherzos sowie für weite Strecken des Mittelteils – also mit sämtlichen Details, die auf den Text der Fischpredigt anspielten – und hat dem neuen Kontext für diese übernommenen Partien fast nur durch die Instrumentation Rechnung getragen. Der Beginn allerdings weicht ab: Die durch Fermaten abgesetzten Paukeneinsätze im ff und f deuten bereits etwas ganz anderes an als die recht harmlos satirisch-humoristische Atmosphäre der Fischpredigt. In dem Sinn sind auch die Pauken von Beginn an statt Fagott und Kontrabässen eingesetzt. Solche Umdeutungen musikalischer Faktur sind in der Musikgeschichte nichts besonderes, sie sind aus Bachs Parodieverfahren zur Genüge bekannt. Im Unterschied zu Bach, wo eine neue Textunterlegung auch der Musik ihren neuen Sinn verleiht, haben wir hier eine textlose Komposition, bei der der Hörer – kennt er das *Fischpredigt*-Lied – durchaus diesen Text beim Hören mitvollziehen kann, und er wird heute auch meist mitvollzogen.

In der Verwendung von Liedmaterial, das auf einen anderen Kontext deutet als das Lied selbst, ist der *Fischpredigt*-Satz allerdings eine Ausnahme: Die *Gesellenlieder* in der ersten Symphonie, das *Kuckucks*-Lied in der Dritten Symphonie oder auch die Verwendung von Material aus den *Kindertotenliedern* in den Instrumentalsymphonien beziehen die semantische Konnotation der Liedtexte jeweils ein. Wenn man aber Mahlers Programm kennt, so lässt sich die Musik problemlos mit dem neuen Kontext verbinden, man kann die *Fischpredigt* vergessen und assoziiert ländlerische Tanzmusik, die an den analysierten Stellen (die auf das Detail des Textes der *Fischpredigt* bezogen waren) auf die Verzerrung im Hohlspiegel verweisen mögen. Auch die Interpretation des Scherzos kann zur neuen Konnotation beitragen. Mahler hat freilich – und hier entfernt sich dann

---

20 Ebd.

auch die musikalische Faktur vom satirisch-humorvollen Ton der Fischpredigt –
den Satz gewaltig erweitert, um Trio-Teile und die in seiner Musik typischen Hö-
hepunkte und Zusammenbrüche, u. a. dem „Aufschrei" des Helden.[21]

Auf diese Möglichkeit der Erweiterung von Musik, die sich aus sich selbst
entwickelt, hat Mahler in Bezug auf die Entstehung des zweiten Satzes aus dem
Wunderhornlied hingewiesen: „Es ist ein seltsamer Vorgang! Ohne dass man anfangs weiß, wohin es führt, fühlt man sich immer weiter und weiter über die ursprüngliche Form hinaus getrieben, deren reicher Gehalt doch, wie die Pflanze im
Samenkorn, unbewusst in ihr verborgen lag."[22] Dies heißt aber nichts anderes, als
dass die musikalische Faktur der Fischpredigt sich nicht im Lied erschöpft, sondern Dimensionen in sich birgt, die eine Weiterentwicklung fordern. Wegen der
Eigenentwicklung der Musik, so erklärt Mahler, könne er keine Oper schreiben:
„Daher, scheint mir, könnte ich mich nur schwer in den festgesetzten Grenzen
halten, wie sie ein Operntext (es müsste denn ein selbstgemachter sein) oder auch
nur das Vorspiel zu einem fremden Werke auferlegen."[23]

Diese Idee hat Mahler für das ausgedehnte Finale aufgenommen, indem er einen eigenen Text dafür schuf. Zwar nahm er die ersten beiden Strophen der Klopstock-Hymne am Beginn auf, die ihm als Anregung gedient hatten, aber dichtete
sechs weitere Strophen hinzu. Man könnte annehmen, dass auch die dreistrophige
Version Klopstocks,[24] die Mahler bei der Trauerfeier Hans von Bülows gehört
hatte, und die ihn ja zum Finalsatz inspiriert hatte, durchaus als abschließender
Choral mit Auferstehungsmotiv hätte ausreichen können. Mahlers kompositorischen Intentionen genügte sie jedoch nicht, und auf diese Intentionen verweist
insbesondere seine erste, eigens hinzu gedichtete Textstrophe „O glaube, mein
Herz, o glaube: Es geht dir nichts verloren!"

Auf diesen Text hat Mahler eine herausgehobene Stelle des instrumentalen
Teils wieder aufgenommen.[25] Der Instrumentalteil ist ansonsten in weiten Teilen
vom Dies-irae-Motiv bestimmt, das bereits im ersten Satz exponiert wurde, und
im Finale mit dem Auferstehungsmotiv verknüpft wird. Das Dies-irae-Motiv verschwindet dann im Kantatenteil fast (aber nicht vollständig[26]), denn hier soll der

21 Eine umfangreiche Analyse des Satzes im Vergleich mit der Fischpredigt gibt Claudia Mau-
    rer-Zenck, *Technik und Gehalt im Scherzo von Mahlers Zweiter Symphonie*, S. 179–184.
22 *Gustav Mahler in den Erinnerungen von Natalie Bauer-Lechner*, S. 27.
23 Ebd.
24 Rudolf Stephan, *Mahler. II. Symphonie*, S. 9.
25 Oder besser gesagt: Er hat wahrscheinlich umgekehrt diese Stelle in den instrumentalen Teil
    integriert. Denn es ist davon auszugehen, dass Mahler mit dem vokalen Teil begann, und da-
    nach den instrumentalen ersten Teil des Finales konzipierte. Die wichtigsten Motive des Kan-
    tatenteils jedenfalls, das Auferstehungsmotiv (auf die erste Strophe „Auferstehn, ja aufer-
    stehn"), das Ewigkeitsmotiv und die im folgenden besprochene Stelle, der Abschnitt auf den
    Text „O glaube" ('Beschwörung'), sind im Instrumentalteil verarbeitet.
26 Bernd Sponheuer (*Logik des Zerfalls. Untersuchungen zum Finalproblem in den Symphonien
    Gustav Mahlers*, Tutzing 1978) spricht fälschlicherweise davon, dass es „gänzlich eliminiert"
    sei (S. 119).

vorangehende Status – der „Tag des jüngsten Gerichts", so Mahler – überwunden werden.[27]

Der „O glaube"-Abschnitt erscheint das erste Mal ziemlich am Beginn des Finalsatzes nach der Exposition des Dies-irae-Motivs und des daran anschließenden Auferstehungsmotivs, also noch im Teil des „Jüngsten Gerichts". Die Melodik konstituiert sich weitgehend aus halbtönigen abwärts führenden Motiven – phrygischen melodischen Wendungen (in Flöte und Englischhorn, später auch Oboe) – deren semantische Konnotation Fragecharakter impliziert.[28] Hinzu kommt, dass die Fortführung des Motivs mit dem Dies-irae-Motiv verknüpft ist, seine Rahmentöne sind diejenigen des Dies-irae-Motivs. Aber dem nicht genug: Die Motive werden zum einen durch 'drohende' Bässe unterbrochen und bei Ziffer 7 ertönt in Umkehrung des phrygischen Motivs ein Klarinettenmotiv herein, das dissonant zum harmonischen Kontext steht (d/f – es/ges zu Ges-Dur und b-Moll in Flöte und Englischhorn). Zudem ist hier eine Es-Klarinette vorgeschrieben, die Mahler auch anderweitig in seiner Symphonik benutzt, um den Klang zu schärfen und Dissonanzen zu betonen.[29]

Der Abschnitt kehrt wieder nach dem ersten Höhepunkt des instrumentalen Teils, bezeichnenderweise in der Posaune (also dem Instrument des Jüngsten Gerichts) sowie in der Tonart es-Moll, in Mahlers Musik die Todestonart (es-Moll steht bspw. auch am Schluss des 3. Gesellenliedes, „Ich wollt', ich läg' auf der schwarzen Bahr, könnt' nimmer die Augen aufmachen").[30] Im Kantatenteil ist die Stelle vom Tonsatz her zunächst genauso übernommen, wie sie beim ersten Mal im Instrumentalteil steht, lediglich uminstrumentiert, aber mit Beibehaltung der Es-Klarinette; die Singstimme textiert die Melodie im Englischhorn, dafür entfällt die Flöte; die zweite Klarinette ist durch Oboe ersetzt, aber die Es-Klarinette bleibt; die Tremoli stehen in der Viola statt in der Violine.

---

27 „Während die ersten drei Sätze erzählend sind, ist im letzten alles ein inneres Geschehen. Es beginnt mit dem Todesschrei im Scherzo. Und nun die Auflösung der furchtbaren Lebensfrage, die Erlösung. Zunächst, wie Glaube und Kirche sie sich über dieses Leben hinaus schufen: Der Tag des jüngsten Gerichts. Ein Beben geht über die Erde. Hör' dir den Trommelwirbel an, und die Haare werden dir zu Berge stehen! Der große Appell ertönt: die Gräber springen auf und alle Kreatur ringt sich heulend und zähneklappernd von der Erde empor. Nun kommen sie alle aufmarschiert im gewaltigen Zuge: Bettler und Reiche, Volk und Könige, die ecclesia militans, die Päpste. Bei allen gleiche Angst, Schreien und Beben, denn vor Gott ist keiner gerecht. Dazwischen immer wieder – wie aus einer anderen Welt – von jenseits der große Appell. Zuletzt, nachdem alle im ärgsten Durcheinander aufgeschrien, nur noch die langhintönende Stimme des Totenvogels vom letzten Grabe her, die endlich auch erstirbt. – Und nun kommt nichts von all dem Erwarteten; kein himmlisches Gericht, keine Begnadeten und keine Verdammten; kein Guter, kein Böser, kein Richter! Alles hat aufgehört zu sein. Und leise und schlicht hebt an: 'Aufersteh'n, ja aufersteh'n...', wozu die Worte selbst Kommentar sind." (*Gustav Mahler in den Erinnerungen von Natalie Bauer-Lechner*, S. 40).

28 Phrygische Wendungen finden sich zahlreich in Rezitativen der Oper des 18. Jahrhunderts.

29 Vgl. hierzu Elisabeth Schmierer, *Gustav Mahler und Berlioz*, in: *Hector Berlioz. Ein Franzose in Deutschland*, hrsg. von Matthias Brzoska, Hermann Hofer und Nicole K. Strohmann, Laaber 2005, S. 66–83, besonders 68–73.

30 Siehe z. B. den Schluss des dritten *Gesellenlieds*: „Ich wollt, ich läg auf der schwarzen Bahr, könnt nimmer die Augen aufmachen".

Dies verwundert, soll der Kantatenteil doch eigentlich einen neuen Zustand nach dem „Tag des jüngsten Gerichts" darstellen.[31] Zwar folgt im Kantatenteil nun ein anderer musikalischer Ablauf als im Instrumentalteil, da die Motive einer Verarbeitung unterzogen werden und eine zweite vokale Version des „O glaube" 'versöhnlicher', ohne die Sekundintervallik, gehalten ist; jedoch steht diese nicht mehr im Alt-Solo, sondern im Sopran, als ob von anderer Seite der Glaube des Zweifelnden bestätigt werden müsse, und der Zweifel scheint durch das anschließende Sekundintervall in der Oboe wiederzukehren.

Zwar könnte man argumentieren, dass mit dem Beginn des Chores „Auferstehn", der aus einer anderen Welt zu erklingen scheint („Alles hat aufgehört zu sein, Und leise und schlicht hebt an: „aufersteh'n, ja aufersteh'n"[32]), der Umschlag erfolgt ist, und im emphatischen Ende apotheotisch die Auferstehungs-Idee auskomponiert ist. Dem widerspricht jedoch eine Stelle ziemlich am Schluss des Finale: Bei „Sterben werd ich um zu leben" ist der Beginn der Zeile in reinem Es-Dur komponiert, während ausgerechnet auf „leben" eine schrille Dissonanz erscheint: Über den Grundton es wird die Subdominante As-Dur geschichtet, alle vier Singstimmen mit Verstärkung der Hörner bringen dazu das dissonante d, und auch der Schluss der Zeile im übernächsten Takt steht auf einer Dissonanz (es-g-h). Derartige Gestaltungsweisen – das Einsetzen von Dissonanzen, die in Widerspruch zum Text eingesetzt sind – sind nichts besonders bei Mahler; eine ähnliche Stelle gibt es, um nur ein weiteres Beispiel mit Erlösungsthematik zu nennen, im Lied *Um Mitternacht*, wo der affirmative Choral der Schlussstrophe durch Dissonanzen gestört wird.[33] Der Höhepunkt im Kantatenfinale klingt – wie auch die Stelle in *Um Mitternacht* – weniger als Erlösung, sondern fast als Verzweiflungsschrei.

Die Deutungen von Mahlers Zweiter Symphonie erstrecken sich von der Interpretation als affirmatives religiös-geistliches Werk[34] über eine „künstlerische Ersatzreligion" im Sinne des 19. Jahrhunderts[35] oder Überwindung des Untergangs durch Neugestaltung[36] zur Deutung als Scheitern, da „die im Werk angemeldete Erlösung als subjektiv gesetzt" bekannt werden muss „und damit zugleich ihren Anspruch als scheinhaft" herausstellt.[37] Die Widersprüche, die sich im Verhältnis von musikalischer Gestaltung und Text ergeben, der nach Mahler eigentlich doch helfen sollte, zur Auslegung beizutragen, mögen mit einen Grund zu den verschiedenartigen Interpretationen abgegeben haben. Denn nicht nur der Bezug

---

31 *Gustav Mahler in den Erinnerungen von Natalie Bauer-Lechner*, S.40.
32 Ebd., S. 40.
33 Vgl. hierzu Elisabeth Schmierer, *Die Orchesterlieder Gustav Mahlers*, **S. xxx.**
34 Constantin Floros, *Gustav Mahler*, Bd. 3: *Die Symphonien*, Wiesbaden 1985, S. 47–74.
35 Hans Mayer, zit. nach Bernd Sponheuer, S. 132.
36 Paul Bekker, *Gustav Mahlers Symphonien*, Tutzing 1969 (Reprint der Auflage von 1921), S. 71. Mahler hat in einem nachträglich verfassten Programm von 1901 diesbezüglich ausformuliert (Stephan, *II. Symphonie*, S. 80f.): Bei „Auferstehen" erscheine „die Herrlichkeit Gottes! Ein wundervolles, mildes Licht durchdringt uns bis an das Herz – alles ist stille und selig! – Und siehe da: Es ist kein Gericht – Es ist kein Sünder, kein Gerechter – kein Großer und kein Kleiner – Es ist nicht Strafe und nicht Lohn! Ein allmächtiges Liebesgefühl durchleuchtet uns mit seligem Wissen und Sein."
37 Sponheuer, *Logik des Zerfalls*, S. 133.

von Text und Musik ist ambivalent, sondern auch Mahlers Deutungen derselben Stelle differieren zuweilen. So hat er beispielsweise die „Vogelrufstelle", die vor dem Einsetzen des Auferstehungschorals steht (es ertönen in Flöte und Piccolflöte deutliche Vogelrufmotive), zweimal verschieden ausgelegt. Gegenüber Bauer-Lechner hat er 1896 diese Musik als „langhintönende Stimme des Totenvogels vom letzten Grabe her, die endlich auch erstirbt"[38] bezeichnet. Im Programm von 1901 ist es die „ferne, ferne Nachtigall", die „wie ein leiser zitternder Nachhall des Erdenlebens" zu vernehmen ist.[39] Die Stelle erfährt also beim zweiten Mal eine andere Ausdeutung – auch wenn man einbezieht, dass Nachtigallengesang sowohl Symbol der Liebe als auch des Leides sein kann.[40]

Die genannten Sachverhalte verweisen auf das generelle Problem der Vieldeutigkeit oder – anders ausgedrückt – relativen Unbestimmtheit der musikalischen Struktur, die Interpretationen offenlassen kann. Mahler hat diesbezüglich zwischen Schaffensprozess und dem Resultat, also dem komponierten Werk, unterschieden. Konkret müsse der Anlass zum Schaffensvorgang sein, der „gewiss ein Erlebnis des Autors ist, also ein Tatsächliches, welches doch immerhin konkret genug wäre, um in Worte gekleidet werden zu können" bzw. ein „Vorgang" in „allerunmittelbarster Anschauung", auf die es in jeder Kunst ankomme.[41] Davon unterscheidet er das Geschaffene, die Musik, die für ihn „erst da beginnt, wo die dunkeln Empfindungen walten, an der Pforte, die in die 'andere Welt' hineinführt".[42] In diesem Sinne hat sich Mahler, wie viele Komponisten vor ihm, insbesondere dann in seiner Wiener Phase, gegen den engen Bezug von Musik und Programm ausgesprochen. Jedoch auch in der Rezeption sollen Programm und Text quasi einer Vermittlung dienen, denn der Mensch müsse seiner Meinung nach „eben an etwas Bekanntes anknüpfen, sonst verliert er sich."[43] Bezieht man zudem ein, dass Mahler durch seine Gestaltungsweise mit semantischen musikalischen Modellen und Onomatopoetik die Musik mit 'Bedeutungen' überfrachtet, so scheint sich in der Ambiguität zwischen 'Unbestimmtem' und Ausdruck von 'Weltanschauung' eine Typik der Moderne widerzuspiegeln: Zum einen der Hang zu weltanschaulicher Deutung, die in der Epoche der Auflösung von Normen und Werten als besonders dringendes Anliegen erscheint, und gleichzeitig die gegenüber der Romantik noch gesteigerte ästhetische Anschauung von Musik als autonomer Kunst, entfernt von der Banalität des Alltags und metaphysisch enthoben, wie sie in Strömungen des Symbolismus auch als Vorbild der anderen Künste

---

38   *Gustav Mahler in den Erinnerungen von Natalie Bauer-Lechner*, S. 40.
39   Stephan, *II. Symphonie*, S. 81.
40   Zu fragen ist, was Mahler mit „Totenvogel" meint: das Ersterben der Stimme deutet eher nicht darauf, dass ein Seelentier gemeint ist (in dem die Seele eines Menschen nach seinem Tode weiterlebt, eher Rabe oder Taube als Nachtigall), denn dann müsste der Vogel auffliegen, sein Gesang bei der Auferstehung gerade nicht ersterben. D. h. Mahler hat den Totenvogel wohl eher mit negativem Gehalt versehen.
41   *Gustav Mahler in den Erinnerungen von Natalie Bauer-Lechner*, S. 28: „Und schwebte einem ein solcher Vorgang nicht in der allerunmittelbarsten Anschauung vor, er könnte, glaube ich, nie gelingen; denn in jeder Kunst kommt es vor allem auf die Anschauung an."
42   Stephan, *II. Symphonie*, S. 78.
43   Ebd., S. 79.

diente. In der Spannbreite zwischen Musik als 'Unbestimmtem', 'Metaphysi-
schem', nach Mahler „der Welt, in der die Dinge nicht mehr durch Zeit und Ort
auseinanderfallen"[44] und konkretem Ausdruck, der sich in Äußerungen über den
Schaffensvorgang, in Programmen, in Textkompositionen niederschlägt, bewegen
sich Mahlers Kompositionen. Als 'Weltanschauungsmusik', die über das klingende Substrat hinausweist, und die mehr ist als die rund 20 Jahre später proklamierte
Gebrauchsmusik, muss sie sich außermusikalischer Mittel zumindest als „Andeutung des tieferen Gehalts, der herauszuholen [...] ist",[45] bedienen. Gerade diese
Vielschichtigkeit lässt aber nicht nur verschiedene programmatische Deutungen
zu, sie kann sich auch dem Text gegenüber ambivalent verhalten: Eine Andeutung
des „tieferen Gehalts" kann der Text auch geben, wenn die Musik etwas anderes
sagt oder zu sagen scheint als der Text, sie mithin in fruchtbarem Spannungsverhältnis zum Text steht. Diese Mannigfaltigkeit der Möglichkeiten sowie die daraus resultierende Vieldeutigkeit, deren Widersprüche sich trotz Text – oder gerade
durch den Text – der Eindeutigkeit entziehen, machen die Besonderheit von Mahlers Musik aus.

44 Ebd., S. 78.
45 *Gustav Mahler in den Erinnerungen von Natalie Bauer-Lechner*, S. 27: „Etwas anderes ist es
    bei Liedern, aber nur darum, weil man da mit der Musik doch viel mehr ausdrücken kann, als
    die Worte unmittelbar sagen, oder man wieder sein eigener Dichter wird. Denke z. B. an 'Das
    irdische Leben' und die 'Fischpredigt' oder 'Das himmlische Leben'! Der Text bildet eigentlich
    nur die Andeutung des tieferen Gehaltes, der herauszuholen, des Schatzes, der zu heben ist."

NARRATIVE STRUKTUREN
IN MAHLERS VIERTER SYMPHONIE[1]

Wolfram Steinbeck

Mahlers Vierte Symphonie ist bekanntlich ‚von hinten' komponiert: *Das himmlische Leben* entstand zuerst und war eine Zeit lang offenbar als Satz der Dritten geplant. Als die Entscheidung gefallen war, das Lied zum Schlusssatz der Vierten zu machen, hatte Mahler einen eigentümlichen Weg vor sich: Er musste die übrigen Sätze auf dieses vorhandene Finale hin schreiben. Bei der Zweiten war es ihm schwergefallen, überhaupt ein geeignetes Finale zu finden, bei der Dritten stand die Satzzahl und Anordnung geraume Zeit nicht fest, auch nicht, welches der Schlusssatz werden sollte. Und nun eine Symphonie, deren Finale vorab schon fertig ist! Und was für ein Finale! Ein Vokalfinale als schlichtes Lied, als reines Lied, wie Mahler es allenfalls als Binnensatz in der Zweiten und Dritten eingesetzt hatte. Vokalfinali waren im 19. Jahrhundert meist groß angelegte Kantaten, man denke nur an Beethovens Neunte, Mendelssohns *Lobgesang* oder Mahlers eigene Zweite Symphonie. Nun ein Lied gänzlich konträren Ausmaßes und Aufwandes: zart, lyrisch, kurz. Als abschließendes Werk der „durchaus in sich geschlossene[n] Tetralogie"[2] der „Wunderhorn-Symphonien" wirkt die Vierte ferner insgesamt geradezu wie ein ironischer Bruch mit dem von Mahler selbst eingeschlagenen Weg zunehmender Größe und zunehmender Finalsteigerung. Dem Finale der Ersten, einer festwiesenartigen Ankunftsfeier des „Helden", folgt die gigantische Auferstehungsvision der Zweiten, die in der Dritten Symphonie nur noch durch eine Musik überboten werden konnte, die sich wieder ganz auf sich als reine (weil reininstrumentale) Kunst konzentriert und mit mächtigem Pathos großen Adagio-Tons eine gewaltige Hymne an die (Macht der) Musik intoniert. Und nun die Vierte: die kürzeste aller seiner Symphonien, die zudem zur Viersätzigkeit zurückkehrt, die kammermusikalischste seiner Werke mit einem Finale, das aller Monumentalität symphonischen Schließens seit Beethoven (einschließlich Mahlers selbst) zu spotten scheint, das Anti-Finale einer Anti-Symphonie. Dass Mahler seine Vierte Symphonie selbst als „Humoreske" bezeichnet hat, fasst die Momente im Übrigen punktgenau zusammen.

Die Vierte wird durch ihren Bruch mit der Tradition jedoch nicht zur Karikatur der Gattung (wie etwa Strauss' *Symphonia domestica*). Als „Humoreske" formuliert sie vielmehr eine Art „verkehrte Welt", wie Mahler sie dem Grundgedanken nach vor al-

---

1   Der vorliegende Beitrag gibt den Vortragstext des Kölner Symposiums wieder. Eine wesentlich erweiterte Fassung erscheint unter dem Titel *„Was mir die Musik erzählt." Narrative Strukturen in Mahlers Vierter Symphonie* in der Festschrift für Hermann Danuser (*Musikalische Interpretation – Interpretation der Musik*, hrsg. von Andreas Meyer, Tobias Plebuch, Camilla Bork, Tobias Robert Klein und Burkhard Meischein, Berlin 2011).

2   So Mahler nach Natalie Bauer-Lechner, *Gustav Mahler in den Erinnerungen von Natalie Bauer-Lechner*, hrsg. von Herbert Killian, Hamburg 1984, S. 164.

lem in seinen Scherzi verwirklicht hatte. Das Ironische, bei Mahler ohnehin eine zentrale Kategorie, wird in der Vierten zum grundsätzlich bestimmenden Moment, oder mit
Adorno: Die Vierte Symphonie „ist ein Als-Ob von der ersten bis zur letzten Note".[3]

Keine andere Symphonie operiert so sehr mit Doppeldeutigkeit im Gewand
scheinbar heiteren Spiels, im Gewand kindlicher Naivität, die im letzten Satz „erklärt [...], wie alles gemeint ist", der Heiterkeit jedoch „einer höheren, uns fremden Welt [...], die für uns etwas Schauerlich-Grauenvolles hat."[4]

Das himmlische Leben *[Der Himmel hängt voll Geigen]*

[1.] Wir genießen die himmlischen Freuden,
drum tun wir das Irdische meiden,
kein weltlich Getümmel
hört man nicht im Himmel!
Lebt alles in sanftester Ruh'!
Wir führen ein englisches Leben!
Sind dennoch ganz lustig daneben!
Wir tanzen und springen,
wir hüpfen und singen!
SANKT PETER IM HIMMEL SIEHT ZU!

[2.] Johannes das Lämmlein auslasset,
der Metzger Herodes drauf passet!
Wir führen ein geduldig's,
unschuldig's, geduldig's,
ein liebliches Lämmlein zu Tod!
Sankt Lucas den Ochsen tät schlachten
ohn' einig's Bedenken und Achten,
der Wein kost' kein Heller
im himmlischen Keller,
DIE ENGLEIN, DIE BACKEN DAS BROT.

[3.] Gut' Kräuter von allerhand Arten,
die wachsen im himmlischen Garten!
Gut' Spargel, Fisolen
und was wir nur wollen!
Ganze Schüsseln voll sind uns bereit!
Gut' Äpfel, gut' Birn' und gut' Trauben!

Die Gärtner, die alles erlauben!
Willst Rehbock, willst Hasen,
auf offener Straßen
[zur Küche] sie laufen herbei!

[4.] Sollt' [etwa] ein Fasttag *etwa*
    [an]kommen,
[Die] *Alle* Fische *gleich* mit Freuden ange-
    schwommen[strömen]!
[Da] *Dort läuft* [laufet] *schon* Sankt Peter
mit Netz und mit Köder
zum himmlischen Weiher hinein.
[willst Karpfen, willst Hecht, willst Forellen,
gut Stockfisch und frische Sardellen?
Sanct Lorenz hat müssen
sein Leben einbüßen,]
SANKT MARTHA DIE KÖCHIN MUß SEIN.

[5.] Kein' Musik ist ja nicht auf Erden,
die uns'rer verglichen kann werden.
E[i]lftausend Jungfrauen
zu tanzen sich trauen!
Sankt Ursula selbst dazu lacht!
Cäcilia mit ihren Verwandten
Sind treffliche Hofmusikanten!
Die englischen Stimmen
ermuntern die Sinnen,
DAß ALLES FÜR FREUDEN ERWACHT.

[ ] = Mahlers Auslassungen · *kursiv* = Mahlers Ergänzungen

---

3   Theodor W. Adorno, *Mahler. Wiener Gedenkrede*, in: *Gesammelte Schriften* 16, S. 325. Zur
     Ironie der Vierten vgl. vor allem auch Bernd Sponheuer, *Logik des Zerfalls. Untersuchungen
     zum Finalproblem in den Symphonien Gustav Mahlers*, Tutzing 1978, S. 187ff., sowie Hart-
     mut Hein, *Zur Ironie des „Himmlischen Lebens": Die besondere Stellung von Mahlers
     „Vierter Symphonie" in einer 'Problemgeschichte' der Vokalsymphonie*, in: *Gustav Mahler
     und die Symphonik des 19. Jahrhunderts*, hrsg. von Bernd Sponheuer und Wolfram Steinbeck
     (Bonner Schriften zur Musikwissenschaft 5), Frankfurt 2001, S. 123–139.
4   *Gustav Mahler in den Erinnerungen von Natalie Bauer-Lechner*, S. 198.

Formübersicht

Vorspiel (*Behaglich*) G-Dur
I.   1. Str. (mit CHORALSCHLUSS: „SANKT PETER...") G-Dur ...
       Zwischenspiel (kontrastierendes Schellenmotiv) – Vorspiel (im Charakter
       des Schellenmotivs)
II.   2. Str. (mit CHORALSCHLUSS: „DIE ENGLEIN...") e-Moll ...
       Zwischenspiel (kontrastierendes Schellenmotiv) (nur 4 T.)
III.   3. + 4. Str. (4. Str. mit CHORALSCHLUSS: „SANKT MARTA...") G-Dur ...
       Zwischenspiel (kontrastierendes Schellenmotiv)
       Vorspiel (Tempo I.) E-Dur
IV.   5. Str. (mit CHORALSCHLUSS: „DASS ALLES FÜR FREUDEN ERWACHT") E-Dur
       Schlusstakte (aus Vorspiel, *morendo*) E-Dur

Der Text beschreibt, dass und wie sich die kindlich-naive, christlich-gläubige Seele das Leben im Himmel vorstellt: als ein Schlaraffenland, in dem wir wie Engel
leben, versehen vor allem mit den köstlichsten Speisen und der schönsten Musik.
Die Schilderung benutzt dazu freilich höchst drastische Bilder. Zum Mahl lässt
Johannes der Täufer sein Lamm schlachten, lebendiges Zeichen des Lamm Gottes, wobei ausgerechnet Herodes hilft! Auch Lukas opfert fürs himmlische Mahl
bedenkenlos das Attribut seiner selbst, den Stier, Symbol für den Opfertod Jesu
Christi, bis schließlich zur schönsten Himmelsmusik jene elftausend Jungfrauen
tanzen, die der Legende nach als Begleiterinnen der Heiligen Ursula durch die
Hunnen vor den Toren Kölns hingemetzelt wurden. Mahler hat den Text treffend
charakterisiert: „Was für eine Schelmerei verbunden mit dem tiefsten Mystizis-
mus, steckt darin! Es ist alles auf den Kopf gestellt, die Kausalität hat ganz und
gar keine Gültigkeit! Es ist, wie wenn du plötzlich auf jene uns abgewandte Seite
des Mondes blicktest."[5]
    Schauen wir zunächst auf die äußere Form der Vertonung (vgl. dazu den Text
links und die Formübersicht oben auf dieser Seite). Das Lied ist strophig angelegt,
wobei, wie bei Mahler üblich, die Vertonung der Strophen stark variiert und die
Textstrophen 3 und 4 zu einer musikalischen Strophe zusammengefasst werden.
Der Satz wird durch ein „behagliches" Vorspiel (Spielanweisung) eingeleitet und
durch ein verklingendes Nachspiel, das motivisch auf das Vorspiel zurückweist,
abgeschlossen; die Strophen enden jeweils mit einer choralhaften Figur („Sankt
Peter im Himmel schaut zu" etc.) und werden durch kontrastierende Zwischen-
spiele gegliedert.
    Das Vorspiel zur ersten Strophe (G-Dur, a-Moll) führt präludierend in die
Motivik des Liedes ein: weiche Dreiklangsbrechung mit dem Sextaufstieg des
Anfangsmotivs, heiter-beschwingte Wechselnotenfiguren in Punktierungen (T. 4
oder 10), wiegende Triolierungen (T. 7ff.), zarte Vorschläge (T. 2ff.), komisch
abspringende Oktaven (T. 1ff.), rasche anmutig-bewegten Sechzehntelgirlanden
(T. 9ff.) u.a. All das erzeugt den behaglich-friedlichen Ton, der im Text benannt
wird: „Wir genießen die himmlischen Freuden" (vgl. Notenbeispiel 1).

---

5   Ebd., S. 185.

IV.

Notenbeispiel 1: Gustav Mahler, Vierte Symphonie, 4. Satz (T. 1–6)

Notenbeispiel 1 (Fortsetzung): Gustav Mahler, Vierte Symphonie, 4. Satz (T. 7–11)

Dann kommt aber das Zwischenspiel – das formal an der ‚richtigen Stelle' steht, nämlich zwischen Strophe 1 und 2.

Notenbeispiel 2: Gustav Mahler, Vierte Symphonie, 4. Satz (T. 34–40)

Notenbeispiel 2 (Fortsetzung): Gustav Mahler, Vierte Symphonie, 4. Satz (T. 41–45)

Abrupter können wir aus der Sphäre himmlischer Entrückung nicht herausgerissen werden: Die mit ihren Vorschlägen klappernden leeren Quinten, zu Anfang unterstützt durch wirkliche Schellen, sind vor allem das musikalische Symbol des

Narren. Mahler nannte die Figur selbst „Schellenkappe".[6] Der plötzliche Einbruch dieser Figur macht endgültig klar, dass und wie sehr hier alles Gaukelei ist, die Gaukelei eines Narrenspiels. Das Schellen- oder Narrenmotiv bricht mit der Scheinwelt, in die wir uns verirrt haben, wenn wir, von Text und Musik verleitet, vom himmlischen Leben träumen. Indem es aber radikal ins Diesseits zurückführt – also aus der Scheinwelt geträumten himmlischen Lebens ausbricht –, bleibt es dennoch Teil der Geschichte und ein Symbol des Spiels.

Spätestens hier wird der Narr als *Erzähler* der Geschichte wahrnehmbar. Sein Auftreten, der krasse Einbruch des musikalischen „Schellenmotivs", wirkt als Durchbrechung einer zuvor erzeugten Fiktion. Darin tritt er auf der extradiegetischen Erzählebene (d.h. der außerhalb der *erzählten* Handlung liegenden Ebene der Geschichte)[7] als heterodiegetische Erzählfigur auf, d.h. als zur Geschichte gehörender Erzähler, der seine eigene Geschichte durchbricht und sich als Erzähler zu Wort meldet. Das poetische Mittel, das hier eingesetzt wird, erweist sich bei genauerem Hinsehen als ein narratives. Mit ihr wird die Diskrepanz von Vorstellung und Realität, welch letztere es in Musik nur als Musik geben kann, musikalisch angemessen realisierbar. Dieses Moment des Narrativen ist zugleich die Voraussetzung, dass wir die Stelle als Ironie wahrnehmen: Bruch von Illusion ist charakteristisch für romantische Ironie. Und dass der „Erzähler" ein „Narr" ist, passt zu dem, *was* er uns vormacht: Gaukelei vom Unerreichbaren, dem „himmlischen Leben", dessen Wahrheit die des Narren selbst ist – eine zutiefst ambivalente, doppelbödige Form ironischen Erzählens, dessen ‚Wahrheit' in ihrer Ironie liegt.

Dreimal durchbricht die Narrenfigur (das Schellenmotiv) als abrupt kontrastierendes Zwischenspiel die fiktionale Himmelsvision. Aber auch in den übrigen Satzteilen fungiert sie als Lenker der Geschichte. Man schaue nur auf den Anfang und die Markierungen in den Notenbeispielen, die auf Verwandtschaften mit dem expliziten Schellenmotiv verweisen. Das Schellenmotiv, zusammengesetzt vor allem aus Vorschlägen und Ton- bzw. Intervallrepetitionen, ist das leitende Motiv des Satzes. Es erweist sich in seinen Varianten als geradezu allgegenwärtig. Narratologisch: Der Narr hinterlässt seine Spuren in der ‚Geschichte'– als musikalisches Motiv ebenso wie als semantisches.

Und selbst im berühmten „himmlischen"[8] E-Dur-Schluss, der Vision der *musica coelestis* („Sehr zart und geheimnisvoll", so die Spielanweisung in der Partitur), spielt die Figur abschließend eine (ihre) Rolle. Wie oft wurden Musiker und Publikum beim Hören dieses Schlusses nicht in selige Verklärung versetzt? Aber es wäre kein Mahler, wenn hier nicht zugleich wieder ironisches Spiel im Spiele wäre: Schon Besetzung, Begleitung und Lautstärke wirken keineswegs zuversichtlich; der Schluss verklingt im *pianissimo*, getragen vom offen endenden Dreiklangsmotiv in Bassklarinette und Violoncelli sowie der Vorschlagsfigur im

---

6   Ebd., S. 202.
7   Vgl. Gérard Genette, *Die Erzählung*, München [2]1998, S. 162ff.
8   E-Dur gilt als Tonart des Gebets und himmlischer Andacht, „ihr ganzes Wesen ist offen und frei und daher auch für Andacht und Frömmigkeit nur anwendbar, wo die Freude in Gott lebendig geworden ist, oder das Herz vertrauensvoll dem Ewigen sich hingibt" (Ferdinand Hand, *Aesthetik der Tonkunst*, 1. Theil Leipzig 1837, S. 221).

Englischhorn mit ihrer polyvalenten Bedeutung: Tänzerisch-heiter erschien es zu Beginn des Satzes, wehklagend später, dann immer wieder als Symbol des neckenden Narren und/oder des Erzählers.

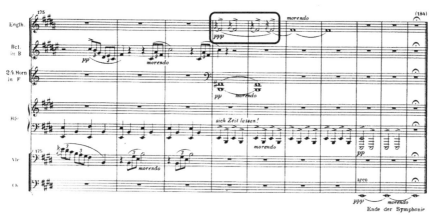

Notenbeispiel 3: Gustav Mahler, Vierte Symphonie, 4. Satz (T. 175–184)

Ein offen verklingender E-Dur-Schluss mit kaum mehr hörbarem Laut der Kontrabässe – das ist die offene Frage: „Ist das denn alles wahr?"[9] War es stilles Verstummen angesichts visionärer Himmelschau? Oder war es Gaukelei eines Narrenstücks, das uns zwischen Fiktion und Erkenntnis hin und her geworfen hat? Oder vernahmen wir die verstummende Einsicht in die Uneinlösbarkeit der Utopie und damit auch endgültiger symphonischer Finallösungen?

Vor der Geschichte der Gattung ebenso wie im Blick auf die Tetralogie, die hier (und so) endet, bezieht dieses Finale seine Bedeutung jedenfalls aus seinem unverhüllten Bruch mit den Normen symphonischen Schließens. Mit diesem Finale erscheint die Erhabenheit traditioneller Finallösungen und vor allem der der vorangegangenen Symphonien Mahlers aufgehoben und zugleich ins Gegenteil verkehrt.

Und doch ist dieses Lied ein Finale: Zum einen ist es der Schluss-Satz dreier vorausgehender Sätze, die auf dieses Finale zusteuern, wie es die Sätze der früheren Symphonien auf ihre Weise taten. Sie dienen, kurz gesagt, der Vorbereitung des Finale (und sind so ja auch komponiert): Der Kopfsatz führt das Narrenmotiv als Zitat des Schlusssatzes ein und das Scherzo bildet eine vulgär-drastische Version der Himmelsvision des Finales (ebenfalls mit Verarbeitung des Narrenmotivs). Stets ist hier der Erzähler als intradiegetische Figur präsent. Und das Adagio fungiert als ,reine' Musik innigen Wohllauts, als reine Fiktion, ohne Brechung und Erzähler, als Gegenstück zu Banalität und ironischer „Uneigentlichkeit" der übrigen Sätze und als unmittelbarste Hinführung zum letzten Satz. Zum andern eröffnet das Finale als „Humoreske" eine besondere ironische Dimension, wie sie die Vorgängerwerke ebenso wenig erkennen lassen wie die späteren. Dieses Finale geht zu allen Finalsätzen der Gattung gleichsam auf Distanz, um darauf zu ver-

9   Adorno, *Mahler. Eine musikalische Physiognomik*, Frankfurt 1960, S. 83.

weisen, was es ist: ein Finale über das symphonische Schließen, ein Finale über das Finale. Dass diese Haltung mit humoresker Heiterkeit verbunden ist, besagt im übrigen nicht, dass in ihr nicht auch (wie es typisch ist für Mahler und auch typisch für viele „Wunderhorn"-Lieder) eine Tristesse durchscheint, die rückverweist auf den, der da singt: den Menschen, der wahrlich nicht im Besitz eines solchen „himmlischen Lebens" ist und es sich im Grunde nur vorgaukeln kann.

Aber die „humoreske" Haltung dieses Satzes ist zugleich (als Musik über Musik) eine ‚erzählte', in der das Narrative durch die „ironische" Brechung des (selbst humoresken) Schellenmotivs überhaupt erst als solches konstituiert wird. Wir haben in der Tat einen als solchen sich erweisenden und präsentierenden Erzähler, einen aber der sowohl extra- wie intradiegetisch agiert. Und dieser Erzähler ist als „Figur" (musikalisch ebenso wie narrativ) diejenige Instanz, die uns das Unsagbare und Unvorstellbare, nämlich das „himmlische Leben", das ohnehin grotesk irdische Züge trägt und eigentlich gar nicht „himmlisch" ist, *als Unsagbares* sinnlich vernehmbar macht! Tatsächlich wird erst im Finale das Ziel des Werkes verwirklicht, nicht vielleicht in der „Erfüllung" der Werkidee, sondern vielleicht besser: in ihrer „Enthüllung".

Mahler hat nach Bauer-Lechner gesagt, dieses „Werk sei artistisch sein vollendetstes; er habe das Gefühl, dass er damit endlich auf der Höhe seines Könnens angelangt sei und wirklich aus dem Vollen schöpfe".[10] Und: Es ist ein (erstes) evidentes Beispiel musikalischer Narration, die sich dadurch vom herkömmlichen musikalischen Prozess als ‚Geschichte' unterscheidet, dass sie ihren Erzähler explizit als solchen auftreten, mithin im Sinne romantischer Ironie agieren lässt. Dabei wird, anders als etwa bei E. T. A. Hoffmann, der Erzähler zugleich Figur der erzählten Geschichte selbst. Als Erzähler bleibt er ebenso präsent wie als Akteur der Geschichte. Und auch dies gehört zum Vexierspiel der Vierten!

Und schließlich: Das Narrative der Vierten ist Teil ihres auch semantischen Sujets. Wir hören die kindlich-naive Vision vom Himmel und seiner Musik. Sie als naiv zu enttarnen, bedarf es des Erzählers, der die Illusion durchbricht, und ihr Spiel ist das Gaukelspiel eines Schalks, eines Narren, einer „humoristischen" Figur – musikalisch ebenso wie semantisch. Die Doppeldeutigkeit der Figur ist ihr Wesen – ebenfalls musikalisch und semantisch: Denn als variiertes Motiv bestimmt sie den kompositorischen Satz (und das ganze Werk!) und als drastisches „Schellenmotiv" gliedert sie die Strophen ebenso wie sie die Funktion der ironischen Brechung realisiert.

Die Musik dieses Satzes (wie des Werkes) erzählt letztlich von sich selbst: Vom romantisch Unaussprechlichen als ironischem Spiel der Musik mit sich und seiner Semantik sowie von der Geschichte symphonischen Schließens, die noch in den drei vorhergehenden Symphonien Erlösungspathos erfüllte.

---

10 *Gustav Mahler in den Erinnerungen von Natalie Bauer-Lechner*, S. 164.

MAHLER AND SOCIO-CULTURAL NOMADISM

The Case of the Fifth Symphony

Jeremy Barham

> Home is where one comes from,
> And it can also be where one goes to
> (Franz Nabl)

I have discussed elsewhere the difficulties of determining Mahler's precise socio-political or ethnic-national allegiances from biographical and historical fact alone.[1] The common argument that places Austro-German centrality against a Czech-Bohemian or Slavic periphery, or indeed Christian against Judaic contexts, with respect to Mahler and his music, in order to identify either a utopian unification or a dystopian disunity within him/it, is often constructed along presumed cultural-historical fault lines of an essentialist and reductive political history. In such a history demarcations of race, ethnos, nationhood, religion and dynastic governance are somewhat inflexibly conceived. I have also suggested in the same study that Mahler's music aligns itself with a *Heimatkunst* ethos in its very projection of an absent *Heimat*, a lost idyll, and in its preoccupation with the naïve and the kitschy. At other times, however, this ethos is undercut by an irony which in its more negative and destructive forms is anathema to the world of *Heimatkunst*, as represented, for example, in the morally unambiguous and sentimental narratives of Peter Rosegger, a writer once described by Mahler, with again perhaps more than a hint of irony, as 'the most important contemporary poet'.[2]

Given the complex historical and biographical configurations that surround any attempt to reclaim Mahler for one national, ethnic or religious grouping or another, we are entitled to question the extent to which such approaches, and indeed Mahler's own conjectured *Heimatsuche*, constitute a backward-/forward-looking or a laterally orientated enterprise. The kind of confusion generated by an empirical, evidential stance towards this issue is illustrated by the details presented in Table 1. For every claim of allegiance or affinity there is a counter-claim:

---

1   Jeremy Barham, *Mahler, Heimat and Randkultur: Musical Politics of Centre and Periphery*, in: *Music and the Construction of National Identities in the 19th Century*, eds. Beat A. Föllmi, Nils Grosch and Mathieu Schneider, Baden-Baden / Bouxwiller, 2010, pp. 267-82.
2   Ernst Decsey, *Stunden mit Mahler*, in: *Die Musik* (1911), 18: pp. 352-6; pp. 21: 143-53, cited in Norman Lebrecht (ed.), *Mahler Remembered*, London, 1987, p. 255.

Table 1. Mahler's socio-cultural affiliations

SLAVIC/CZECH-BOHEMIAN TENDENCIES	GERMANIC TENDENCIES
Steeped in Czech culture and language as a child.[3]	German was the language of his childhood home environment and schooling, and German 'high culture' was the content of his education within the socio-culturally elite and liberal German *Sprachinsel* which generally neglected other national groups, especially Czech cultural traditions.[5]
Favourite song 'At se pinkl házi' ('Let the Knapsack Rock'), a 19th-century composition which became familiar Czech greeting: 'Let the knapsack rock' to which the customary reply was 'let it rock'.[4]	
Conflation in Mahler's creative psyche of second-order folk culture, childhood, class status and servility, in accord with the prevailing German view that Czech music primarily meant folk music of rural and lower-class communities.	
Acknowledged the influence of early musical impressions on his artistic creativity:[6] Hamburg 1893, Bohemian street music in 'Fischpredigt'.[7] Vienna 1901, melody 'An dem blauen See' by Thomas Koschat (1843–1914) in the third movement of the Fifth Symphony.[8] USA 1911, *The Etude* magazine : 'the musical influences which surround the child are those which have the greatest influence upon his afterlife [later life] ... the melodies which composers evolve in their maturity are but the flowers which bloom from ... the seeds of the folk-song in their childhood'.[9]	As student in Vienna, associated with radical pan-Germanism of Adler, Pernerstorfer and Friedjung, devoted to politico-cultural healing of 1866 wound, and leading to von Schönerer's anti-Semitic *Deutschnationaler Verein* which aimed to incorporate Habsburg Monarchy into Hohenzollern territory: 'Ohne Juden, Ohne Rom wird ebaut Germania's Dom' ('We need no Jews, we need no Rome, to build our stately German home'.)[10] Accompanied group singing of 'Deutschland, Deutschland über Alles !'[11]

3   See Josef Bohuslav Foerster, *Poutník v cizině* [*Der Pilger in der Fremde*], Prague, 1947, and Arnošt Mahler, *Gustav Mahler und seine Heimat*, in: *Die Musikforschung* 25 (1972), pp. 437–48; esp. p. 437.

4   See Jiří Rychetsky, *Mahler's Favourite Song*, in: *The Musical Times* 130 (December 1989), p. 729. During the post-1866 Prussian occupation of Prague it was also used by soldiers as a misguided attempt to foster goodwill amongst the native population.

5   See Hillel Kieval, *Languages of Community. The Jewish Experience in the Czech Lands*, Berkeley, 2000, p. 5.

6   See Richard Specht, *Gustav Mahler*, Berlin, 1913, pp. 165–66, and Donald Mitchell, *Mahler and Smetana: Significant Influences or Accidental Parallels?* in: Stephen Hefling (ed.), *Mahler Studies*, Cambridge, 1997, pp.110–21.

7   See Natalie Bauer-Lechner, *Recollections of Gustav Mahler*, ed. Peter Franklin, transl. Dika Newlin, London, 1980, p. 33.

8   Ibid., p. 72.

9   Gustav Mahler, *The Influence of the Folk-Song on German Musical Art*, interview, *The Etude*, Philadelphia (May 1911), pp. 301–2.

Mahler as a Jew more Prussian than Austrian, joining pan-German movement which was an impediment to German-Czech reconciliation: the self-sacrificing act of assimilated Jewry/crypto-Judaism?

Reading Carlyle's *History of Frederick the Great* in 1896, it seems to him that something of the war-like spirit of the book had transferred itself to the march in the first movement of the Third Symphony: 'The victorious columns that instantly overthrow the enemy rabble are just like the stout-hearted Prussian armies. And what a role military music, Prussian and Austrian, plays in this!'[12]

1894, his command of the Czech language is sufficient for him to make alterations to the libretto of Smetana's *The Bartered Bride*.[13]

1904, he requests from Janáček a piano reduction of *Jenůfa* with German text 'because I do not speak the Bohemian language'.[14]

Prague 1886: 'I must confess that Smetana in particular strikes me as very remarkable. Even if his operas will certainly never form part of the repertory in Germany, it would be worthwhile presenting such an entirely original and individual composer to audiences as cultivated as those in Leipzig.'[15]

Vienna 1901: 'You can't imagine how annoyed I was again today by the imperfection of this work [Smetana's *Dalibor*] … He was defeated by his lack of technique and his Czech nationality (which hampered him even more effectively, and deprived him of the culture of the rest of Europe)'.[17]

Vienna 1897, at a time of tense Czech-German relations, he celebrates the Emperor's name day with the premiere of Smetana's *Dalibor* (sung in German), inciting increased attendance of Slav officials, and a rowdy response from Slav students, in the audience: a deliberately provocative act given the Viennese view of Smetana as an extreme Czech nationalist?[16]

10   Georg Heinrich Ritter von Schönerer, cited in R.W. Seton-Watson, *A History of the Czechs and Slovaks*, London, 1943, p. 235.
11   See William McGrath, *Dionysian Art and Populist Politics*, New Haven, 1974, p. 132.
12   Bauer-Lechner, *Mahleriana* MS, cited in de La Grange, *Gustav Mahler. Chronique d'une Vie I. Vers La Gloire 1860-1900*, Paris, 1979, p. 574.
13   Mahler, *Gustav Mahler und seine Heimat*, p. 438.
14   Kurt Blaukopf, *Gustav Mahler und die Tschechische Oper*, in: *Österreichische Musikzeitschrift* 34/6 (1979), pp. 285–8; quotation p. 287.
15   Herta Blaukopf (ed.), *Gustav Mahler Briefe*, 2nd edn, Vienna, 1996, p. 73.
16   See Herta Blaukopf, *Mahler's First Season as Director at the k.u.k. Hofopperntheater: the Composer Waits in the Wings*, in Jeremy Barham (ed.), *Perspectives on Gustav Mahler*, Aldershot, 2005, pp. 327–43; esp. pp. 332–3.
17   Bauer-Lechner, *Recollections of Gustav Mahler*, p. 180.

He keeps *Dalibor* in the repertoire until
1904, and gives the American premiere of
The Bartered Bride in opening season at the
Metropolitan Opera, 1907.

1909 New York, he says in interview with
German reporters, 'Ich bin ein Böhme',[18]
echoing the defiant reply from the Czech
historian, leader and founder of Bohemian
nationalism, Frantisek Palacky, to the post-
revolution German liberal-nationalist *Vor-
parlament* when declining an 1848 invitation
to attend its meetings in Frankfurt: 'I am not
a German ... I am a Bohemian of Slavonic
blood'.

Vienna 1900, programmes Wagner's
Kaisermarch with Vienna Philharmonic
to commemorate Wilhelm II's birthday;
Neue Zeitschrift criticizes this because he
had abandoned the tradition of presenting
a new opera each year on Franz Joseph's
birthday.[19]

1910, New York, he asserts in interview:
'I am always called a Bohemian ... Yet I
am not. I am a German. It is true that I
was born in Bohemia, but of German
parents. It is also true that I admire
Swetna [Smetana] ... Still, I have denied
that I am a Bohemian. I have said to my-
self, "If people want to call me a Bohemian, why I shall [shall I not] let them
call me a Bohemian!" Yet I am really a
German'.[20]

It is, of course, feasible to envisage that Mahler held all of these apparently op-
positional viewpoints or subscribed to all of these contrasting tendencies simulta-
neously, that for certain psychological dispositions and socio-cultural groups these
conflicts may in some way have been assimilated as compatible differences, or
that perhaps they were not even considered to be conflicts in the first place. Con-
ceivably it was the fate of multiply oppressed Czech-Bohemian Jewry to be condemned to a life of constant striving for, but continual failure to achieve, individual and societal integration in the accepted manner. In Mahler's case, the breaking
of, and subsequent attempt to mend or 'heal', symphonic form operated, Ahasver-
like, on the plane of self-inflicted curse as punishment for mocking a hallowed
cultural legacy. Here the non-believer, the non-German, at best only attains status
as 'honorary' Christian German, and at worst is simply discarded as unredeemable
'ewige Jude' in the eyes and ears of fascist regimes. Notwithstanding attempts by
Paul Bekker, Alfred Rosenzweig, Vladimír Karbusický, and Siegfried Kross to re-
animate notions of non-German creative lineages,[21] it has been difficult to resist

18   Henry A. Lea, *Mahler: German Romantic or Jewish Satirist?*, in David Bronsen (ed.), *Jews
     and Germans from 1860 to 1933: the Problematic Symbiosis*, Heidelberg, 1979, pp. 288–305;
     quotation p. 291.
19   See Henry-Louis de La Grange, *Gustav Mahler. Volume 2. Vienna: the Years of Challenge*,
     Oxford / New York, 1995, p. 231.
20   *Tribune*, 3 April, 1910, cited in Henry-Louis de La Grange, *Gustav Mahler. Volume 4. A New
     Life Cut Short (1907-1911)*, Oxford / New York, 2008, p. 712.
21   Bekker, *Gustav Mahlers Sinfonien*, Berlin, 1921; Rosenzweig, *Gustav Mahler. New Insights
     into his Life, Times and Work*, [1945] ed. & transl., Jeremy Barham, London, 2007; Kar-

the handed-down historical model of German symphonic centrality and all the cultural, structural and stylistic determinants that frame its critical understanding – and this despite the Czech-Bohemian diaspora that was largely responsible for creating a canonical Austro-German classicism in the first place. At the creative chalk-face, Mahler may nevertheless be best understood as having rendered newly permeable the increasingly impermeable membrane of late 19th-century German symphonism, as not just inflecting an ever-more culturally uninflected bourgeois concert-hall product, but severely compromising it, producing symphonies that become 'symphonies', using the genre's own means to undo it and renew it, and thereby both falsifying and re-confirming the inherited model. Whether this somewhat paradoxical musical trajectory can be translated into a politics of identity, however complex or incoherent, is a question to be addressed in the following examination of the Fifth Symphony, which expands on that offered in my previous study.

A composer like Mahler cannot have been insensitive to the idea of 'the Fifth' as heavily marked cultural stanchion or as staging-post in compositional 'development' (and it is reasonable to infer from his religio-philosophical preoccupations that Mahler adhered to (or at least cherished) some kind of teleological belief system). This may be one of the reasons that in his own Fifth he turned back (or forwards in a post-Beethoven-Ninth sense) to a purely instrumental format and began the work with an unmistakeable rhythmic reference to Beethoven's Fifth. In, at least unconsciously, measuring himself up against a tradition he both venerated and felt the need to re-work from a *de facto* exterior vantage point, the remarkable combination of this Beethovenian allusion with a Bohemian-Moravian funeral dirge in the first movement takes on the burden of his predicament and provides the stylistic-generic tension from which the entire work's energy will flow. It is the manner in which this flow deals with the initial 'thesis' that grants the Symphony such potentially significant socio-cultural power.

Like many of its predecessors, the Fifth Symphony came in for some harsh criticism at its early performances in 1905-11. However, certain (sometimes veiled) hints of the reading I am proposing here can be discerned in both negative and more generous contemporary responses alike. Such hints remained undeveloped either due to constraints of journalistic space or because they pointed to something that was so obvious at the time that it needed no further explanation. Over a century later what was patent has become at least partially submerged. Berlin critics, for example, described Mahler's tendency to 'exceed the limits of the symphonic genre' despite (or perhaps precisely because of) the 'great simplicity' of the 'thematic material' and the Scherzo's 'string of Viennese waltz tunes'.[22] Cincinnati's German-language *Freie Presse* noted a similar 'contempt

bulický, *Gustav Mahler's Musical Jewishness*, in: Barham (ed.), *Perspectives on Gustav Mahler*, pp. 195-216; Kross, *Das "Zweite Zeitalter der Symphonie" – Ideologie und Realität*, in: Kross (ed.), *Probleme der symphonischen Tradition im 19. Jahrhundert*, Tutzing, 1990, pp. 11-36.

22 Cited and paraphrased in Henry-Louis de La Grange, *Gustav Mahler. Volume 3. Vienna: Triumph and Disillusion (1904-1907)*, Oxford / New York, 1999, pp. 126 and 128.

for aesthetic rules'.[23] In Prague, the critic of the journal *Dalibor* perhaps unsurprisingly detected 'a Czech influence' in the first movement's second theme, amid 'the grossest banality and triviality' in other parts of the work, and this was re-emphasized in a more general sense both by critics in Antwerp 1906 who described the work as 'a cross between a czardas and a languorous Viennese romance' whose 'violent contrasts and passionate accents pushed to the extreme' were 'scarcely surprising from a composer with Czech blood in his veins', and later in Paris 1911 by Jacques Gabriel Prod'homme's condemnation of Mahler's 'Bohemian exaggerations'.[24] Mahler's former acquaintance from the Hamburg years, Ferdinand Pfohl, spoke of the poverty of the work's musical ideas paraded 'with the pride and ostentation of a king who puts on rags', highlighting the symphonic 'error of taste' that was the first movement's funeral march, and the 'street songs' that together with it added up to a 'desecration of the sacred spirit of music' – a sentiment echoed, but this time approvingly, by Henry Taylor Parker in New York 1906 who noted the great liberties Mahler took with 'sacrosanct form'.[25] In Strasbourg and Trieste Romain Rolland and an anonymous critic caught something of the duality of the work by referring respectively to 'musical agglomerates, learned and barbarous, with harmonies at once coarse and refined', and Mahler's 'musically double nature' in belonging both to the 'Vienna' and '*Neudeutsch*' schools.[26] This bi-polarity was extended into an image of multiply fractured identity in a Rotterdam critic's intoxicated view of the work as, by turns, 'magnificent, execrable, sublime, banal, clear, murky', and in Richard Batka's acknowledgment of the work in 1909 as 'an expression of its creator's endlessly complex, self-contradictory, and at the same time, unbelievably interesting psyche'.[27] The Symphony fared worst in Vienna where his enemies Hirschfeld, Muntz, Graf, and Liebstöckl lined up to condemn it as a travesty – 'as if, in a comedy, the fool were to take the role of hero' – a genetically defective 'freak of nature' or 'fake', and a 'superficially democratic' symphony whose first-movement march mocked the suffering of a '"war veteran's funeral"' with Turkish music', and whose third movement 'scoffed at Viennese popular music … by recasting it "in … contrapuntal cancans"'.[28] Only Korngold seemed to be sympathetic at this point (Vienna, 1905) to its 'deviation from classical form' and the 'folk language' of its themes.[29] Four years later in the same city Schnitzler would in a similar vein deride the charge of disingenuosness levelled by Wallaschek at Mahler's *Volkston* in the Symphony: 'Herr Wallaschek again finds [the music] foreign and hybrid [*nicht wurzelecht*]. – O the naïve cheek of the "native". Herr Wallaschek understands Austria – Mahler doesn't'.[30] Indeed, while the popular character was perfectly compatible and well judged for some, for others Mahler

23 Cited in ibid., p. 134.
24 Cited and paraphrased in ibid., pp. 130-1, 319 & 320, and *Gustav Mahler. Volume 4*, p. 1107.
25 Cited in de La Grange, *Gustav Mahler. Volume 3*, pp. 141, 142 and 314.
26 Cited in ibid., p. 206.
27 Cited in ibid., p. 326, and in de La Grange, *Gustav Mahler. Volume 4*, p. 436.
28 Cited and paraphrased in de La Grange, *Gustav Mahler. Volume 3*, pp. 274, 276 and 277.
29 Cited and paraphrased in ibid., pp. 277 and 278.
30 Cited in de La Grange, *Gustav Mahler. Volume 4*, p. 436.

'sees this outside world only with the senses and soul of a simpleton', recreating 'poor man's celebrations … in all their tedious banality' and producing in the Fifth 'a gigantic pile of rubble run up by naïve savages and ambitious degenerates'.[31]

The most common criticism of the Symphony at its Cologne premiere in 1904 concerned an apparent lack of musical logic which demanded verbal programmatic explanation and at the same time distanced the work from a venerable autonomy aesthetic of which the symphonic genre was expected to be the epitome. In comments that bore undeniable political significance for the hierarchical perception of the Austro-Hungarian empire within which he lived and worked, the conservative critic of the Viennese *Neue Musikalische Presse*, Artur Eccarius-Sieber, noted the 'almost banal Magyar-sounding second theme of the first movement', and the work's 'affected popular style', which, together with other aspects, marked out the composer as '"the enemy of the culture of our time"'.[32] While most subsequent analyses of the Fifth Symphony have through different methods (harmonic, motivic, inter- and intra-movement structural, secondary parametric) recounted the Symphony's most obvious levels of narrative progression (C# minor to D major, darkness to light, adagio to allegro, funeral march to rumbustious rondo finale), there is another, partially concealed and less coherent, narrative at work enacted by the shifting imbrication and re-ordering of diverse generic and idiomatic material during the course of the work. I suggest that it is the complexity and obliqueness of this narrative, in particular involving less 'refined' or less fully 'processed' *völkisch* ideas, that contributed much to the confusion, misunderstanding and rejection characteristic of the Symphony's early reception. In what follows, my aim is to hear the Symphony as if from the perspective of a contemporary critical regime highly sensitized to cultural allusions, and thereby to trace its emerging narrative of interchanging and hierarchically fluid styles, genres and topics. Admittedly somewhat conjectural, this process attempts to identify, not absolute categories of symphonic interiority and exteriority, but rather *tendencies towards* these mythical, artificial extremes, in full awareness of their historical and socio-cultural contingency. Despite the fact that the music of the concert hall, court and church had since time immemorial adapted 'low' folk elements for its own purposes, in the narrative I propose, Mahler – active during a particular historical moment and at a geo-political location in which bourgeois forces of public propriety and artistic consumption were strongly aligned – is seeking to re-identify these elements and re-enact their negotiation of creative validity in the face of a dominant, western-European cultural paradigm.

In the first movement, either abruptly or through brief scenic gestures of dismissal, we plunge in and out of sometimes distinct, sometimes partially blended musical topics, many of which (though not the opening 'high-art' funeral march) are underpinned by the repetitive tread of fourths with which Mahler began his compositional career in, for example, the 1880 folk-inspired song 'Maitanz im

---

31   Gaston Carraud and Félix Gaiffe, cited in ibid., pp. 1109 and 1113.
32   Cited in de La Grange, *Gustav Mahler. Volume 3*, pp. 31 and 32. It is not clear what the double quotation marks indicate. Sieber may be quoting from another source, but de La grange does not clarify this.

Grünen' and re-used in many different later contexts. The 'art music' opening
march vies for prominence with what was contemporaneously considered an ethnic funeral dirge which is set up as the symphonically exterior or 'other' by its
initial subsidiary placement within the musical context and by the way that, despite its subsequent invocation of Bohemian wind-band and percussion sonorities
(b. 132ff) and its *völkisch* parallel-6th movement in the major (b. 120ff), it is infil-
trated by sophisticating melodic and harmonic accretions (b. 108ff) or simply
halted and 'replaced' by the opening funeral march (bb. 60, 316). The contrasting
so-called 'trio' (b. 155) is Mahler's Germanic 'high-art' mode of striving chro-
maticism (though still built over repeated 4ths in the bass), which threatens to
cancel out exteriorities. The initial dialectic of the submerged narrative, then,
though hardly conclusive, is weighted towards privileging art-music topics and
processes, and towards overcoming the 'threat' posed by the funeral dirge material that itself thoroughly reworks a barely concealed thematic allusion to the
'Poco allegretto' third movement of Brahms's Third Symphony by excavating
deeply into a repository of ethnic memories.

The second movement develops this debate in interesting new ways. It seems
both to confirm the pre-eminence of art-music idioms by beginning in resolute,
high-romantic style, and to show what a 'proper' second idea could sound like if
the first movement's dirge topic were absorbed fully into the world of organic
symphonic unfolding and art-music gestures (b. 78.) However, after some alterna-
tions between this material, as if out of nowhere (marked by a vertical line in the
middle of b. 266) the parallel-6ths glimmer of light from the first movement's folk
dirge intervenes, briefly reconciling with its 'high-art' alter ego and leading into a
momentary glimpse of diatonic simplicity and positivity in Ab major (the movement begins in A major), and brass chorale in A major. This is quickly dismissed
by a return of the opening high-romanticism (b. 322), also marked off with a mid-
bar vertical line, and the propriety of the second idea is also later reclaimed (b.
356). The seeds of two different forms of paradoxically stabilizing exteriority, the
folk-like and the chorale, have nevertheless been planted, and the latter's prema-
ture sprouting towards the end of the movement in b. 463, forcibly inserting D
major into a prevailing Eb minor is, at this early stage in the work displaced as an
ineffective homogenizing bourgeois statement, knowingly on Mahler's part, by
the movement's dominant aesthetic of romantic striving and questioning. Thus far
in the Symphony, strong juxtaposition and hierarchical ambiguity of socio-
cultural musical topics supplant any sense of integration.

The third movement is much more brazen in its projection of folk topics. The
'Alphorn' starts off an energetic quasi-round dance or Ländler in D major, the
eventual tonal goal of the whole work. Now the privileged folk material is coun-
tered by passages of high-art contrapuntal virtuosity which infiltrate and destabi-
lize it on its second and third appearances (bb. 66, 113). As if an unworkable
combination, this is swept aside by a typical scene-changing downward scale to
be replaced by a waltz in salon style, most probably the borrowing from Koschat
that Mahler mentioned to Bauer-Lechner. Will this music – half way between
high and low – provide the answer to the dialectic? Disdaining this lack of authen-

ticity, the Alphorn and round dance resume their dialogue with high-art counter-point, and when the latter itself becomes unsustainable, the Alphorn halts pro-ceedings in protest, picking up a theme recently heard in the symphonic argument, and calling in *ranz-des-vaches* style across the echoing valleys (b. 277ff), a *Kuh-reihen* or *Kuhreigen* reminiscent of Berlioz's *Symphonie Fantastique*, Schu-mann's *Manfred*, Liszt's *Album d'un Voyageur*, and the opening of Act III in Wagner's *Tristan und Isolde*, but here prompting archaic-sounding, modal chord progressions (bb. 282-5).

The folk-related material that follows, meekly attempts to assert the same melody in Ländler form, but cannot avoid the intervention of sophisticating har-monic shifts and chromatic insertions (bb. 317ff, 329). It fragments, and both *ranz des vaches* and salon waltz are given high-art developmental treatment, until after a caesura, the Alphorn and round dance enter unbidden and start the process off all over again (b. 490). From now until the end of the movement there is little res-pite from art-music sophistication. The repeat of the *ranz des vaches* (b. 701) is itself brought into direct confrontation with previous contrapuntal material which it finds difficult to subdue, trying in vain to join hands with the Ländler (bb. 745ff). With the inability of the folk idiom to sustain itself coherently, the attempt is abandoned, the Alphorn material, *ranz des vaches* and Koschat waltz are appro-priated piecemeal into the frantic coda, and the entire socio-cultural dialectic is put to one side as the next movement's stylistically and idiomatically more inte-grated, romantic 'song without words' takes us to another world of personal, in-ward contemplation that, not by chance, was frequently singled out by contempo-rary critics as the least offensive, or most convincing part of the Symphony. These final excesses of counterpoint in the third movement's coda (bb. 764ff) prefigure, but in their brevity and desperation do not adequately represent, the resolution of the narrative of juxtaposition and integration of diverse material. It is as if here the symphonic etiquette requires the exterior rawness of the base material to be con-trolled at all costs by counterpoint as the ultimate form of interior compositional rigour, and prevented from punching too many holes through the bourgeois struc-tural fabric. The struggle for containment of increasingly structurally empowered, if stylistically regressive, folk material is nevertheless considerably intensified here.

The Rondo-Finale seems to offer a reversal, or at least a problematizing of perspective on the symphonically exterior- and interior-looking identities. Rather than presented as socio-cultural alternative, irritant or danger to be contained, the musical identity tending to be conventionally exterior to the symphonic tradition actually forms without undue strain or discomfort the movement's main material, built on rustic-sounding drones straight from the world of 'Maitanz im Grünen'; and this is rendered even more lilting and dance-like by its much later transforma-tion into triplet rhythms (bb. 497ff). Ostensibly 'seriously' worked integrating symphonic writing, characterized by the ultimate contrapuntal test of fugue, is now presented as an alternative musical identity (bb. 56ff), but here this accom-modates itself to previously exterior material and processes by remaining thor-oughly diatonic and tonally stable, and is thus more fully integrated with the movement's principal material (compare the fugal passage at bb. 83ff of the third movement with that at bb. 56ff of the finale). Socio-cultural hierarchies seem to be redrawn by this role reversal of musical types and practices. The repetitive 4ths shape which appeared to underpin exteriority in previous movements now permeates almost the entire movement in one way or another: whether inscribed by melodic ascents and descents (bb. 24–5, 79, 169), or apotheosized in fanfare or triumphal chorale material (bb. 272, 539, 739). It is also a central part of the transformation of the Adagietto lyricism into dashing salon and ballroom music (bb. 641ff) – and there is much more emphasis in the finale on this half-way-house salon genre and on folk-inspired parallel-3rd movement in upper woodwind. Rustic drones are revealed as siblings of art-music pedal-note techniques, after one extended example of which (bb. 479-96) the intensified triplet version of the rustic dance in D follows seamlessly, rather than being juxtaposed or set apart by caesuras, as might have happened in previous movements. Significantly this triplet re-working unproblematically absorbs a certain level of contrapuntal interplay and merges into a hint of the coming chorale (bb. 510ff) with which it shares identical descending stepwise melodic shapes. Indeed, this hint, the chorale itself (bb. 710ff) and its final compressed statement (bb. 730ff) reveal themselves to be transformations, or generic/idiomatic reversals, of two fugal counterthemes that had earlier been heard in the first contrapuntal episode of the movement (bb. 83ff and 63ff), while an initial, abortive chorale version of bb. 739-47 was heard all the way back at bb. 510ff of the second movement. Solemn, pre-emptive chorale in this case had to be disabused and then disassembled in contrapuntal interplay, within a larger context of the recasting of hierarchies, before it could be re-integrated back into the Symphony's narrative of changing idioms.

The classical counterpoint that then intrudes in Bb (bb. 526ff) is now dominated, obsessively, by this downward four-note pattern and leaps of 4ths leading to another extended pedal build-up in C (neither key offering a satisfactory way of concluding a movement with a presumed D major as its goal) – an indication now that high-art procedures are becoming bereft of structural power and can only issue in static prolegomena to something else. Indeed the contrapuntal intrusion is countermanded in turn by the newly confident folk idiom as now-ascendant catalyst of change and intervention: the rustic dance takes over in Ab (bb. 581ff) not allowing the resolution of the pedal or any comfortable structural completion through traditional means at this stage. The idiom it represents now appears to be the controlling formal character that will determine the passage to structural completion on its own terms. This intervention generates the final structural events of the movement that will suggest varying levels of integration: some archaic-sounding *völkisch* pipers pass by and recede into the distance (bb. 605ff), their final twisted, tritone progressions (bb. 618-22) Eb-A and F-B sounding like the Doppler effect of a group of travelling 'Bohemian musicians' whose 'archaically earthy charms ... never ceased to vitalize [Mahler's] art';[33] the Adagietto lyricism undergoes the transformation referred to previously (bb. 630ff), decorated with

---

33   From the account by Mahler's childhood friend Fritz Löhr of their youthful sojourns in the countryside around Iglau. See Knud Martner (ed.), *Selected Letters of Gustav Mahler*, transl. Eithne Wilkins, Ernst Kaiser and Bill Hopkins, London, 1979, p. 393.

similar ornamentation to that in the piano accompaniment of 'Maitanz im Grünen' (bb. 641-2) and bringing folk, salon and concert hall closer together; another pedal build-up, on A (bb. 693ff) this time leads unproblematically to the apotheosis of the chorale, essentially a slowed-down harmonization of the alternative, but more fully assimilated, contrapuntal voice from b. 63; the rapid coda (bb. 749ff) integrates this voice with the rustic dance theme in an increasingly frenetic prolongation of the tonic chord; a comic shift from D to Bb (bb. 783-4) offers a last-minute reminder that the art-music impulse can do what the folk intervention did in b. 581 (the shift from C to Ab), but by now only as a structurally impotent joke; and the final melodic word is given to the descending four-note step that belongs to all three hitherto competing voices: rustic dance, alternative high-art contrapuntal working, and homogenizing chorale. And so the narrative ends, but what does the story mean?

At the very least, generic and stylistic hierarchies and accompanying notions of symphonically interior and exterior tendencies have been re-thought during the course of this Symphony. But it is not entirely clear which voice, if any, the music, or Mahler, sides with: rather than ensnaring, has an ensnared folk tone been appropriated by the bourgeois art-music framework – was it indeed always historically so – or have high-art protocols been released from their socio-cultural chains by the seeds of nature? Has folk succumbed to a complex manufactured artificiality, or has high-art been disabused of its superior pretensions? Or, is the narrative more one of dismantling categories, of dissolving distinctions, of negating polarities in a kind of socially progressive anti-*Heimat* statement? In the light of these questions, can the work's interplay of differing identities, resolved or unresolved, be attributed with geo-political significance? Certainly, Mahler (unlike Dvořák, Janáček and later Bartók) did not use folk material to promote or revive an ethnic culture, but did he do so to render the very notions of unitary culture and of sociological hierarchies a falsification?

What may appear as a typical process of symphonic integration in the Fifth Symphony is recast as a process of reversal or inversion of cultural capital, resisting narrow socio-political readings through projecting mobile identities, seeing differing perspectives, in a similar way to that in which a 19th-century German might have viewed Bohemian-Moravian or some Hungarian folk music as thoroughly Slavic, while an Eastern European might have considered it thoroughly Germanic. Perhaps the most we can say in a political sense is that, as Marcel Rubin writes: 'Mahler's symphonies are a musical negation of imperialist society, the imminent collapse of whose gigantically constructed systems they depicted in sound'.[34] This reading is reminiscent of the French poststructuralist philosopher Gilles Deleuze's idea of nomadism, part of his critique of Western political systems in *A Thousand Plateaus. Capitalism and Schizophrenia* (1980).[35] For Deleuze, nomad thought is contrasted with the philosophical discourse of the im-

---

34   Marcel Rubin, *Gustav Mahlers musikalische Rolle. Zu seinem Geburtstag – 7 Juli 1860*, in: *Austria Libre* (1945) 7-8, p. 6.

35   Gilles Deleuze and Félix Guattari, *A Thousand Plateaus. Capitalism and Schizophrenia*, transl. Brian Massumi, London / New York, 1987.

perial state: 'The law of the state is ... that of interior and exterior. ... But sovereignty only reigns over what it is capable of internalizing, of appropriating'.[36] Nomadic thought by contrast is 'outside' thought, a model of 'becoming and heterogeneity, as opposed to the stable, the eternal, the identical, the constant',[37] a region of flux and migration over which the unitary state apparatus seeks to 'establish a zone of rights'.[38]

If this is the case, to end where I began, where or what is Mahler's longed-for *Heimat*? One response frequently offered is that as a Jew, Mahler, like Ahasverus, was condemned to wander homeless as eternal outcast. I suggest an alternative, drawing on the philosophies of Karl Popper and Ernst Bloch. For Popper, *Heimat* is more of a *when* than a *where*, a psychological concept comprising a 'bundle of more or less indistinct ideas, reminiscences'.[39] There is a naivety at its heart which is genuine, impartial and connects with the playfulness of childhood. The music of folksong, and in particular the pure play of the round dance, is its epitome: in psychological terms 'Heimat art is an *early art*'.[40] Because the child gains all its experience in and through its home, 'Heimat is a "naturally acquired" primitive cultural nexus that psychogenetically creates the groundplan for the structure of every subsequent cultural nexus'.[41] In this sense, as Ernst Bloch puts it:

> "The true Genesis is not at the beginning, but at the end, and it will only start to come about when society and existence ... take themselves by their own roots. ... Once he has grasped himself and that which is his, without alienation and based in real democracy, so there will arise in the world something that shines into everyone's childhood, but where no one has yet been: Heimat."[42]

As it happened, barely months before his death (though he could not have known this himself), Mahler is reported in interview to have said: '"As the child is, so will the man be". ... So it is in music, that the songs which a child assimilates in his youth will determine his musical manhood'.[43] Mahler's childhood was hardly a bed of roses, but perhaps even more because of this, in this Symphony the mature, cultured, extra-territorial, nomad Mahler seeks reconciliation with the mythically naïve, pure origin of his existence, and in nearing it, begins to know his Heimat – a space of innocence, free from irony, high, low, interior or exterior – for the first time.

---

36 Ibid., p. 360.
37 Ibid., p. 361.
38 Ibid., p. 385.
39 Popper, *Zur Philosophie des Heimatgedankens* [1927], in Troels Eggers Hansen (ed.), *Karl R. Popper. Gesammelte Werke I. Frühe Schriften*, Tübingen, 2006, pp. 10-26; quotation p. 10.
40 Ibid., p. 21.
41 Ibid., p. 26.
42 Ernst Bloch, *Das Prinzip Hoffnung*, vol. 3, Frankfurt, 1959, p. 1628.
43 *The Etude*, 1911, p. 301.

NARRATIVE DISSONANZEN
IN MAHLERS SIEBTER SYMPHONIE

Julian Caskel

1. Der narratologische Dissonanzbegriff und die musikologische Narrationsforschung

Die Neueinführung eines terminologischen Konzepts in den Korpus der Analysekriterien der Historischen Musikwissenschaft, die als Begriffstransfer aus einer anderen akademischen Disziplin erfolgt, bedarf mindestens zweier Achsen der Legitimation: Erstens des Nachweises einer bewahrten Sinnfälligkeit des terminologischen Konzepts nach der Extrapolation aus seinem ursprünglichen diskursiven Kontext, und zweitens des Nachweises der zusätzlichen Sinnfälligkeit, die die Applikation des Konzepts auf dem jeweiligen neuen Spielfeld – in diesem Fall also der Musikanalyse – zu liefern imstande ist. Für das Konzept der ‚narrativen Dissonanz' soll im folgenden Aufsatz daher zunächst in einem theoretischen Abriss dessen Potenzial bei der Vermittlung zwischen zwei opponierenden Konzepten der musikwissenschaftlichen Narrationsforschung aufgezeigt werden. Anschließend sollen vier Instanzen möglicher narrativer Dissonanzwirkungen in Mahlers Siebter Symphonie als Beispiel für eine konkrete Anwendung des Konzepts erörtert werden. Innerhalb des weiten und nach wie vor umstrittenen Feldes der musikalischen Narrationsforschung kann dabei als Ausgangspunkt ein Referenztext von Vera Micznik herangezogen werden, der die Kategorie der musikalischen Narrativität anhand eines Vergleichs der jeweils ersten Sätze von Mahlers Neunter Symphonie und Beethovens *Pastorale* auszudifferenzieren versucht. Ein wenig Micznks Terminologie variierend, soll im Folgenden zwischen zwei Hauptattraktionslinien, an die sich (potenziell narrative) musikalische Semantisierungen anheften können, unterschieden werden: 1. formaler narrativer Ereignisstrang; 2. topischer narrativer Ereignisstrang.[1]

Im formalen Narrationsstrang würde dabei der Bezug auf tradierte Formschemata bzw. die von Anthony Newcomb so genannten „plot archetypes"[2] eine semantische Komponente prädisponieren (da durch Erreichen zur Unzeit, Verfehlen oder Umgehen die syntaktischen formalen Zielvorgaben diskursiv variiert

---

1 Vgl. Vera Micznik, *Music and Narrative Revisited: Degrees of Narrativity in Beethoven and Mahler*, in: *Journal of the Royal Musical Association*, Volume 126, 2001, S. 193–249; Micznik setzt jedoch die Dichotomie zwischen story und discourse mit vorgegebenen Topoi bzw. deren formal individualisierender Sukzession gleich. Es ist wohl aber eher so, dass beide Ereignisstränge beide narrative Ebenen umfassen können (da Topos-Abfolgen in sich diskursiv variiert und Formabläufe eine diskursive Vorgabe werden können).

2 Vgl. Anthony Newcomb, *Schumann and Late Eighteenth-Century Narrative Strategies*, in: *19th Century Music*, Volume 11 (1987), S.164ff. und auch Leo Treitler, *Music and the Historical Imagination*, Cambridge, Mass., 1989, S. 190.

werden können); ebenso beinhaltet natürlich der vokabulare Charakter der topischen Symbole, die in Mahlers symphonischer Sprache so überreich vertreten
sind, eine präfixierte semantische Ebene.[3]

Durch den Verzicht auf die Deklaration narrativer Subjekte in musikalische Objekte hinein (und ergo die Fokussierung der narrativen Funktionalität rein auf diese
Objekte selbst) steht dieses Konzept der formalen und topischen Ereignisstränge
nun eindeutig auf der Seite einer strukturalistisch, primär ganze Werkverläufe in
Anlehnung an tradierte Analyseverfahren narrativ sortierenden musikalischen Narrationsforschung. Abzugrenzen wäre es daher von jenen Ansätzen, die eher das
performative Widerstandspotenzial von auffällig disjunktiven Einzelmomenten (denen ein Subjektstatus als ‚narrating voice' zugesprochen werden kann) als Instanz
musikalischer Narrativität gegen den ‚formalistischen Rest' in Stellung bringen.[4]
Beide Vorgehensweisen sind jedoch in ihrer analytischen Zielgenauigkeit durch
eine Problematik eingeschränkt, die in Anlehnung an Roland Barthes mit dem für
die Musik medienspezifischen Phänomenalbegriff des ‚Unwirklichkeitseffekts' beschrieben werden kann. Bei Barthes steht bekanntlich der Begriff des Wirklich-
keitseffekts dafür ein, dass durch die permanente Semantizität der vom Literaten
genutzten Wortsprache im literarischen Text beständig eine Sinndimension mit anwesend ist, aus der keine andere narrative Intentionalität abgeleitet werden kann als
eben die, das Vorhandensein einer Welt, in der der Erzähler wie die Figuren sich
bewegen, indirekt wie ein beständiges Blinksignal permanent zu bestätigen:

> „Das als Signifikat der Denotation aus der realistischen Äußerung vertriebene ‚Wirkliche'
> hält als Signifikat der Konnotation wieder in ihr Einzug; denn in dem Augenblick, in dem
> diese Details angeblich direkt das Wirkliche denotieren, tun sie stillschweigend nichts an-
> deres, als dieses Wirkliche zu bedeuten. Das Barometer Flauberts, die kleine Tür Miche-
> lets sagen letztlich nichts anderes als: wir sind das Wirkliche; bedeutet wird dann die Ka-
> tegorie des ‚Wirklichen' (und nicht ihre kontingenten Inhalte); anders ausgedrückt, wird
> das Fehlen des Signifikats zugunsten des Referenten zum Signifikat des Realismus."[5]

Obgleich der Wirklichkeitseffekt also eine dinghaft bestimmte Denotation zugunsten einer unbestimmten Konnotation verdrängt und damit den literarischen
Diskurs gleichsam ein wenig musikalisiert, scheint doch zunächst einmal klar,
dass Musik, sei es programmatisch oder narrativ, zwar ‚Welthaftigkeit' in Form
von topischen Materialkonnotationen hervorbringen kann, aber kaum analog auf
die (fiktionale) Wirklichkeit dieser ‚Welthaftigkeit' zu referieren vermag. Die
Musik kennt also den Wirklichkeitseffekt nicht. Die für narrative Diskursschich-

---

3   Vgl. Hans Heinrich Eggebrecht, *Die Musik Gustav Mahlers*, München 1982, S. 85, der den
    Sinn der musikalischen Vokabeln beschreibt als deren Fähigkeit, „auf Grund einer mit ihr
    konnotativ verknüpften semantischen Kraft in einem Definitionskontext Vorstellungen
    begriffslos zu bewirken".
4   Die Ausrichtung musikalischer Narrationsforschung stärker an der performativen Qualität der
    Narrativität anstelle der strukturalen Qualität von Narratologie wird explizit eingefordert etwa
    bei Carolyn Abbate, *Unsung Voices. Opera and Musical Narrative in the Nineteenth Century*,
    Princeton 1991, S. 20.
5   Roland Barthes, *Der Wirklichkeitseffekt*, in: *Das Rauschen der Sprache* (Kritische Essays
    IV), Aus dem Französischen von Dieter Hornig, Frankfurt 2005, S. 171.

tungen (wie die Unterscheidungen von erzählter und erzählender Zeit oder äußerer und innerfiktionaler Umwelt) notwendige Ebenentrennung muss daher in die Musik durch eine Art ‚Bypass-Operation' erst hineingelegt werden: „Ein Teil der Funktionen aber, die in der Dichtung die Wirklichkeit hat, wird in der Musik von den Form- und Gattungstraditionen erfüllt, von Traditionen, die schon darum, weil sie das einzig Vorgegebene sind, auf das sich ein Komponist stützen kann, in der Musik von größerer Relevanz als in der Dichtung sind.“[6] Diese nur als Nebenbemerkung formulierte These von Carl Dahlhaus, die dem strukturalistischen Ansatz der musikalischen Narratologie ihr Grundsatzprogramm dennoch vorgibt (zumal auch der Einsatz topischer Muster als Gattungstradition gefasst werden kann), impliziert jedoch, dass eine nicht-narrative Referenz auf jene Form- und Gattungsmuster von einer Referenz, die aus einer narrativen Interpretation heraus der Formanalyse einen epistemischen Mehrwert verleihen kann und soll, zu scheiden wäre. Denn wie die strukturale musikalische Narrativität nach Dahlhaus nur auf einen Teil der Funktionen des Wirklichen in der Dichtung zugreifen kann, so wird sie in diesem Zugriff immer auch nur einen Teil der Funktionen des ‚Unwirklichen' der musikalischen Syntaxorganisation narrativ neu begreifen.

In der Instrumentalmusik ist somit eher damit zu rechnen, dass die potenziell narrativen Effekte, wie Abweichungen von vorgegebenen Formschemata oder auch eine besonders konsequente Verwendung von Toposmustern, beständig auch dort vorliegen, wo eine strategisch tatsächlich auf Narration zielende Autorenintention oder ein unstrittiger Mehrwert einer mit narratologischer Terminologie aufgeladenen Analyse zweifelhaft bleiben müssen. In der Literatur ist die basale semiotische Schicht denotativ bzw. semantisch, in Musik dagegen konnotativ bzw. syntaktisch autoreferenziell. Die literarische Narrationsforschung steht somit vor dem Problem zu erkennen, ob ein erwähntes Detail nicht nur deskriptiv ist, sondern auch strukturell-diskursive Bedeutung besitzt (muss also den Wirklichkeitseffekt ausschließen). Die Musikanalyse dagegen steht vor dem Problem, eindeutig strukturell bedeutsamen Details eine narrativ-diskursive Bedeutung erst dann zusprechen zu wollen, wenn diese als Verweis auf eine Erzählerfigur oder einen Handlungsverlauf zumindest in abstrakter Weise auch deskriptiv sind – und muss also einen Unwirklichkeitseffekt (bzw. die rein formalistische Strukturanalyse) überwinden, der in Analogie zu Barthes oben wiedergegebener Definition als notwendige Verdrängung einer medieninternen Referenz auf Strukturzusammenhänge durch eine transmediale Konnotation narrativer Intentionalität zu beschreiben wäre, in der – in diesem Fall mit dem Strukturzusammenhang – ein Referenzrahmen dennoch indirekt, nun also als veränderte Wiederkehr des Signifikanten, wieder Relevanz gewinnt.

Der performative Ansatz nutzt diesen Unwirklichkeitseffekt als Argument gegen das strukturalistische Alternativmodell, indem diesem der Vorwurf gemacht wird, notwendige Bedingungen des Narrativen zu übersehen und das Attribut damit unzulässig und allzu oft rein tautologisch auf abstrakt-musikalische Struktur-

---

6   Carl Dahlhaus, *Bemerkungen zu Beethovens 8. Symphonie*, in: *Schweizerische Musikzeitung*, 110. Jahrgang, 1970, S. 205.

abläufe anzuwenden.[7] Jedoch scheinen eben jene angeblich notwendigen Bedingungen wie eine stärkere Personalisierung des musikalischen Objekts bzw. eine
Oppositionshaltung des musikalischen Materials zu sich selbst eher noch problema-
tischer, da die Analyse nun in einen kaum überwindbaren und methodisch fragwür-
digen Dualismus hineinzugeraten droht. Das zentrale Problem des Unwirklichkeitseffekts wird nämlich zwar von den ‚Strukturalisten' nur durch eine creatio in nihi-
lum – die Projektion von in anderen Medien validen Kriterien der strukturalen Narratologie in aus medienspezifischen Gründen zwar strukturale, aber deswegen nicht
schon narrative musikalische Ereignisse – überwunden, aber von den ‚Performa-
tivisten' letztlich auch nur durch eine creatio ex nihilo: Denn jene Detektoren, die
im performativen Ansatz die Behauptung eines Subjektstatus für ein musikalisches
Objekt erlauben sollen, können doch nie ein Subjekt denotieren, sondern immer nur
konnotativ suggerieren, womit sie jedoch auf die Herstellung von Objekt-Subjekten
(sozusagen musikalischen ‚dummies') zurückfallen, die dann aber in einem einfachen Gegenmanöver als eine spezifische Form der Toposbildung dem strukturalistischen Narrationskonzept schlicht mit subsumiert werden können.[8]

Vereinfacht gesagt steht die Einführung personalisierter Erzählerfiguren (statt
lediglich von narrativ strukturierten Erzählabläufen auszugehen) also vor dem
Problem, dass der Narrator in irgendeiner Form motivisch objektiviert, in die Partitur gesetzt sein muss, diese Motivbildung jedoch fast immer (durch ihr Vorhandensein auch in anderen Form- und Motivzusammenhängen) die zentrale narrative
Differenz von Extra- und Intradiegese unterläuft. Wo dagegen der musikimma-
nente Narrator deutlich einen separaten musikalischen Raum zugewiesen bekommt und so die extradiegetische Zusatzebene des Erzählers zu etablieren
scheint (wie besonders eindrücklich in Rimsky-Korsakows *Shéherazade*), wird
sich jener separierte formale Raum, eben da er so stark hervorgehoben werden
muss, in die autonome formale Konzeption der Musik als Ritornell oder Motto-
rahmen schon wieder mit einordnen lassen – wodurch jedoch die synchronisch
gedachte diegetische Ebenendifferenz automatisch wieder hinter dieser immanenten Diachronie der musikalischen Form zurückzutreten droht.

Ein erster Punkt, den Miczniks Ansatz der beiden narrativen Ereignisstränge
gegen das Damoklesschwert des Unwirklichkeitseffekts wie gegen die Polarität
von struktureller und performanzorientierter Narrationsforschung bereit stellt, ist
nun, dass erst die Kombination dieser beiden Ereignisstränge musikalische Narrativität erzeugt. Dies wäre zum Beispiel daran zu erkennen, dass dieselbe Konstitu-

---

7   Vgl. Abbate, *Unsung Voices*, S. 45f. Dieser Vorwurf ist von Leo Treitler, *Language and the
    Interpretation of Music*, in: Jenefer Robinson (Hrsg.), *Music & Meaning*, Ithaca 1997, S. 52
    als unzulässige Ebenenvermischung zurückgewiesen worden: "If we are going to compare
    music with narrative literature, we must take care to compare their performance [...] or their
    contents, not the performance of one with the contents of the other".

8   Vgl. dazu auch die Kritik bei Roger Scruton, *The Aesthetics of Music*, Oxford 1997, S. 350:
    "There is no precise equivalent of the 'represented subject' in music. Nevertheless some writ-
    ers have found it natural to describe expressive music at least as the voice of such a subject: it
    is as though someone were expressing himself through the music. When writers argue in this
    way, however, we find that they can say nothing else about this subject. He becomes an ab-
    stract 'I', the transcendental self that has no empirical identity".

tion der Analyse auf Muster der Formerwartung und der Topos-Durchsättigung auch in strikt formalistisch argumentierenden Musiktheorien zu finden ist,[9] und die beiden Stränge ihren jeweils für sich separaten Höhepunkt jenseits narrativer ‚Milieustudien‘ wie den Mahlerschen Symphonien besitzen: Topische Verfremdungseffekte finden sich bei Igor Strawinsky oder auch Kurt Weill in explizit die narrative Ausdrucksfähigkeit der Musik negierenden ästhetischen Konzepten, wie die radikalisierte syntaktische Individuation der atonalen Musik, so sehr diese Ausdrucksmusik bleibt, durch die Anbindung des Wahrnehmungshorizonts des formalen Ereignisstrangs auch an tonale Ablaufmuster vom Rezipienten kaum mehr als narrativ dechiffriert werden kann.

Eine zweite Erweiterung von Miczniks Konzept aber hätte darauf abzuzielen, dass eine narrativ konsonante und eine narrativ dissonante Verwendungsweise bzw. Verwebungsweise der beiden von ihr identifizierten semantischen Stränge unterschieden werden kann. Der Begriff der Dissonanz kann dabei mindestens vier Relationsbeziehungen zwischen verschiedenen Instanzen eines Erzählvorgangs zugeordnet werden. Er kann erstens zur Unterscheidung eines Narrators, der dem von ihm Erzählten innerlich auch zustimmt, von einem Narrator, der eben dies nicht tut, herangezogen werden (also Fall (a) von Abbildung 1).[10] Ebenso kann eine narrative Dissonanz aber auch zwischen Erzählung und Zuhörer bestehen, da dieser ganz analog eine innerlich zustimmende oder ablehnende Haltung gegenüber dem Erzählgegenstand einnehmen kann. Wichtig für die Musikästhetik des 20. Jahrhunderts ist in diesem Zusammenhang eine Emanzipation auch der narrativen Dissonanz, da gegen eine Musik argumentiert wird, die ‚gefällig‘ unterstellten Erwartungshaltungen des Publikums entgegenkommt, und stattdessen eine Musik propagiert wird, die ‚unversöhnlich‘ sich dem Publikum verweigert. Die dialektischen Volten der Musikästhetik Adornos entspringen nicht zuletzt daraus, dass dieser narrativ dissonante Zustand zwischen Werkmaterial und Hörerorientierung als eine neu gesetzte Form der Hörerorientierung sofort wieder eine Instanz narrativer Konsonanz installiert (weshalb auch diese narrative Dissonanz nicht vom Hörer, sondern von einer objektiven Materialtendenz her konzipiert sein muss). Aber auch innerhalb der internen Rahmung der Erzählung sind narrative Dissonanzen denkbar, wobei im nicht-fiktionalen Bereich, gerade auch im wissenschaftlichen Narrativ, der Fall (d) dazu führen kann, dass unliebsame Details der empirischen Realität den ‚grand narratives‘ von Epochenerzählungen oder Theoriekonzepten untergeordnet werden. Der Fall (d) entstünde also bevorzugt gerade dort, wo Fall (a) vermieden werden soll (damit ein Erzähler ‚der Welt zustimmen‘ kann, muss er sie in eine bestimmte narrative Form bringen); Fall (c)

---

9   Vgl. etwa Kofi Agawu, *Playing with Signs. A Semiotic Interpretation of Classic Music*, Princeton 1991.

10   Zumeist auf dieser Ebene findet das Begriffspaar in der Erzähltheorie seine Anwendung (vgl. etwa Dorrit Cohn, *Transparent Minds. Narrative Modes for Presenting Consciousness in Fiction*, Princeton 1978, S. 26–29). Der Dissonanzbegriff markiert bei Cohn mit dem wahrnehmbaren Hiatus zwischen dem Idiom des Erzählers und demjenigen des Charakters jedoch eher eine Differenz im Stofflichen des Erzählens, der auf die Distanznahme der Erzählerfigur vom Erzählten zwar verweist, aber diese selbst nicht signifiziert – und fällt daher mit der traditionellen Differenz von auktorialer und personaler Erzählweise nahezu zusammen.

dagegen, die Abweichung des Erzähldiskurses von tradierten Mustern narrativer Diskursivität, kann Fall (b) miterzeugen, indem diese unerwartete Abweichung von tradierten Plotkonventionen die Konsumation des narrativen Produkts erschwert.

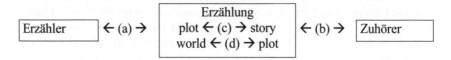

Abbildung 1: mögliche Instanzen narrativer Dissonanz

Für die Frage, ob das Konzept der narrativen Dissonanzen auch in der Musikanalyse gewinnbringend eingesetzt werden kann (was also den Begriff hier auf Fall (c) zentrieren würde), ließen sich positiv vor allem jene assoziativen Parallelen geltend machen, die auf gleich drei Ebenen mit dem tradierten musikalischen Dissonanzbegriff bestehen:

a) Vertikaler Dissonanzbegriff (Dissonanz als Überschuss): Analog der Terzschichtung zusätzlicher Akkordtöne werden bei narrativen Dissonanzen zusätzliche topische oder formale Ereignisse einem tradierten formal-topischen Ablaufschema hinzugefügt.

b) Horizontaler Dissonanzbegriff (Dissonanz als Defizit): Die Auflösungsbedürftigkeit in den zunächst vorenthaltenen konsonanten Zusammenklang kann mit der Erwartungshaltung des Zuhörers, für das ungewohnte narrative Ereignis eine nachträgliche Erklärung zu verlangen, parallelisiert werden.

c) Ideeller Dissonanzbegriff (Dissonanz als eigenständiger topischer Signifikant): Die Dissonanz als Symbol eines unauflösbar falschen Weltzustandes, gegen den sich Kunst ohnmächtig auflehnt – mit der Folge einer endgültigen Zersetzung konventioneller Muster –, ist recht eindeutig auch in Bezug auf Konventionen der formalen oder topischen Regulierung von Musik formulierbar, und beschränkt sich kaum auf den Vorgang der ästhetisch-moralischen Gleichsetzung von harmonischer Konsonanz und Dissonanz. Es wird vielmehr in der Ästhetik der Moderne gewechselt von einem Normmodell, in das die Dissonanz (als satztechnisches Konkretum) mit integriert ist, hin zu einem Normmodell, in das Dissonanz mit integriert (als ideelle Normvorgabe).[11]

Zugleich jedoch wären vor allem die folgenden vier Gegenargumente zu beachten, die den Sinn einer Applikation des Begriffs auf die Musikanalyse fragwürdig machen könnten:

a) Aus Sicht der Narratologie ist gegen die diachron reguläre Anordnung der ursprünglichen Story der Zustand der narrativen Dissonanz letztlich eine Voraussetzung von Narrativität überhaupt, da erst die Vorenthaltung von Informationen gegenüber dem Zuhörer bzw. eine Aufweichung des Wahrheitskriteriums als Wertmarke der nicht-narrativen Kommunikation gegenüber einem Leser, der zugunsten

11   Die Probleme dabei, den Relationsbegriff der Dissonanz ästhetisch absolut zu setzen, und wie sie überwunden werden können, finden sich ausgeführt bei Oliver Baron, *Dissonanz als ästhetische Kategorie*, München 2008.

des Spannungsaufbaus auch ‚betrogen' sein will, Narrativität erzeuge.[12] Doch lässt sich das Vorhandensein von Genrekonventionen, zu denen sich eine spezifische Erzählung konsonierend-bestätigend oder dissonierend-unterlaufend verhalten kann, kaum leugnen. Und zudem wäre der Dissonanzbegriff durchaus sinnvoll auch als eine Art kristalliner Begriff zu beschreiben, in der jede Instanz narrativer Dissonanz bei ihrem nächsten Auftreten schon wieder narrativ konsonant sein kann (da sie beim zweiten Auftreten nicht nur sich von allen bisherigen Erzählmustern absetzt, sondern auch auf jenen einen schon vorliegenden gleichartigen Fall referieren würde – aber jene Form der intertextuellen Referenz kann als Hommage, Zitat bzw. Allusion als Instanz narrativer Konsonanz bewertet werden). Der Grundzustand einer Neigung zur Dominanz der Dissonanz zwischen Erzähler und Ereignisdiachronie würde somit von einer Neigung zum Grundzustand einer angenommenen Konsonanz innerhalb der Diegese (auch durch die Bereitschaft des Zuhörers, einem Erzähler erst einmal viel ‚abzukaufen') beständig komplementär ergänzt.[13]

b) Aus Sicht der Musikanalyse könnte der Begriff einer narrativen Dissonanz nicht als sinnvoller Transfer eines Konzepts in ein neues Feld, sondern als sinnloser Rücktransfer in dessen ursprüngliches Begriffsfeld erscheinen,[14] da kaum ein Zweifel daran bestehen kann, dass der nicht in der Musikwissenschaft, aber in der literatur- und kulturwissenschaftlichen Narratologie Verwendung findende Begriff ursprünglich ein metaphorischer Transfer aus dem Feld der Musik in dasjenige der Narration gewesen ist. Für jenen Rücktransfer aber könnte geltend gemacht werden, dass der Begriff auf dem Spielfeld der fremden Disziplin mit Bedeutungsebenen angereichert wurde, die dem engeren musikalischen Dissonanzbegriff nicht zukommen. So ist in Daniel C. Melnicks *Fullness of Dissonance*, einem zentralen Werk jenes ersten Transfers, der Zustand der literarischen narrativen Dissonanz als deren Annäherung an die andersartige materiale Zuständlichkeit der Musik definiert (also als ‚stream of consciousness' oder ironische Sinnverweigerung, die die semantische Ebene der Wortsprache zugunsten der syntaktisch-autoreferenziellen und damit den Wirklichkeitseffekt zugunsten des Unwirklichkeitseffekts verdrängt); aber schon Melnicks Definition der musikalischen Dissonanz („Musical dissonance is a structure of tones unresolved into the familiar cadences of harmonic closure") weist jene diskursästhetisch motivierte Anreicherung des Begriffs auf, die dann in der nicht mehr musikspezifischen, geweiteten Definition ganz hin zu Fall (c) von Abbildung 1 sich vollendet hat („To emphasize the modern text´s disordering of earlier novelistic conventions of time, narration, and style").[15] Die Differenz dieser narratologischen Definition des Dissonanzbegriffs zu der tradiert musikalischen zeigt sich also am einfachsten darin, dass gemäß ihr auch eine dissonante (ungewöhnliche) von einer konsonanten (satztech-

---

12 Vgl. Lawrence Kramer, *Classical Music and Postmodern Knowledge*, Berkeley 1995, S. 98f.

13 Vgl. zu dieser umgekehrt ‚konsonanz-orientierten' Funktion der Narrativität Porter H. Abbott, *The Cambridge Introduction to Narrative*, Cambridge 2002, S. 40: "You could in fact argue, and people have, that our need for narrative form is so strong that we don´t really believe something is true unless we can see it as a story".

14 Exakt dies wirft Abbate, *Unsung Voices*, S. 40f. dem strukturalistischen Ansatz insgesamt vor.

15 Daniel C. Melnick, *Fullness of Dissonance. Modern Fiction and the Aesthetics of Music*, Cranbury 1994, S. 8.

nisch tradierten) Einsatzweise musikalischer Dissonanzen unterschieden werden kann – und es ist die zunehmende narrative Konsonanz der Dissonanz (mit dem verminderten Septakkord als Standardbeispiel), die Adorno zur Gegenforderung einer narrativ dissonanten Einsatzweise der Konsonanz führen, die er etwa in Mahlers radikalisierter Verwendung des Dur-Moll-Gegensatzes erblickt.[16]

c) Der Begriff der narrativen Dissonanz kann nicht nur als interdisziplinärer Rücktransfer, sondern auch als Disziplinlosigkeit innerhalb der musikologischen Rhetorik getadelt werden: Mit der mittlerweile als analytisches Konzept etablierten rhythmischen Dissonanz, der topischen, der historischen oder einer (als erneuter Begriffstransfer) kognitiv-harmonischen Dissonanz[17] erscheint der Dissonanzbegriff eigentlich schon jetzt mit adjektivischen Neujustierungen übersättigt. Dem aber wäre entgegenzuhalten, dass der Reiz, von narrativen Dissonanzen zu sprechen, gerade darin bestünde, dass damit der metaphorische und der musikanalytische Sprachgebrauch wieder zusammengeführt werden könnten: Der Begriff der narrativen Dissonanz ist als metaphorischer Begriff nur dann sinnvoll verwendbar, wenn er weniger von der kritischen Intention des metaphorischen als vielmehr von der satztechnischen Konkretheit des musikinternen Dissonanzkonzepts her mit Leben gefüllt wird.

d) In der Literatur besitzen auch Instanzen narrativer Konsonanz durch deren semantische Qualität bzw. ihren denotativen Verweischarakter auf Fiktionalität unbezweifelbar narrative Qualität. Da diese basalen Referenzmuster jedoch in der Musik wie erläutert auch aus der Formstruktur abgeleitet werden sollen, besteht die kaum zu leugnende Gefahr, dass erst deren ‚dissonante‘ Umgestaltung überhaupt als potenziell narrativer Gestus der Musik zu werten wäre, womit narrative Signifikanz und narrative Dissonanz äquivalente Begriffe wären (und der Transfer des Dissonanzbegriffs damit tautologisch überflüssig würde). Der entscheidende neue Aspekt des Dissonanzbegriffs ist jedoch, dass er als Vermittlungsinstanz zwischen dem strukturalistischen und dem performativen Ansatz der musikalischen Narratologie dienlich sein könnte. Denn zum einen ist die ‚narrating voice‘, da sie ihren disjunktiven Status gegenüber ihrer musikalischen Umgebung immer auch formstrukturell absichern muss, selbst eine potenziell weiterhin strukturalistische Kategorie,[18] wie jede strukturalistische Bestimmung von narrativen Katego-

---

16 Diesen Topos des zum Klischee verkommenen verminderten Septakkords der Musiksoziologie Adornos und Blochs hat Roger Scruton dann wiederum kritisiert und – quasi als in sich klischeehafte narrative Konsonanz der Kritischen Theorie – polemisch gegen diese gekehrt (vgl. Scruton, *Aesthetics of Music*, S. 287).

17 Vgl. zum Begriff der topischen Dissonanz Melanie Lowe, *Falling from Grace: Irony and Expressive Enrichment in Haydn's Symphonic Minuets*, in: *The Journal of Musicology*, Volume 19, 2002, S. 178ff., zur historischen Dissonanz Alexander L. Ringer, *Assimilation and Emancipation of Historical Dissonance*, in: Juliane Brand / Christopher Hailey (Hrsg.), *Constructive Dissonance. Arnold Schoenberg and the Transformations of Twentieth-Century Culture*, Berkeley 1997, S. 23–34 und für die kognitiv-harmonische Dissonanz wiederum Andreas Ballstaedt, *Dissonanz in der Musik – Einige Überlegungen*, in: Hans Ulrich Gumbrecht / Ludwig K. Pfeiffer (Hrsg.), *Paradoxien, Dissonanzen, Zusammenbrüche. Situationen offener Epistemologie*, Frankfurt 1991, S. 363–379.

18 Vgl. Abbate, *Unsung Voices*, S. 29, für eine kontextuelle, und damit mindestens auch strukturell bestimmbare Definition ihres Voice-Konzepts: "A musical voice sounds unlike the music that constitutes its encircling milieu". Die damit mögliche Kritik formuliert bereits Kra-

rien gegen die Tendenz zur Autoreferenz des Musikalischen eine disjunktive Zusatzebene (etwa in Aussagequalitäten transkribierbar wie: ‚dies ist keine gewöhnliche Reprise') als hinreichende und eher dem performativen Ansatz zu entnehmende Bedingung von Narrativität eigentlich mit einschließen müsste (da wohl kaum jede Reprise eine Analepse der Exposition und damit schon narrativ ist).[19]

Der Dissonanzbegriff besitzt nun aber den Vorteil, dass er jenes disjunktive Element in jedes strukturalistische Verhältnis von topischen und formalen Ereignissträngen konsequenter als bisher implementiert: Die Dissonanz als Relationsbegriff verweist die strukturalistische Narratologie darauf, dass die Instanz der formstrukturalen Konsonanz nicht einfach abstrakt als ‚das Sonatenprinzip' oder ‚die symphonische Form' gesetzt werden kann, weil zu diesen abstrakten Prinzipien Devianzen als deren subjektive Erfüllung immer schon normativ gehören. Das Dissonanz-Konsonanz-Begriffspaar verpflichtet daher die Analyse dazu, jene Relation zwischen Normal- und Abweichungsfall in jedem Einzelfall spezifisch zu konkretisieren. Denn das einfachste Argument, mit dem die Annahme auch einer narrativ konsonanten, aber in sich narrativen musikalischen Ereignisschicht gerechtfertigt werden könnte, lautet: Jede narrative Dissonanz kann gemäß der skizzierten kristallinen Begriffsdimension als konsonante Folie der nächsten Abweichung gesetzt werden, ohne dass sie deshalb ihren bisherigen narrativen Gehalt als in dieser Abweichung mit enthaltene Referenzschicht verlöre. Um darzustellen, wie eben dieser Vorgang die Konzeption der Siebten Symphonie Gustav Mahlers mit prägt, erscheint daher ein kurzer Exkurs zu den ‚konsonanten' Erscheinungsformen der traditionell als in sich semantisch-narrativ bzw. ‚dissonante' Formdeviationen wahrgenommenen Mahlerschen Kategorien des Durchbruchs und der Suspension unumgänglich.

2. Exkurs: Durchbruch und Suspension als Kategorien narrativer Konsonanz

Adorno, auf den die Begriffe Durchbruch und Suspension bekanntlich zurückgehen, gibt auch Hinweise auf deren strukturales Binnenverhältnis zueinander: „Durchbruch ist stets Suspension, die des Immanenzzusammenhangs; aber nicht jede Suspension ist Durchbruch."[20] Die gemeinsame notwendige Bedingung bei-

---

mer, *Postmodern Knowledge*, S. 121: "But for our sense of a single originating speaker to become decentered, it must first have been at the center".

19 Der gewöhnlichen Sonatenreprise fehlt vor allem das Moment der Vervollständigung des Informationsgehalts über einen Teil der erzählten Zeit, das stark an den fiktionalen Inhalt gebunden scheint (vgl. dazu grundlegend immer noch Eberhard Lämmert, *Bauformen des Erzählens*, 8. Auflage, Stuttgart 1993, S. 100ff.). In der Musik erhalten daher selbst die eindeutigen Fälle von Analepsen wie der Rückgriff auf die Sätze 1–3 zwischen den Rezitativen in Beethovens Neunter Symphonie eine Schicht narrativer Indifferenz, da das Freudenthema genauso über ein isoliertes Bruchstück eingeführt wird. Dieses Bruchstück ist in Bezug auf die Erzählzeit Prolepse, in der Art der Präsentation aber von den Analepsen zuvor nicht zu scheiden (was die reizvolle Deutung zuließe, dass hier der Sprung aus der Gattung der Instrumental- zur Wortsymphonie als ‚vorgetäuschte Anamnesis' erfolgt, mittels einer Prolepse, die den narrativ-performativen Status einer Analepse erhält).

20 Vgl. Theodor W. Adorno, *Mahler. Eine musikalische Physiognomik*, Franfurt 1960, S. 63.

der Ereigniskategorien ist also eine negative, die zwei ergänzende Bestimmungen weiter ausdifferenzieren: a) „Die Suspensionen kündigen die Formimmanenz, ohne die Gegenwart des Anderen positiv zu behaupten." b) „Momentan bei Mahler ist der Durchbruch, die Suspensionen dehnen sich aus."[21]

Damit aber ist das kritisch-utopische Potenzial von Durchbruch und Suspension als Überforderungen der Formimmanenz letztlich in deren analoger Selbstüberforderung angelegt, da den beiden Hauptvertretern einer ‚materialen' Formenlehre durch ihre performativen Bestimmungen paradoxerweise gerade der Zugriff auf jegliches diese Bestimmungen erfüllende eigene klangliche Material abzugehen droht: Denn wie soll ein Durchbruchsereignis die Anwesenheit von etwas Anderem positiv behaupten können, ohne dass zugleich jenes Andere das Merkmal des Bloß-Momentanen verletzte, und wie sollen die Suspensionen das Merkmal des Bruchs mit der Formimmanenz in sich bewahren können, wenn deren sich ausdehnende musikalische Formzeit auf keine positive Bestimmungsquelle verweisen darf. Logisch wäre es also genau andersherum: der Durchbruch dehnt sich auch aus, und die reine Negation der Suspension erfolgt immer nur momentan, jenseits des temporal-prozessualen Rasters der symphonischen Ereigniszeit. Die somit notwendig immanent-vermittelte Negation des Immanenzzusammenhangs[22] (da jener seiner Negation das Material bereitzustellen hat) in Durchbruch und Suspension wird daher analytisch zumeist so formuliert, dass von der Existenz einer eigenen Immanenzebene II der beiden materialen Formkategorien auszugehen sei, die diesen ‚Zeitkonten' und ‚Materialkredite' gewährt, ohne dass ein Zusammenfall mit der Immanenzebene I der zugrunde liegenden ‚gewöhnlichen' Form erfolgt. Es lassen sich nun vier mögliche operative Zentren unterscheiden, von denen her diese Dualität zweier Immanenzebenen bisher in der Mahler-Forschung konzipiert wurde:

a) Die Immanenzebene II ist kritisch-konstativ als die aushöhlende Ummodellierung der Immanenzebene I beschrieben worden, deren Formverlauf unterschwellig von vornherein auf den Moment des Durchbruchs hin neu trassiert wird. Diese Ummodellierung wäre somit eine narrative Dissonanz primär auf der Ebene des formalen Ereignisstrangs, die als formale Neupositionierung topischer Signifikanten in etwa Miczniks Begriff von musikalischer Diskursivität entspricht.[23]

b) Die Immanenzebene II wird stärker symbolisch bzw. nun primär topisch-performativ von der Immanenzebene I abgesetzt. Indem einzelne Motive kunstmusikalische Konventionen wie die Anbindung an das feste Taktmetrum und ein stabiles Tempo ignorieren, wird eine Integrationsbedürftigkeit dieser Materialschicht auf einer anderen denn einer rein auf formale Kausalität zielenden Immanenzebene dem musikalischen Prozess abverlangt.

---

21 Ebd.

22 Vgl. dazu die Definition von Adornos Konzeption der Durchbruchs-Kategorie bei James Buhler, *"Breakthrough" as Critique of Form: The Finale of Mahler's First Symphony*, in: *19th Century Music* 20 (1996), S. 129f.: "In short, breakthrough is an attempt to represent transcendence through immanent means. In specifically musical terms, it is a procedure whereby what is excluded by an immanent musical logic nevertheless manages to assume musical form".

23 Diesen Legitimationsansatz, der dann etwa im ersten Satz der Ersten Symphonie auf das fehlende Seitenthema und die verkürzte Reprise verweisen kann, verfolgt auch Adorno selbst (vgl. Adorno, *Mahler*, S. 13).

c) Die Immanenzebene II wird als bestimmte Negation gesetzt, die für die Immanenzebene I essenzielle Bedingungen musikalischer Prozessualität außer Kraft setzt. Das Problem dabei ist, dass eine Materialschicht, die etwa dem Schein von Kausalität der musikalischen Zusammenhangbildung sich verweigert (das zeitlich Spätere geht logisch stimmig aus dem zeitlich Früheren hervor), wohl notwendig auf amorphe oder mottohaft-klangsymbolische Motive beschränkt bleiben muss.[24]

d) Die Immanenzebene II kann auch als die narrative Abweichung von der damit als intradiegetisch gesetzten Formvorgabe konzipiert werden, indem von der extradiegetischen Ebene her musikalische Objekte in den Verlauf der Immanenzebene I eingeschaltet werden bzw. deren Ablauf willkürlich unterbrochen und neu gestartet werden kann.[25]

Die im Weiteren verfolgte These lautet nun, dass die Narrativität der Siebten Symphonie jenen letztgenannten Typus des Ebenen-Splits in neuartiger Weise mittels der Manipulation der drei anderen genannten Verfahrensweisen zur Etablierung von Durchbruchs- und Suspensionsereignissen erzeugt. Die Pointe ist somit, dass die narrativen Dissonanzen der Siebten Symphonie die Ereignisse Durchbruch und Suspension nicht mehr als Agenten des Bruchs mit der Immanenzebene I einsetzen, sondern als jene etablierte Verlaufsnorm betrachten, deren selbstreflexive Neuausrichtung versucht wird.

Zentral für die Kategorie Durchbruch ist nun eine zeitlich-räumliche Trennung zwischen dem Durchbruchsmoment als „Riss" der Form, in die von außen „eingegriffen"[26] wird, und den Durchbruchssignalen, die als die in sich konkretere Dissoziation des musikalischen Zeit-Raum-Kontinuums den Durchbruch symbolisch ankündigen. Denn auffällig muss sein, dass eine sphärische Trennung vom Rest der Musik – also die topische Etablierungsstrategie – klanglich konkret nur den vorgelagerten Signalen zukommt, dem Durchbruchsmoment, der daher traditionell eher von einer formalen Etablierungsstrategie her legitimiert wird, dagegen nicht (auch da hier symbolisch das Ferne in das Diesseits, die primäre Ablaufschicht der Musik ja gerade eindringen

---

24 Vgl. Siegfried Oechsle, *Strukturen der Katastrophe. Das Finale der VI. Symphonie Mahlers und die Endzeit der Gattung*, in: *Die Musikforschung*, 50. Jahrgang, 1997, zum genannten Punkt der Kausalität S. 174f.

25 Auch diese Konzeption hat Siegfried Oechsle in einem neueren Text nun vor allem am ersten Satz der Sechsten Symphonie vorgestellt, dessen „doppelperspektivischer Blick" darin erkannt wird, dass Marsch- und Suspensionspartien sich zwar wie intra- und extradiegetische Ebenen zueinander verhalten, aber nicht signifizieren können, welchem formalen Pol welche der Ebenenfunktionen zukommt; vgl. Siegfried Oechsle, *Sechste Symphonie*, in: Bernd Sponheuer / Wolfram Steinbeck (Hrsg.), *Mahler Handbuch*, Stuttgart / Weimar 2010, S. 296f.; indem Oechsle den Marsch mit der Gegenwart der Erzählzeit assoziiert, verweist er indirekt auf das Problem, dass die Trennung von Intra- und Extradiegese diejenige von Erzählzeit und erzählter Zeit nicht direkt in sich enthält – da die Erzählzeit ja in der Extradiegese weiterläuft, der Marsch in der Suspension dies aber nur dann tut, wenn dessen Erzählzeit gemäß Genette als „Pseudozeit" (Gérard Genette, *Die Erzählung*, Aus dem Französischen von Andreas Knop, München ²1998, S. 22) gefasst wird, die im Hintergrund des Symphoniesatzes (quasi als Drohung des Weitermarschierens als Weitererzählen) immer weiter läuft. Damit wären also die Suspensionen Enthüllungen des Marsches als Erzählzeit, die Marschteile jedoch Verbergungen dieser Erzählzeit hinter einer intradiegetisch dominanten Ebene des Marsches als erzählter Zeit.

26 Vgl. Adorno, *Mahler*, S. 11.

soll). Der Durchbruchsmoment konkretisiert ein symbolisches Jenseits, das als konkretes Jenseits nur die Durchbruchssignale symbolisieren. Den Durchbruchsmoment dagegen prägen durchaus konventionell-affirmative Klangbilder, die kaum a priori die mit ihnen assoziierte semantische Funktion einer Formkritik besitzen.

Der Durchbruchsmoment (als der Moment der Suspension) ist also eine im Grunde rein negativ bestimmte Leerstelle, deren positive Ausfüllung durch ein notwendig musikalische Zeit und Material verbrauchendes Etwas zum kompositorischen Problem werden kann, da die Kritik des Immanenzzusammenhangs sich topisch gegen die im Durchbruchsmoment erscheinenden affirmativen Klänge wie formal gegen den durch die Ankündigungssignale etablierten eigenen Immanenzzusammenhang des Durchbruchsmoments behaupten muss. Der Durchbruchsmoment muss narrativ mit der syntaktischen Ungebundenheit infiziert werden, die konkret nur den Durchbruchssignalen zukommt.

Der Durchbruch verlangt daher, im ersten Satz der Ersten Symphonie und im zweiten der Fünften paradigmatisch verwirklicht, einen bestimmten syntagmatischen Ablauf, da die Durchbruchssignale zeitlich vom Durchbruchsmoment getrennt werden müssen (auch da diese eher in einem introduktorisch-suchenden als einem durchführungsartig-drängenden großformalen Klima gedeihen). Eben dies konstituiert aber einen formalen Rahmen, statt einen zu destruieren, und ermöglicht es, für das topisch-formale Zusammenspiel der Kategorie Durchbruch eine idealtypische Struktur narrativer Konsonanz anzugeben. Sie erscheint bevorzugt in Sonatensätzen oder dualistisch radikalisierten Scherzi, wird dort formal gegen Ende des Satzes oder eines größeren Satzteils positioniert und als dennoch nochmals übersteigerter Zielpunkt einer auf dieses Ziel sich hin verdichtenden Entwicklung eingesetzt. Die Durchbruchssignale sind dabei topisch von der Immanenzebene I separiert, aber durchaus den gelockerten Formvorgaben einer Introduktion als ‚Widerspruch im System'[27] oder einer Überleitungspassage adäquat. Für den Durchbruchsmoment, der traditionell ja sowohl als Zielpunkt der Form (auf Immanenzebene II) und als deren Negation (im Sinne einer Umkehrung der Formrelevanz zuungunsten von Formebene I) interpretiert wird, ergibt sich damit zusammengefasst das folgende Verhältnis der beiden Immanenzebenen zueinander:

Als makroformales Ereignis besitzt der Durchbruchsmoment wie erläutert topische Implikationen, die die Aufgabe haben, den vorangegangen Formprozess der Immanenzebene I untergründig doch auf ihn lenken: Durchbruchssignale haben ihm, möglichst von einer Phase symphonischer Exposition getrennt, vorauszugehen, um jene Ebenendifferenz zu etablieren, die im musikalischen Durchbruch zwar performativ vollendet, aber formstrukturell eher nur behauptet wird. Dennoch entsteht dabei das ‚kritische' Potenzial des Durchbruchs, da dieser so nicht mit den

---

27 Dieses auf Peter Gülke zurückgehende Diktum weist jedoch schon darauf hin, dass der Introduktion selbst als System dann nur schwer widersprochen werden kann. Vgl. etwa zur Einleitung der Ersten Symphonie Bernd Sponheuer, *Logik des Zerfalls. Untersuchungen zum Finalproblem in den Symphonien Gustav Mahlers*, Tutzing 1978, S. 69: „Der Satz beginnt mit einer langsamen Introduktion, deren Erscheinung ungewöhnlich anmuten mag, aber – wegen der formalen Ungebundenheit, die solchen Introduktionen gemeinhin zugestanden wird – noch keine der mit der Sonate verknüpften Erwartungsnormen in Frage stellt".

Hauptthemen der Sonaten- oder Dacapoform von Immanenzebene I, sondern mit in deren Verlaufsplan untergeordneten Motiven topisch am stärksten verknüpft ist.

Als in sich topisches Ereignis (des Triumphalen oder der Katastrophe) besitzt der Durchbruch jedoch mikroformale Implikationen: Der punktuelle Ereigniseintritt benötigt fast immer sich verdichtende Steigerungsfelder, die ihm direkt vorausgehen, und mündet zumeist in ein dieser Vorbereitung quantitativ nicht gleichrangiges Nachspiel. Die Depotenzierung der Immanenzebene I durch den Durchbruch droht also dadurch selbst wieder depotenziert zu werden, dass sie nachweislich symphonische Ereigniszeit von Immanenzebene I für sich in Anspruch nehmen muss. Die Übernahme des in sich motivisch unterentwickelten Steigerungsfelds aus dem Kopfsatz in das Finale der Ersten Symphonie, wo jedoch eine differente motivische Gestalt den Durchbruchsmoment ausfüllt, wäre wohl der entscheidende Ansatzpunkt, eine fragwürdige Affirmativität des Durchbruchs dadurch nachzuweisen, dass dieser musikalisch kein Moment mehr ist, sondern als Zusammenspiel musikalischer Flächenstrukturen entsteht, die der ideellen Leerstelle des Durchbruchsmoments wie der Formlogik der Immanzenzebene I zugleich inadäquat und daher als ideologisch gewollt disqualifizierbar sind: Das musikalisch ganz Andere ist nie ganz anders.[28]

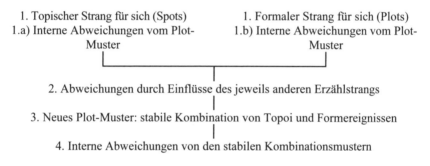

1. Topischer Strang für sich (Spots)   1. Formaler Strang für sich (Plots)
1.a) Interne Abweichungen vom Plot-   1.b) Interne Abweichungen vom Plot-
        Muster   Muster

2. Abweichungen durch Einflüsse des jeweils anderen Erzählstrangs

3. Neues Plot-Muster: stabile Kombination von Topoi und Formereignissen

4. Interne Abweichungen von den stabilen Kombinationsmustern

➔ 5. Aufbrechen von Außen: Eindringen von Handlungselementen, Subjekt-Chiffren etc.
        (für sich wiederum zu Topoi des Typs 1 standardisierbar)

Abbildung 2: Instanzen einer strukturell grundierten impliziten Narrativität in der Musik

---

28   Zumeist wird die „etablierte Autorität des Choralwesens" (Adorno, *Mahler*, S. 20) für die affirmative Einebnung der Immanenzebene II verantwortlich gemacht. Damit würde jedoch ein formaler Vorwurf auf rein topischer Ebene erhoben. Die Abhängigkeit des Durchbruchsmoments von dessen direkter Vorbereitungsphase als Teilelement der Immanenzebene I stellte den Durchbruch also zum Einen eher tiefer in Frage (da sie auf das Inszenierte des Durchbruchmoments selbst, nicht der danach erklingenden Musik verweist), wie sie dennoch analytisch damit gerechtfertigt werden könnte, dass die Immanenzebene I nicht vom Durchbruch modifiziert wird, sondern die Motivik des Durchbruchs selbst Formstrukturen jener Immanenzebene I in Form einer eigenen Exposition, Durchführung und Reprise erhält (und dies können Buhler, *Breakthrough*, S. 137ff. am Finale und Sponheuer, *Logik des Zerfalls*, S. 67 am Kopfsatz der Ersten Symphonie nachweisen). Damit aber kann dessen kritisches Potenzial nun stärker rein auf der Immanenzebene I ausformuliert werden.

3. Instanzen narrativer Musterabweichung in der Siebten Symphonie

Im Fall von Mahlers Siebter Symphonie könnte deren Ruf, ein ‚schwieriges‘ und auch schwerer als die anderen Werke wissenschaftlich-ästhetisch zu bewertendes Werk zu sein, auch auf dessen ungewöhnlich hohes Maß an narrativen Dissonanz-effekten zurückgeführt werden.[29] Die ‚Seltsamkeit‘ der Siebten Symphonie beruh-te also mit darauf, dass sie zwar auf die narrativen Muster der vorangegangen Symphonien eindeutig rekurriert, aber in der Kombination der beiden narrativen Ereignisstränge zu vollständig neuen Lösungen findet.

Dabei könnte narrative Konsonanz relativ weit als Etablierung tendenziell eher naheliegender bzw. Weiterverwendung bereits etablierter Kombinationsformen von topischen mit formalen musikalischen Ereignisketten definiert werden. Narrative Dissonanzen dagegen wären Störungen nicht einfach nur auf einem der beiden Ereignisstränge für sich, sondern in der Art ihrer Zusammenführung. Abbildung 2 fasst die damit minimal fünf Ebenen zusammen, auf denen – selten auch nur an-nähernd in Arbeiten zur musikalischen Narrativität gegeneinander differenziert – narrativ gedeutete Einzelereignisse gemäß dem hier skizzierten theoretischen Auf-riss verortet werden können. Die im weiteren beschriebenen vier Fälle einer narra-tiven Dissonanzwirkung in Mahlers Siebter Symphonie wären dabei als formale Neupositionierung eines topischen Ablaufmusters mit formalen Implikationen (Ebene 4), als ungewöhnliche Kombination von zwei Topoi in einem Einzelsatz (Ebene 1a), als Zusammenführung der primären Signifikanten von Durchbruch und Suspension (Ebene 1b) und als Überlagerung zweier Zitatschichten (Ebene 5) zu klassifizieren – wobei alle vier Fälle durch die Wechselwirkungen der Ereig-nisstränge auch Ebene 2 mit zugeordnet werden können.

1. Die topische Ereignisfolge zu Beginn der Ersten Nachtmusik scheint recht einfach identifizierbar zu sein: Auf räumliche Ebenentrennung abzielende Hornru-fe werden von zunächst noch vereinzelten, unverbundenen Vogelrufen abgelöst, die sich unter Einfügung von Fanfarenmotiven im Blech rasch verdichten und einem ebenso überraschend-abrupten wie heftigen dynamischen Höhepunkt zuge-führt werden, auf den rasch herabsinkende Skalenmotive folgen. Diese topische Ereignisfolge aber besitzt in der musikalischen Vergangenheit Mahlers eine eben-so eindeutige Entsprechung im formalen Ereignisstrang. Es handelt sich um die Kategorie des Durchbruchs, die in nahezu exakt dieser Ereignissequenz so im ersten Satz der Ersten, aber auch im zweiten Satz der Fünften und in Ansätzen in den dritten Sätzen der Zweiten (mit dem ‚Schrei des Ekels‘ als negativem Durch-

---

29   Die Siebte Symphonie ist interessanterweise immer als in besonders starkem Maße narrativ
      erfahren worden, jedoch noch nie aus narratologischer Perspektive beschrieben worden. Vgl.
      etwa die folgende Beobachtung bei Henry-Louis De La Grange, *L'Énigme de la Septième*,
      in : James L. Zychowicz (Hrsg.), *The Seventh Symphony of Gustav Mahler: A Symposium*,
      Cincinatti 1990, S. 21: „L'œuvre entière est écrite pour ainsi dire à la troisième personne,
      comme si Mahler, pour une fois, s'était ‘identifié à l'agresseur’ (comme l'écrit Adorno),
      c'est-à-dire ici le Weltlauf“. Das ‚Enigma‘ der Siebten wird hier sehr deutlich: Das Narrative,
      das doch sonst eigentlich in Musik immer eine stärkere Distanznahme von der Welt erzeugen
      soll, wird als Abweichung von Mahlers Erzählmodus der vorigen Symphonien gleichsam in
      der ersten Person hier zum Modus der affirmativen Identifikation mit der Welt.

bruch) und Dritten Symphonie zu finden ist (dort mit dem Posthorn als Durchbruch einer subjektivierten Stimme nach der Dissoziation der Scherzoteil-Motivik eben durch Fanfaren, Vogelrufe und Absturzmotive).[30]

In der Ersten Nachtmusik werden diese Konstituenten des Durchbruchs jedoch als Rahmenteil einer Rondostruktur formalisiert, die in sich wiederum nahezu perfekt zirkular gebaut ist[31] und somit eben das Prinzip symphonischer Prozessualität bewusst und aktiv zu umgehen zu versuchen scheint, das für jene Kategorie wie skizziert eigentlich unumgänglich ist: Der Durchbruch verpufft – scheinbar folgenlos.[32]

Eine Erklärung für dieses Phänomen drängt sich jedoch auf: Der prozessuale Durchbruch der vorherigen Symphonien entspricht einem Narrationsmodus, der sich in impliziter Assoziation auf einen ‚present tense mode‘ des Erzählens als dramatische Aktion bzw. (mindestens auf einer Formebene) streng diachrone Ereignisabfolge stützt. In der Siebten dagegen scheint ein ‚past tense mode‘ des Erzählens vorherrschend. So wird im Fall des Anfangs der Nachtmusik der Durchbruch mit strukturellen Merkmalen einer Reminiszenz versehen, indem er sich – darin implizit als Imaginationsakt erkennbar – von dem eigenen narrativ konsonanten Verlaufsmodell von Form und Topoi miteinander so auffällig absetzt. Carolyn Abbates These von der Unmöglichkeit eines epischen Präteritums in der Musik[33] könnte also vielleicht dahingehend umgangen werden, dass jene Temporalform weniger die notwendige Bedingung des Erzählens, sondern lediglich ein, wenn auch sehr nahe liegender, so doch bedingter Effekt der Erzählsituation ist, deren tatsächlich zentrales Merkmal die „Versetzung der Ich-Origo eines Aussagesatzes aus dem Wirklichkeitssystem in ein anderes, das Fiktionssystem"[34] wäre. Dieser Grundvorgang erzeugt aber in den allermeisten Fällen literarischer Fiktion auch einen tatsächlichen oder zu unterstellenden Wissensvorsprung des Erzählers gegenüber dem Zuhörer. Dieser Wissensvorsprung, als die Möglichkeit, in einem willkürlichen Zugriff auf eine diachron geordnete Vorgabe an Geschehnissen diese diskursiv neu zu ordnen, jedoch kann indirekt, durch strukturelle Maßnahmen, von der Instrumentalmusik suggeriert werden. Die Nutzung auf ihren teleologischen Sinn hin ausgerichteter

---

30 Vgl. zu diesem Satz auch die Analyse bei Mirjam Schadendorf, *Humor als Formkonzept in der Musik Gustav Mahlers*, Stuttgart 1995, S. 216ff. Nach einem Hinweis von Hartmut Hein liegt dabei in der Ersten Nachtmusik der umgekehrte Ablauf zum Tierstück der Dritten vor: Hier verliert sich das Hornsubjekt immer mehr in Naturklängen, statt diese zu durchbrechen.

31 Vgl. dazu die Formschemata bei Constantin Floros, *Gustav Mahler*, Band III: Die Symphonien, Wiesbaden 1985, S. 194 und Martin Geck, *Siebte Symphonie*, in: Sponheuer / Steinbeck (Hrsg.), *Mahler Handbuch*, S. 316f.

32 Mit ihren wirkungslosen Durchbrüchen in einem insgesamt einen Suspensionsklang kultivierenden Stück erinnert die Erste Nachtmusik so an die narrativen Montagetechniken von Stücken wie *Decoration Day* oder *Central Park in the Dark* von Charles Ives. Vgl. dazu auch Matthew McDonald, *Silent Narration? Elements of Narrative in Ives's The Unanswered Question*, in: *19th Century Music*, Volume 27, 2004, S. 263–286.

33 Vgl. dazu Abbate, *Unsung Voices*, S. 52f.

34 Käte Hamburger, *Die Logik der Dichtung*, 4. Auflage, Stuttgart 1994, S. 70. Abbates These ist also kaum ganz falsch, aber dahingehend unklar, dass die narrative Option der fiktionalen Erzählerfigur, die Abbate der Musik zuspricht, gemäß Hamburgers klassischer Erzähltheorie performativ eben das Resultat jener Temporalumdeutung im Präteritum ist, die Abbate als Option für die Musik verneint.

Ablaufmodelle in einem konsequent anti-diachronischen Zusammenhang (oder umgekehrt die Prozessualisierung einer stark synchronischen Kategorie wie Suspension) könnten also implizit so konnotiert werden, dass der Zugriff auf diese Kategorien in solchen Fällen von einer ihnen übergeordneten Instanz her und damit im Modus der Distanznahme einer Erzählerfigur erfolgt.[35] Der Unterschied ist jedoch, dass dieser narrative Modus sich in der Instrumentalmusik nur so bemerkbar machen kann, dass der musikalische Diskurs als Thema seine eigene Plotvorgabe unabdingbar zu wählen hätte. In der Realität werden Storys mit Hilfe von Plots zum Diskurs, doch in der Musik werden mit Hilfe der Kategorie der formalen Diskursivität aus rein syntaktischen narrativ semantisierte Plots.[36]

Der Versuch, über das „Verlassen einer monotonen Sukzessivität"[37] als impliziter Hinweis auf den Wissensvorsprung eines Erzählers eine strukturale Ersatzkategorie für das fehlende personalisierte Erzählen zu errichten, ist jedoch offenkundig dahingehend problematisch, dass jene Kategorie der Diskontinuität analytisch wiederum stark unterdeterminiert ist. Sie ist letztlich die kleinste gemeinsame Vielfache aller bisherigen Ansätze einer musikalischen Narratologie. Es bedarf daher gerade hier einer Abgrenzung einer narrativ konnotierten von einer rein formal motivierten Erscheinungsweise musikalischer Diskontinuität.[38] Zu fragen wäre somit nach den Bedingungen einer musikalischen Simulation von Narrativität, einer Mimesis der Diegesis.[39] An dieser Stelle scheint nun die Aufspaltung in die beiden narrativen Ereignisstränge erneut hilfreich: Zahlreiche Instanzen musikalischer Narrativität lassen sich auf die Kombination formal parenthetischer Pas-

35   Eine analoge Argumentation formuliert Peter Davison für die Zweite Nachtmusik, wenn er die Kombination von Mandoline und Gitarre als Sich-Erinnern an viele verschiedenartige Serenaden deutet (da in keiner tatsächlichen Serenade beide Instrumente zugleich eingesetzt werden könnten). Vgl. Peter Davison, *Nachtmusik II: "Nothing but Love, Love, Love"*, in: Zychowicz, *Seventh Symphony*, S. 93.

36   Vgl. dazu auch den Ansatz bei Gregory Karl, *Structuralism and Musical Plot*, in: *Music Theory Spectrum*, Volume 19, 1997, besonders die Zusammenfassung S. 32.

37   Janina Klassen, *Was die Musik erzählt*, in: Eberhard Lämmert (Hrsg.), *Die erzählerische Dimension. Eine Gemeinsamkeit der Künste*, Berlin 1999, S. 91.

38   Der analoge Versuch bei Martina Sichardt, *Narrativität in der Musik? Überlegungen anhand von Beethovens Violoncello-Sonate op. 102 Nr.2*, in: *Die Musikforschung*, 58. Jahrgang, 2005, S. 372, Abbates Argument zurückzuweisen, zielt daher wohl zu kurz. Zwar ist der analeptische Charakter der von Sichardt analysierten Passage unzweifelhaft, aber die von ihr angeführten formalen Momente der Zeitdehnung und Zeitraffung sind nicht dessen hinreichende Bedingung, da sonst jede agogische Dehnung oder jede motivische Liquidation bereits einen Auseinanderfall von musikalischer Erzählzeit und erzählter Zeit zur Folge hätte. Sichardt beschreibt daher eher den prototypischen Fall, dass in eine Materialidentität durch topische Distanznahme eine imaginäre Ebene erzählter Zeit projiziert wird. Am Beginn der Ersten Nachtmusik dagegen werden eben jene topischen Signifikanten einer zeiträumlichen Distanznahme durch deren formale Einpressung in einen Ablauf reiner musikalischer Erzählzeit depotenziert (und eben diese reale Depotenzierung kann in einem klassischen Vorgang der logischen Potenzierung wiederum als der Akt einer von außen eingreifenden Erzählinstanz gedeutet werden).

39   Vgl. dazu auch Karol Berger, *Diegesis and Mimesis: The Poetic Modes and the Matter of Artistic Presentation*, in: *The Journal of Musicology*, Volume 12, 1994, S. 407–433 (wobei Berger der Musik die Befähigung zu diegetischen Darstellungen im engen Sinne abspricht, weil Musik zwar eine Ebenenverdoppelung, aber keine explizit diegetische Verkoppelung jener Ebenen erzielen könne).

sagen und topischer Distanzeffekte (die zugleich die formale Eigenständigkeit der Passage weiter erhöhen) zurückführen, so dass die musikalische Narrationsforschung auch als der Versuch der Vordatierung der Mahlerschen Suspensionen in die Musik des gesamten 19. Jahrhunderts beschrieben werden könnte: „Die Differenz zwischen der ‚konventionslogisch' gestifteten Kausalität von Formereignissen und dem Anschein einer Instanz, die ‚hintergründig' Regie führt und für spontane, formal nur schwer legitimierbare Ereignisse verantwortlich ist – diese Differenz lässt sich als narrative Unterscheidung zwischen Erzählzeit und erzählter Zeit hören."[40] Damit aber wäre die Erste Nachtmusik der Siebten tatsächlich Narration über das bisherige Grundprinzip musikalischer Narrativität, da exakt jenes Schema hier bewusst zerstört wird: Die Distanzeffekte werden wie erläutert nicht den formal parenthetischen, sondern den abgliedernden Refrainteilen des Rondos zugeordnet und drohen damit bei jeder Wiederkehr dieses Refrainteils ihre Qualität, eine narrativ-extradiegetische Funktion mindestens zu simulieren, stückweise schon wieder zu verlieren. Gegenüber dem Vergleichsmodell der Ersten Symphonie wird hier also – wieder stärker formstrukturell gesprochen – durch die Vorverlegung des Durchbruchsmoments in die Introduktionsmusik der Durchbruchssignale dessen spezifische formale Ebenendifferenz nicht nur negiert, sondern die Durchbruchskategorie insgesamt wird als dessen Rahmenpartie potenziell zu einem Bestandteil der Immanenzebene I der Rondoform.

2. Auch um die narrative Funktion dieser Neuinszenierung der Kategorie Durchbruch am Beginn der Ersten Nachtmusik weiter entfalten zu können, sollen als zweites Beispiel zwei spezifische topische Referenzträger der Mahlerschen Symphonik in den Blick genommen werden: die Herdenglocken und die Vogelrufmotive. Diese beiden topischen Klangchiffren stehen in Bezug auf ihren formalen Einsatzort nämlich in einem opponierenden, mindestens aber distinkten Verhältnis zueinander (obgleich auch Gemeinsamkeiten wie die Abwendung vom festen Metrum oder die Randlage im Spektrum des Orchesterklangs vorliegen). Narrativ konsonant wäre also, vom formalen Ereignisstrang her bestimmt, die Komplementarität der beiden Referenzträger zueinander. Ein kurzer Blick auf deren mythologischen ‚background', dessen semantische Konnotationen Mahler recht eindeutig in den ersten sechs Symphonien für sich übernimmt, kann diese These verdeutlichen:

a) Vogelrufe sind als Klangquelle ein bewegliches Objekt, gegenüber dem das Hörersubjekt als der statische Fixpunkt gedacht wird. Damit aber ist die Bewegungsfreiheit der Klangquelle Vogelruf ein Grund dafür, dass in der musikalischen Umsetzung Vogelrufe prädestiniert dafür sind, die Kategorie Durchbruch zu begleiten (und oftmals als Naturlaute der Freiluftmusik der Fanfaren und Militärsignale assoziativ beigeordnet werden). Sie öffnen den musikalischen Raum, und das auch noch partiturräumlich nach oben hin, so dass mit ihnen symbolisch der Himmel aufreißen kann. In der *Auferstehungssymphonie* gelingt Mahler so der im formal-narrativen Strang besonders heikle Moment des Hinzutretens des Chores. Die Kombination von Vogelrufen und Fanfaren in der dem Choreinsatz vorange-

---

40 Siegfried Oechsle, *Forminterne Eigenzeiten und narrative Strukturen. Zum Werkkonzept der d-Moll-Symphonie op. 120 von Robert Schumann*, in: Bernd Sponheuer / Wolfram Steinbeck (Hrsg.), *Robert Schumann und die große Form*, Frankfurt 2009, S. 47.

henden Passage sichert die semantische Vorstellung eines sich nach oben öffnenden extraartifiziellen Raums ab, und eben diesen neu geöffneten Raum kann dann der Chor mit seiner intraartifiziellen Musik symbolisch besetzen.

b) Herdenglocken dagegen sind als Klangobjekt der statische Fixpunkt, gegenüber dem der Hörer im Verhältnis zu der auf der Weide grasenden Herde als das sich bewegende Subjekt zu denken wäre (so dass der mit dem Klangtopos konfrontierte Rezipient nun also räumlich höher als die Klangquelle zu verorten wäre). Die damit umgekehrt potenziell negative Semantik der Herdenglocken als nicht abstreifbare letzte Zivilisationsschicht[41] wird von Mahler in der Sechsten Symphonie – erneut komplementär zur Vogelrufmotivik – mit der Kategorie der Suspension verbunden, aber durch die instrumentale Kombination mit Celesta, gedämpften Klängen, Pizzicati und rotierenden Klangbändern ebenso mit einem Zustand der Weltentrückung in Verbindung gebracht, der nun jedoch ideell nicht mehr der Klangchiffre, sondern eher deren Rezipienten zukommt. Somit ist die narrativ disjunktive Assoziation der beiden topischen Chiffren Vogelruf und Herdenglocke mit differenten Kategorien der materialen Formenlehre in deren differenten Verhältnis auch zur Formprozessualität der Immanenzebene I wie der ebenso differenten klangpsychologischen Relation zwischen Klangobjekt und Hörersubjekt logisch-struktural bereits vorgegeben (vgl. auch Abbildung 3).

Die Erste Nachtmusik der Siebten Symphonie ist nun tatsächlich der einzige symphonische Satz Mahlers, der – wenn auch weiterhin an stets voneinander getrennten formalen Einsatzpunkten – sowohl Vogelrufmotive wie auch Herdenglocken-Klänge in sich aufnimmt.

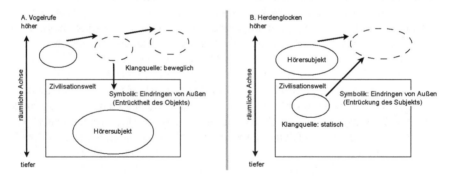

Abbildung 3: Der symbolische Referenzcharakter von Vogelrufen und Herdenglocken

---

41 Gemäß einem Briefzitat Mahlers ist allerdings in der Passage der Zweiten Symphonie der Vogelruf der Nachtigall gegen die Fanfaren als der Zivilisationsrest gesetzt. Die Wächterfunktion der Vogelruf-Motive an der Grenze zur Transzendenz würde so aber elegant symbolisiert: Die durch den Leichenzug zuvor entleerte Welt verlässt als letztes eben das Lebewesen, das noch in der Ersten Symphonie als erstes den Riss im musikalischen Raum, der zum Durchbruch führt, markiert hatte. Der narrative Strukturtopos der Vogelrufe als Künder aus dem Jenseits ist zudem so stark, dass er sich rezeptionsästhetisch auffällig oft über das Briefzitat hinwegsetzt. Vgl. etwa Eggebrecht, *Die Musik Gustav Mahlers*, S. 96 zu diesem Vogelruf als „Vorahnung des Kommenden".

Durch seine antiprozessuale Rondo-Struktur ist er jedoch eigentlich gerade nicht in der Lage, jene umfassende narrative Zustandsveränderung zu erreichen, die als Voraussetzung der Vereinbarkeit der beiden distinkten Klangchiffren in einem Satz zu vermuten wäre. Dass damit das Prinzip der narrativen Dissonanz wieder erzeugt worden ist, kann der erste Einsatz der Herdenglocken besonders gut belegen. In der Sechsten Symphonie erfolgt ihr Eintritt im Moment der größtmöglichen Entfernung von der Prozessualität des formalen Ereignisstrangs. In der Nachtmusik dagegen erscheinen die Herdenglocken zwar rein topisch logisch schlüssig in Kombination mit dem Dialog der einsam rufenden Hörner (Takt 122ff, vgl. Notenbeispiel 1). Doch ein Vogelrufmotiv antwortet klangsymbolisch auf das Rufen des Horns, er erhört gleichsam das Bitten um musikalische Raumweitung – die Chiffre der Herdenglocken tut das Gegenteil. Damit würde hier in der heiteren Siebten also die positive Kategorie der tragischen Sechsten, die Suspension, in eine Chiffre der Antwort- und Hoffnungsverweigerung verkehrt? Der formale Strang eröffnet eine weitere Ebene der Differenz zur Sechsten Symphonie, die diese vorschnelle erste Deutung wieder hinterfragen kann: Ausgerechnet in dem Moment, in dem die Rondostruktur sich durch das Wiederaufgreifen des Anfangs als Normeninstanz endgültig konstituiert, und somit an einem Punkt, an dem das schon mal erklungene Hornmotiv für sich formal nicht mehr nur raumweitendes Rufmotiv ist, sondern gemäß dem Unwirklichkeitseffekt auch als Autoreferenz des formalen Ablaufs auf sich selbst gehört werden muss, erklingen die Herdenglocken. Anders gesagt: in dem Moment, in dem die mit dem Durchbruchsmoment zu Beginn angerissene Immanenzebene II durch die Immanenzebene I endgültig überschrieben zu werden droht, wird durch eine andere Chiffre, die die Möglichkeit eines Durchbruchs jedoch klangpsychologisch verweigert, gleichsam eine Reminiszenz an die Immanenzebene II formuliert.[42] Auch dies könnte als Ausdruck eines dezidiert willkürlichen Narrationsvorgangs verstanden werden: Die topische Inadäquatheit, als formaler Signifikant eines Rondoaufbaus eingesetzt zu werden, rückt das beinahe einzig gemeinsame Element von Herdenglocken-Chiffre und Durchbruchssignalen in den auditiven Fokus. Der formale Einsatzort wertet die Herdenglockenchiffre damit aber manipulativ zu einem kleinen Durchbruch für sich um, wobei deren Einsatz aber gleichzeitig als eine weitere Form der Referenz auf sich selbst (also auf die tradierte Chiffrierung der Herdenglocken) ein Element der Kategorie Durchbruch (die hier ausbleibenden Vogelrufe) durch eine mit der Kategorie Suspension assoziierte Klangchiffre ersetzt.

Gerade dieser Vorgang lenkt aber den Satz auch wieder in seine richtige Bahn. Denn als Rahmenteil im Rondo kann der zu Beginn gesetzte Durchbruch nicht in

---

42 Vgl. dazu auch die Debatte darum (vgl. Tibor Kneif, *Collage oder Naturalismus? Anmerkungen zu Mahlers „Nachtmusik I"*, in: *Neue Zeitschrift für Musik*, 134. Jahrgang, 1973, S. 624f.), ob dieser Herdenglocken-Einsatz Collage-Charakter besitzt: Gegen den Collage-Charakter spricht deren tradierter Symbolcharakter als Klangchiffre, für einen Collage-Charakter dagegen, dass eben dieser Symbolcharakter hier nicht zur formalen Ritornell-Funktion passt (und die Herdenglocken daher stärker als in der Sechsten Symphonie hineinkompiliert wirken). Die Herdenglocken sind aber zugleich narratologisch symbolisch aufgeladen: Sie dienen zur Markierung der Entferntheit des Hornmotivs von der Immanenzebene I in dem Moment, in dem dieses formal eine Funktion jener Immanenzebene erfüllt.

topisch sinnvoller Weise wiederkehren. Der Konflikt zwischen dessen Assoziation mit der Immanenzebene II und der Rondostruktur des Satzes macht damit aber eben jenes Rondo von Anfang an weit fragiler, als es den Anschein hat. Gegen die zirkulare Form, deren Anfangsmodell (Introduktion als Durchbruch gefolgt vom Marschthema) kein einziges Mal wiederkehrt, muss ein narrativ motivierter, hintergründiger zweiter Formvorgang die Kategorie Durchbruch mit Merkmalen der Kategorie Suspension durchsetzen, um so am Satzende den Durchbruch von einem narrativen Marker eines zivilisatorischen Progressus selbst in die topische Kategorie des Naturhaften transformiert zu haben. Die Erste Nachtmusik weist so einen gegen das Wesen musikalischer Prozessualität gerichteten Satzprozess auf, der auf der mit dem Einsatz der Herdenglocken-Chiffre beginnenden narrativen Umdeutung (oder Verdeutlichung?) des Introduktionsteils beruht.

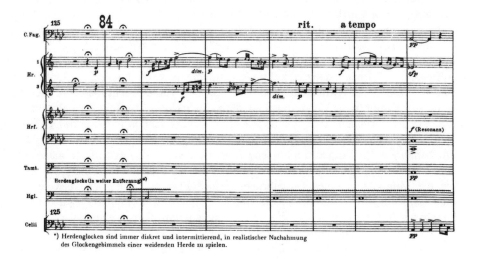

Notenbeispiel 1: Mahler, Siebte Symphonie, 2. Satz, Takt 125-132

Der zweite Einsatz der Durchbruchssignale und des Durchbruchsmoments erfolgt daher exakt in der Formmitte innerhalb eines klanglich deutlich als Suspensions-Charakter konzipierten Trioteils (Takt 161ff.), wobei die traditionelle Verknüpfung von Fanfaren und Vogelrufen gegenüber der Introduktion verstärkt wird, während der Verzicht auf die vorangestellten Hornrufe von der Sphäre des menschlich Subjektiven wegführt. Das Marschthema als das formale Produkt des ersten Durchbruchs wird danach im Pizzicato-Bassklang selbst zum spukhaften Begleitmotiv umgedeutet (Takt 189ff.), so dass der Durchbruch, statt ein Thema in greller Überbelichtung in den Vordergrund zu rücken, also eine Zurückstufung eines Themas im musikalischen Raum bewirkt hätte und sich damit gleichsam seiner eigenen traditionellen narrativen Funktion widersetzt.

Die Wiederkehr der idyllischen Triomusik nach diesem zweiten Durchbruchsmoment, innerhalb der zirkularen Form ein besonders gefährdeter Augenblick, wird als kurzzeitiges Chaos der narrativen Signifikanten inszeniert: Das zudem falsche

Marschthema setzt zu früh ein (T. 212) und die Hornrufe verlieren ihre Rahmungsfunktion exakt in dem Moment partiell wieder, wo sie erstmals ohne naturhafte Durchbruchs- oder Suspensionschiffren in harmonisch wie instrumentatorisch verzerrter Form erklingen. Zugleich wird dreimal eine einzelne irritierende Vogelruf-Stimme zwischen die irisierende Idyllenmusik gesetzt (T. 213, 215, 216). Genauer gesagt verbindet jenes Flötenmotiv die performative Klanglage eines Vogelrufmotivs am Rand des musikalischen Partiturraums mit der diastematischen Gestalt eines Fanfarenmotivs, so dass hier also die beiden traditionellen Konstituenten eines Durchbruchsignals zum Symbol jener Signalfunktion verschmolzen wie reduziert würden.

Durchbruchssignal ist dieses Motiv aber in einem von der Vortragsanweisung elegant eingefangenen Doppelsinn nur mehr ‚flüchtig‘: Auf der einen Seite ist hier die Kategorie Durchbruch an einer formalen Scharnierstelle, an der sie gemäß der Immanenzebene I der Rondoform wieder zu erscheinen hätte, nur noch ganz flüchtig-andeutungsweise durch dasjenige ihrer Elemente präsent, das eben die Nicht-Anwesenheit eines ‚echten‘ Durchbruchsmoments subversiv symbolisiert. Der einzelne Vogelruf als das sich zwischen beiden Immanenzebenen frei bewegende Element wird zudem formal nicht, wie narratologisch zu erwarten wäre, vor, sondern nach einem auch dadurch als quasi misslungen inszenierten Durchbruchsmoment platziert und verhielte sich damit wie ein fernes Wetterleuchten zu einem gewaltigen Gewitter: Flüchtig, entfliehend bewegt sich die Durchbruchskategorie hier symbolisch vom Subjekt weg, statt auf es zu und wandelte sich damit von einer Markierung subjektiver Teleologie in eine des Naturlauts um. Denn eine Differenz von Natur und Subjekt als Platzanweiser musikalischer Kausalketten ist, dass Naturereignisse zyklisch-folgenlos im Verklingen wieder ihren Anfangszustand (die einzelne Wolke vor und nach dem Unwetter etc.) erreichen können. Die nahezu perfekte Kreisform der Rondoanlage erscheint daher beinahe auch wie eine Art Naturkreislauf, in dem die beständig erklingenden Zivilisationsmusiken aber nicht von Anfang an aufgehoben wären, sondern durch eine narrativ-abstrakte Personalisierung der Naturlaut-Kategorie erst eingegliedert werden müssten. Eine solche Inszenierung des Naturhaften als intentionaler Akteur aber wäre natürlich erneut ein impliziter Verweis auf Narrativität, da eine solche (hier anders als in der Dritten Symphonie gänzlich implizite) Verwendung anthropomorpher Erzählerfiguren aus dem Tier- und Fabelreich der Natur auf literarische Gattungen verweist.

Die Überführung der Durchbruchsmusik in die Naturlaut-Sphäre vollendet sich dann in der Satzcoda, indem die Durchbruchssignale endgültig um das menschlich-subjektive Element des Hornrufs reduziert werden (dies geschieht performativ durch die Umwandlung des Rufmotivs in eine naturhafte Triolenbewegung in der Hornstimme in Takt 321ff).[43] Zudem kann das Satzende auch als

---

43 Wohl auch daher erscheint erst hier in T. 320 die Vortragsanweisung „Wie Vogelstimmen". Da die mit ihr assoziierten Motive vom Satzbeginn an den Verlauf prägen, ist diese späte Konkretisierung ihres topischen Sinns als Interpretationsanweisung eigentlich an einem unsinnigen Ort platziert. Es darf daher vermutet werden, dass die Hinauszögerung der Vortragsanweisung damit zu tun hat, dass die Vogelrufmotive in kontrapunktisch-diastematischer Hinsicht im gesamten Satz stark artifizialisiert werden, und daher als solche erst dort bezeichnet werden können, wo die eindeutig anthropomorphe Subjekte symbolisierenden Motive weggefallen sind.

eine Art paradoxer, die Dramaturgie der Fünften wie der Ersten Symphonie um-
kehrender Durchbruch vom Licht in den Schatten gehört werden, da das Scherzo
vorwegnehmende Pizzicato- und Triolenmotive das Satzende dominieren. Die
nächste strukturelle Parallele besteht dabei zum Scherzosatz der Dritten Symphonie, wo in ähnlicher Weise ganz am Satzende der Rückfall in die Natursphäre des
Kopfsatzes als durchbruchsartige Steigerung inszeniert wird. Auch dies aber würde belegen, dass die Musik in der Ersten Nachtmusik erst am Satzende an ihrem
im Doppelsinn ‚natürlichen' Einsatzort angekommen ist, und am Satzanfang in
narrativ verfremdeter Form angestimmt wurde.

3. Das dritte Beispiel soll den möglichen Vorwurf, die vorangegangene Interpretation der Ersten Nachtmusik sei nicht sonderlich naheliegend, zumindest dahingehend entkräften, dass die für diese Interpretation zentrale Idee einer Manipulation der performativen Auftrittsweisen der Strukturmerkmale von Durchbruch
und Suspension sich auch in den anderen Sätzen der Siebten Symphonie nachweisen lässt. Die Kategorie Durchbruch ist von der reinen Suspension nun aber vor
allem darin unterschieden, dass sie ein explizit angekündigtes Formereignis darstellt, wohingegen die Suspension, wie im ersten Satz der Sechsten oder schon im
ersten Satz der Dritten, relativ unerwartet eintreten muss. Der erste Satz der Siebten Symphonie ist nun bekanntlich oftmals auf das Modell desjenigen der Sechsten rückbezogen worden, so dass die analoge lyrische Verbreiterung mit der berühmten H-Dur-Passage im Zentrum (Takt 317ff.) somit im Analogieschluss mit
dem Typus der Suspension zu assoziieren wäre. Jedoch ist die H-Dur-Passage in
ihrer affirmativen Gestik der positiven Erfüllung auch Durchbruch, und diesem
Status entspricht, dass sie in einem ausführlichen Dissoziationsprozess vorbereitet
wird. Dieser Prozess aber gehorcht hier paradox und darin narrativ dissonant den
Gesetzen der Suspension. Die Fanfaren werden nicht stärker, schwellen nicht an,
sondern gehen permanent vom ff zum pp über (und dabei, erstmals Takt 259, auch
vom Blech- zum Holzbläserklang), das Choralidiom, das traditionell den Durchbruchsmoment markiert, wird hier selbst zum vorgeordneten Durchbruchssignal
(Takt 258 und Takt 263) und die Ankündigungsphase ist es nun, die unvermittelt
eintritt wie eine Suspension (in Takt 256).

Diese starke Beimischung von Elementen einer Suspension führt zunächst
einmal dazu, dass so die Kategorie Durchbruch im Satzverlauf noch nicht ver-
braucht ist, relativ früh formal erscheinen kann, die klangflächenhafte Breite einer
Suspension erhält, damit aber das Merkmal des raschen Zusammenfallens der
Textur nach dem Durchbruchsmoment vermeiden kann und so eine ganze Kaska-
de weiterer potenzieller Durchbruchsmomente den selbst für Mahlers Verhältnis
ungewohnt triumphalen Kopfsatzschluss zu zelebrieren vermag.[44] Das Element
der narrativen Dissonanz in diesem Prozess wird vielleicht am deutlichsten anhand der makroformalen Harmonik des Satzes erkennbar: In der Sechsten Symphonie ist die Suspensionspassage in Es-Dur zentriert, das als Tritonusverhältnis

---

44 Zu nennen wären vor allem die Reprise des Hauptthemas T. 373, die Grandioso-Passage ab
    T. 394 in der Zieltonart E-Dur, der Eintritt des Bläser-Geschwindmarschs T. 487, zudem auch
    noch T. 495, T. 515 und der durch das Trompetensolo ungewöhnlich stark als Zielpunkt in-
    szenierte Stretta-Beginn T. 523.

zur Tonika einen Punkt größtmöglicher Entfernung vom prozessualen Strebecharakter der einfachen Tonika-Dominant-Harmonik eines Marsch-Allegros einnimmt. In der Siebten dagegen ist im Kontext eines in E-Dur endenden Satzes als Tonart für den Moment der Entrückung ausgerechnet die Dominante H-Dur gewählt, also die durch ihre fundamentale Rolle innerhalb der Immanenzebene I eigentlich mit am wenigsten für diesen Moment von deren Negation zu erwartende Tonart. Die Dominanttonart wird daher vom Satzbeginn an von ihrer traditionellen Rolle als zentraler Generator des prozessualen Strebecharakters partiell befreit, indem jener sich mit den neuartigen Quartenharmonien verbindet und h-Moll schon in Takt 1 durch die sixte ajoutée die aus Sicht der Dominantfunktion falsche charakteristische Dissonanz erhält (deren subdominantischer Assoziationsraum aber wiederum zur materialen Formkategorie der Suspension schon hier weit besser passt).

4. Als letztes Beispiel sei auf den Anfang der Zweiten Nachtmusik verwiesen. Deren mottoartig eingesetztes Anfangsmotiv steht eigentümlich quer zum Satzrest und ist – vielleicht auch daher – mehrfach als intertextuelle Referenz gedeutet worden.[45] Am schlüssigsten erscheint dabei eine Assoziation mit Schumanns berühmter *Träumerei* aus den *Kinderszenen* op. 15.[46] Rein syntaktisch entsteht hier aber auch eine mögliche Reminiszenz auf den Beginn des Finalsatzes der Sechsten Symphonie (vgl. Notenbeispiel 2); der Ähnlichkeit der Anfangsgestalten entspräche dann zudem eine Parallele auf der Ebene des formalen Ereignisstrangs, da die Violinfiguren beide Male im Satzverlauf als Rahmungsmotiv der wiederkehrenden introduktorischen Formteile eingesetzt werden. Jedoch ist ein größerer topischer Gegensatz als der des tragisch-katastrophilen Finalsatzes der Sechsten und des leicht surrealisierten Serenadenidylls dieser Nachtmusik wohl kaum denkbar. Setzt man nun den Fall eines einigermaßen eindeutig bestimmbaren musikalischen Selbst- oder Fremdzitats als eine der klassischen Instanzen einer konsonanten Narration, so läge erneut eine bewusste Abweichung von diesem Referenzmodell vor, da nun nicht nur die Frage, ob eine Zitation vorliegt, sondern die Frage, welche der beiden dissonant zueinander stehenden Referenzoptionen die relevante ist, zu beantworten wäre. Die Pointe dabei ist natürlich, dass aufgrund der topischen Polarität auch zwischen der *Träumerei* und der Sechsten Symphonie die Argumente zugunsten der Verifikation des einen Referenzobjekts zugleich immer Argumente zuungunsten des anderen Referenzobjekts sind. Diese von der Anfangsgeste der Zweiten Nachtmusik aufgestellte hermeneutische Zwickmühle verweist damit auch auf zwei grundlegend differente Formen der intermusikalischen Referenz: Die Schumann-Referenz verweist über topische Ähnlichkeiten auf ein mögliches gemeinsames Vielfaches (etwa im gesuchten träumerischen

---

45 Vgl. etwa Davison, *Nothing but Love*, S. 89, der Bezüge zum Anfang des *Tristan* hört, was jedoch als Gleichsetzung des Paradigmas einer unaufgelösten mit einer simpel aufgelösten, aber als Anfangsmotiv formal unerwartet eingesetzen Kadenz kaum ganz überzeugt (vgl. dazu wiederum Donald Mitchell, *Discovering Mahler. Writings on Mahler, 1955–2005*, Woodbridge 2007, S. 405).

46 Vgl. dazu aus narratologischer Sicht Kofi Agawu, *The narrative impulse in the second Nachtmusik from Mahler's Seventh Symphony*, in: Craig Ayrey / Mark Everist (Hrsg.), *Analytical strategies and musical interpretation. Essays on nineteenth- and twentieth-century music*, Cambridge 1996, S. 226.

Idyllenton), so dass die Allusion hier narrativ konsonant auf eine einfach positive Referenz der Form ‚x1 und x2 gehören derselben ästhetischen Welt an' abzielte, die sich aufgrund dieser relativen Einfachheit auch über verbleibende formal-syntaktische Differenzen hinweg konstituieren könnte. Denn zwar bestehen deutliche Parallelen zwischen Mahlers und Schumanns Anfangsmotiven in der Gestaltqualität der beiden musikalischen Gesten (Oktavaufschwung mit nachfolgendem längeren Abgang), der komplementärrhythmischen Verzögerung der Bassgrundierung sowie der identischen Tonart. Different sind jedoch exakt jene Faktoren, die die Assoziation zum Finalbeginn der Sechsten grundieren: Es liegt bei Schumann keine formal abgliedernde Introduktionsfigur, sondern schlicht ein achttaktiges Thema vor, der Oktavaufschwung erfolgt nicht direkt im ersten Auftaktintervall, der Abwärtsgang vollzieht sich bei Schumann in arabesker, sich verzweigender, bei Mahler dagegen in beiden Fällen in stärker zielstrebiger, gleichsam von einer unsichtbaren Kraft gewaltsam nach unten gezogener Form und eine nicht-tonikale Harmonisierung findet sich bei Schumann erst am Ende des Stückes als Höhepunktbildung, während sie für beide Satzanfänge Mahlers konstitutiv ist.[47] Der Bezug auf das (bekanntlich im selben Sommerurlaub wie die Nachtmusiken komponierte) Finale der Sechsten stellt jedoch einen gegen topische Gegensätze erst zu konstituierenden Fall eines subversiven, kommentierenden Zitats der Form ‚x1 und x2 gehören nicht derselben ästhetischen Welt an (und damit stellt x2 die ästhetische Kohärenz von x1 in Frage)' dar.[48] Ob man ihn als Referenzoption akzeptiert, hängt wiederum wohl vor allem von einer Entscheidung zwischen den beiden folgenden Analyseoptionen ab:

a) Wird der formale Strang als bedingender Effekt der motivischen Konvergenz gesetzt, würde lediglich ein topisch entfernt ähnlicher „Gestus von Aufrauschen und Niedergang"[49] zur Ausgestaltung identischer Formfunktionen eingesetzt werden, dessen semantisch-narrative Deutung somit in die Falle des Unwirklichkeitseffekts geraten wäre.

b) Wird jedoch der mit dem Zitat als Relationsunterstellung erst als intertextuelle Relation markierte extreme Gegensatz des topisches Strangs der beiden Sätze insgesamt als Hinweis auf einen möglichen semantischen Aussagegehalt der dazu kontrastierenden Ähnlichkeit der beiden Gesten verstanden, so wäre dieser eben in der Subversion des durch die Schumann-Allusion eher bestätigten Deutungsansatzes der Nachtmusik als Idylle zu vermuten.

Die Schumann-Allusion verweist also auf eine ästhetische Vergangenheitsebene, die, da sie selbst zum kulturellen Gedächtnis des Topos der romantischen

---

47 Der Beginn der Nachtmusik erscheint wie eine bewusst simplifizierte Variante des Finalebeginns; der dort gesetzte alterierte Akkord c-es-fis-as wird hier durch den elliptischen doppeldominatischen Akkord h-d-a ersetzt.

48 Nach der Terminologie Tibor Kneifs wäre also die narrative Dissonanz, dass der Anfang der Zweiten Nachtmusik sowohl als „Kontrastzitat" wie als „Bekräftigungszitat" gehört werden könnte; vgl. Tibor Kneif, *Zur Semantik des musikalischen Zitats*, in: *Neue Zeitschrift für Musik*, 134. Jahrgang, 1973, S. 5f.

49 Sponheuer, *Logik des Zerfalls*, S. 297 beschreibt so den Beginn des Finales der Sechsten Symphonie. Agawu, *Narrative impulse*, S. 227 nennt den Beginn der Nachtmusik ebenso eine „conventional attention calling gesture".

Idylle gehört, die Zweite Nachtmusik von der existenziellen Sphäre aus Weltlauf und Durchbruch der Mahlerschen Tonsprache weg in eine selbstreflexive Sphäre der ‚Musik über Musik', der nahezu klassizistischen Auseinandersetzung mit den Wurzeln der eigenen musikalischen Sprache versetzt. Die Allusion auf die Sechste Symphonie dagegen würde, ebenso potenziell selbstreflexiv, gegen jene Entferntheit des Tons gerade die Existenzialität der Weltlauf-Auseinandersetzung der Vorgängersymphonie wieder mit ins Spiel bringen.

Eine Argumentation zugunsten jener subversiven Zitatqualität müsste daher die Siebte Symphonie insgesamt in einen Deutungsrahmen zu stellen versuchen, in der auch die anderen drei zuvor beschriebenen Instanzen narrativer Dissonanzwirkungen eine Erklärungsursache in dem subversiven Verhältnis der Siebten zur Sechsten Symphonie erhalten würden.

Notenbeispiel 2

4. Epilog: Die Suche der musikalischen Zeit nach dem verlorenen Subjekt

Angelehnt an Hans-Klaus Jungheinrichs Verortung der Siebten Symphonie in einem Niemandsland „nach der Katastrophe"[50] der Sechsten, die, wenn man sie als das Ende der Symphonie apostrophiert, eine Siebte ja eigentlich unmöglich machen würde, kann vermutet werden, dass die Auseinandersetzung mit ihrem symphonischen Vorgänger beinahe schon eine Ermöglichungsbedingung der Siebten Symphonie darstellt. Dabei erzeugt die wechselseitige Hinterfragung von Durchbruchsmomenten und suspensorischen Naturszenen in der Siebten Symphonie vordringlich eine auch oftmals in den Rezeptionsdokumenten verzeichnete Sphäre der Unwirklichkeit (nun im Sinne nicht des Fehlens einer Denotation von Lebenswelt in der asemantischen Kunstform Musik, sondern als auch narrativ

---

50 Vgl. Hans-Klaus Jungheinrich, *Nach der Katastrophe*, in: Peter Ruzicka (Hrsg.): *Mahler – eine Herausforderung*, Wiesbaden 1977, S. 181–198.

erzielte semantische Denotation einer als irreal gesetzten Welt). Die tradierten Verhaltensweisen bestimmter musikalischer Ereignisabläufe werden durch Manipulationen der in ihrem topischen Gehalt stärker als in ihrem formalen Ort fixierten Klangchiffren ausgeschaltet, so wie man eine Sicherung herausdreht, um in Sicherheit eine Arbeit an einem potenziell gefährlichen Objekt verrichten zu können. Damit aber würde hier jenes Gefährdungspotenzial reflexiv gespiegelt, das eben diese Materialien als Verkehrung des Durchbruchs ins Negative und als Verdrängung der beweglichen (Vogelruf, Fanfare) von den statischen vokabularen Topoi (Dur-Moll-Siegel, Herdenglocken, Wiederkehr der amorphen Motivschicht) in der Sechsten Symphonie erhalten haben. Wo die Sechste in einer Abart tragischer Ironie ihre Bestimmung durch das Dur-Moll-Siegel zu Beginn wie einen Orakelspruch gesagt bekommt und dieser Bestimmung dennoch nicht entgehen kann,[51] wird in der Siebten versucht, weniger die Instanz, die diese Fatalität der Ereignisse erzeugt hat, sondern eher die Instanz, die dieser Fatalität auszuweichen versuchte, aus dem symphonischen Prozess auszuschalten. Es ist dies aber die Instanz der Subjektivität. Tatsächlich lassen sich die spezifischen Form- und Klangmittel, die in der Sechsten als die Gegenspieler eines handelnden Subjekts definiert werden könnten, in der Siebten mal mehr, und mal weniger hintergründig permanent nachweisen. So sind zum Beispiel nicht nur das Dur-Moll-Siegel und die Kategorie des Vormotivisch-Amorphen, die ja schon der Symphoniebeginn wieder assoziativ herbeiruft, sondern auch Marschcharaktere und das Formmittel der wiederkehrenden Introduktionspartie für die Siebte erneut in besonderem Maße konstitutiv.[52] Statt als symphonischen Helden, der sich dem Weltlauf widersetzt, auf einer imaginären intradiegetischen Ebene eine Instanz der Subjektivität zu installieren, formuliert nun jedoch eine narrativ-extradiegetische, noch mehr nur implizit dechiffrierbare Erzählerinstanz jene erste Form der Subjektivität zurück in die Kategorie des Naturhaften. Damit würde zum einen Adornos These bestätigt, dass „[...] die Kategorie des Tragischen mit dem epischen, in der Zeit

---

51 Vgl. Oechsle, *Sechste Symphonie*, S. 307: „Die Instanz, die über das Dur-Moll-Motto [...] verfügt, weiß von Anfang an um den Ausgang der Geschichte". Der klassizistische Formaufriss verweist aber auf eine Tradition, in der Moll-Symphonien zumeist einen Dur-Schluss erhalten. Das Motto als die antikausale Motivschicht wird somit kausal dahingehend relevant, dass sein Gehalt gegen jene kausale Option eines Dur-Schlusses notwendig opponiert. Im Finale erscheint daher die Tonikavariante A-Dur nach Seth Monahan, *"Inescapable" Coherence and the Failure of the Novel-Symphony in the Finale of Mahler's Sixth*, in: *19th Century Music*, Volume 31, 2007, S. 84 nicht als teleologische, sondern als utopisch-suspensorische Tonart, auf die das Motto so keinen Einfluss hat. Indem sich das Motto durch seine reine Wiederkehr notwendig in Beziehung zur Formgesamtheit stellt, wird es also zwar prozesslogisch nicht verändert, aber narrativ immer „dissonanter" zu jener Prozesslogik.

52 Als Beispiel, wie die dramatisch-vordergründigen Verfahren der Sechsten Symphonie modifiziert werden, bietet sich vor allem auch das Scherzo an: Es beginnt wie dasjenige der Sechsten mit einem auftaktigen A der Pauke, dessen metrisches Aggressionspotenzial jedoch durch das antwortende B der Celli und Bässe naturhaft-echoartig suspendiert wird; dieses B verdrängt dann die Mollterz durch die semantisch neutralere Mollsexte in den Klanggeschlechtsschwankungen des Satzverlaufs, so dass der Dur-Moll-Wechsel in der Satzcoda zum einen in die andere Richtung und zum anderen verfrüht-unscheinbar schon im vorletzten Motivtakt 502 erfolgt.

offenen Musikideal nicht sich verträgt"[53] bzw. dass das Tragische der Sechsten Symphonie – und damit das Scheitern jener intradiegetischen Subjektivierung einer „Novel-Symphony"[54] – in der Spätphase der Gattungshistorie von deren gewählten klassizistischen Formaufriss zumindest mit erzeugt würde. Die Siebte Symphonie besetzt jedoch zum anderen exakt jenen symphonischen Ort, an dem die beiden genannten Gegensatzpaare nicht zusammenfallen: Die Erste Nachtmusik ist zugleich nicht-tragisch und formal äußerlich perfekt geschlossen, wie sie zugleich als naturhaft-vorsubjektiv und episch offen beschrieben werden kann.

Die narrativen Dissonanzen hätten also die Funktion, die Kategorie der musikalischen Subjektivität aus den Klangobjekten gleichsam herauszufiltern, und diese stattdessen zum einen als naturhaft unberechenbare, konsequent antiteleologisch ausgerichtete reine Klangphänomene zu restituieren und so zum anderen gegen ihre destruktive Kraft in der Sechsten Symphonie wieder verwendungsfähig zu machen. Die Problematik der Siebten Symphonie läge dann darin, dass jene Kategorie des Naturlauts hier nicht mehr eine synthetische Konstruktion ist, die ihr Recht aus der Abwendung der Immanenzebene II von der Immanenzebene I empfängt,[55] sondern als eine doppelt-synthetische Konstruktion jenes Abweichungsverhältnisses durch ein narratives Erzählersubjekt aufgefasst werden könnte, das damit aber der Immanenzebene I, indem diese selbst als naturhaft definiert und wie ein Naturobjekt bearbeitet, zurecht geschnitten und miteinander verklebt wird, auch ihre Affirmativität zurückgibt. Die Siebte Symphonie wäre also deshalb ein besonders geeignetes Objekt, eine Theorie der narrativen Dissonanz zu formulieren, weil sie selbst zwischen zwei diametral differenten Ansätzen des Eingriffs von Außen in die Musik positioniert scheint: Jenen der Romantik, die, darin noch organizistisch, den Eingriff letztinstanzlich nur über einen antizivilisatorischen Widerpart (Natur, Durchbruch, Freiluftmusik, Traum etc.) zu legitimieren vermögen, und jenen des Neoklassizismus, die die Unverborgenheit des eingreifenden Komponisten-Subjekts gerade hervorkehren. Die Lösung der Siebten Symphonie bestünde also darin, das eingreifende Subjekt zum einen in die Verborgenheit einer immer nur implizit anwesenden narrativ-extradiegetischen Instanz zu verlagern, aber diese Instanz bereits ganz bewusst Aktionen gegen den bisherigen Träger einer subjektivierenden Formlogik – die Auflösung von Plotvorgaben in diskursiv geweitete symphonische Ablaufmuster – ausführen zu lassen.

---

53 Adorno, *Mahler*, S. 137.
54 Vgl. zur Deutung der Sechsten aus diesem Begriffspaar Monahan, *Novel-Symphony*, S. 68. Das Romanhafte wird dabei als die Konkretisierung abstrakter Motivkonfigurationen zu thematischen Akteuren gefasst. Damit ergeben sich zwei Optionen, die Materialschichten der Sechsten Symphonie so zueinander zu ordnen, dass die finale Katastrophe erklärt werden könnte: Monahan sieht sie als negativen Triumph des klassizistischen Formaufrisses über die novellistischen Charaktere (der von der amorphen Motivschicht eher unterstützt wird, vgl. ebd., S. 92ff.), Oechsle dagegen eher als negativen Triumph jener amorphen Schicht über die klassizistische Form (der nun auch die novellistischen Charaktere als den Kausalitätsgesetzen motivischer Logik mit unterworfen zugehören, vgl. Oechsle, *Strukturen der Katastrophe*, S. 168).
55 Vgl. dazu am bündigsten Adorno, *Mahler*, S. 26: „Natur bei ihm ist als bestimmte Negation der musikalischen Kunstsprache von dieser abhängig".

Die dafür eingesetzten Verfahren können aber eben dadurch, dass sowohl die Kategorie des ‚kritischen' Subjekts von vornherein fehlt, wie die Ersatzkategorie des narrativ restituierten Naturlauts dem Materialvorrat des Rondo-Finales stärker absent ist, im letzten Satz der Siebten Symphonie als misslungen-hypertropher Affirmationsversuch gehört werden. Auch im Finale finden sich abrupte quasi-narrative Schnitte (etwa Takt 51ff. und Takt 517), irrealisierende Beinahe-Vergegenwärtigungen vorgeformter Musikarten (*Meistersinger* und Menuett statt Serenade oder Wunderhorn-Marsch), sinnentleerte Einsätze der Kategorie Durchbruch (Takt 267 und Takt 536) und überbetonte Ritornellstrukturen. Doch im Finale scheint die Immanenzebene I so vollständig zu dominieren wie in den Mittelsätzen mit denselben Mitteln eine Ebene vollständiger Irrealität und Subversion erzeugt werden konnte.

Dieser bei gleich bleibenden kompositionsstrategischen Mitteln schroff wechselnde Höreindruck (zumindest einer Rezeptionsschiene)[56] aber wäre vielleicht damit zu erklären, dass die in sich affirmative Kategorie des Naturhaften, verstanden als eine Instanz, deren eigene Gesetzlichkeit die teleologische Zeit menschlicher Erfahrung negieren kann, nur dort schlüssig eine Symphonie nach der Katastrophe noch grundieren kann, wo die eingesetzten materialen Topoi die narrativen Manipulationen des Komponisten durch ihre wohlgemerkt als synthetische Objekte gegebene ‚natürliche' Affinität zur Naturhaftigkeit überdecken können, so dass das Werturteil das Unlogische wie Affirmative jenen Materialen positiv, und nicht der in sie eingreifenden kompositorischen Instanz negativ zurechnen kann. Anders gesagt: Das Finale der Sechsten basiert darauf, dass die Immanenzebene II nicht mehr von der Immanenzebene I kontrolliert werden kann, weil diese nur so noch glaubhaft als nicht von der Kategorie der Subjektivität schon manipulierte, elementarische Naturkraft inszeniert werden kann. Im Finale der Siebten dagegen kann die Immanenzebene I nicht mehr von einer Immanenzebene II korrigiert werden, weil die dafür in der Siebten Symphonie gewählte eher narrativ-willkürliche als organisch-intradiegetische Subjektivierung der Materialien dort nicht ganz überzeugen kann, wo das verwendete Material nun gerade zu wenig von jener amorph-antikausalen Qualität einer vorsubjektiven Materialschicht besitzt, die die ‚Katastrophe' der Sechsten Symphonie mit erzeugte, und umgekehrt die Kategorie der intradiegetischen Subjektivierung als Normvorgabe schon zu stark in sich trägt.

---

56   Vgl. Sponheuer, *Logik des Zerfalls*, S. 353 zu den drei Rezeptionstraditionen dieses Rondo-Finales.

IRONY AS HOMELESSNESS

Julian Johnson

In this essay I am not attempting to give any overview or demonstration of Mahler's use of irony. This topic is widely discussed and most readers will be very familiar with instances of what might be heard as ironic in Mahler's music.[1] Instead, I want to focus on the wider significance of this aspect of his work, in terms of a wider critique of language contemporary with Mahler's work, and the issues of identity associated with it. My title suggests that irony might be heard as a kind of homelessness within musical language, frequently allied to a sense of alienation. We might begin, therefore, by considering what its opposite might sound like? What is the musical home from which his ironic voice departs? One answer might be found at the moment of recapitulation in the first movement of the First Symphony. This point of arrival surely sounds like a confident affirmation of home, with its restoration of the tonic key of D major and the exuberantly confident fanfare figures in the horns. Of course, this moment constitutes a home-coming in a formal or structural sense after a tonally unstable development. The movement had begun with isolated sounds of nature, distant offstage fanfares and short melodic fragments for two horns; if these were heard at the time as 'ferne Heimatklänge', then the arrival at the recapitulation, might be heard as a negation of that distance: home can be realized after all, here and now.

But this sense of musical *Heimat* is not just structural; it's also stylistic. At such moments, Mahler's music seems to proclaim its sense of belonging within the tradition of Austro-German music. The most immediate echo here might be the horns of Weber's *Der Freischütz*, but at other similar moments of arrival, the kinship is with Bruckner, Wagner, Brahms, Schubert, or Beethoven. Putting aside the question of irony for a moment, Mahler's symphonies often powerfully affirm a sense of musical *Heimat*, located in the genre, tone and manner of the symphonic tradition. But of course, with Mahler, that's not the whole story. From the earliest performances of his music, listeners have been bewildered by the way in which Mahler calls into question this sense of musical identity. In the case of the First Symphony, the ingredients of his musical *Heimat* are clear – a sunny D major emerges out of the mystery of nature, into the exuberant good humour and

---

1 See for example, Stephen E. Hefling, *Techniques of Irony in Mahler's Œuvre*, in *Gustav Mahler et l'ironie dans la culture viennoise au tournant du siècle: Actes du Colloque Gustav Mahler Montpellier 1996*, eds. André Castagné, Michel Chalon, and Patrick Florençon, Castelnau-le-Lez 2001, pp. 99-142; Henry-Louis de La Grange, *Music about music in Mahler: reminiscences, allusions or quotations?* in *Mahler Studies*, ed. Stephen E. Hefling, Cambridge 1997; Julian Johnson, *Mahler's Voices. Expression and Irony in the Songs and Symphonies*, New York 2009.

self-confidence of the wandering lad, the 'fahrender Geselle' with his cheerful, self-confident stride in 'Ging heut morgen über's Feld'. In the second movement too, an apparently untroubled rustic community is evoked by the heavy-footed Ländler and a depiction of characters not out of place in a village opera.

Famously, all this abruptly changes with the third movement's reversal of tone. Its elements are well-known – the deformation of the familiar and the intrusion of music that is, strictly, outside of the normal sphere of the symphonic. Both radically undermine the sense of *Heimat* established by the first two movements. The funeral march version of the children's song, 'Bruder Martin', has often been cited as an example of the '*unheimlich*', in the sense that Freud explored in relation to E.T.A. Hoffmann's *Der Sandmann*. Musical materials that should be expressive of childlike innocence, are deformed to become expressive of more troubling emotions. The breaking in of street music into the Trio section has been much discussed, as an example of Mahler's tendency to allow the everyday to intrude into the hallowed sphere of symphonic music. More specifically, it's been heard as an introduction of a regional or peripheral voice (that of Bohemian musicians) and, further, of a specifically Jewish voice. Vladímir Karbusický, for one, has argued powerfully for this reading, insisting that the 'Czech-Bohemian' element cannot be separated from the Hasidic-Yiddish element.[2] Talia Pecker Berio also cites this Trio as one of several examples in Mahler that evoke the sounds of Jewish street musicians. She does so, however, as part of a wider discussion of irony in Mahler as a distinctly Jewish trait, under the heading 'Elsewhere'. And of course, for most commentators, it's been impossible to resist this link to Mahler's autobiography. The ironic intrusions of external voices and the deformations of familiar ones are thus heard as the result of Mahler's own outsider status – as expressed famously by himself: 'Ich bin dreifach heimatlos: Als Böhme unter den Österreichern, als Österreicher unter den Deutschen, und als Jude auf der ganzen Welt'.[3]

But let's take a step back. In the first instance, Mahler's model of homelessness arises from within the Austro-German tradition itself. The First Symphony, as we know, overlaps in material and expressive agenda with the *Lieder eines fahrenden Gesellen*, a song cycle that owes a great deal to models in Schubert – in particular, to *Winterreise*. Schubert's winter journey stands as a paradigm of romantic musical homelessness, not just because of its subject matter, but because of the progressive sense of loss by which the alienation of the protagonist is expressed. Schubert's opening song, 'Gute Nacht', is a proto-Mahlerian 'Abschied', with its juxtaposition of D minor for the melancholy of the present, and a heartbreaking use of D major not for a resolution, but to express the memory of what has been lost. This is a prime example, in Schubert, of 'ferne Heimatklänge' – in which the distant sonority of D major recalls a lost content amid the icy landscape of an alienated present. It lies behind not only the *Gesellen* songs, but arguable the *Kindertotenlieder* and even the first movement of the Ninth Symphony.

2   Vladímir Karbusický, *Gustav Mahler's Jewishness*, in *Perspectives on Gustav Mahler*, ed. Jeremy Barham, Aldershot 2005, p. 209.
3   Alma Mahler-Werfel, *Erinnerungen an Gustav Mahler* / Gustav Mahler, *Briefe an Alma Mahler*, ed. Donald Mitchell, Frankfurt / Berlin / Wien 1978, p. 137.

In the first of Mahler's four *Gesellen* songs, the wedding musicians that cause him so much pain, play a dissonantly upbeat version of the music of his own interiority. Confronted with the unwelcome sounds of the wedding band, the singer retreats into himself ('Geh'ich in mein Kämmerlein, dunkles Kämmerlein'). Not being at home in the world is expressed, from Mahler's earliest music on, by a negative distortion of one's own musical voice. Twenty years or so later, the ironic detachment of Parisian neo-classicism would be based on a series of identifications with other people's music, with Bach, or jazz. But Mahler's irony is quite different; it is founded in the distortions of his own linguistic materials, producing the discomfort of parody, inauthentic versions of what is taken, elsewhere, to be sincere. Mahler's music, taken as a whole, presents at one and the same time, the idea of authentic expression, and the constant possibility of its collapse. So, in the closing song of the *Lieder eines fahrenden Gesellen*, Mahler's rejected lover sets off into the world as a kind of outcast, just like Schubert's at the start of *Winterreise*. 'Die zwei blauen Augen von meinem Schatz / die haben mich in die weite Welt geschickt.' He thus becomes a wanderer, dramatically and musically homeless. Put another way, he becomes an exile: distanced from his own home precisely because he can no longer feel 'at home' there. Mahler's expression of that is the numbness of a funeral march; Schubert's is the equally frozen world of 'Der Leiermann', a music without expressive voice, mechanical, and repetitive. Both preclude the lyrical voice on which the idea of Lieder is based.

I take this step back to Schubert to underline that Mahler's irony, for all its modernity, is rooted in an older, German tradition – specifically, in early romanticism. This is not to take anything away from understanding Mahler's irony in terms of his own conflicted sense of identity. But we should be cautious about Mahler's declaration of being thrice homeless. In a newspaper interview in New York, in 1910, he complained: 'I am always called a Bohemian…I read it everywhere. Yet I am not. I am a German. It is true that I was born in Bohemia, but of German parents. It is also true that I admire Smetana. Yet I admire also Debussy, and that does not make me a Frenchman.'[4] The truth, perhaps, lies somewhere between the two; indeed, what gives Mahler's music its specific tension is precisely the opposition between the linguistic identity of the German symphonic tradition and the plural and ironic voices that Mahler allows to inhabit his works. Anti-Semitic critics, in Mahler's lifetime, wanted to identify these extraneous voices and Mahler's ironic tone, as something both un-German and specifically Jewish. The critic Rudolf Louis complained in 1909, that Mahler's music 'speaks the language of German music but with an [explicitly Jewish] accent.'[5] In his haste to reject the ironic tone as a contamination from an outside source, Louis and others like him, failed to recognise that its real source was latent within German musical and literary culture.

---

4   Mahler in the *New York Daily Tribune*, April 30, 1910, pt. 5, p.2. Cited in Zoltan Roman,
      Gustav Mahler's American Years, 1907-1911: A Documentary History, Stuyvesant, NY 1989,
      p. 367.
5   Rudolf Louis, *Die deutsche Musik der Gegenwart,* Munich 1909, p. 182; cited by Karbusický,
      Gustav Mahler's Jewishness, p. 204.

Nowhere is this more obvious than in Mahler's response to the poetry of *Des Knaben Wunderhorn*. His mining of this key source of German national identity was often read as part of an attempt at cultural assimilation, and yet his treatment of these texts provided him with a kind of workshop for developing an ironic voice. Indeed, there is hardly anything in his *Wunderhorn* settings that can be taken at face value. But this is clearly not just a peculiarity of Mahler's; it relates to the spirit of German romantic irony that characterised the literary world in which Arnim and Brentano published their first volume in 1805. Mahler's proximity to strategies of German romantic literature has been much discussed, so I will illustrate my point here by a reference to a single work of Jean Paul's – not one of the novels, but his *Vorschule der Ästhetik* of 1804. This could easily be read as a guide-book to early forms of Mahlerian irony, as found in his *Wunderhorn* settings and the symphonies so closed related to them. Mahler's own term here is 'Humor' – found in performance directions for some of the songs (such as 'Des Antonius von Padua Fischpredigt') but implied by the tone of many others. Musically, it often denotes a bare two-part texture, great simplicity and exaggerated repetition. Pretension and deception are deliciously exposed by such means, as in the wonderful 'Wer hat dies Liedlein erdacht?!' with its increasingly exaggerated melismatic lines that leave the singer gasping for breath.

Jean Paul defined *Humor* as 'the inverted sublime', that is to say, by focusing on the everyday world, with all its limitations and imperfections, the writer attempts to make visible the gap between the immediate and something beyond it. Representing the finite world to draw attention to its limitations, becomes a means of projecting a sense of the *un*representable. *Humor*, understood in this way, has an 'annihilating' effect, it reflects, Jean Paul says, 'a scorn for the world'. It is this idea which lies behind Mahler's juxtapositions of the elevated and the vulgar, the metaphysical and the worldly, that so shocked his contemporaries when heard within a symphony. But the foregrounded worldliness of Mahler's music, and its often bitterly ironic tone, is merely the reverse side if its transcendent longing.

A key element of Jean Paul's *Humor* is the idea of 'comic individuation', as found in the comic characters of Shakespeare's plays. It is not hard to hear something parallel in the Wunderhorn songs and scherzos of Mahler's symphonies, music which accentuates the particularity of character, especially through orchestration. Jean Paul goes on to emphasise the crucial role of the author here: "For every humorist the self plays the first role; when he can, he even introduces his personal circumstances upon the comic stage, although he does so only to annihilate it poetically. The humorist is his own court jester or quartet of masked Italian comedians and at the same time their prince and director."[6]

Which returns us to the question of Mahler's own autobiography; we cannot escape it because Mahler insisted on drawing on highly personal elements. He acknowledged to Natalie Bauer-Lechner that aspects of his Bohemian childhood had found their way into many of his works – as precisely in the grim humour of the third movement of the First Symphony.

---

6   Jean Paul Friedrich Richter, *Vorschule der Ästhetik*, translated by Margaret R. Hale as *Horn of Oberon: Jean Paul Richter's School for Aesthetics*, Detroit 1973, p. 94.

Of course, one could object to such direct parallels between literary irony and its musical form. After all, in literature, irony often has to do with exposing the fictionality of the text, a deconstructive activity played out through authorial intrusions, as in the work of Hoffmann or Laurence Sterne. Elsewhere, it has to do with the disparity between the tale being told and the manner of its narration, as in Thomas Mann. But how can this apply in instrumental music that cannot pretend to the narrative realism of literature? Mahler's music provides a detailed and cogent answer. It draws attention to its own constructed nature in the face of a dominant assumption that music was both natural and immediate. It reveals its 'mediated' nature by exposing the conventionality of its own materials. In the 'romantic irony' of Haydn, this is manifest as a demonstration of authorial freedom, itself a sign of a free, creative subject. But in Mahler, it is not just formal conventions that are deconstructed. Mahler's irony calls into question the notion of authentic expression itself, and with it, the idea of subjective identity, for which it had been a vehicle for over a hundred years. This is why Mahler's use of irony is neither a superficial stylistic device nor confined to his own particular biography. In the end, Mahler's individual experience of a sense of homelessness is of far less significance to us than what is projected by his music: the sense of not being at home in language, of being an exile within one's own aesthetic medium.

Lydia Goehr, in an essay on Wittgenstein and Adorno, drew out this category as definitive for the work of both. Exile was a condition of their everyday life, but also a category of their thought, understood 'metaphorically as a condition of estrangement, unfamiliarity, and foreignness.'[7] Her essay, subtitled 'On Music, Humor, and Exile', proposes that the dynamic structure of their critical thought shares with music and humour, an opposition to allowing the understanding of things to remain unchallenged. In music, as in critical thinking, Goehr locates what she calls a 'cognitively dissonant moment' where the logic of thought is temporarily frustrated and necessarily rearranged (the twist in expectation occasioned by the joke, is her neatly concise example). Mahler's irony might be understood in the same terms, a quality that marks out his music as definitive of modernist thought, no less than Wittgenstein or Adorno. Indeed, it reminds us of his place within the wider current of *Sprachkritik* in European culture of the early twentieth century. Listing names is always unsatisfactory, but to mention Kraus, Hofmannsthal, Mauthner, Rilke, Schoenberg, Musil, Broch, Kafka, gives some sense of the field to which Mahler's irony might be related. His music shares with the literary interrogation of language, a testing of limits and an exposing of conventions, yet persists with language use nevertheless, by means or performative rather than logical relations.

Karl Kraus provides a good example of how language could be used to critique itself. His famous 'readings' in Vienna included Kraus reading out selected excerpts from contemporary newspaper reports. The debasement of language in the popular press, he believed, was so extreme, that nothing could expose it better

---

7   Lydia Goehr, *Philosophical Exercises in Repetition: On Music, Humor, and Exile in Wittgenstein and Adorno*, in *Music and the Aesthetics of Modernity*, eds. Karol Berger and Anthony Newcomb, Cambridge, Mass. 2005, p. 314.

than this simple framing device. Mahler's ironic presentation of familiar materials was a not dissimilar strategy. The waltz elements of the scherzo of the Seventh or Ninth Symphonies might provide a parallel.

But this is only half the story. As we have seen in Jean Paul's idea of *Humor*, irony is the reverse side of a longing for the infinite, and, in Mahler, the two are almost always juxtaposed. In the Burlesque of the Ninth Symphony, this opposition interrupts any sense of musical progress, in a series of repeated exchanges between these two apparently antithetical modes. If irony is a tool of ferocious self-critique, it also marks a sense of loss, and a longing for the ability to speak in a direct and unbroken voice – in other words, it includes a nostalgia to be at home in language. Karl Kraus exemplifies this; the bitter attacks of his ironic pen in the journal *Die Fackel* were only half of his writing; the other, utterly different half, can be found in his poems, in which he evokes that ideal and idyllic state in which there would be no gap between words and things, language and the world. He referred to it simply as an *Ursprung*, an edenic condition for which modernity is necessarily nostalgic. This homesickness for the idea of a pure language was famously suggested by Novalis, in his characterisation of philosophy as 'Heimweh-Trieb', 'the drive to be at home everywhere.' Music, he added, might actually achieve what philosophy could not, allowing the mind to be 'for short moments in its earthly home.'[8]

This too, is part of the modernity of Mahler's irony. The stakes of homesickness, for the individual, are set out bleakly in one of the Wunderhorn songs. 'Zu Strassburg auf der Schanz' tells the grim tale of a soldier who faces death for desertion, after following the sound of a distant alphorn, calling him back to his homeland. It could stand as a metaphor for all Mahler's work – a dramatised tension between adhering to the collective authority that keeps one in exile, and the fatal tug of homesickness. Put another way, Mahler's irony both expresses a condition of 'not being at home in language' while, at the same time, projecting the possibility of finding a home elsewhere. It is thematised in the Rückert song, 'Ich bin der Welt abhanden gekommen'. Being in exile from the world (here construed as *Weltgetümmel*) is the necessary condition of finding one's home elsewhere: in this case, by withdrawal and inwardness. The same topic is taken up in a more expansive and radical way in *Das Lied von der Erde*. The first drinking song is one of Mahler's most bitterly ironic, berating the world as hollow and worthless. The four songs that form the central movements deal with the loneliness of exile, with memory and denial, before the great finale stages one of Mahler's most powerful dramas of 'going into exile', of having to depart precisely because one no longer feels at home in the world. 'Der Abschied' begins on the far side of irony, in the abysmal solitude of exile, but its remarkable moments of expansive opening out are perhaps his most sustained attempts to chart new ground, to construct a new language in which one might sense, however faintly, the approach of 'ferne Heimatklänge'.

---

8   Novalis, *Schriften III*, eds. Paul Kluckhohn, Richard Samuel, Hans-Joachim Mähl, Gerhard Schulz, Stuttgart / Berlin / Cologne / Mainz 1960, p. 434.

VORHALT ALS VORBEHALT

Eine Figur auskomponierter Heimatlosigkeit bei Gustav Mahler

Norbert Jers

„Mein ganzes Leben ist ein großes Heimweh"[1] – so schrieb der 26jährige Gustav Mahler, als viel umworbener Dirigent inzwischen in Leipzig tätig, dem vertrauten Jugendfreund Friedrich Löhr. ‚Heimat' beziehungsweise ‚Heimatlosigkeit' ist ein Grundmotiv bei Mahler, das in vielerlei Lebens- und Schaffenskontexten seine Gefühlslage bestimmt. Es hat – spätestens und wesentlich seit Theodor W. A-dornos Buch im Jahr des hundertsten Geburtstages 1960 – die wissenschaftliche Mahler-Interpretation angeregt, und es dient diesem Band, dieser Tagung, ja sogar der Kölner MusikTriennale 2010 insgesamt als Motto. Gewissermaßen das Pendant dazu finden wir in Mahlers Vokabel der ‚Welt'.[2] Häufig zitiert wird seine Sentenz aus dem Jahr 1895: „Aber Symphonie heißt mir eben: mit allen Mitteln der vorhandenen Technik eine Welt aufbauen."[3] Damit ist wohl kaum ein Komponieren unter einschränkendem Vorbehalt gemeint. Eher deutet der Spruch die Absicht an, festen Boden zu gewinnen, mit künstlerischen Mitteln Haus und Heimat zu schaffen. Aber konnte Mahler dies in seiner Zeit des ‚fin de siècle', am Ende des Jahrhunderts nach Ludwig van Beethoven gelingen? Konnte und wollte Mahler das ‚lange 19. Jahrhundert', dessen Explosion im Ersten Weltkrieg er nicht mehr erleben musste, musikalisch auf sicherem Grunde enden lassen? In einem seiner berühmtesten *Lieder aus letzter Zeit* sang er: „Ich bin der Welt abhanden gekommen", und seine Musik war dies gleichsam auch, in ihrer Gebrochenheit der Tradition entfremdet.

Ein hervorstechendes kompositionstechnisches Detail in Mahlers Musik ist der Vorhalt. Ich will den Versuch wagen, diese Figur zu dem Topos der Heimatlosigkeit in Beziehung zu setzen. Die Vorläufigkeit eines solchen Ansatzes ist schon darin begründet, dass die allumfassende Einbeziehung des Mahler'schen Gesamtwerkes eine größere Studie beanspruchen würde. Das vielleicht populärste Stück Musik Mahlers, für viele Hörer geradezu der Inbegriff seines charakteristischen Tonfalls, findet sich im 4., dem vorletzten Satz der Fünften Symphonie, dem berühmten *Adagietto*. Die Problematik seiner breiten Rezeption als Soundtrack von Luchino Viscontis Film *Tod in Venedig* (1971, nach Thomas Manns Novelle), die Simplifizierung und Verfälschung in der dadurch forcierten Identifi-

1 Gustav Mahler, *Briefe*, hrsg. von Herta Blaukopf (Bibliothek der Internationalen Gustav Mahler Gesellschaft), Wien ²1996, S. 78.
2 Vgl. Constantin Floros, *Gustav Mahler. Visionär und Despot. Porträt einer Persönlichkeit*, Zürich / Hamburg 1998, S. 115ff.
3 Natalie Bauer-Lechner, *Erinnerungen an Gustav Mahler*, Leipzig / Wien / Zürich 1923, S. 19.

kation des Helden der Geschichte mit der Person Mahlers[4] – all dies hat der nachhaltigen Wirkung und dem substanziellen Erfolg seiner Musik bis heute keinen Abbruch getan. Unter seinen Liedkompositionen hat in ähnlichem Maße – wenn auch weniger problematisch – das schon erwähnte, als programmatisch empfundene Friedrich-Rückert-Poem *Ich bin der Welt abhanden gekommen* Verbreitung gefunden. Beide Stücke, aus der Entstehungszeit um 1901 und laut Theodor W. Adorno[5] innerlich verwandt, enthalten auffallend viele Vorhaltsbildungen. Dass dies weder Zufall noch Einzelerscheinung ist, zeigt der flüchtige Blick auf Mahlers – im Vergleich zu anderen Komponisten relativ gut überschaubares – Gesamtwerk. Schon sein Freund und Förderer Guido Adler hat übrigens Mahlers Stil als einen solchen „mit kühnster Benutzung von Vorhalten (oft gehäuft), Antizipationen und Durchgängen" beschrieben.[6]

Ein statistischer Überblick ergibt folgendes Bild: Unter Mahlers fünfzig Liedern und symphonischen Liedsätzen – die großen oratorisch geprägten Werke *Das klagende Lied* und Achte Symphonie seien hier ausgespart – spielen Vorhaltsbildungen in knapp der Hälfte der Vokalsätze eine mittlere (fünfzehnmal) oder sogar große Rolle (siebenmal). Bei den 33 instrumentalen Symphonieteilen hat der Vorhalt in gut einem Drittel der Sätze große (sechsmal) oder mittlere Bedeutung (sechsmal). In der Chronologie des Liedschaffens sehen wir in dieser Hinsicht eine zunehmende Tendenz: von den hier kaum zu berücksichtigenden Werken der 1880er Jahre (drei Hefte *Lieder und Gesänge* mit Klavier, *Lieder eines fahrenden Gesellen*) über die Wunderhorn-Gesänge aus Mahlers viertem Lebensjahrzehnt bis zu den Rückert-Liedern nach der Jahrhundertwende, den *Kindertotenliedern* und schließlich dem späten *Lied von der Erde*.

Im symphonischen Werk lässt sich keine linear wachsende Bedeutung des Vorhalts beobachten. Während die Dritte, Fünfte und Neunte Symphonie Musterbeispiele für unser Thema bieten, fallen die Sechste und Siebte Symphonie aus dieser Betrachtung fast gänzlich heraus. Ein erster Erklärungsansatz, der hier nur angedeutet werden kann, wäre: Je unmittelbarer und eindeutiger die Satzcharaktere sich ausprägen – z. B. Marsch, Scherzo, Rondo-Burleske –, desto weniger Gebrauch macht Mahler vom Vorhalt. Ein besonders markantes Beispiel für diese Beobachtung bildet die Fünfte Symphonie, deren erste vier Sätze häufig mit Vorhaltsbildungen arbeiten, während das abschließende Rondo-Finale, einer der eher „affirmativen Sätze" des „schlechten Jasagers" Mahler[7], ganz darauf verzichtet.

---

4   Vgl. Carl Dahlhaus, *Die rätselhafte Popularität Gustav Mahlers. Zuflucht vor der Moderne oder der Anfang der Neuen Musik*, in: *Musik und Bildung* 5, 1973, S. 590–592, hier S. 590.
5   Theodor W. Adorno, *Mahler. Eine musikalische Physiognomik*, Frankfurt a. M. 1960, S. 35.
6   Guido Adler, *Gustav Mahler*, Wien / Leipzig 1916, S. 61.
7   Adorno, *Mahler*, S. 180f.

III.

4. Adagietto

Notenbeispiel 1: Fünfte Symphonie: 4. Adagietto, T. 1–11 (endgültige Fassung, Kritische Gesamt-ausgabe Band V, Frankfurt / London / New York: Peters)

Die berühmte Posthorn-Episode im *Scherzando* der Dritten muss hier als ein Sonderfall angesehen werden. Auf sie passt zwar die Bemerkung Karl Michael Kommas, dass „der Trompeter und der Postillon […] als Vermittler heimwehbefrachteter Musik im 19. Jahrhundert besonders beliebt" waren[8]; jedoch handelt es sich dabei um eine präformiertes Material verwendende Solonummer ohne den Mahler'schen Vorhaltstonfall – um im Bild zu bleiben: als Episode quasi exterritorial. Bei dem großen *Adagio* der 10. Symphonie drängt sich der Eindruck auf, dass es bei einer Musik, die zu diatonischer Atonalität strebt, immer schwieriger wird, Vorhaltsbildungen zu identifizieren. Als allgemeine These sei resümiert: Das kompositorische Gestaltungsmittel des Vorhalts bildet ein für Mahlers Stil charakteristisches, wenn auch nicht dominantes Merkmal.

Was ist ein Vorhalt? In der 4. Auflage des Musiklexikons von Hugo Riemann aus dem Jahre 1894, als Mahler gerade die Fünfte Symphonie einer Revision unterzogen hat – sie sollte erst zehn Jahre später im Kölner Gürzenich uraufgeführt werden –, lautet der entsprechende Eintrag, nicht viel anders als bis heute: „Vorhalt ist die Substitution eines benachbarten (dissonanten) Tons […] statt des in den Akkord gehörigen Tons, zu dem der vorgehaltene Ton erst nachträglich fortschreitet."[9] Der Ton, um den es geht, wird vorgehalten, aber nicht im Sinne eines Bereithaltens, sondern er wird vor dem eigentlichen Ereignis, dem Akkordwechsel, gehalten, festgehalten, bevor er Fortschreiten darf zum Nachbarton, der erwartet wird und in den Gesamtzusammenhang des Zielakkordes mündet. Der Vorhalt ist ein melodisch-harmonisches Phänomen, dessen rhythmisch-metrische Basis in der Verschiebung des Zielpunktes vom betonten auf den unbetonten Taktteil besteht; die von der Norm abweichende Melodiebildung erzeugt eine akzentuierte Dissonanz.

Warum benutzt Mahler so gerne diese alte satztechnische Verfahrensweise? Gewiss nicht, um im mehrstimmigen Satz die Selbstständigkeit einzelner Stimmen zu verdeutlichen und hörbar zu machen, wie es die klassische Vokalpolyphonie seit der Renaissance gepflegt hat, auch sicher nicht als eine Form der Verzierung wie im linearen Denken des Barockzeitalters, oder – harmonisch konzipiert – um am Ende einer Phrase die Dominante auszudehnen beziehungsweise den musikalischen Satz mit Vorhaltsdissonanzen farbiger zu gestalten. Auch die mit Vorhalten durchsetzte Chromatisierung des Satzes etwa in Richard Wagners *Tristan und Isolde* machte Mahler sich nicht zueigen. Statt all dieser Techniken verfügte er über andere, ihm eigene Mittel für polyphone Strukturen, harmonischen Reichtum und farbige Ausgestaltung eines komplexen Satzes. Ich möchte – als zweite These – behaupten: Mahlers Interesse am Vorhalt richtet sich auf die Möglichkeiten der Melodiebildung. Seine insgesamt starke Fokussierung auf die Melodik ist belegt, zum Beispiel mit einer Äußerung gegenüber Natalie Bauer-Lechner: „Das Wichtigste in der Komposition ist der reine Satz, daß jede Stimme wie beim Vokalquartett […] gesanglich sei. […] Bei mir muß auch das Fagott, die Baßtuba, ja selbst die Pauke gesanglich sein."[10] Der für Dmitri Schostakowitschs Entwicklung bedeutsame sow-

---

8   Karl Michael Komma, *Vom Ursprung und Wesen des Trivialen im Werk Gustav Mahlers*, in: *Musik und Bildung* 5, 1973, S. 573–578, hier S. 576.
9   Hugo Riemann, *Musik-Lexikon*, Leipzig [4]1894, S. 1145.
10   Bauer-Lechner, *Erinnerungen*, S. 59.

jetische Musikforscher Iwan Sollertinskij beschrieb einmal dieses Phänomen bei Mahler: Es gebe in seinem Tonsatz nur Stimmen und fast niemals Akkorde.[11]

Ein eindrucksvolles Beispiel für die überwältigend melodische Kraft in Mahlers Komponieren bildet der die Dritte Symphonie abschließende langsame Satz: höchst effektvoll, dabei in der Literatur ambivalent beurteilt. Für Hermann Danuser gehört das Stück der „Tradition des feierlich-hoheitsvollen Adagiostiltypus"[12] an, es wird zuweilen im Vergleich zum Adagio-Finale der Neunten Symphonie kritisch beleuchtet, als affirmativ gekennzeichnet. Der Satz beginnt ohne jede Einleitung mit dem denkbar einfachsten auftaktigen Motiv a–d'. Zieht man zum Vergleich den Themenkopf des *Adagiettos* aus der Fünften heran, so wird gleich der Unterschied in dem späteren Werk deutlich: das verunsicherte Herantasten – durch Vorhalt verzögert – an die Tonika. Aber auch das Finale der Dritten ist durch eine Fülle von Vorhaltsbildungen geprägt, und der allzu glatt erscheinende Anfang mit dem glücklichen melodischen Einfall findet keineswegs eine ungebrochene Weiterentwicklung. Am Ende des 25minütigen Satzes muss die Rückkehr zum Grundton geradezu mühsam erkämpft werden. Und den triumphalen Schluss stellt Friedhelm Krummacher in seiner umfassenden Analyse einleuchtend in Frage: „Das Werk scheint zum Ende zu kommen. Je lauter und mächtiger jedoch es sein Ziel verkündet, um so größer muß der Argwohn dessen werden, der den Prozeß verfolgt hat. Daß dies eine Mal das Ziel erreicht zu sein scheint, hebt nicht die Zufälligkeit oder Beliebigkeit dieser Lösung auf."[13]

11 Diesen Hinweis verdanke ich Johannes Schild. Vgl. Schilds Beitrag über *Schostakowitschs Wahlverwandtschaft mit Mahler* im vorliegenden Band sowie Paul Bekker, *Gustav Mahlers Sinfonien*, Berlin 1921, S. 30f.
12 Hermann Danuser, *Versuch über Mahlers Ton*, in: Dagmar Droysen (Hrsg.), *Jahrbuch des Staatlichen Instituts für Musikforschung Preußischer Kulturbesitz 1975*, Berlin 1976, S. 46–79, hier S. 77.
13 Friedhelm Krummacher, *Gustav Mahlers III. Symphonie. Welt im Widerbild*, Kassel 1991, S. 160f.

Nº 6

Notenbeispiel 2: Dritte Symphonie: 6. Langsam. Ruhevoll. Empfunden, T. 1–20
(revidierte Fassung, Kritische Gesamtausgabe Band III, Wien / London: Universal Edition)

Das Adagio-Finale der Neunten Symphonie, schon seit Paul Bekkers großer Darstellung der Symphonien (1921) als Abschiedsmusik – in enger Beziehung zu
dem *Lied von der Erde* und dessen Schlussstück – verstanden,[14] lebt sozusagen

14   Bekker, *Sinfonien*, S. 352.

vom Vorhalt. Nicht nur zögert der Satz immer wieder zu schließen,[15] schon der gleich an den Anfang gesetzte Eintritt des Hauptthemas muss mühsam über einen schwerfällig absteigenden Sekundgang errungen werden, und seine Melodielinie bewegt sich – ganz anders als etwa im Finale der Dritten – auf schwankendem Boden. (Die herausragende Bedeutung der Doppelschlagfigur in diesem Werk hat Kurt von Fischer 1975 dargestellt.[16]) Am Schluss des Satzes – zugleich das Ende von Mahlers vollendetem symphonischem Schaffen – scheint die Musik nur mühsam aus dem Geflecht der Vorhalte herauszufinden; in der Deutung Adornos: „Die Abschied nehmende Musik kommt nicht los. Aber nicht, weil sie aneignen, sich selbst behaupten wollte.“[17] – „Die zurückgenommene Zeit hat kein Ziel mehr, führt nirgendwohin [...]“[18]

Die Häufung von Vorhalten tritt nicht nur im gleichsam tragischen Kontext auf; die so genannte ‚Tragische‘, die Sechste Symphonie, und auch die Siebte verzichten ja beinahe gänzlich auf dieses Mittel. Dagegen steht beispielsweise das Hauptthema der Vierten Symphonie, das Mahler selbst gegenüber Natalie Bauer-Lechner einmal als „so kindhaft einfach und seiner selbst ganz unbewußt“[19] charakterisiert hat. Laut Adorno ist es von allen Mahler'schen Themen „das uneigentlichste“, „das naiv sich gerierende, auseinandergenommene, herumgewürfelte Thema“[20]. Nach dem konventionellen Anfangsmotiv verbrämt Mahler den subdominantischen Melodieton e'' bereits durch den Vorhalt dis'', wählt danach wieder einen simplen Tonikaabschluss (T. 7), um jedoch in der Fortspinnung das Horn die Melodie (durch Vorhalte mit ausgeschriebenem Praller) ins Groteske verzerren zu lassen. Hier kündigen sich schon – ganz abgesehen von den Einleitungstakten mit dem Schellen- beziehungsweise Narrenmotiv[21] – die Verstörungen und Brüche im nur scheinbar leichten Tonfall dieser Symphonie an.

Ähnlich verstreut und ungleich verteilt wird im Vokalschaffen der Vorhalt eingesetzt. Aus den früheren Liedern und Gesängen zeigt in singulärer Weise *Erinnerung* (nach R. Leander) eine durchgehende Gestaltung mit Vorhalten. Der Text („Es wecket meine Liebe die Lieder immer wieder“) und seine Vertonung erinnern an Franz Schuberts berühmtes Diktum – „Wollte ich Liebe singen, ward sie mir zum Schmerz. Und wollte ich wieder Schmerz nur singen, ward er mir zur Liebe“[22] –, denn so gequält wie Schuberts Leben klingt auch Mahlers Lied. *Das irdische Leben* aus den Wunderhorn-Liedern (1892/93; „Mutter, ach Mutter, es hungert mich“) erzeugt seinen schmerzlichen Tonfall durch permanente Quasi-

15 Vgl. Adorno, *Mahler*, S. 214.
16 Kurt von Fischer, *Die Doppelschlagfigur in den zwei letzten Sätzen von Gustav Mahlers 9. Symphonie. Versuch einer Interpretation*, in: *Archiv für Musikwissenschaft* 32, 1975, S. 99–105.
17 Adorno, *Mahler*, S. 216.
18 Ebd. S. 215.
19 Bauer-Lechner, *Erinnerungen*, S. 153.
20 Adorno, *Mahler*, S. 82.
21 Vgl. den Beitrag von Wolfram Steinbeck *Was mir die Musik erzählt. Zur Narrativität der Vierten* in diesem Band.
22 Michael Stegemann, *Schubert-Almanach. Eine musikalisch-historische Chronik*, München 1996, S. 135.

Vorhalte. In der schnellen Sechzehntelbewegung des Instrumentalparts wird vor den Hauptton des jeweiligen Akkordes auf dem schweren Taktteil immer wieder der benachbarte Halbton gesetzt, woraus sich unzählige scharfe Dissonanzen ergeben. In dem todtraurigen Lied *Nun seh' ich wohl, warum so dunkle Flammen* aus den *Kindertotenliedern* (1901), wo wesentlich von Augen und ihren Blicken die Rede ist, exponiert Mahler sogleich emphatische Vorhaltsbildungen, mottoartig bei den Worten „O Augen" kulminierend. Die Singstimme bei *Liebst du um Schönheit* (aus den späteren *Sieben Liedern*) schließt gleichsam mit einem unaufgelösten Vorhalt: auf dem Ton a' über dem C-Dur-Akkord, der im Klavier nach einer modulierenden Passage als Grundakkord befestigt wird. Adorno hat dies gedeutet, „als finde das Gefühl nicht nach außen, sondern ersticke an seinem Übermaß. (…) Sie [die Musik] spricht sich nicht mehr zuende, Ausdruck wird zum Schluchzen."[23] (Adorno hat diese Liedzeile – „dich lieb' ich immer, immerdar!" – ohne Text seinem Mahler-Buch als Widmung an seine Frau Gretel Adorno vorangestellt.)

Mit dem Lied *Ich bin der Welt abhanden gekommen* (1901; wie das letzt genannte nach einem Gedicht von Friedrich Rückert) wird unterschwellig gerne der Meister selbst identifiziert, und so verwundert es nicht, bei Natalie Bauer-Lechner Mahlers Äußerung zu finden, „das sei er selbst"[24]. Hans Heinrich Eggebrecht stützt seine Interpretation auf den analytischen Befund, dass die Hauptsubstanz des Liedes durch den Ganzton, zunächst aufwärts und dann auch abwärts, gegeben sei.[25] Darüber hinaus ist das ganze Lied mit Hilfe eines Geflechts von Vorhalten konstruiert, das ursächlich dessen andauernden Schwebezustand bestimmt. (Ich folge bei diesem Lied Adornos Meinung, dass der Klavierfassung der Vorzug gegenüber der Orchesterversion zu geben sei.)[26]

23   Adorno, *Mahler*, S. 189.
24   Bauer-Lechner, *Erinnerungen*, S. 167.
25   Hans Heinrich Eggebrecht, *Die Musik Gustav Mahlers*, München ³1992, S. 276.
26   Theodor W. Adorno, *Zu einer imaginären Auswahl von Liedern Gustav Mahlers*, in: ders., *Impromptus. Zweite Folge neu gedruckter musikalischer Aufsätze*, Frankfurt a. M. 1968, S. 30–38, hier S. 33f.

Notenbeispiel 3: Ich bin der Welt abhanden gekommen, Schluss (Sieben Lieder aus letzter Zeit, Ausgabe mit Klavierbegleitung, o.O.: C. F. Kahnt)

Die Figur des Vorhalts bei Mahler darf nicht als isoliertes Phänomen betrachtet werden. Nimmt man den engeren Kontext, also andere kompositorische Details, in den Blick, so treten häufig Wendungen in den Vordergrund, die mit dem Vorhalt eine gewisse Verwandtschaft aufweisen. Als dritte These möchte ich die Behauptung aufstellen: Mahlers Vorliebe für den Vorhalt befindet sich im Einklang mit seiner Präferenz für expressive fallende Sekundmelodik und für die so genannte schwache Endung, auf dem ‚schlechten‘ Taktteil, wie Adorno gesagt hätte. Wie der Vorhalt in seiner häufigsten Gestalt auf der unbetonten Taktzeit endet, so schließt Mahler sehr häufig seine Phrasen nicht auf der ‚Eins‘ ab, sondern gibt ihnen noch einen nachklappenden, unakzentuierten Ton hinzu. Da werden „Endungen resigniert fallengelassen"[27].

Der Sekundschritt nach unten ist „der sich senkenden Stimme abgehorcht, melancholisch wie der Sprechende"[28]. Charakteristische Beispiele finden wir schon in den früheren Liedern, etwa ein schmerzerfülltes „Ade" in *Scheiden und Meiden*, noch pathetischer in den beiden letzten der *Lieder eines fahrenden Gesellen* (*Ich hab' ein glühend Messer*; *Die zwei blauen Augen*) das „O weh!", aber auch „mit Parodie" (nach Mahlers Vorschrift) in *Heute marschieren wir* bei der Zeile „Ich will ins Kloster gehen". Die Erste Symphonie verwendet im 1. und 3. Satz gerne den tiefalterierten Sekundschritt vor der Tonika oder der Quinte; in der Dritten ist es vor allem der 4. Satz mit dem Text von Friedrich Nietzsche „O Mensch". Beim letzten Satz *Abschied* aus dem *Lied von der Erde* spricht Danuser sogar von einer „Geschichte des fallenden Sekundschritts"[29], hier bevorzugt in Terzparallelen gesetzt.

Ebenfalls entfernt verwandt ist eine oft isoliert eingesetzte Figur aus wiederholten Wechselnoten; man könnte sie ‚Sekundschwankung' nennen. In vielen Fällen sind es fünf Töne, aus Grundton und großer Sekunde gebildet, die als mehrfache Folge eine Art Stillstand hervorrufen. Im Finale der Ersten Symphonie (T. 385ff.) gestaltet die Figur, im Wechsel mit ihren Varianten, den Übergang in die Reprise. In der Dritten Symphonie leitet sie das Altsolo des 4. Satzes ein und kehrt dort häufig wieder. Das Lied-Finale der Vierten – „Wir genießen die himmlischen Freuden" – verwendet sie als punktierte beim Wort „himmlischen" und am Schluss analog bei „Kein Musik ist ja nicht auf Erden". Wenn Mahler hier „zart und geheimnisvoll", bei der ersten Stelle „durchaus ohne Parodie" vorschreibt, dann wirkt diese einem Stottern ähnliche Wendung fast wie eine Verlegenheitsgeste.

Welcher Sinn mag sich nun in solchen kompositorischen Figuren verbergen? Ich denke: Mahlers Vorhalte bringen Vorbehalte zum Ausdruck. Der musikalische Prozess, das Fortschreiten in Musik vollzieht sich an vielen Stellen unter Vorbehalt. Rhythmisch-metrisch gesehen, fühlen wir vor allem die Scheu vor der ‚Eins', das immer wieder spürbare Vermeiden, mit dem starken Akzent auf dem festen Grund einer betonten Taktzeit zu enden. (Eine interessante Parallele aus Mahlers Dirigierpraxis hat Bauer-Lechner mitgeteilt: „Über das Eins gleitet er daher oft ganz hinweg und bringt in der Folge der Taktteile dafür das Zwei und Drei […]"[30]) Der Melodieverlauf wird gedehnt, immer wieder treten Verzögerungen ein. In den extremen Stücken des Spätwerks entsteht der Eindruck, „daß kein Ende mehr möglich sei"[31]. Gegenüber Natalie Bauer-Lechner hat Mahler denn auch bekannt: „Die Musik muß immer ein Sehnen enthalten […]"[32] So dürfen wir in

---

27   Adorno, *Mahler*, S. 138.
28   Ebd. S. 70.
29   Hermann Danuser, *Gustav Mahler. Das Lied von der Erde* (Meisterwerke der Musik 25), München 1986, S. 88.
30   Bauer-Lechner, *Erinnerungen*, S. 96.
31   Adorno, *Mahler*, S. 182.
32   Bauer-Lechner, *Erinnerungen*, S. 119.

Mahlers Vorhalten die auskomponierte Schwierigkeit, anzukommen, erkennen; sie offenbaren ein Stück seiner Heimatlosigkeit.

Im Unterschied zu mancher romantischen Musikauffassung liegt das Wesen von Mahlers Schreibweise gerade nicht in der Überwindung des Ausdrucks von menschlichem Leiden; sein Komponieren folgt nur selten der Idee des ‚Per aspera ad astra'. Martin Gregor-Dellin spricht im Zusammenhang mit Wilhelm Heinrich Wackenroder von der „Philosophie des Vorhalts als ‚Analogon der durch Verzögerung erhöhten Befriedigung des Willens'"[33] (nach Arthur Schopenhauer) und zitiert aus Thomas Manns *Buddenbrooks* „das schmerzlich verweigerte Glück des Vorhalts, jenen ‚Augenblick des Aufschubs der Verzögerung, der Spannung, die unerträglich werden mußte, damit die Befriedigung desto köstlicher sei'"[34]. In Mahlers Musik suchen wir diese Art ‚köstlicher Befriedigung' vergebens; seine authentische Musiksprache taugt nicht zum ‚Happy end'.

Fungiert der Vorhalt bei Mahler nun als eine ‚Vokabel' im Sinne von Eggebrecht, oder bildet er eher eine Stilfigur, vergleichbar dem Doppelschlag in der Neunten Symphonie und im *Lied von der Erde* oder dem unter anderem für die Sechste Symphonie konstitutiven Dur-Moll-Wechsel? (Adorno hat das Wesen des Moll in diesem Zusammenhang als „Abweichung" gekennzeichnet, als das „gleichsam noch nicht Seßhafte"[35].) Unter Vokabeln versteht Eggebrecht „musikalische Gebilde [...], die an vorkompositorisch geformte Materialien anknüpfen"[36] – zum Beispiel umgangssprachliche Wendungen oder die berühmten so genannten Banalitäten. In diesem Sinne steht der Vorhalt nicht für eine Vokabel, er bildet von vornherein ein artifizielles Element. Als Signum des Vorbehalts scheint er jedoch Mahler zum stets verfügbaren kompositionstechnischen Ausdrucksmittel geworden zu sein. Dies ist Teil eines Komponierens, dessen Gegenstand, gattungsgeschichtlich betrachtet[37], das Ende der Symphonie bedeutet – Musik mit einem Zug des Verstummens.

Zu den eindrucksvollsten Beispielen dafür gehört der *Abschied* aus dem *Lied von der Erde*: vor allem die Abschnitte T. 166ff. – nach Danuser eine Doppelstruktur aus instrumentalem „Vorbereitungs-" und vokalem „Erfüllungsfeld"[38] –, dann das große Orchesterzwischenspiel (T. 288–374) sowie, mit seinen unaufgelösten Vorhalten, der Schlussabschnitt (T. 508–572).

---

33 Martin Gregor-Dellin, *Zwei Jahrhunderte Musikbeschreibung in der Literatur*, in: ders. (Hrsg.), *Eine Pilgerfahrt zu Beethoven. Musikergeschichten*, München 1988, S. 470–492, hier S. 475.

34 Ebd. S. 486.

35 Adorno, *Mahler*, S. 39f.

36 Eggebrecht, *Musik*, S. 67.

37 Vgl. Wolfram Steinbeck, *Kulmination und Krise*, in: ders. u. Christoph von Blumröder, *Die Symphonie im 19. und 20. Jahrhundert. Teil 2: Stationen der Symphonik seit 1900* (Handbuch der musikalischen Gattungen 3,2), Laaber 2002, S. 1–92.

38 Danuser, *Mahler*, S. 98.

Notenbeispiel 4: Das Lied von der Erde: 6. Der Abschied, Schluss (Klavierauszug von Erwin
Stein, Wien / London / Zürich: Universal Edition)

Mahler hat hier zu der Vorlage aus Hans Bethges Gedichtsammlung *Die chinesische Flöte* die für unseren Zusammenhang erhellenden Worte selbst hinzu gedich-
tet: „Ich wandle nach der Heimat, meiner Stätte!" – und: „Allüberall und ewig
blauen licht die Fernen! / Ewig, ewig!"

GUSTAV MAHLER UND *DES KNABEN WUNDERHORN*

Dietrich Kämper

Dass die Texte aus *Des Knaben Wunderhorn* für Mahler größte Bedeutung hatten, ist allgemein bekannt. Für seine Liedkompositionen war diese von Achim von Arnim und Clemens Brentano zusammengetragene Sammlung[1] die mit Abstand wichtigste Textquelle, und die frühen Symphonien, die bekanntlich Lieder und Liedelemente auf *Wunderhorn*-Texte in sich aufgenommen haben, tragen zu Recht den Namen „Wunderhorn-Symphonien". Der englische Musikkritiker Donald Mitchell sprach mit Bezug auf eine ganze Schaffensperiode gar von den „Wunderhornjahren" Mahlers.[2] Hier ist allerdings der Einwand zu erheben, dass sich Mahlers Orientierung am *Wunderhorn* nicht auf einen festen Zeitraum begrenzen lässt. Zu denken gibt, dass schon die *Lieder eines fahrenden Gesellen* dem *Wunderhorn* in Tonfall und Diktion sehr nahe stehen;[3] und sogar das noch frühere *Klagende Lied*, zu dem sich Mahler den Text selbst schrieb, ist durch eine archaisch-märchenhafte Grundhaltung geprägt, die der des *Wunderhorn* nicht unähnlich ist.

Die Frage nach den Gründen für die scheinbar so rätselhafte Anziehungskraft, die das *Wunderhorn* auf Mahler ausübte, hat die Musikwissenschaft von jeher intensiv beschäftigt.[4] Die Antworten auf diese Frage sind ebenso zahlreich und vielfältig wie die Argumente, die das Pro und Contra zum *Wunderhorn* seit seinem Erscheinen begleitet haben. Achim v. Arnim und Clemens Brentano waren 1805 in Heidelberg zusammengetroffen und hatten schon nach wenigen Wochen die Herausgabe einer „Sammlung aller deutschen alten Romanzen" angekündigt, „die wir nur immer auftreiben können".[5] Dieser erste Band erschien noch im gleichen Jahr, mit der Jahreszahlangabe 1806, gewidmet keinem geringeren als Johann Wolfgang von Goethe. Vorausgegangen war eine gemeinsame Schiffsreise der beiden Herausgeber auf dem Rhein im Jahre 1802; sie gilt als Geburtsstunde der Rheinromantik. Schon damals keimten erste Ideen zu einer Liedersammlung.

1 *Des Knaben Wunderhorn. Alte deutsche Lieder*, gesammelt von L. Achim von Arnim und Clemens Brentano. Hrsg. von Willi A. Koch. Mit einem Nachwort von Heinz Rölleke, München 1957, Winkler Verlag, Düsseldorf / Zürich 2001, Artemis & Winkler Verlag.

2 Donald Mitchell, *Gustav Mahler. The Wunderhorn Years. Chronicles and Commentaries*, London 1975.

3 Paul Bekker, *Gustav Mahlers Sinfonien*, Berlin 1921, S. 72; Kurt Blaukopf, *Gustav Mahler oder Der Zeitgenosse der Zukunft*, München / Kassel [2]1980, S. 67.

4 Stellvertretend für die jüngere Literatur sei genannt: Matthias Schmidt, *Komponierte Uneinholbarkeit. Anmerkungen zum „Volkston" der „Wunderhorn-Lieder"*, in: *Gustav Mahler und das Lied*, hrsg. von Bernd Sponheuer und Wolfram Steinbeck, Frankfurt/Main 2003 (Bonner Schriften zur Musikwissenschaft, Bd. 6).

5 Brief Clemens Brentanos an Friedrich Carl von Savigny, Juli 1805, zitiert nach: Heinz Rölleke, Nachwort zu *Des Knaben Wunderhorn* (siehe Anm. 1), S. 898.

Literaturwissenschaftler und Volksliedforscher, unter ihnen so namhafte Gelehrte wie Johann Heinrich Voß und die Gebrüder Grimm, stellten gleich nach ihrem Erscheinen den Volksliedcharakter der *Wunderhorn*-Texte in Frage. Ein halbes Jahrhundert später veröffentlichte Ludwig Erk seine Forschungen zu einer der bekanntesten Balladen des *Wunderhorn* „Zu Straßburg auf der Schanz", die er als „Fälschung" entlarvte.[6] In der Tat stellt das *Wunderhorn* eine Mischung aus Überliefertem und neu Geschaffenem dar. Es stehen nebeneinander: Altes, für alt Gehaltenes und „auf alt" Umgeformtes. Weit über rein antiquarische Interessen hinaus ging es den beiden Herausgebern um eine Aktualisierung und Modernisierung im Sinne der Romantik. Doch der prominente Widmungsträger Johann Wolfgang von Goethe trat allen Kritikern entgegen und erteilte einer archäologisch-musealen Auffassung von Volkslied eine klare Absage. Nach Goethes Ansicht ist auch das „Unterschobene" dankbar anzunehmen, denn „wer weiß nicht, was ein Lied auszustehen hat, wenn es durch den Mund des Volkes, und nicht etwa nur des ungebildeten, eine Weile durchgeht! Warum soll der, der es in letzter Instanz aufzeichnet, mit andern zusammenstellt, nicht auch ein gewisses Recht daran haben?"[7]

In seinem Aufsatz *Von Volksliedern*, der auch im Anhang der *Wunderhorn*-Erstausgabe abgedruckt wurde, sprach Achim von Arnim vom „Hexenkessel überschätzter Wissenschaft".[8] Vielleicht bietet uns diese Wendung einen Schlüssel auch zum Verständnis Mahlers. Auch dieser war nicht im Geringsten interessiert an der wissenschaftlichen Diskussion um die Echtheit von Volksliedern. Daher auch die „ganz unphilologische Freizügigkeit" im Umgang mit den *Wunderhorn*-Texten.[9] Mahler verhielt sich darin nicht anders als einige Jahrzehnte zuvor Johannes Brahms, der seine Vorlagen unbekümmert aus der Liedersammlung von Andreas Kretschmer und Anton Wilhelm von Zuccalmaglio schöpfte, während er über den (wissenschaftlichen Ansprüchen eher genügenden) *Deutschen Liederhort* von Erk/Böhme ein vernichtendes Urteil fällte.[10] Arnims Kritik am „Hexenkessel überschätzter Wissenschaft" deutet zugleich eine Frontstellung gegen die französische Aufklärung an, von der sich die jungen deutschen Romantiker entschieden absetzen wollten. Die Beschränkung auf deutsche Liedtexte, in deutlichem Gegensatz zu Johann Gottfried Herders *Stimmen der Völker*, verweist auf eine kulturpolitische Absicht: die Erneuerung des deutschen Volksgeistes in den Jahren der französischen Fremdherrschaft.

An dieser Stelle erhebt sich die Frage: Ist nicht auch Mahlers Liebe zum *Wunderhorn* durch eine Frontstellung bestimmt? Die Wahl der *Wunderhorn*-Texte ist letztlich eine Kampfansage gegen die überfeinerte Grossstadt- und Industriezivilisa-

---

6   *Deutscher Liederhort. Auswahl der vorzüglicheren deutschen Volkslieder* [...], gesammelt und erläutert von Ludwig Erk, neu bearbeitet und fortgesetzt von Franz M. Böhme, Bd. 3, Leipzig ²1925, S. 261; vgl. dazu Karl Bode, *Die Bearbeitung der Vorlagen in „Des Knaben Wunderhorn"*, Berlin 1909, S. 318–321 (Palaestra LXXVI).

7   Johann Wolfgang von Goethe, Rezension von *Des Knaben Wunderhorn*, in: *Jenaische Allgemeine Literaturzeitung*, 21. Januar 1806, zitiert nach: Goethe, *Gedenkausgabe der Werke, Briefe und Gespräche*, Bd. 14, hrsg. von Ernst Beutler, Zürich / Stuttgart ²1964, S. 459.

8   Achim von Arnim, *Von Volksliedern*, in: *Des Knaben Wunderhorn* (siehe Anm. 1), S. 860.

9   Jens Malte Fischer, *Gustav Mahler. Der fremde Vertraute. Biographie*, Wien 2003, S. 169.

10 Brief Brahms' an Philipp Spitta, 3. April 1894, in: *Johannes Brahms im Briefwechsel mit Philipp Spitta*, hrsg. von Carl Krebs, Berlin 1920, Tutzing ²1974, S. 97/98.

tion des Fin de siècle. In der Bevorzugung dieser „alten deutschen Lieder" (Untertitel des *Wunderhorn*) spiegelt sich der Pessimismus einer Spätzeit, eine Verfallsstimmung und die damit verbundene Tendenz zu einer Wirklichkeitsflucht, die nicht selten Züge eines Eskapismus trägt. Gerade im Österreich des späten 19. Jahrhunderts hatte der Dekadentismus des Fin de siècle ein besonderes Zentrum. Hermann Danuser exemplifiziert das Fin de siècle-Phänomen in der Musik Mahlers an zwei Liedbeispielen. Pole der Betrachtung sind einerseits die „Vision künftiger Schrecknisse" (*Revelge*) und andererseits die „Introversion im lyrischen Raum" (*Ich atmet' einen linden Duft*). Danuser möchte diesen ganzen Fragenkomplex allerdings nicht im Sinne eines „Schwanengesangs der Epoche" verstehen, sondern als einen dynamischen Prozess, der in den Aufbruch zur Moderne mündete.[11]

In engem Zusammenhang mit diesem Eskapismus, dieser Neigung zur „Weltflucht", stehen auch bestimmte Lebensgewohnheiten Mahlers, darunter vor allem die Wahl entlegener, weit von Wien entfernter Ferienorte: Steinbach am Attersee, Maiernigg am Wörthersee, Toblach in den Südtiroler Dolomiten. Hinzu kommt, dass Mahler sich in der Regel eigene, vom Hauptdomizil separierte „Komponierhäuschen" einrichten ließ, nicht zuletzt aufgrund seiner extremen Geräuschempfindlichkeit. (Am Rande sei erwähnt, dass Mahler dem Komponierhäuschen in Steinbach am Attersee den Namen „Schnützelputzhäusl" gab, der bekanntlich dem *Wunderhorn* entlehnt ist.) Zivilisationsmüdigkeit ist ein immer wiederkehrendes Motiv in den Briefen des Komponisten, angefangen von jenem Jugendbrief des Jahres 1879 an Josef Steiner, den Hans Heinrich Eggebrecht zum Ausgangspunkt seiner gesamten Mahler-Interpretation gemacht hat. Darin ist die Rede von der „modernen Heuchelei und Lügenhaftigkeit"; zu ihr fand Mahler ein Gegenmittel in der Natur: „[...] wenn ich des Abends hinausgehe auf die Heide und einen Lindenbaum, der dort einsam steht, ersteige [...]"[12] Da ist er – der Lindenbaum, unter dem schon der Wanderer in Franz Schuberts *Winterreise* geruht hatte und unter dem später Mahlers eigener fahrender Geselle Rast halten wird.

Über den Gegensatz von Zivilisation und Natur sprach Mahler in seinen Briefen immer wieder. Zwei Beispiele seien hier stellvertretend angeführt. 1895, zur Zeit der Berliner Erstaufführung seiner Zweiten, wanderte Mahler durch den Grunewald zu einem Glockengießer; dabei spürte er, „wie frei und groß der Mensch sofort wird, wenn er aus dem unnatürlichen und unruhevollen Getriebe der großen Stadt wieder zurückkehrt in das stille Haus der Natur."[13] Dass Mahler hier von einer „Rückkehr" spricht, darf man durchaus als einen Hinweis auf den Heimatgedanken verstehen, der im Thema unseres Symposiums angesprochen wird. Und 1900, nach Vollendung der Vierten, bekannte Mahler: „Sowie ich mich in der Natur und mit mir selbst befinde, ist alles Kleine und Gemeine wie ausgelöscht und ohne Spur vergangen". Nur so habe er an die „zarten Fäden" des Vorjahres wieder anknüpfen und die Symphonie fertig stellen können.[14]

11 Hermann Danuser, *Mahlers Fin de siècle*, in: *Das Imaginäre des Fin de siècle. Ein Symposium für Gerhard Neumann*, hrsg. von Christine Lubkoll, Freiburg i. Br. 2002, S. 111.
12 Brief an Josef Steiner, 17. Juni 1879, in: *Gustav Mahler. Briefe*, hrsg. von Herta Blaukopf, Wien / Hamburg 1982, S. 8f.
13 Brief an Anna von Mildenburg, 8. Dezember 1895, Ebd., S. 135.
14 Brief an Nina Spiegler, 18. August 1900, ebd., S. 248.

Alle diese Zeugnisse sprechen eine unmissverständliche Sprache. Und dennoch: kaum ausgesprochen, erkennt man, dass die Eskapismus-These zu kurz greift. Sie kann Mahlers Verhältnis zum *Wunderhorn* nur an seiner äußersten Oberfläche erfassen. Will man zu einem tieferen Verständnis gelangen, muss man noch einmal zurückkehren zur frühen Rezeptionsgeschichte des *Wunderhorn*. Nachdem Goethe, schon 1806, im Jahre des Erscheinens, seine Zustimmung zu der Liedersammlung artikuliert hatte, wandte er sich in seinen letzten Lebensjahren noch einmal der Frage des Volkslieds zu. Sein Urteil fasste er folgendermaßen zusammen: „Eigentlichster Wert der sogenannten Volkslieder ist der, dass ihre Motive unmittelbar von der Natur genommen sind."[15] Der Begriff „Natur" begegnet auch in der *Wunderhorn*-Rezension des Komponisten Johann Friedrich Reichardth. Dass die ursprünglich vorgesehene Mitarbeit Reichardts am *Wunderhorn* nicht zustandekam, hat bekanntlich dazu geführt, dass die Liedertexte ohne Melodien veröffentlicht wurden. In seiner Rezension für die *Berlinische Musikalische Zeitung* 1805 betonte Reichardt denn auch nachdrücklich, nicht lautes Lesen, sondern Singen sei die diesen Liedern angemessene Form des Vortrags: „[...] sie wollen so herzlich frei und rein herausgesungen seyn, wie sie zuerst sicher aus voller Seele strömten, die schönen lieblichen Töne und Weisen fröhlicher lebendiger Naturmenschen und heiterer Kunstseelen."[16] Dem Naturbegriff kommt demnach für die Idee des Volkslieds eine zentrale Bedeutung zu.

So wie für Goethe und Reichardt, so ging es auch für Mahler um die Opposition Natur-Kunst bzw. – auf das *Wunderhorn* im Besonderen bezogen – um die Opposition Naturpoesie–Literaturpoesie. An den Musikkritiker Ludwig Karpath schrieb Mahler, er habe sich dem *Wunderhorn* schon früh mit Haut und Haar verschrieben, einer Poesie, „die sich von jeder anderen Art ‚Literaturpoesie' wesentlich unterscheidet und beinahe mehr Natur und Leben [...] als Kunst genannt werden könnte."[17] In die gleiche Richtung weist eine andere Äußerung Mahlers, die Ida Dehmel in ihrem Tagebuch notiert hat. Im Zusammenhang mit Fragen der Text-Musik-Beziehung bekannte Mahler hier, er stehe seit frühester Kindheit zum *Wunderhorn* „in einem besonderen Verhältnis. Das seien keine vollendeten Gedichte, sondern Felsblöcke, aus denen jeder das Seine formen dürfe."[18] Die zentrale Bedeutung des Naturbegriffs für Mahlers Musik wird schliesslich bestätigt durch einen der bekanntesten Aussprüche des Komponisten. Er entstammt einem Brief an den Prager Musikkritiker Richard Batka, dem Mahler den tieferen Sinn seiner Dritten Symphonie zu erläutern versuchte. Die hier formulierten Gedanken über „Natur" mündeten in das Bekenntnis: „[Meine Musik] ist immer und überall nur Naturlaut."[19]

15 Zitiert nach: Walter Pape, *„Keineswegs unmittelbar und augenblicklich aus dem Boden entsprungen": Goethes „Wunderhorn"-Rezeption und sein Konzept des Naturpoeten und der Improvisation*, in: *Das „Wunderhorn" und die Heidelberger Romantik: Mündlichkeit, Schriftlichkeit, Performanz. Heidelberger Kolloquium der Internationalen Arnim-Gesellschaft*, hrsg. von Walter Pape, Tübingen 2005, S. 227.
16 Berlinische Musikalische Zeitung, 1805, zitiert nach: Christoph Vratz, *„Herzschlag des deutschen Volkes"*, in: Opernwelt 47/6, Juni 2006, S. 36.
17 Brief an Ludwig Karpath, 2. März 1905, in: *Gustav Mahler. Briefe*, S. 299.
18 Zitiert nach: Alma Mahler-Werfel, *Erinnerungen an Gustav Mahler*, hrsg. von Donald Mitchell, Frankfurt / Berlin / Wien 1980, S. 121.
19 Brief an Richard Batka, 18. November 1896, in: *Gustav Mahler. Briefe*, S. 179f.

Naturpoesie versus Literaturpoesie – mit dieser Formel ist der Kern des Problems berührt. Wenn wir nach dem besonderen Charakter der *Wunderhorn*-Texte fragen, suchen wir immer auch zugleich nach einer Erklärung für die rätselhafte Anziehungskraft, die diese Texte auf Mahler ausübten. Um wirkliche Volkslieder handelt es sich zweifellos nicht; zu viel Bearbeitung, zu viel „Zutat" ist in diesen Gedichten erkennbar. Schon Goethe sprach immer nur von „sogenannten Volksliedern", setzte also den Begriff Volkslied, der erst kurz zuvor von Johann Gottfried Herder geprägt worden war, gleichsam in Anführungszeichen. Dennoch stand hinter der Auswahl und Bearbeitung des *Wunderhorns* das Ideal eines Volkslieds, das es in der Wirklichkeit schon längst nicht mehr gab. Und so hielt auch Heinrich Heine in seiner Beurteilung des *Wunderhorns* am Begriff Volkslied fest: „Es liegt in diesen Volksliedern ein sonderbarer Zauber. Die Kunstpoeten wollen diese Naturerzeugnisse nachahmen, in derselben Weise, wie man künstliche Mineralwässer verfertigt. Aber wenn sie auch, durch chemischen Prozeß, die Bestandteile ermitteln, so entgeht ihnen doch die Hauptsache, die unzersetzbare sympathetische Naturkraft."[20] Sätze wie diese rufen uns ins Bewusstsein, dass ohne *Des Knaben Wunderhorn* große Bereiche der Dichtung Wilhelm Müllers und – in dessen Nachfolge – auch Heinrich Heines nicht denkbar wären.

Naturpoesie: das bedeutet vor allem das Fehlen jenes lyrischen Ich, das als psychologisch differenziertes Individuum seine persönlichen Gefühle ausspricht. Hans Mayer zitiert einen bekannten Aphorismus Franz Kafkas, dessen Romane oft in Parallele zu Mahlers Symphonien gesetzt worden sind: „Zum letzten Mal Psychologie!"[21] Gerade diese Psychologie aber war es, mit deren Hilfe die Dichtung der Mahlerzeit (Dostojewski, Ibsen) die Fragen menschlicher Schicksale und Beziehungen zu beantworten suchte. Vielleicht macht gerade diese Abkehr von der Psychologie – mehr als alles andere – Mahler zum Wegbereiter der Moderne. Entpsychologisierung und Entindividualisierung erwiesen sich auch im Theater der Jahre um 1900 als ein beherrschender Grundzug. Schon Ludwig Tieck hatte beklagt, das Theater habe durch das „Motivieren und die psychologische Auseinanderentwicklung seiner Charaktere" viel verloren.[22] Symbolismus (Maeterlinck) und Futurismus (Marinetti) zogen aus dieser Erkenntnis radikale Konsequenzen. Parallel dazu vollzog sich eine Rückbesinnung auf Commedia dell'arte und Puppentheater. Spätestens seit Edward Gordon Craig wurde die Marionette zur eigentlichen Ikone der theatergeschichtlichen Moderne.[23]

---

20 Heinrich Heine, *Die romantische Schule*, bearb. von Manfred Windfuhr, Hamburg 1979, S. 202 (*Heinrich Heine. Historisch-kritische Gesamtausgabe der Werke*, hrsg. von Manfred Windfuhr, Bd. 8/1).

21 Franz Kafka, *Nachgelassene Schriften und Fragmente II*, hrsg. von Jost Schillemeit, Frankfurt 1992, S. 134 (*Franz Kafka: Schriften Tagebücher Briefe. Kritische Ausgabe*); vgl. dazu Hans Mayer, *Musik und Literatur*, in: *Über Gustav Mahler*, Tübingen 1966, S. 150; Theodor W. Adorno, *Zu einem Streitgespräch über Mahler*, in: *Musik und Verlag. Karl Vötterle zum 65. Geburtstag*, hrsg. von Richard Baum und Wolfgang Rehm, Kassel 1968, S. 124.

22 Ludwig Tieck, *Briefe über Shakspeare*[!], in: *Kritische Schriften*, Bd. 1, Leipzig 1848, S. 167.

23 Jochen Kiefer, *Die Puppe als Metapher, den Schauspieler zu denken. Zur Ästhetik der theatralen Figur bei Craig, Meyerhold, Schlemmer und Roland Barthes, Berlin 2004*, S. 55.

Der gänzliche Verzicht auf Psychologie führt im *Wunderhorn* zu den oft re-
gistrierten „Brüchen" im gedanklichen Verlauf, zu jener verstörenden „Irrationali-
tät" – mag man nun von „Sprüngen im Oberflächenzusammenhang" oder von
„logischen Inkonsistenzen" sprechen.[24] Dieses „Alogische" korrespondiert mit
dem Traumhaften einiger *Wunderhorn*-Gedichte, das in Mahlers Vertonung kon-
genial aufgenommen wird – nirgends schöner als in *Wo die schönen Trompeten
blasen* mit der Vortragsbezeichnung „Geheimnisvoll zart. Verträumt. Durchaus
leise". Auch *Revelge*, „Inbild von Kriegsgreueln", trägt Züge einer „Traumvisi-
on".[25] Nicht aus den subjektiven Gefühlen eines lyrischen Ich, sondern aus einem
„kollektiven Unterbewussten"[26] scheinen diese Texte zu entspringen. Sie exponie-
ren eine überindividuelle, kollektive Bilderwelt. Daher ihr Doppelcharakter: einerseits „Einfalt", andererseits „allegorische Tiefe" (nach Clemens Brentano).[27]

Die Distanzierung von der Psychologie hat ihr Korrelat in einem Infantilismus,
der für große Bereiche des Mahlerschen Oeuvres prägend ist. Theodor W. Adorno
hat in seinen Kommentaren zur Musik Mahlers auf diesen Aspekt einen besonderen
Akzent gelegt. „Unbeirrtheit des Traums und ein Infantiles lassen bei ihm [Mahler]
nicht säuberlich sich scheiden".[28] Besonders die Vierte, die mehr noch als andere
Werke Mahlers „durchtränkt" ist von der *Wunderhorn*-Welt, bietet eine Fülle kindlicher Bilder. Nicht zuletzt durch den Kinderlieder-Anhang zum *Wunderhorn* weisen auch Achim von Arnim und Clemens Brentano der Welt des Kindes einen festen Platz in ihren Liedern zu. Bei Mahler avanciert das Infantile oft zum Kunstmit-
tel. „Gebärdet er sich kindisch, so verschmäht er, erwachsen zu sein, weil seine Musik der erwachsenen Kultur auf den Grund schaut und herauswill."[29] Auch von hier
aus eröffnen sich Zugänge zu den Texten des *Wunderhorn*. Unschwer lässt sich
eine Brücke schlagen zum Eskapismus des Fin de siècle, an dem Mahler – trotz
aller Einschränkungen – ohne Zweifel seinen Anteil hatte.

Das Antipsychologische, Antiindividualistische der *Wunderhorn*-Texte hat immer wieder zu einem Vergleich mit der Technik des Holzschnitts herausgefordert.
Wie ein Leitmotiv zieht sich dieser Vergleich durch die Rezeptionsgeschichte der
Mahler-Lieder insgesamt, aber der *Wunderhorn*-Lieder im besonderen. Über die Aufführung beim Musikfest des Allgemeinen Deutschen Musikvereins 1905 in Graz
urteilte ein Kritiker, die „Holzschnittmanier" der *Wunderhorn*-Texte sei Mahlers Art
des Komponierens sehr entgegengekommen.[30] Wenige Jahre später griff Georg Göhler diesen Vergleich auf und übertrug ihn von den Texten auf Mahlers Vertonung.
Insbesondere für *Revelge* und *Tambour-Gesell* sei charakteristisch, dass der Komponist hier „die geniale Phantastik der alten Dichtungen in der Art künstlerisch steigerte,

24 Danuser, *Mahlers Fin de siècle*, S. 122.
25 Ebd., S. 124.
26 Peter Hamm, „*Von Euch ich Urlaub nimm' ...*". *Zu den von Gustav Mahler vertonten Texten*,
     in: *Akzente. Zeitschrift für Literatur* 24, 1977, S. 163.
27 Theodore Ziolkowski, *Heidelberger Romantik. Mythos und Symbol*, Heidelberg 2009, S. 52.
28 Theodor W. Adorno, *Mahler. Eine musikalische Physiognomik*, Frankfurt/M. 1971, S. 167
     (Adorno, *Die musikalischen Monographien* = Gesammelte Schriften, Bd. 13).
29 Ebd., S. 278/279; Peter Hamm, „*Von Euch ich Urlaub nimm' ...*, S. 163.
30 *Signale für die musikalische Welt* Nr. 40, 14. Juni 1905, S. 699.

wie's die alte Holzschnittkunst getan hat".[31] Und noch viele Jahrzehnte später machte Siegfried Borris denselben Vergleich zum Thema seines vielgelesenen Aufsatzes über Mahlers Lieder, den er überschrieb: „Mahlers holzschnitthafter Liedstil".[32] Dabei markiert das „Holzschnitthafte" für Borris den denkbar schärfsten Gegensatz zum Liedstil der Zeitgenossen Richard Strauss und Hugo Wolf.

Mahlers Versuche, eine musikalische Entsprechung zur Naturpoesie der *Wunderhorn*-Texte zu finden, lassen sich nicht allein an der allgemeinen stilistischen Grundhaltung, sondern durchaus auch an konkreten kompositionstechnischen Details aufzeigen. Allerdings können die im Folgenden angeführten Beispiele nur eine sehr begrenzte Auswahl bieten. Zu den häufigsten Naturlauten bei Mahler gehören die Vogelrufe. In der Einleitung zum 1. Satz der Ersten hat die 1. Klarinette „den Ruf eines Kuckucks nachzuahmen". Mahler schreibt an dieser Stelle vor: „Clar. ohne Rücksicht auf das Tempo I". Das Zeitmass wird also suspendiert; Naturlaut dringt ein. Für einen kurzen Augenblick wird der artifizielle Kontext verlassen und dem Naturlaut Raum gegeben. Ähnliches gilt für die Vogelstimmen des „Grossen Appell" im Finale der Zweiten, wo das Grundzeitmass de facto insgesamt außer Kraft gesetzt ist.[33] Auch im 1. Satz der Dritten sind mehrmals Vogelrufe angedeutet. Bekanntlich lautete Mahlers ursprüngliches Programm: „Pan erwacht. Der Sommer marschiert ein". Auch diese Vogelrufe (T. 250-252 Piccoloflöte und T. 475-477 Piccoloflöte, dann Es-Klarinette) sind „ohne Rücksicht auf den Takt" zu spielen. Unwillkürlich erinnern wir uns an eine Bemerkung Mahlers über die Einleitung zum 1. Satz der Dritten: „Das ist schon beinahe keine Musik mehr, das sind fast nur Naturlaute."[34] In der Einleitung zum 1. Satz der Ersten gestaltet Mahler zwei unterschiedliche Zeitschichten: neben dem Tempo I ein „più mosso" der Vogelrufe und Signale. Alle diese Beispiele für Zeitsuspension betreffen, wie man unschwer erkennt, einige der wichtigsten Vokabeln Mahlers (um diese von Eggebrecht vorgeschlagene Bezeichnung aufzugreifen). Schon hier wird deutlich, dass das *Wunderhorn* die Hauptquelle des Mahlerschen Vokabulars ist, wie sich an einer Auswahl entsprechender Gedichte leicht zeigen ließe. Aus diesem Grunde besteht auch kein Anlass, die auffallend häufigen Marschrhythmen und Militärsignale in den Symphonien Mahlers mit Kindheitserlebnissen zu begründen, etwa mit der räumlichen Nähe einer Kaserne zum Elternhaus des Komponisten. Guido Adler hatte schon in seinem Nekrolog von 1914 seine Leser auf diese Fährte gesetzt, und Siegfried Borris griff diese These noch 1973 erneut auf.[35] Beide Autoren übersahen, dass dieser Bereich des Mahlerschen Vokabulars in zahllosen Gedichten des *Wunderhorn* mit aller Deutlichkeit vorgeprägt ist (u.a. *Revelge, Tambursgesell, Der Kurmainzer Kriegslied*).

---

31   Georg Göhler, *Gustav Mahlers Lieder*, in: *Die Musik* X/3, 1910/11, S. 361.
32   Siegfried Borris, *Mahlers holzschnitthafter Liedstil*, in: *Musik und Bildung* 5, 1973, S. 578f.
33   Peter Andraschke, *Imagination von Natur in der Musik Gustav Mahlers*, in: *Gustav Mahler und die Symphonik des 19. Jahrhunderts*, hrsg. von Bernd Sponheuer und Wolfram Steinbeck, Frankfurt/M. 2001, S. 193 (Bonner Schriften zur Musikwissenschaft, Bd. 5).
34   Natalie Bauer-Lechner, *Erinnerungen an Gustav Mahler*, Leipzig 1923, S. 40.
35   Guido Adler, *Gustav Mahler*, Wien / Leipzig 1916, S. 9; Siegfried Borris, *Mahlers holzschnitthafter Liedstil*, S. 580.

Auch die Herdenglocken der Sechsten und Siebenten stehen für dieses Heraus aus dem Kunstschönen, dieses Hinein in den reinen Naturlaut. Oft wird der Einsatz der Herdenglocken ganz einseitig mit den Verräumlichungstendenzen der Musik Mahlers in Verbindung gebracht. Im Finale der Sechsten, Ziffer 144, heißt es: „in der Ferne"; und im 2. Satz der Siebenten: „Herdenglocken (in weiter Entfernung)". Wichtiger aber erscheint in diesem Zusammenhang das aus Mahlers Briefen bekannte Motiv des „Hinausgehens". Mahler war Bergwanderer, und nur wer den Gipfel erstiegen hatte, sich also weit oberhalb der Almregion befand, konnte diesen Eindruck weit entfernter, aus der Tiefe heraufsteigender Herdenglockenklänge erleben. Im Fundus eines „normalen" Symphonieorchesters sind Herdenglocken nicht vorhanden; die sonst üblichen „campane" sind ausdrücklich nicht gewünscht. Der Klang der Herdenglocken ist also „kein Kunstschönes, sondern ein Kunstfremdes, ein der Kunst gegenüber extrem anderes".[36]

Dieses „Kunstfremde" tritt auch in Satz und Harmonisierung der Mahler-Lieder in einigen Episoden deutlich in Erscheinung. Im Finale der Vierten (alias *Das himmlische Leben*) hören wir dreimal eine (fast gleiche) Refrainzeile: „Sanct Peter im Himmel sieht zu!" Ihre musikalische Parallelstelle findet sich im 5. Satz der Dritten (Alt-Solo „Ich hab' übertreten die zehn Gebot"). Diese Zeile ist so harmonisiert, wie es allen Gesetzen und Stimmführungsregeln der Kunstmusik Hohn spricht: äußerst simple Dreiklangsparallelen, eine beinahe fauxbourdonähnliche primitive Mehrstimmigkeit (vgl. Notenbeispiel 1). Guido Adler verstand ein solches Verfahren als eine „Art primitiver Musikbehandlung, an der Schwelle der Kunst stehend".[37] In Wahrheit handelt es sich um ein absichtvoll Kunstloses, Naturhaftes.

Notenbeispiel 1

Ganz und gar ins Volksmusikalisch-Präartifizielle gelangen wir mit der Lindenbaum-Episode im 3. Satz der Ersten. Sie basiert, wie bekannt, auf dem vierten Gesellenlied. Sowohl für das Lied wie auch für die entsprechende sinfonische Episode wählt Mahler eine Harmonisierung, die an bestimmte Formen alpenländischer Mehrstimmigkeit erinnert. Sie reiht Dreiklänge in ihren drei Formen (Grundgestalt, Sextakkord und Quartsextakkord) gleichsam zu „Naturklängen" aneinander, wie wir es von bestimmten Jodlern des Alpenraumes kennen. Große Ähnlichkeit besteht zu einer der typi-

36   Hans Heinrich Eggebrecht, *Die Musik Gustav Mahlers*, München / Zürich 1982, S. 22.
37   Guido Adler, *Gustav Mahler*, S. 64.

schen Formen mehrstimmigen Singens in der österreichischen Volksmusik, dem „Dreigesang", der aus dem vokalen Extemporieren von Laiensängern entstanden ist. Er manifestiert sich außer in Jodlern auch in sog. Juchzern und Almrufen, in denen uraltes Brauchtum der alpinen Lebenswelt bewahrt wird (Notenbeispiel 2). An dieser Lindenbaum-Episode bewahrheitet sich auch Adornos Wort vom „österreichischen Idiom" der Musik Mahlers, auch wenn dieses Wort – weit über dieses eine Beispiel hinaus – auf die gesamte musikalische Physiognomik des Komponisten gemünzt ist.[38]

Notenbeispiel 2

Als letztes Beispiel nenne ich die sog. Hornquinten. Sie wurden bekanntlich von der Naturtonskala erzwungen. Mahler, dessen Musik „immer und überall" Naturlaut ist, macht von diesen Hornquinten gerade in den *Wunderhorn*-Liedern überreichen Gebrauch – nirgends so eindrucksvoll wie in *Wo die schönen Trompeten blasen*, wo die Hornquinten fast die Funktion eines Leitgedankens übernehmen (Notenbeispiel 3).

Notenbeispiel 3

38   Theodor W. Adorno, *Wiener Gedenkrede*, in: Theodor W. Adorno, *Quasi una fantasia. Musikalische Schriften II*, Frankfurt/M. 1963, S. 115.

Mahlers Naturbegriff – seine Musik sei „immer und überall nur Naturlaut" – bietet uns einen wichtigen Schlüssel zur Beantwortung unserer Ausgangsfrage. Eine weitere, nicht minder bekannte Äußerung Mahlers muss aber noch hinzugenommen werden, auch wenn sie auf den ersten Blick ohne jeden Bezug zum *Wunderhorn* zu sein scheint: eine Symphonie schreiben bedeutet mir „eine Welt aufbauen".[39] Dieses Diktum „eine Welt aufbauen" ist bisher fast ausschließlich in dem Sinne verstanden worden, wie es die hierarchisch-stufige Satzfolge der Dritten zum Ausdruck bringt – von der leblosen Natur bis hinauf zur göttlichen Liebe, wie es die ursprünglichen, später zurückgezogenen Satzüberschriften ja auch durchaus nahelegen. Darüber scheint mir ein anderer, nicht weniger wichtiger Aspekt bisher übersehen worden zu sein: Symphonie als Widerspiegelung der ganzen Welt. Mahler selbst hat sich wiederholt in diesem Sinne geäußert, und es ist alles andere als Zufall, dass wir uns bei diesen Äußerungen fast immer im zeitlichen Umfeld der Dritten bewegen. In einem Brief an Anna von Mildenburg greift Mahler dabei das urromantische Motiv der Äolsharfe auf: „man ist [...] selbst nur ein Instrument, auf dem das Universum spielt".[40] Diese Widerspiegelung der Welt hat einen „nichtrestriktiven Symphonie-begriff" zur Folge; eine Symphonie muss sein wie die Welt, sie muss alles umfassen.[41] Daraus resultiert ihre idiomatische Vielfalt, unter Einschluss jener Momente des Banalen und Vulgären, die so oft Anstoß erregt haben. Und genau diese idiomatische Vielfalt boten die Texte des *Wunderhorn*. Besungen werden hier Bettler und Könige, Soldaten und Deserteure, fromme Pilger und wandernde Handwerksburschen – das ganze Spektrum des menschlichen Lebens zwischen Geburt, Liebe und Tod. Daher die „mannigfaltigsten, einander ablösenden Seelenstimmungen", die „fast verwirrende Menge von Gesichten" in der Symphonik Mahlers, die schon Guido Adler in seinem Nekrolog von 1914 konstatierte.[42]

Es erscheint mir jedoch unzulässig, Mahlers Begriff der Welt auf die „Welt der Symphonik" zu reduzieren.[43] Vielmehr hat die Welt, die Mahler in seinen Symphonien „aufbaut", ihr Korrelat im Kosmos des *Wunderhorns* und seiner breit gefächerten sprachlichen und sozialen Komplexität. Eine immanent-gattungsgeschichtliche Betrachtung würde den Intentionen Mahlers nicht gerecht. Theodor W. Adorno hat es auf den Punkt gebracht: „Die Totalität der Symphonien ist die der Welt, von der in den Liedern gesungen wird."[44] An diesem Punkt erscheint es mir unumgänglich, an eine Episode aus der Aufführungsgeschichte der Dritten Symphonie zu erinnern. Was auf den ersten Blick als Kölner Lokalpatriotismus erscheinen mag, steht in Wahrheit in engstem Zusammenhang mit dem hier erörterten Begriff der Welt. Im Mai 1902 probte Mahler im Kölner Gürzenich seine Symphonie, die auf dem Musikfest des Allgemeinen Deutschen Musikvereins in Krefeld im Juni 1902 durch das Gürzenichorchester und die Krefelder Stadtkapelle ihre Uraufführung erleben sollte.

39   Natalie Bauer-Lechner, *Erinnerungen an Gustav Mahler*, S. 19.
40   Brief an Anna von Mildenburg, 28. Juni 1896 (?), in: *Gustav Mahler. Briefe*, S. 165.
41   Bernd Sponheuer, *Logik des Zerfalls. Untersuchungen zum Finalproblem in den Symphonien Gustav Mahlers*, Tutzing 1978, S. 141.
42   Guido Adler, *Gustav Mahler*, S. 87.
43   Friedhelm Krummacher, *Gustav Mahlers III. Symphonie. Welt im Widerbild*, Kassel 1991, S. 170.
44   Theodor W. Adorno, *Mahler. Eine musikalische Physiognomik*, S. 224.

Nach Beendigung des ersten Satzes kam der Komponist vom Podium herunter, ging auf seine Frau Alma zu und rief schon von weitem: „Und er sah, dass es gut war!"[45] Dieses beinahe blasphemische Zitat der biblischen Schöpfungsgeschichte sendet eine unmissverständliche Botschaft: Der Komponist ist der Schöpfer einer Welt. Dieser Schöpfergedanke wird von Mahler auch in den Gesprächen mit Natalie Bauer-Lechner artikuliert. Im Rückblick auf die soeben vollendete Dritte stellt der Komponist hier die Frage: „Kann ein Geist, der den ewigen Schöpfungsgedanken der Gottheit in einer Symphonie wie dieser [der Dritten] nachdenkt, sterben?"[46]

In diesem Zusammenhang ist auch der Begriff „Polyphonie" nochmals zu überdenken. Bekannt ist Mahlers Ausruf beim Überqueren eines Kärtner Kirmesplatzes mit seinem Durcheinandertönen von Karussels, Schiessbuden und Puppentheatern: „Hört ihr's? das ist Polyphonie und da hab ich sie her."[47] Eggebrecht hat zu Recht darauf hingewiesen, dass der Begriff „Polyphonie" hier nicht allein im satztechnisch-kontrapunktischen Sinne zu verstehen ist, sondern darüber hinaus auch semantisch, d. h. im Sinne einer musiksprachlichen Vielfalt; der Begriff verweist auf den „prämusikalischen Ursprung" der Themen und Motive, auf ihr „Anknüpfen an die Naturlaute als den präartifiziellen Rohstoff".[48] Und auch hier gilt: das „Allerweltsmässige" der Musik Mahlers hat seine Entsprechung in der idiomatischen Vielfalt der *Wunderhorn*-Gedichte.

Wer das „Allumfassende" der sinfonischen Sprache Mahlers nicht begreift, wer nicht akzeptiert, dass auch das vermeintlich Banale und Vulgäre in den musiksprachlichen Kosmos integriert wird, der muss besonders beim Posthornsolo im Scherzo der Dritten,[49] der wohl meistdiskutierten Episode in Mahlers Symphonik überhaupt, auf ganz abwegige Erklärungsansätze verfallen. Ausgerechnet Adorno, der mit dem Begriff der „Totalität" Mahlers Intentionen so zutreffend beschrieben hatte, gab mit seinem gesellschaftskritischen Erklärungsmodell eine fragwürdige Richtung vor. „Jakobinisch" stürme die untere Musik in die obere ein: so lautet einer jener Sätze Adornos, denen Eggebrecht später so vehement widersprochen hat. Mahler intendiere eine „Revolte wider die bürgerliche Musik".[50] Im Umfeld der 1968er Bewegung sind viele Autoren dieser Interpretation Adornos gefolgt. Als eine besonders prominente Stimme nenne ich die Dieter Schnebels, der Mahlers Affinität zum *Wunderhorn* ganz unverblümt politisch-sozialkritische Motive unterstellte. „Die Wunderhornlieder weichen schon in der Textwahl von allem damals Üblichem ab: statt Lyrik des bürgerlichen Individuums die ‚Volkslieder' – wörtlich zu nehmen – von Angehörigen unterer gesellschaftlicher Bereiche: Soldaten, arme Leute vom Land, fahrendes Volk, Gefangene."[51] Der dritte Satz der Dritten spricht

---

45 Alma Mahler-Werfel, *Erinnerungen an Gustav Mahler*, S. 65.
46 Natalie Bauer-Lechner, *Erinnerungen an Gustav Mahler*, S. 45.
47 Ebd., S. 147.
48 Eggebrecht, *Die Musik Gustav Mahlers*, S. 165; vgl. auch Fischer, *Gustav Mahler*, S. 169f.
49 Eine umfassende Analyse des 3. Satzes der Dritten gibt Friedhelm Krummacher, *Gustav Mahlers III. Symphonie*, S. 95–120.
50 Adorno, *Mahler. Eine musikalische Physiognomik*, S. 184 und 186.
51 Dieter Schnebel, *Über Mahlers Dritte*, in: *Neue Zeitschrift für Musik* 135 (1974), S. 283.

nach Schnebel die gleiche Sprache wie die *Wunderhorn*-Texte. Es ist die „Musik unterer Schichten", „Armeleutemusik".[52]

Ganz besonders aber schieden sich die Geister an den Takten, die unmittelbar auf das zweite Posthornsolo folgen (3. Satz, T. 498-505). Mahler gibt hier den geteilten Violinen die Vortragsanweisung „Wie nachhorchend!" Adorno verstand dieses „Nachhorchen" als ein Kopfschütteln über das „Unmöglich des Geschmacks".[53] Bernd Sponheuer griff diesen Gedanken Adornos auf und schrieb den Violinen, die bekanntlich die Melodie des Posthorns aufnehmen, die Funktion einer „reflektierenden Distanzierung" zu.[54] Mahler habe also der Trivialmusik in seinen Symphonien durchaus Raum gegeben, aber eben nur in Form einer reflektierten, distanzierten Aneignung.

Hans Heinrich Eggebrecht hat zu Recht allen diesen Erklärungsversuchen widersprochen. Für ihn repräsentiert das Posthornsolo eine gänzlich unreflektierte, ungebrochene „Naturschönheit".[55] Mehr noch: die Posthornepisode bedeutet ihm „ein Paradigma für Mahlers symphonisches Denken", wäre demnach also der Schlüssel für das Verständnis Mahlers schlechthin.[56] Er kommt mit dieser Deutung dem nahe, was über ein halbes Jahrhundert zuvor Paul Bekker über diese Episode geschrieben hatte: „Ein neues Traumreich tut sich auf, fern allem Leben, letzte Heimlichkeit der unberührten, zart atmenden Natur."[57] Nicht von ungefähr berühren sich die beiden Schlüsselbegriffe Bekkers – „Traum" und „Natur" – mit einigen wesentlichen Aspekten des *Wunderhorns*. Paul Bekker resümiert, diese Posthornepisode trage „einen romantischen Zauber in sich, dessen echte Naivität widerstandslos gefangen nimmt".[58] Nicht Gesellschaftskritik also, sondern Abbildung der Totalität der Welt war Mahlers Absicht. Man fühlt sich geradezu herausgefordert zu einem Wortspiel, zu einer „Ostinatokomposition" über den Begriff „Welt": *Des Knaben Wunderhorn* war Mahlers Welt. Seit seinen frühesten Werken lebte er in dieser Welt. Schon das *Klagende Lied* und die *Lieder eines fahrenden Gesellen*, zu denen er die Texte selbst verfasste, gehören der *Wunderhorn*-Welt an.[59] Die Gedichte des *Wunderhorns* sind ein Spiegel jener Welt, die Mahler in seinen Symphonien aufbauen wollte. Wie der große romantische Dichter Novalis war auch Mahler der Überzeugung, dass „man in Mährchen und Gedichten erkennt die wahren Weltgeschichten".[60]

Andererseits kann natürlich nicht ernsthaft bestritten werden – und darin liegt durchaus kein Widerspruch –, dass Mahler ein tiefes Mitgefühl mit dem Schicksal der ärmsten Bevölkerungsschichten hatte, besonders mit dem der Opfer grausamer Kriege. Die Auswahl der *Wunderhorn*-Texte, die er traf, macht diese Einstellung

---

52 Ebd.
53 Adorno, *Mahler. Eine musikalische Physiognomik*, S. 186.
54 Sponheuer, *Logik des Zerfalls*, S. 156.
55 Eggebrecht, *Die Musik Gustav Mahlers*, S. 196.
56 Ebd., S. 169.
57 Paul Bekker, *Gustav Mahlers Sinfonien*, S. 126.
58 Ebd..
59 Brief an Ludwig Karpath, 2. März 1905, in: *Gustav Mahler. Briefe*, S. 299.
60 Novalis, *Gedichte aus „Heinrich von Ofterdingen"*, in: *Novalis. Die Dichtungen*, Heidelberg 1953, S. 461 (*Novalis. Werke/Briefe, Dokumente*, hrsg. von Ewald Wasmuth, Bd. 1).

ganz unmissverständlich deutlich. In seinen Wiener Studienjahren knüpfte er enge Kontakte zu führenden Persönlichkeiten der späteren österreichischen Sozialdemokratie, unter ihnen Viktor Adler und Engelbert Pernerstorfer.[61] Grosse Sympathie zeigte er auch für die sozialkritischen Dramen Gerhart Hauptmanns. Die Teilnehmer einer Wiener Mai-Demonstration, über deren „proletenhafte" Gesichter sich Hans Pfitzner abfällig geäußert hatte, nannte Mahler seine „Brüder".[62] Allerdings haben Freunde auch die einschränkende Beobachtung gemacht, Mahler sei „nur ein Theoretiker der Menschenliebe, nicht aber ein werktätiger Bekenner des Mitleides" gewesen.[63] Es bleibt also dabei: die so auffallende Neigung zu den *Wunderhorn*-Texten resultiert nicht primär aus einem sozialkritischen, sondern aus einem schöpferisch-ästhetischen Impuls.

Und noch ein letzter Gedankengang sei hier wenigstens andeutungsweise vorgetragen. Die Komplexität des *Wunderhorn*-Problems gewinnt noch eine weitere Dimension, wenn man schließlich und endlich auch den Begriff „Humor" in die Überlegungen einbezieht. Wir haben allerdings keine Wahl; zu oft verwendete Mahler in seinen Gattungs- oder Vortragsbezeichnungen, aber auch in seinen Briefen und Gesprächen das Wort „Humor", als dass wir das damit verbundene Begriffsfeld außer Acht lassen könnten. Hier mag der kurze Hinweis genügen, dass Mahler seine frühen *Wunderhorn*-Lieder ursprünglich als „Humoresken" bezeichnen wollte, ebenso die Vierte als „Symphonische Humoreske". Robert Schumann war der erste, der den Begriff „Humoreske" als Titel einer musikalischen Komposition verwendet hatte: der *Humoreske* op. 20 für Klavier.[64] Schumann, dem bekanntlich die Lektüre der Romane und Schriften Jean Pauls unendlich viel bedeutete, nahm damit Bezug auf dessen *Vorschule der Ästhetik* (1804).[65] Auch wenn man zunächst zögern mag, diese wichtige Schrift reflexartig auch für ein besseres Verständnis der Musik Mahlers heranzuziehen – der Hinweis auf die *Vorschule der Ästhetik* erscheint unumgänglich, wenn man Mahlers Verhältnis zu ihrem Verfasser einer näheren Betrachtung unterzieht. Im Zusammenhang mit dem ursprünglichen Titel der Ersten („Titan") erwähnt Alma Mahler die „leidenschaftliche Liebe" Mahlers zu Jean Paul;[66] sie wird von Guido Adler, Bruno Walter und nicht zuletzt vom Jugendfreund Friedrich Löhr nachdrücklich bestätigt.[67]

In Jean Pauls *Vorschule der Ästhetik* wird ein Humorbegriff entwickelt, der auch für Mahlers Anschauungen wegweisend war. Danach resultiert Humor aus der

61 Jens Malte Fischer, *Mahler. Leben und Welt*, in: *Mahler-Handbuch*, hrsg. von Bernd Sponheuer und Wolfram Steinbeck, Stuttgart / Weimar 2010, S. 19.

62 Alma Mahler-Werfel, *Erinnerungen an Gustav Mahler*, S. 110.

63 Ferdinand Pfohl, *Gustav Mahler. Eindrücke und Erinnerungen aus den Hamburger Jahren*, hrsg. von Knud Martner, Hamburg 1973, S. 26.

64 Bernhard R. Appel, *R. Schumanns Humoreske op. 20. Zum musikalischen Humor in der ersten Hälfte des 19. Jahrhunderts unter besonderer Berücksichtigung des Formproblems*, Saarbrücken 1981.

65 Jean Paul, *Werke, Bd. 9: Vorschule der Ästhetik, Levana (I)*, München 1975, S. 125 ff. (Jean Paul: *Werke in zwölf Bänden*, hrsg. von Norbert Miller).

66 Alma Mahler-Werfel, *Erinnerungen an Gustav Mahler*, S. 138; vgl. dazu Constantin Floros, *Gustav Mahler I. Die geistige Welt Gustav Mahlers in systematischer Darstellung*, Wiesbaden 1977, S. 54.

67 Friedrich Löhr, Anmerkungen zu: *Gustav Mahler. Briefe*, S. 410.

Einsicht in die Entzweiung von Ich und Welt, in die „Bedingtheit alles Endlichen angesichts des Unendlichen".[68] Nach Jean Paul lässt der Humor jenes Lachen entstehen, „worin noch ein Schmerz und eine Größe ist".[69] Von hier aus erschließt sich auch die Abgründigkeit vieler *Wunderhorn*-Gedichte und ihrer Vertonung durch Mahler: ihre idyllisch-heitere Oberfläche und die darunter verborgene tiefe Traurigkeit. Als ein besonders eindrucksvolles Beispiel hat Renate Hilmar-Voit das *Wunderhorn* Lied *Revelge* angeführt. Die Doppelbödigkeit des Textes, die Mahler durch seine Vertonung noch verschärft, führt hier zu jener „ironischen Brechung", die für die Aussage dieses Liedes so entscheidende Bedeutung hat.[70]

Aus dem Ekel an der Gegenwart (der romantischen Sehnsucht nach dem Unendlichen verwandt) entfaltet Mahler Strategien des Ironischen, der Darstellung von „Uneigentlichkeit",[71] die oft zu Missverständnissen geführt haben. Adorno hat im Streitgespräch mit Hans Mayer, der Mahler ein „usurpatorisches" Verhältnis zu seinen Texten vorgeworfen hatte, seinem Kontrahenten entgegengehalten, man dürfe bei Mahler „nichts im musikalischen Sinn wörtlich nehmen", sondern das „Hintersinnige, Doppelbödige" zu verstehen suchen.[72] Humor dieser Art verdichtet sich merklich in der Dritten und Vierten, die der *Wunderhorn*-Welt besonders nahe stehen. Hier tritt oft der Humor für das „Höchste" ein, „was anders nicht mehr auszudrücken ist:[73] im 5. Satz der Dritten („Was mir die Engel erzählen") und im Finalsatz der Vierten („Das himmlische Leben"). Und immer war es *Des Knaben Wunderhorn*, das ihm die entsprechenden Texte bot: *Armer Kinder Bettlerlied* („Es sungen drei Engel") und *Der Himmel hängt voller Geigen* („Wir genießen die himmlischen Freuden"). So gibt uns der Humorbegriff die letzte und vielleicht tiefste Erklärung für Mahlers so rätselhafte Affinität zum *Wunderhorn*. Diese Liedersammlung war seine „Welt": vom ganz Vordergründig-Alltäglichen, etwa wenn er sein Komponierhäuschen in Steinbach am Attersee „Schnützelputzhäusl" nannte, bis hin zu jenem tiefen religiösen Ernst, wenn er dem Finale seiner Dritten das Motto beigab: „Vater sieh an die Wunden mein, kein Wesen laß verloren sein!"[74]

---

68   Bernhard Appel, *Humoreske*, in: *Die Musik in Geschichte und Gegenwart*, 2. Ausgabe, Sachteil 4, Kassel 1996, Sp. 455.
69   Jean Paul, *Werke, Bd. 9: Vorschule der Ästhetik*, S. 129.
70   Renate Hilmar-Voit, *Im Wunderhorn-Ton. Gustav Mahlers sprachliches Kompositionsmaterial bis 1900*, Tutzing 1988, S. 236.
71   Matthias Schmidt, *Komponierte Uneinholbarkeit*, S. 54.
72   Theodor W. Adorno, *Zu einem Streitgespräch über Mahler*, S. 124.
73   Natalie Bauer-Lechner, *Erinnerungen an Gustav Mahler*, S. 43.
74   Brief an Friedrich Löhr, 29. August 1895, in: *Gustav Mahler. Briefe*, S. 128; frei nach dem Gedicht *Erlösung*, in: *Des Knaben Wunderhorn. Alte deutsche Lieder*, hrsg. von Willi A. Koch, S. 753.

„BEI DIR IST ES TRAUT"

Die Lieder von Alma Schindler-Mahler
und ihre existentielle Bedeutung für Gustav Mahler

Marion Gerards

Bis zur Eheschließung mit Gustav Mahler im März 1902 komponierte Alma Schindler neben einigen instrumentalen Stücken eine große Anzahl von Liedern. In ihren *Tagebuch-Suiten* der Jahre 1898 bis 1902 lassen sich je nach Zählung zwischen 30 und 47 Einzellieder und drei Liederzyklen[1] nachweisen. Die *Tagebuch-Suiten* geben ebenfalls Auskunft darüber, wie sehr Alma Schindler an ihren kompositorischen Fähigkeiten zweifelte. So notierte sie am 20. März 1900: „Ich werde nie eine ordentliche Contrapunctistin werden. Ich kann nicht denken."[2] Des Weiteren zeigen zahlreiche Eintragungen ihr Schwanken zwischen den konträren Lebensentwürfen, entweder als Komponistin zu arbeiten und unabhängig zu leben[3] oder der Sehnsucht nach Mann, Ehe und Familie nachzugeben und damit den gesellschaftlichen Konventionen zu genügen. In diesem doppelten Dilemma befindet sich die 22jährige, als sie Anfang November 1901 Gustav Mahler kennen lernt. Mahler scheint an ihren Kompositionen interessiert gewesen zu sein, denn Alma Schindler notiert am 7. November 1901 in ihren *Tagebuch-Suiten*, dass Mahler sie aufgefordert habe, ihm ihre Kompositionen zu zeigen.[4] Nachdem sie jedoch mit dem Hinweis, nun weiter an ihren Kompositionen arbeiten zu müssen, einen Brief an ihn beendet, sieht dieser sich veranlasst, ihr ausführlich seine Vorstellungen einer zukünftigen Rollenaufteilung mitzuteilen und spricht in seinem Brief vom 19. Dezember 1901 das vermeintliche Komponierverbot aus. Dabei handelt es sich jedoch nicht um ein explizites Verbot, sondern vielmehr um eine Frage: „Ist es Dir möglich, von nun an *meine* Musik als die *Deine* anzusehen? [...] Aber daß Du so werden mußt, ,wie ich es brauche', wenn wir glücklich werden sollen, mein Eheweib und nicht mein College – das ist sicher! Bedeutet dies für Dich einen Abbruch Deines Lebens und glaubst Du auf einen Dir unentbehrlichen Höhepunkt des Seins verzichten zu müssen, wenn Du *Deine* Musik ganz aufgibst,

---

1 Susanne Rode-Breymann (*Die Komponistin Alma Mahler-Werfel*, Hannover 1999, S. 136) spricht von 47 Liedern und drei Liederzyklen, während Jörg Rothkamm (*Wer komponierte die unter Alma Mahlers Namen veröffentlichten Lieder? Unbekannte Briefe der Komponistin zur Revision ihrer Werke im Jahre 1910*, in: *Die Musikforschung* 53 (2000), S. 432–445, hier S. 433) wenigstens 30 Lieder zählt.

2 Alma Mahler-Werfel, *Tagebuch-Suiten 1898–1902*, hrsg. von Antony Beaumont und Susanne Rode-Breymann, 3. Aufl. Frankfurt am Main 1997, S. 480.

3 Ebd., S. 707, Eintrag vom 5. September 1901.

4 Ebd., S. 724.

um die Meine zu besitzen, und auch zu sein?"[5] Mahler lässt ihr also die Option, sich für ihre eigene Musik und ein Leben als Komponistin zu entscheiden – allerdings mit der Konsequenz, dass dann für ihn eine Ehe mit ihr nicht in Frage kommt. Alma Schindler ist schockiert, aber bereits am nächsten Tag entschlossen, seinen Erwartungen zu entsprechen: „Wie wärs, wenn ich *ihm zu Liebe verzichten würde*? [...] Ja – er hat recht. Ich muss ihm *ganz* leben, damit er glücklich wird."[6]

Konsequenterweise sind in den folgenden neun Ehejahren ihre Kompositionen kein Thema, zumindest nicht im Briefwechsel der Eheleute.[7] Erst nach mehr als acht Jahren, im August 1910 und mitten in ihrer großen Ehekrise, die durch Almas Verhältnis mit Walter Gropius ausgelöst wird, erinnert sich Mahler an die Kompositionen seiner Frau. Ihrem Liebhaber Gropius, mit dem Alma weiterhin regen Briefkontakt pflegt, berichtet sie: „Gustav bat mich gestern, ihm Lieder von mir vorzuspielen – ich that es – sie gefielen ihm *so* gut, dass er mir sofort einige wertvolle Dinge als Lehrer sagte u. mir vorschlug, dass er ein Heft zusammenstellen [...] und der Universal-Edition in Wien [zum Druck] übergeben"[8] wird. In ihrer Autobiographie beschreibt Alma die Wiederentdeckung ihrer Lieder durch Mahler folgendermaßen: „Im Jahre 1910 kam ich einmal mit meiner kleinen Tochter von einem Spaziergang in Toblach nach Hause. Ich hörte von weitem meine Lieder spielen und singen. Gustav Mahler stürzte mir entgegen: ‚Was habe ich getan! Deine Sachen sind ja gut! Jetzt mußt du sofort weiterarbeiten. Ein Heft suchen wir gleich aus. Es muß sofort gedruckt werden!'.[9] In den folgenden Wochen beschäftigt sich Mahler mit ihren Liedern, spielt sie tagelang, redigiert sie, nimmt Kontakt mit seinem Verleger auf und bereitet sie für den Druck vor. Die Aufmerksamkeit, die Mahler ihr nun zukommen lässt, wird von Alma enthusiastisch registriert. Am 17. August 1910 berichtet sie Gropius: „Meine Freude ist jetzt die Liebe und *Verehrung*, die G. *meiner* Musik zollt. Sein zukünft[iges] Leben will er *dem* allein widmen, und ich, die ich an einem solchen Glück schon verzweifelt hatte, kann es kaum noch fassen."[10]

Es gilt als gesichert, „dass Mahler den Werken seiner Frau in seinen letzten Lebensmonaten tatsächlich mehr Zeit und Kreativität gewidmet haben muss als bisher angenommen."[11] Wieweit seine Eingriffe in die musikalische Substanz der Lieder

---

5   Gustav Mahler, *Ein Glück ohne Ruh'. Die Briefe Gustav Mahlers an Alma. Erste Gesamtausgabe*, Henry-Louis de La Grange und Günther Weiß (Hrsg.), Berlin 1995, S. 108, Hervorhebung im Original.

6   Mahler-Werfel, *Tagebuch-Suiten*, S. 745, Hervorhebung im Original; Eintrag vom 21. Dezember 1901.

7   Vgl. Mahler, *Briefe an Alma*. Inwieweit Alma Mahler während ihrer Ehe dennoch komponiert hat, lässt sich nicht eindeutig feststellen. Rode-Breymann führt Briefe von Alexander von Zemlinsky an, in denen zwischen Frühjahr 1904 und Dezember 1906 von Honoraren und Terminen für Musikstunden die Rede ist (vgl. Rode-Breymann, *Die Komponistin Alma Mahler-Werfel*, S. 129).

8   Alma Mahler an Walter Gropius, Toblach, 10. August 1910, zitiert nach Rothkamm, *Alma Mahlers Lieder*, S. 434, Hervorhebung im Original.

9   Alma Mahler-Werfel, *Mein Leben*, Frankfurt am Main 1991 [1963], S. 48.

10   Alma Mahler an Walter Gropius, Toblach, 17. August 1910, zitiert nach Rothkamm, *Alma Mahlers Lieder*, S. 435, Hervorhebung im Original.

11   Rothkamm, *Alma Mahlers Lieder*, S. 437.

gehen, ist aufgrund fehlender Dokumente nicht abschließend zu beurteilen. Schaut man sich die Druckvorlage[12] der 1910 veröffentlichten Lieder an, so finden sich darin nur wenige Änderungen von Alma, aber zahlreiche Korrekturen und Ergänzungen von Gustav Mahler. Diese betreffen vor allem die Dynamik, Phrasierung und Vortragsanweisungen.[13] Mahlers Änderungen in der Druckvorlage weisen eine Parallele mit seinem Vorgehen bei der Überarbeitung eigener Werke auf, denn seine Revisionen beschränken sich auf Erscheinungen der Klanggestalt und auf Präzisierungen der Vortragsbezeichnungen.[14] Eingriffe in den Struktursinn eines Werktextes sind eher selten, während er am Aufführungssinn feilt.[15] In die Herausgabe der Lieder seiner Frau investiert Mahler viel Zeit und Mühe, er ist „rasend genau und streng",[16] wie Alma gegenüber Gropius betont: Eine „Mitarbeit Mahlers muss nach Kenntnis der Manuskriptlage als bewiesen angenommen werden."[17]

Erst jetzt, veranlasst durch die Ehekrise, nimmt Mahler Almas kompositorisches Talent wahr und lässt ihr nachträglich die Aufmerksamkeit zukommen, die sie in den Jahren zuvor vermisst hat. Bei der verspäteten Zurücknahme des ‚Komponierverbots' handelt es sich meiner Auffassung nach aber nicht nur um den verzweifelten Versuch Mahlers, seine Frau durch Anerkennung ihrer kompositorischen Leistungen zurückzugewinnen und wieder an sich zu binden, sondern es sind darüber hinaus psychodynamische Motivationen zu berücksichtigen, die es erklären, warum Mahler sich im Sommer 1910 neben der Komposition an der Zehnten Symphonie und den Vorbereitungen für die Uraufführung der Achten Symphonie in München so intensiv mit den Liedern seiner Frau beschäftigt. Dafür möchte ich das Augenmerk auf einen bislang nicht berücksichtigten Sachverhalt lenken. Während in den bisherigen Veröffentlichungen[18] die musikstrukturellen Besonderheiten der Lieder im Untersuchungsfokus stehen, möchte ich nach den inhaltlichen Kriterien fragen, die für Mahler bei der Auswahl und Zusammenstellung der Lieder eine Rolle gespielt haben könnten. Meine These lautet: Bei der Auswahl aus dem Konvolut der Lieder seiner Frau sind für Mahler die Liedsujets zentral, die seine emotionale

---

12 Stadt- und Landesbibliothek Wien, Signatur MHc 14684. Bei der Stichvorlage handelt es sich um eine Kopistenabschrift, in die neben Korrekturen von Alma Mahler zahlreiche von Gustav Mahler eingetragen sind (vgl. Ernst Hilmar, *Mahleriana in der Wiener Stadt- und Landesbibliothek*, in: *Nachrichten zur Mahler-Forschung* 5, 1979, S. 3–18, hier S. 13).

13 Vgl. ausführlich hierzu Rothkamm, *Alma Mahlers Lieder*.

14 Vgl. Hermann Danuser, *Mahler und seine Zeit*, 2. Aufl. Laaber 1996, S. 111.

15 Vgl. ebd., S. 108 und 109.

16 Alma Mahler an Walter Gropius, Toblach, 19. August 1910, zitiert nach Rothkamm, *Alma Mahlers Lieder,* S. 436.

17 Ebd., S. 440.

18 Vgl. Warren S. Smith, *The songs of Alma Mahler*, in: *Chord and discord* 2, 1950, S. 74–78; Patrick Mahoney, *Alma Mahler-Werfel*, in: *Composer* 45, 1972, S. 13–17; Robert Schollum, *Die Lieder von Alma Schindler-Mahler*, in: *Österreichische Musikzeitschrift* 34, 1979, S. 544–551; Susan Filler, *A composer's wife as composer. The songs of Alma Mahler*, in: *The journal of musicological research* 4, 1983, S. 427–442; Edward F. Kravitt, *The Lieder of Alma Maria Schindler-Mahler*, in: *The music review* 49, 1988, S. 190–204; Susan M. Filler, *Gustav and Alma Mahler. A guide to research*, New York / London 1989; Rode-Breymann, *Die Komponistin Alma Mahler-Werfel*; Rothkamm: *Alma Mahlers Lieder*; Henry-Louis de La Grange, *Alma Mahler's Lieder*, in: ders., *Gustav Mahler Vol. IV: A new life cut short (1907–1911)*, Oxford [u. a.] 2008, S. 1709–1715.

Befindlichkeit während der Ehekrise widerspiegeln. Indem er genau die fünf Lieder auswählt, revidiert und in einem Liederheft in genau dieser Reihenfolge herausgibt, artikuliert er mit den Liedern seiner Frau, die diese als junge Frau vor ihrer Eheschließung komponiert hat, seine Konzeption von Liebe und verleiht seinem Empfinden musikalischen Ausdruck. Gleichzeitig bindet er Alma an ihre eigenen, in den Liedern festgehalten Empfindungen und Gedanken zurück, die sie vor der Ehe mit Mahler in ihren Liedern formuliert hat. Damit verwandelt er sich ihre Lieder an, um sich ihrer Person mit Hilfe der von ihr komponierten Lieder zu vergewissern, denn wie Alma an Gropius berichtet: „Gustav *lebt* für diese Lieder – seine ganze Produktion ist ihm ‚wurst' – er spielt sie sich allein sowie ich aus der Thür bin und findet mein Wesen darin klarer, als wenn er mit mir spricht."[19]

Bis auf die vierzehn zu Lebzeiten veröffentlichten und zwei posthum publizierten Lieder gelten die Kompositionen von Alma Mahler als verschollen – ob durch Flucht, Exil oder durch bewusstes Vernichten, ist nicht zu klären. Dennoch lässt sich in vielen Fällen anhand des in ihren *Tagebuch-Suiten* genannten Dichters und des Titels des vertonten Gedichts bestimmen, welchem Themenkreis das Lied angehört, auch wenn die Vertonung selbst nicht erhalten geblieben ist. Die folgende Tabelle, in der mit Angabe des Jahres in eckigen Klammern auch die Lieder aufgeführt sind, die Alma Mahler nach 1910 komponiert hat, gibt eine Übersicht über die Sujets der von ihr vertonten Gedichte:

LEBEN, GLAUBE	LIEBE, GLÜCK	LIEBE, LEID	FRAUENROLLE	SONSTIGES
Goethe: *Wandrers Nachtlied*	Goethe: *Gleich und Gleich*	Wohlgemuth: *Wie es gieng*	Ohne Verfasserangabe: *Wiegenlied*	Ohne Verfasserangabe: *Engelsgesang*
Körner: *Hinaus*	Ritter: *Vom Küssen*	Falke: *Gieb dich darein*	Ohne Verfasserangabe: *Und reden sie Dir jetzt von Schande*	Mörike: *Er ist's*
Greiner: *Einsamer Gang*	Rilke: *Lehnen im Abendgarten beide*	Heine: *Nicht lange täuschte mich das Glück*	Rilke: *Leise weht ein erstes Blühn*	
Bierbaum: *Licht in der Nacht*	Lehnau: *Stumme Liebe*	Ohne Verfasserangabe: *Nixe*		
Falke: *Erntelied*	Dehmel: *Lobgesang*	Ohne Verfasserangabe: *Qual*		
Novalis: *Hymne*	DEHMEL: *DIE STILLE STADT*	Heine: *Ich trat in jene Hallen*		
Bierbaum: *Ekstase*	HARTLEBEN: *IN MEINES VATERS GARTEN*	Heine: *Aus meiner Erinnerung*		
Novalis: *Hymne an die Nacht*	FALKE: *LAUE SOMMERNACHT*	Lehnau: [*Fünf*] *Schilflieder*		
[Werfel: *Der Erkennende* 1915]	RILKE: *BEI DIR IST ES TRAUT*	HEINE: *ICH WANDLE UNTER BLUMEN*		
	[Dehmel: *Waldseligkeit* 1911]			
	[Dehmel: *Ansturm* 1911]			

19   Alma Mahler an Walter Gropius, Toblach, 19. August 1910, zitiert nach Rothkamm, *Alma Mahlers Lieder*, S. 435, Hervorhebung im Original.

Insgesamt lassen sich die Inhalte von 39 Liedern bestimmen und in fünf The-
menfelder gruppieren. Lebens-, Existenz- und Glaubensthemen hat Alma Mahler
in Gedichten wie Goethes *Wandrers Nachtlied*, Gustav Falkes *Erntelied* oder Novalis' *Hymne an die Nacht* vertont. Daneben ist die Liebe – wie in den meisten
(spät-)romantischen Klavierliedern – zentraler Topos. Dem Suchen und Finden
sowie dem meist nächtlichen, trauten, heimlichen Zusammensein des Paares sind
problematische, mit Leid verbundene Liebesbeziehungen gegenübergestellt. Die
vierte Kategorie umfasst ein Wiegenlied, ein Lied, das Schwangerschaft zum
Thema hat, und ein weiteres, in dem „Muttermühen" besungen werden, und greift
somit klassische ‚Frauenthemen' auf. Schließlich sind zwei Lieder, darunter Eduard Mörikes Frühlingslied *Er ist's* unter „Sonstige" zusammengefasst. Diese inhaltlich bestimmbaren Lieder und noch einige mehr ergeben das Konvolut an Liedern, die Alma in einer Mappe mit nach Toblach genommen haben muss[20] und
aus denen fünf Lieder zu einem Heft zusammengestellt werden, das noch im Dezember 1910 in der Universal Edition erscheint. Die ausgewählten Lieder – in der
Tabelle fett markiert – sind ausschließlich dem Themenkreis Liebe zuzuordnen:
Vier von ihnen zeigen positiv konnotierte Liebessituationen bzw. eine imaginierte
Szene häuslichen Glücks. Nur das fünfte Lied, *Ich wandle unter Blumen* von
Heinrich Heine, besitzt einen zwiespältigen Inhalt, weil der vor Liebestrunkenheit
taumelnde Mann zu stürzen und zum Gespött der Leute zu werden droht. Mahler
bereitet noch ein zweites Heft mit vier Liedern vor, aber sein Tod am 18. Mai
1911 verhindert die Fertigstellung. Alma Mahler publiziert dieses Liederheft erst
1915, vier Jahre später, und nimmt neben zwei alten zwei 1911 neu komponierte
Lieder, *Waldseligkeit* und *Ansturm* (Richard Dehmel), darin auf. Neben dem Liebesthema der Dehmel-Gedichte thematisieren die Lieder von Gustav Falke, *Erntelied*, und Julius Otto Bierbaum, *Licht in der Nacht*, allgemeine Lebensfragen.
Weil aber nicht sicher davon auszugehen ist, dass es sich um genau die vier Lieder
handelt, die auch Mahler ausgewählt hat, finden sie hier keine Berücksichtigung.[21]

Festzuhalten ist, dass Alma Mahler nicht nur Lieder komponiert hat, die von
glücklicher oder leidvoller Liebe handeln, sondern auch Lieder, die existentielle
Lebens- und Glaubensfragen sowie frauenspezifische Situationen wie Schwangerschaft oder das Singen eines Wiegenliedes aufgreifen. Dass bei der Zusammenstellung des ersten Liederheftes durch Gustav Mahler nur Liebeslieder zur Publikation gelangen, mag der zeitgenössischen Vorliebe für dieses Liedsujet geschuldet sein, dass aber genau die fünf Lieder in dieser Reihenfolge publiziert werden,
ist darüber hinaus schlüssig mit der psychodynamischen Situation von Mahler

---

20 Alma Mahler berichtet, dass sie eine Mappe mit ihren Kompositionen jedes Frühjahr an den
    Ort ihres Sommeraufenthaltes mit- und im Herbst nach Wien zurückgenommen habe (vgl.
    Alma Mahler, *Gustav Mahler. Erinnerungen und Briefe*, Amsterdam 1940, S. 214 und Rode-
    Breymann, *Die Komponistin Alma Mahler Werfel*, S. 129f.).

21 Nur zur Vollständigkeit seien die Lieder genannt, die Alma Mahler 1924 publizierte, darunter
    ein Lied auf ein Gedicht von Franz Werfel aus dem Jahr 1915: Dem Themenkreis Lebens-
    und Glaubensfragen zuzuordnen sind die Lieder auf Gedichten von Novalis, *Hymne* und
    Hymne an die Nacht, von Julius Otto Bierbaum, *Ekstase*, und Franz Werfel, *Der Erkennende*,
    während Richard Dehmels *Lobgesang* eine Hymne auf die Unendlichkeit der Liebe anstimmt.

während der Ehekrise im Sommer 1910 zu erklären. Eine genauere Betrachtung der Liedsujets soll dies im Folgenden darlegen.

Das Liederheft eröffnet mit einem Lied, das auf dem Gedicht *Die stille Stadt* von Richard Dehmel (1863–1920) basiert:

> Liegt eine Stadt im Tale,
> ein blasser Tag vergeht,
> es wird nicht lang mehr dauern,
> bis weder Mond noch Sterne,
> nur Nacht am Himmel steht.
>
> Von allen Bergen drücken
> Nebel auf die Stadt,
> es dringt kein Dach noch Hof noch Haus,
> kein Laut aus ihrem Rauch heraus,
> kaum Türme nach und Brücken
>
> doch als der Wandrer graute,
> da ging ein Lichtlein auf im Grund
> und aus dem Rauch und Nebel
> begann ein Lobgesang,
> aus Kindermund.[22]

Die ersten beiden Strophen beschreiben eine im Tal gelegene, nächtlich nebelverhangene Stadt, durch die ein einsamer Wanderer schreitet (dritte Strophe). Bevor es ihm unheimlich zumute wird, geht in einem der Häuser ein Licht an und es erklingt ein „Lobgesang aus Kindermund". Das Gedicht entwirft eine Szenerie, in der der dunklen, bedrückend stillen Außenwelt eine imaginierte familiäre Situation mit singenden Kindern gegenübergestellt wird: Dunkelheit, Nebel, Stille, Kälte auf der einen, Licht, Wärme und Musik in Form von Kindergesang auf der anderen Seite. Zwei musikalische Hauptideen prägen das Lied in d-Moll: schrittweise abwärts geführte Melodielinien in den ersten beiden und ein „marked rhythm punctuated by grace-notes"[23] in der dritten Strophe. In der Druckvorlage fügt Mahler auf die Worte „doch als der Wandrer graute" ein Crescendo ein, das über zwei Takte zum Forte führt und mit einem Diminuendo bei „da ging ein Lichtlein auf" wieder zum Pianissimo zurückgenommen wird. In der dritten Zeile fügt er als Vortragsbezeichnung „appassionata" und „steigernd" ein, so den Kontrast zwischen der unheimlichen nächtlichen Situation, in der der Wanderer sich befindet, und der häuslichen Idylle unterstreichend.

Das zweite Lied ist mit seinen 134 Takten das längste im Liederheft; Alma Mahler hat hier ein Gedicht von Otto Erich Hartleben (1864–1905) mit dem Titel *In meines Vaters Garten* vertont.

---

22 Rechtschreibung und Interpunktion folgen dem Druck von 1910, Wien: Universal-Edition, Reprint in: *Sämtliche Lieder*, hrsg. von Herta Blaukopf, Wien o.J.
23 Filler, *Songs of Alma Mahler*, S. 431.

In meines Vaters Garten
– blühe, mein Herz, blüh' auf –
in meines Vaters Garten
stand ein schattender Apfelbaum.
– süßer Traum, süßer Traum! –
stand ein schattender Apfelbaum.

Drei blonde Königstöchter
– blühe, mein Herz, blüh auf –
drei wunderschöne Mädchen
schliefen unter dem Apfelbaum.
– süßer Traum, süßer Traum! –
schliefen unter dem Apfelbaum.

Die allerjüngste Feine
– blühe, mein Herz, blüh' auf! –
Die allerjüngste Feine
blinzelte und erwachte kaum.
– Süßer Traum, süßer Traum –
Blinzelte und erwachte kaum.

Die Zweite fuhr sich über das Haar
– blühe, mein Herz, blüh' auf –
sah den roten Morgentraum.
– Süßer Traum, süßer Traum! –

Sie sprach: Hört ihr die Trommel nicht?
– blühe, mein Herz, blüh' auf! –
– Süßer Traum, süßer Traum –
hell durch den dämmernden Traum!

Mein Liebster zieht in den Kampf
– blühe, mein Herz, blüh' auf. –
Mein Liebster zieht in den Kampf hinaus,
küßt mir als Sieger des Kleides Saum
– süßer Traum, süßer Traum –
Küßt mir des Kleides Saum.

Die Dritte sprach und sprach so leis
– blühe, mein Herz, blüh' auf! –
Die Dritte sprach und sprach so leis:
Ich küsse dem Liebsten des Kleides Saum
– süßer Traum, süßer Traum –
Ich küsse dem Liebsten des Kleides Saum.

In meines Vaters Garten
– blühe, mein Herz, blüh' auf! –
In meines Vaters Garten
steht ein sonniger Apfelbaum
– süßer Traum, süßer Traum –
– steht ein sonniger Apfelbaum!

Drei blonde Königstöchter träumen unter dem Schatten spendenden Apfelbaum im Garten ihres Vaters: Die Jüngste bleibt in ihren Träumen verhaftet und erwacht nicht, während die zweite von einer Trommel geweckt wird; ihr Liebster zieht in den Kampf, und sie träumt davon, dass er ihr als Sieger den Saum ihres Kleides küssen wird. Die dritte Tochter hingegen merkt leise an, dass sie dem Liebsten den Saum seines Kleides küssen wird. Im Anschluss daran wird in der letzten Strophe wieder die Situation im Garten des Vaters aufgerufen, diesmal jedoch wird der Apfelbaum als sonnig beschrieben. Ständige Interpolationen von zwei Sequenzen auf den Worten „blühe, mein Herz, blüh auf" und „süßer Traum, süßer Traum" lassen sich als kommentierende Ausrufe sowohl der erzählenden Person, die die Geschichte der drei Königstöchter vorträgt, als auch der drei Königstöchter auffassen, deren Herz aufblüht bzw. deren Traum erzählt wird. Dabei repräsentieren die drei Töchter unterschiedliche Frauentypen, deren Gegensätzlichkeit durch die Wahl der Tonarten zum Ausdruck kommt. Die beiden einleitenden Strophen und die letzte Strophe des Liedes stehen in As-Dur. Der verträumten Kindfrau der dritten Strophe wird E-Dur zugewiesen, die Tonart, die von As-Dur am entferntesten gelegen ist und anzeigt, wie tief diese Tochter noch in Träumen versunken ist. Beim Auftritt der stolzen Tochter, einer Femme fatale, wird zunächst A-Dur erreicht. Der Duktus der Musik wechselt von wiegenden Sechsachtel-Bewegungen zu arpeggierten Akkorden mit eher deklamatorischem Charakter; die Achtelbewegungen werden zu synkopierten Hemiolen, es kommt zu kurzzeitigen Tempo- und Taktwechseln (Dreiachtel, Alla breve), dynamischen Steigerungen zum Forte und Sforzato-Akkorden, was insgesamt für Unruhe und Aufregung sorgt. Die Tonartenregion ist labil und moduliert schließlich über F-Dur zu a-Moll, der Tonregion der demütigen Frau, die eine untergeordnete Position angesichts der Heldentaten des Mannes einnimmt. Nicht nur A-Dur und a-Moll als konträre Tonarten symbolisieren hier die Gegensätzlichkeit der beiden Töchter, sondern auch die wieder einsetzenden wiegenden Achtelbewegungen, ein moderates Tempo und das Verbleiben im Piano und Pianissimo-Bereich führen zu einer musikalischen Beruhigung. Somit stellt die stolze Haltung der zweiten Tochter auch musikalisch einen Kontrast zur bescheidenen Haltung der dem Mann ergebenen Frau dar. Mahlers Ergänzungen in der Druckvorlage beschränken sich auf Vortragsbezeichnungen, die die Agogik des Liedes unterstreichen: freier, fließender Vortrag der erzählenden Passagen, „gehalten", ritardando in den interpolierenden Ausrufen „süßer Traum" und accelerando bzw. a tempo, wenn der fließende Vortrag wieder aufzunehmen ist.

In der *Lauen Sommernacht* von Gustav Falke (1853–1916) findet sich ein Liebespaar im Wald, staunt über das gefundene Glück und stellt sich die Frage, ob der Sinn des Lebens darin bestehe, nach dem Licht der Liebe zu suchen.

> Laue Sommernacht, am Himmel
> stand kein Stern, im weiten Walde
> suchten wir uns tief im Dunkel,
> und wir fanden uns.
>
> Fanden uns im weiten Walde
> in der Nacht, der sternenlosen,
> hielten staunend uns im Arme
> in der dunklen Nacht.
>
> War nicht unser ganzes Leben
> nur ein Tappen, nur ein Suchen,
> da in seine Finsternisse,
> Liebe, fiel dein Licht.

Das Lied in A-Dur beginnt mit einem zweitaktigen Vorspiel, in dem eine schrittweise aufwärts geführte Basslinie in schreitenden Viertelnoten exponiert wird, die im weiteren Verlauf des Liedes in variierter Gestalt erscheint (T. 3f., 8f., 15f., 21f.) und auch die Melodie der Gesangsstimme prägt. Der zentrale Begriff der Strophe, „Liebe", unterstreicht die Singstimme durch ein über drei Viertel ausgehaltenes e", von dem aus das fallende Licht durch einen Septsprung vom fis" zum gis' tonsymbolisch dargestellt wird. Die Frage der letzten Strophe, ob nicht das ganze Leben nur eine Suche nach Liebe sei, klingt sowohl in der Singstimme als auch im Klaviernachspiel auf einem Dominant-Sept-Akkord aus. Warren Smith hält dieses Lied für „the most deliberately amorous of Alma's songs […], the most convincing, seemingly the most spontaneous, if not perhaps the most original and distinctive of the lot."[24] Die Ergänzungen von Mahler betreffen auch hier den Vortrag („sehr freier Vortrag", „nachgeben", „wieder

---

24   Smith, *Songs of Alma Mahler*, S. 77.

drängender"), daneben finden sich wie in den anderen Liedern auch Korrekturen bei den Vorzeichen, der Notenverteilung in den Akkoladen oder Fragezeichen, wenn Vorzeichen oder Dynamik unklar sind.

Auch das folgende Lied, *Bei dir ist es traut*, auf ein Gedicht von Rainer Maria Rilke (1875–1926) beschreibt eine nächtliche Situation. Im Gegensatz zum dritten Lied, in dem noch die Suche nach der Liebe thematisiert wird, hat sich hier das Liebespaar in die Stille zurückgezogen.

<table>
<tr><td>Bei dir ist es traut,
zage Uhren schlagen
wie aus alten [weiten] Tagen,
kann [komm] mir ein Liebes sagen,
aber nur nicht laut!</td><td>Ein Tor geht irgendwo
draußen im Blütentreiben,
der Abend horcht an den Scheiben,
laß uns leise bleiben,
keiner weiß uns so!</td></tr>
</table>

Das Paar lauscht den Geräuschen der Nacht und genießt unbemerkt von den anderen die traute Zweisamkeit. Zwei unterschiedliche, aber miteinander verbundene musikalische Motive charakterisieren die beiden Strophen des D-Dur Liedes: Im ersten Teil sorgen eine ostinate Begleitfigur im Bass – ein Wechsel zwischen Viertel- und Achtelnoten, die über Haltetöne in ausgeterzten Sekundschritten auf- und abwärts geführt werden – und mit einem Vorschlag eingeleitete ganze Noten auf a' für eine sichere Ruhe. Hier ist zu berücksichtigen, dass das Vorschlagsmotiv bereits in der dritten Strophe des ersten Liedes eingeführt wurde, mit dem das Grauen des Wanderers durch das aufscheinende Licht im Haus und durch Kindergesang abgewendet wird. Die im ersten Lied ersehnte Liebe und Geborgenheit, von der der Wanderer noch ausgeschlossen war, erlebt das lyrische Ich im vierten Lied nun endlich selbst. Die Melodie der Singstimme ist einfach gehalten: Tonrepetitionen auf a' gefolgt von einem Quartsprung werden zunächst wiederholt und dann schrittweise abwärts geführt. Nichts stört den Frieden, keine Aufregung und Spannung, sondern Ruhe, Einfachheit, zufriedenes Genießen und Innehalten herrschen vor. Im zweiten Teil kommt es zu einer Reduktion in der Klavierbegleitung: Akkorde mit und ohne Vorschlag wechseln über absteigenden Akkordbrechungen in Viertelnoten ab. Die Singstimme belebt sich leicht, wird fließender und melodischer; die Vortragsanweisungen, die Mahler in der Stichvorlage ergänzt oder korrigiert hat, nehmen das Geschehen weiter zurück: sehr fließend – immer zarter und leiser und zurückhaltend – langsam und dreifaches Piano. Das traute Beisammensein soll unter keinen Umständen entdeckt werden, damit das erlebte Glück ganz ausgekostet werden kann. Ein sechstaktiges Nachspiel kehrt zum Motiv der ersten Strophe zurück und schließt damit das Paar auch musikalisch ein.

Berauscht vom gemeinsamen Liebesglück bittet der liebestrunkene Mann im letzten Lied, *Ich wandle unter Blumen* auf ein Gedicht von Heinrich Heine, seine Geliebte, ihn zu stützen, weil er ihr sonst vor allen Leuten zu Füßen fallen wird.

<table>
<tr><td>Ich wandle unter Blumen
Und blühe selber mit,
Ich wandle wie im Traume
Und schwanke bei jedem Schritt.</td><td>O halt mich fest, Geliebte!
Vor Liebestrunkenheit
Fall' ich dir sonst zu Füßen
Und der Garten ist voller Leut!</td></tr>
</table>

In den fünfzehn Takten des durchkomponierten Liedes in C-Dur finden starke Wechsel statt, die dem Verlauf des Gedichts folgen (siehe Notenbeispiel)[25]. Zunächst der schreitende Mann, dessen schwankende Schritte tonsymbolisch durch hin- und herpendelnde Achtelbewegungen über Haltetöne im Bass ausgedrückt werden; die Singstimme geht vom g' in chromatischen Sekundschritten aufwärts (einzige Ausnahme T. 7: a'–h') zum zweigestrichenen F, um dann nach einem Quint-Abwärtssprung mit einem Sext-Sprung vom b' zum g" zu gelangen, das aber sofort durch einen Oktavsprung abwärts wieder verlassen wird – das Taumeln und letztendliche Fallen vor die Füße der geliebten Frau musikalisch vollziehend.[26] Tempo und Dynamik erleben in diesem kurzen Lied ebenfalls starke Wechsel: Das träumerische Pianissimo der Anfangstakte schlägt in Takt 9 zum Forte um, gleichzeitig beschleunigt sich das Tempo („Plötzlich sehr schnell" als Vortragsbezeichnung); das Forte crescendiert zum Fortissimo, das Tempo beschleunigt sich weiter zum Prestissimo (T. 11) und bricht sofort zu einem „Langsam" im Pianissimo ab, das im Piano-Pianissimo retardierend verklingt. Es sind vor allem Mahlers Ergänzungen in der Stichvorlage, die die Dramatik dieser Szene besonders unterstreichen: In Takt 7 fügt er „Langsam" ein, in T. 8 dann „ritardando", um den Kontrast zur plötzlichen Tempobeschleunigung in Takt 9 deutlicher zu machen; er fügt ebenfalls ein „Forte" am Ende von Takt 9, „crescendo" in Takt 11 und „Fortissimo" in Takt 12 ein und sorgt so für die dynamischen Steigerungen, die die Dramatik des vor die Füße der Frau fallenden Mannes unterstreichen (vgl. Notenbeispiel).

Ausgehend von der Feststellung, dass Mahler in seinen eigenen Liedvertonungen durch „Dienstbarmachung von Texten [...] in erster Linie ein ‚Wiedererleben eigener Zustände' suche"[27], und unter Berücksichtigung der biographischen Situation, in der Mahler im Sommer 1910 für die Lieder seiner Frau ‚lebt' und in ihnen nach ihrem Wesen sucht, liegt es nahe, die Auswahl und Zusammenstellung der Lieder wie folgt zu lesen: Das erste Lied thematisiert Mahlers grundsätzliche Sehnsucht nach Heim und Familienglück, das zweite beschreibt das Ideal einer bescheiden dem Mann dienenden Frau – wie Mahler es im berühmten Brief mit dem ‚Komponierverbot' an Alma formuliert hat. Bis hierher sind die Aussagen allgemein formuliert, indem die Geschichte eines Wanderers, mit dem Mahler sich als ‚fahrender Geselle' identifiziert haben mag, und die der drei Königstöchter erzählt wird. Der Mann ist unterwegs in der Welt und auf der Suche nach häuslichem Glück, das mit dem Ideal einer ihm untergebenen Frau personifiziert wird

---

25 An dieser Stelle möchte ich der Universal Edition Wien meinen Dank für die Veröffentlichungsrechte des Notenbeispiels aussprechen. Es ist entnommen aus: Alma Mahler-Werfel, *Sämtliche Lieder*, S. 17.

26 Vgl. Kadja Grönke, *Musikalische Analyse als Beitrag zu einem tieferen Verständnis der Biographie. Zwei Liebeslieder von Alma Schindler und Gustav Mahler im Vergleich*, in: Andreas Waczkat (Hrsg.), *Wozu Biographik? Zur Rolle biographischer Methoden in Vermittlungsprozessen*, Rostock 2003, S. 65–73, hier S. 68. Das wieder erreichte g' des Anfangs wird bis zum Ende nicht mehr verlassen.

27 Peter Revers, *Mahlers Lieder. Ein musikalischer Werkführer* (Wissen in der Beck'schen Reihe 2206), München 2000, S. 14. Revers zitiert hier eine Formulierung von Hans Mayer, *Musik und Literatur*, in: Arnold Schönberg [u.a.], *Über Gustav Mahler*, Tübingen 1966, S. 142–156, hier S. 146.

– ein Ideal, das auch Mahler von seiner Verlobten eingefordert hat. Im folgenden und allen weiteren Liedern tritt ein lyrisches Ich auf, das zunächst die geliebte Person mit einbezieht und von einem Wir spricht, dabei das Leben als eine Suche nach dem „Licht der Liebe" beschreibend.

Notenbeispiel: Alma Schindler-Mahler, *Ich wandle unter Blumen*
© Copyright 1910 by Universal Edition A.G., Wien/UE 18016

Bedenkt man, dass Mahler in seinen Briefen Alma häufig mit „Liebstes Lux!"[28] angesprochenen hat, so kann das Liedsubjekt durchaus als die Stimme von Mahler aufgefasst werden. Im vierten Lied schließlich spricht das lyrische Ich, in konsequenter Interpretation Gustav Mahler, sein Gegenüber an und bestätigt, dass es bei ihr[29] Geborgenheit findet. Er besingt das gefundene Glück und das Idyll trauter Zweisamkeit, das vor der lauten Außenwelt bewahrt werden muss, wohingegen das letzte Lied dieses Glück wieder in Frage stellt, denn es bleibt offen, ob die geliebte Frau, ob Alma ihn in seiner Liebestrunkenheit stützen oder ihn vor allen Leuten blamieren, sprich verlassen wird.

Fasst man die Auswahl und Zusammenstellung der Lieder als eine von Mahler vorgenommene auf, so handelt es sich bei diesem Liederheft um den besonderen Fall, dass hier neben der Stimme der Dichter und der Komponistin Alma Mahler auch die des Herausgebers Gustav Mahlers zu hören ist. Dieser befindet sich im Sommer 1910 in einer schweren Krise, die sich auch an den zeitgleichen Eintragungen im Particell der Zehnten Sinfonie[30] ablesen lässt. Er erlebt es als eine existentielle Bedrohung, dass Alma ihn verlassen könnte. Auch diese erkennt, dass ihr „Bleiben – trotz allem was geschehen ist – ihm Leben – mein Scheiden – ihm – Tod – sein"[31] würde. Sie bleibt, plant aber, ihre Beziehung zu Gropius fortzusetzen, ohne ihren Mann zu verlassen. Welche Bedeutung die Ehe mit Alma für Mahler besitzt, lässt sich bereits in Briefen zu Beginn ihrer Liebesbeziehung ablesen: Schon im Dezember 1901, sechs Wochen nach ihrem Kennenlernen schreibt Mahler aus Berlin: „Ich liebe zum ersten Male! Noch immer kann ich die Angst und die Sorge nicht los werden, daß ein so schöner, holder Traum zerrinnen könnte, und kann den Augenblick nicht erwarten, wo ich an Deinem Munde und aus Deinem Lebensathem die Sicherheit und tiefste Bewußtheit saugen werde, daß mein Lebensschiff aus den Stürmen des Meeres sich in den Heimathshafen gerettet hat."[32] Und zwei Jahre später am 21. Januar 1903 aus Wiesbaden: „Es ist so süß, eine Heimath zu haben, und diese Heimath kann nur ein Mensch sein – für mich Du! Liebes!"[33] Heimat als ein vor den Stürmen des Lebens schützender Hafen ist für Mahler dort, wo er liebt und wiedergeliebt wird. Er macht dies nicht an einen Ort oder an eine bestimmte Region fest. Weil er „dreifach heimatlos [ist]: *als Böhme unter den Österreichern, als Österreicher unter den Deutschen und als*

---

28   Vgl. Mahler, *Briefe an Alma*, S. 123, Brief vom 3. Januar 1902; oder im Brief vom 31. März 1902, in dem Mahler auf das Wortspiel Lux – Luchs abhebt: „Mein liebes Luxerl! (auch Luchserl genannt)" (ebd., S. 143). Am 5. September 1910 resümiert er: „Es war immer latent in mir, dieser Hang zu Dir – Freud hat ganz recht – du warst mir immer das Licht und der Centralpunkt!" (ebd. S. 457).

29   Das Gedicht ist bezüglich des Geschlechts des lyrischen Ichs offen.

30   Vgl. ausführlich Jörg Rothkamm, *Gustav Mahlers Zehnte Symphonie. Entstehung, Analyse, Rezeption*, Frankfurt am Main [u.a.] 2003.

31   Alma Mahler an Walter Gropius, Brief vom 3. August 1910, zitiert nach Rothkamm, *Alma Mahlers Lieder*, S. 40.

32   Mahler, *Briefe an Alma*, S. 90.

33   Ebd., S. 141.

Jude in der ganzen Welt"[34], kann ihm nur ein Mensch, nur seine Frau einen sicheren Zufluchtsort gewähren – mit der Konsequenz, dass ihn im Sommer 1910 der potentielle Verlust seiner Frau umso existentieller trifft.

Die Briefe, die Mahler während der Ehekrise schreibt, bringen seine emotionale Abhängigkeit von Alma, seine – wie sie es nennt – „abgöttische Liebe und Verehrung"[35] eindringlich zum Ausdruck, sie ist sein „Heiland"[36], seine „Gottheit"[37]. Auch in Gedichten formuliert er sein existentielles Liebesleid, beispielsweise in der dritten Strophe eines Gedichts, das Mahler am 26. August 1910 auf dem Weg zu einem Gespräch mit Siegmund Freud an seine Frau schickt:

> Auch mir gab Gott zu sagen, was ich leide –
> O Wonne, dass ich nicht für ewig scheide.
> Ein Herz bleibt mein – und schlägt mir heimathwärts
> „O Himmlische Unruh – Lieb – und fast kein Schmerz!"[38]

Nach dem Gespräch mit Freud kehrt Mahler sofort nach Toblach zu Alma zurück und schreibt im Zug ein weiteres Gedicht:

> Nachtschatten sind verweht an einem mächt'gen Wort,
> Verstummt der Qualen nie ermattend Wühlen.
> Zusammen floss zu einem einzigen Akkord
> Mein zagend Denken und mein brausend Fühlen.
>
> *Ich liebe Dich!* – ist meine Stärke, die ich preis
> die Lebensmelodie, die ich im Schmerz errungen,
> *O liebe mich!* – ist meine Weisheit, die ich weiss,
> der Grundton, auf dem jene mir erklungen.
>
> *Ich liebe Dich!* – ward meines Lebens Sinn
> Wie selig will ich Welt und Traum verschlafen,
> *O liebe mich!* – Du meines Sturms Gewinn!
> Heil mir – ich starb der Welt – ich bin im Hafen![39]

Mit allen ihm zur Verfügung stehenden Mitteln versucht Mahler, Alma zurückzugewinnen: Er widmet ihr seine Achte Sinfonie, schreibt Briefe und Gedichte. Er nimmt ihre Kompositionen zur Kenntnis, beschäftigt sich mit ihnen und sucht darin nach ihrem Wesen. Er würdigt sie als Komponistin, indem er ihre Lieder spielt, auswählt, zu einem Liederheft zusammenstellt, zur Publikation vorbereitet

---

34 Alma Mahler-Werfel, *Erinnerungen an Gustav Mahler* / Gustav Mahler, *Briefe an Alma Mahler*, hrsg. von Donald Mitchell, Frankfurt am Main / Berlin / Wien 1978, S. 137, Hervorhebung im Original.

35 Alma Mahler an Walter Gropius, Brief vom 26. August 1910, zitiert nach Rothkamm, *Mahlers Zehnte Symphonie*, S. 49.

36 Briefe vom 4. und 5. September 1910, Mahler, *Briefe an Alma*, S. 455 bzw. 457.

37 Ebd., S. 459, Brief vom 5. September 1910.

38 Ebd., S. 450.

39 Ebd., S. 452, Brief vom 27. August 1910, Hervorhebungen im Original.

und zur Aufführung bringt. So übernimmt er die Einstudierung des Liedes „Laue Sommernacht" für einen Liederabend in New York am 3. März 1911. Alma überlässt ihm diese Aufgabe, denn „er wisse es ja ohnedies besser."[40] Das zeigt zum einen ihr unsicheres musikalisches Urteil und zum anderen, wie sehr Mahler ihre Lieder zur eigenen Sache macht. Er verwandelt sich ihre Lieder an, um ihr seine Liebes-Konzeption und Befindlichkeit nahe zu bringen. Indem er dies mit ihren eigenen Kompositionen tut, erinnert er sie auf subtile Art und Weise daran, dass ihr die in den eigenen Liedern musikalisch ausgedrückten Gedanken und Empfindungen nicht fremd sein können. Mahler benutzt diese und formuliert mit ihnen seine Vorstellungen einer glücklichen Beziehung, seine Sehnsucht nach Geborgenheit in einem sicheren Ehehafen, seine Hoffnung, dass ihn die geliebte Frau nicht verlassen wird. So ist neben dem lyrischen Ich des Gedichts und der Stimme der Komponistin Alma Mahler[41] in diesem Liederheft ebenfalls die Stimme Gustav Mahlers zu hören. Sie singt mit der Musik seiner Frau von der existentiellen Bedeutung der Liebe zu ihr als seinem einzigen und letzten Zufluchtsort.

---

40   Vgl. Rothkamm, *Alma Mahlers Lieder*, Fußnote Nr. 58, S. 440. Frances Alda sang das Lied zur New Yorker Uraufführung. Am 11.Dezember 1911 fand mit Alexander von Zemlinsky am Klavier die Uraufführung in Wien statt.

41   Die von Jörg Rothkamm im Titel seines Aufsatzes provokativ aufgeworfene Frage, „Wer komponierte die unter Alma Mahlers Namen veröffentlichten Lieder?" (vgl. Rothkamm, *Alma Mahlers Lieder*), ist trotz der von Gustav Mahler vorgenommenen Korrekturen oder Änderungen eindeutig dahingehend zu beantworten, dass Alma Mahler die Autorschaft zuzusprechen ist.

EIN SACHLICHER HEILIGER?

Schönbergs Mahler

Andreas Jacob

Der Wiener Schönberg-Kreis war in mehrerlei Hinsicht für die Mahler-Rezeption vor 1930 von Bedeutung: Zum einen legten Arnold Schönberg und seine Schüler – vor allem Alban Berg und Erwin Stein – ein aktualisierendes Muster zur Deutung der Kompositionsweise Gustav Mahlers und ihrer musikhistorischen Stellung vor, das mindestens mittelbar über den Berg-Schüler Theodor W. Adorno auch für das nach dem Zweiten Weltkrieg in Deutschland entstehende Mahler-Bild wichtig werden sollte (dann allerdings bereits mit charakteristischem eigenen Argumentationsgang und geänderter Stoßrichtung). Zum anderen gehörten Musiker aus dem Umfeld Schönbergs zu denjenigen, die – neben Dirigenten wie Willem Mengelberg, Oskar Fried und Bruno Walter – für die Geschichte der frühen Aufführungen nach Mahlers Tod eine wichtige Rolle spielten. Prominent hervorgetreten sind hier etwa Alexander Zemlinsky sowie (in den 1920er Jahren) die Schüler Anton Webern und erneut Erwin Stein.[1]

Im Folgenden soll es in erster Linie um den erstgenannten Aspekt gehen. Dabei wird versucht, Schönbergs Argumentation zum einen nachzuzeichnen, zum anderen aber auch auf den Aspekt ihrer Zeitgebundenheit hin zu hinterfragen. Denn Schönberg benutzte den Verweis auf Verfahrensweisen vorangegangener Autoritäten – die „Heiligen" der Musikgeschichtsschreibung, und zu diesen zählte er Mahler seit 1904 bis zum Ende seines Lebens – dazu, seinen eigenen, übrigens beileibe nicht immer kohärenten Standpunkt innerhalb aktueller ästhetischer Diskurse apologetisch zu begründen. Schönbergs Schaffen – zunächst wegen seiner Neuartigkeit, ab den zwanziger Jahren von Vertretern der Neuen Sachlichkeit, des Neoklassizismus oder der Jugendmusikbewegung wiederum wegen der dann als geradezu romantisch empfundenen Ausdruckshaltung vielfach kontrovers diskutiert – sollte auf diese Weise in der Tradition abendländischen (und das war für ihn vor allem ‚deutschen') Komponierens verankert werden.

Als Ausgangspunkte der Beschreibung dienen vor allem (schon aus chronologischen Gründen) die frühen Nennungen der Künstlerpersönlichkeit Mahlers bei Schönberg. Eine wichtige Rolle spielt dabei der Mahler-Vortrag von 1912, der 1950 in überarbeiteter, englischer Fassung Eingang fand in die Aufsatzsammlung *Style and Idea*.[2] Hier werden die meisten der Topoi benannt, die später in anderen Kontexten (und zum Teil mit anderen Stoßrichtungen) weitergeführt werden.

---

1 So wurde beispielsweise die Achte Symphonie 1926 im Rahmen des zweihundertsten „Arbeiter-Symphonie-Konzerts" im Wiener Konzerthaus unter der Leitung von Webern aufgeführt.

2 Arnold Schönberg, *Gustav Mahler,* in: ders., *Style and Idea,* hrsg. von Dika Newlin, New York 1950, S. 7–36; Wiederabdruck in: ders., *Style and Idea. Selected Writings*, hrsg. von Leonard

Weiterhin wird im Sinne einer Genealogie des späteren Mahler-Bildes darauf eingegangen, welche Aspekte im Laufe der Zeit neu dazu kamen bzw. stärker akzentuiert wurden, und welche allmählich verblassten. Dies soll vor allem unter Hinweis auf Schriften des Schönberg-Schülers Erwin Stein aus den zwanziger Jahren geschehen, der wie die meisten anderen Wiener Schüler in – teilweise geradezu proselytenhafter – Abhängigkeit zu Schönbergs Meinungen stand, die jener im Unterricht, in Vorträgen und Schriften geäußert hatte.[3] (Dies ist umso bemerkenswerter, wenn es bei Schönberg um ganz andere Themen gegangen war, sich aber Formulierungen bei den Schülern oft wortgenau wiederfinden.) Die von Stein in theoretischer Reflexion festgehaltenen Einsichten zum Wesen der Mahlerschen Musik finden ihr kurioses Korrelat in der kammermusikalischen Einrichtung von Mahlers großorchestralen Werken für Schönbergs Verein für musikalische Privataufführungen in Wien (1920-22), wobei Steins Bearbeitung der Vierten Symphonie besondere Beachtung verdient.

Schließlich und eher am Rande sei zumindest auf die frühe Mahler-Rezeption durch Theodor W. Adorno hingewiesen, der genau wie Stein im Mahler-Gedenkheft der *Musikblätter des Anbruch* von 1930 mitgewirkt hatte und unter dem Titel *Mahler heute* Gedanken zu Mahlers Aktualität vorstellte.[4] Auch hier fallen Weiterführungen von bei Schönberg angelegten Argumentationsweisen auf, ebenso aber finden sich bereits einige Aspekte vorgeprägt, die Adorno in seinen späteren ausführlicheren Schriften *in extenso* entwickeln sollte – und die Schönberg wohl kaum gebilligt hätte, ja von denen man eher annehmen darf, dass sie sein negatives Bild von Adornos Denken über Musik bestätigt und gefördert hätten.

1. Die Begegnung Schönberg – Mahler

Schönberg war keineswegs immer schon der glühende Mahler-Anhänger gewesen, als den er sich ab 1904, spätestens aber ab 1906 darstellte. Stattdessen orientierte er sich anfangs vor allem an Richard Strauss, von dem er sich jedoch nach dessen beißender Kritik an den atonalen Werken 1909/10 enttäuscht abwandte (und gegen den er später nicht minder polemische Retourkutschen lancierte). Gegenüber dessen betont artifizieller Technik in Harmonik und Themenanlage bzw. Motivmetamorphose kam ihm Mahlers Kompositionsweise wohl zunächst wenig avanciert vor, insbeson-

---

Stein, London 1975 (im Folgenden abgekürzt als: *SI 75*), S. 449–472; Abdruck der deutschsprachigen Erstfassung der 1912 zunächst in Prag gehaltenen Gedenkrede: *Mahler*, in: ders., *Stil und Gedanke. Aufsätze zur Musik*, hrsg. von Ivan Vojtech, Frankfurt a. M. 1976 (*Gesammelte Schriften* 1; im Folgenden abgekürzt als: *GS 1*), S. 7–24.

3   Vgl. Erwin Stein, *Die Tempogestaltung in Mahlers IX. Symphonie*, in: *Pult und Taktstock*, Oktober 1924, S. 97–99, sowie November 1924, S. 111–114; ders., *Mahler, Reger, Strauss und Schönberg. Kompositionstechnische Betrachtungen*, in: *25 Jahre Neue Musik, Jahrbuch 1926 der Universal Edition Wien*, S. 63–78; ders., *Mahlers Instrumentationsretuschen*, in: *Musikblätter des Anbruch* 10/2 (Februar 1928), S. 42–46; ders., *Eine unbekannte Ausgabe letzter Hand von Mahlers IV. Symphonie*, in: *Pult und Taktstock*, März–April 1929, S. 31f.; ders., *Mahler as a Symphonist*, in: *Christian Science Monitor* vom 30. März 1929; ders., *Mahlers Sachlichkeit*, in: *Musikblätter des Anbruch* 12/3 (März 1930), S. 99–101.

4   Vgl. Theodor W. Adorno, *Mahler heute*, in: *Musikblätter des Anbruch* 12/3 (März 1930), S. 86–92; Wiederabdruck in: ders., *Gesammelte Schriften* 18, S. 226–234.

dere erschienen ihm die Themen – wie er später bekennen sollte – geradezu banal. Die Gründe für seine spätere Hinwendung zu Mahler mögen vielfältig sein, beginnend schon mit dem erwähnten Umschwung seiner persönlichen Haltung zu Strauss; genannt seien nur einige Motive:

1. Besonders prägend war der Einfluss seines Freundes, Mentors und späteren Schwagers Alexander Zemlinsky, durch den er in die musikalischen Höhengefilde Wiens, so auch bei Mahler eingeführt wurde und der diesem sehr nahestand.

2. Der auf der Persönlichkeit Mahlers gegründete Eindruck war sehr stark und betraf sogar materiell-existenzielle Dimensionen, denn Mahler unterstützte Schönberg (offen wie verdeckt) auch finanziell, und das – auf dem Wege des Stipendiums der Mahler-Stiftung – sogar über seinen Tod hinaus.

3. Durch Vermittlung des Musikwissenschaftlers und engen Mahler-Freundes Guido Adler rekrutierte Schönberg seinen frühen Schülerkreis aus dem Umfeld Adlers – die jungen Menschen (unter ihnen Alban Berg, Anton Webern, Heinrich Jalowetz und Erwin Stein) waren teilweise glühende Mahler-Verehrer. Schönbergs berühmte (in ihrer zur Schau getragenen Demut etwas prätentiöse) Formulierung in seiner *Harmonielehre* von 1911,[5] er habe „dieses Buch von meinen Schülern gelernt" mag durchaus insofern Berechtigung haben, als hier ein wechselseitiger Austausch im Schüler-Lehrer-Verhältnis stattfinden konnte.

Wie dem auch sei: 1904 war Schönberg (mit Unterstützung Adlers und zusammen mit Zemlinsky, aber auch heute weniger bekannten Musikern wie Oskar C. Posa) an der Gründung der Vereinigung schaffender Tonkünstler in Wien beteiligt, als deren Ehrenpräsident Mahler fungierte, die jedoch nur ein Jahr bestehen sollte.[6]

Nach Mahlers Tod setzt Schönberg dem mittlerweile zum Vorbild erkorenen Musiker in verschiedener Form Denkmäler: In der Widmung der *Harmonielehre* von 1911, die dem „ Andenken Gustav Mahlers geweiht" ist, wird dieser als „Märtyrer" und „Heilige[r]", auf jeden Fall aber als „Ganz-Großer" der Musikgeschichte bezeichnet.[7] Ähnlich beginnt der „In Memoriam"-Beitrag Schönbergs zur Mahler-Gedenkausgabe der Zeitschrift *Der Merker* vom 1. März 1912 mit dem lapidaren Satz: „Gustav Mahler war ein Heiliger."[8] (Das Martyrium übrigens, dass Mahler – wie Schönberg auch – zu Erleiden hatte, bestand im Verhalten des Wiener Publikums.)[9]

Der angeschlagene religiös überhöhte Ton mag zwar dem starken unmittelbaren Eindruck von Mahlers Tod geschuldet sein und schien Schönberg später selbst in dieser Form ein wenig peinlich gewesen zu sein – die pathetische Bemerkung zur Widmung der *Harmonielehre* wurde in späteren Ausgaben entsprechend weggelassen, diese Streichung aber wiederum unter dem Aspekt der Zeitgebundenheit der Äußerung kommentiert. Niemals revidierte Schönberg jedoch seinen Standpunkt, dass Mahler unter die großen Neuerer der Musik um die Jahrhundertwende zu rech-

5   Arnold Schönberg, *Harmonielehre*, Wien 1911, S. V.
6   Vgl. Wolfgang Behrens, „... *dieses Jahr war nicht verloren". Die „Vereinigung schaffender Tonkünstler in Wien" und ein nicht von Schönberg verfasstes Memorandum*, in: *Jahrbuch des Staatlichen Instituts für Musikforschung Preußischer Kulturbesitz*, Stuttgart 2003, S. 249–264.
7   Schönberg, *Harmonielehre*, S. III.
8   Vgl. den Abdruck in: ders., *SI 75*, S. 447, vgl. auch die dort angelegte religiöse Anspielung auf Matthäus 26:36.
9   Vgl. hierzu den Beitrag von Stefanie Rauch im vorliegenden Band.

nen sei und dass er sich ihm auch persönlich tief verbunden fühlte. Beides ist für Schönberg durchaus nicht selbstverständlich, wenn man bedenkt, dass er selbst seinem Schüler Webern gegenüber zwischenzeitlich stark misstrauisch eingestellt war.

In diesem Sinne zieht sich durch Schönbergs Schrifttum die einschlägige Nennung von Mahler unter denjenigen Komponisten, die vor und neben Schönberg – geradezu teleologisch in seine Ästhetik einmündend – die Entwicklung der neuen Musik befördert hätten. Die anderen entsprechenden Persönlichkeiten sind Max Reger und Richard Strauss, daneben in den frühen Schriften noch Hans Pfitzner (der dann aber später gänzlich ignoriert wird), im Verlauf der Jahre zunehmend Claude Debussy. Nicht zufällig handelt Erwin Steins programmatischer Aufsatz zur Entwicklung der Kompositionstechnik aus dem Jahr 1926 von *Mahler, Reger, Strauss und Schönberg*.[10]

Die persönliche Dimension der Beziehung zu Mahler drückt sich noch in den späten Entwürfen Schönbergs zu einer Autobiographie aus dem Jahr 1944 aus: Die Freundschaft zu Mahler wird stark hervorgehoben, der (sowie übrigens auch Alma Mahler-Werfel) in chronologischer Reihenfolge direkt nach den Mentoren Oscar Adler und David Bach, den Musikerkollegen bzw. Schülern Zemlinsky, Webern, Berg sowie dem Architekten Adolf Loos behandelt hätte werden sollen. Daneben waren auch Kapitel zu Mahler als Komponist wie als Dirigent vorgesehen.[11]

2. Schönberg und Stein über Mahler (1912–1930)

Worin bestand nun – neben der persönlichen Verehrung – der musikalische Einfluss, den Mahler auf Schönberg und seinen Kreis hätte ausüben können? Die Antwort auf diese Frage wird an dieser Stelle weniger von den tatsächlichen Kompositionen als von dem Diskurs ausgehen, der im Schönberg-Kreis jeweils um verschiedene kompositorische Problemstellungen geführt wurde. Denn insgesamt ließe sich stark verkürzend konstatieren: Was auch immer gerade als aktuelle kompositionstechnische oder ästhetische Frage behandelt wurde – Mahler wurde fast stets als Zeuge aufgerufen.

Dies lässt sich im Ausgehen von Schönbergs Mahler-Gedenkrede aus dem Jahr 1912 rekonstruieren. Zur Erinnerung hier der thematische Aufbau des Vortrags (im Folgenden in Klammern gesetzt die Seitenzahl der jeweils zitierten Stelle in der Ausgabe von Ivan Vojtech, die die deutsche Erstfassung wiedergibt):[12]

Anfang und Schluss bilden Elogen auf Mahler, der unter anderem als „Genie" (24) bezeichnet wird, insgesamt als „einer der größten Menschen und Künstler" (7). Darauf folgt das Bekenntnis eigener früherer Schwierigkeiten mit Mahlers Musik, die unter anderem darauf zurückgeführt werden, dass es nicht einfach sei, nach der musikalischen Analyse „das Ganze mit allen Details und seiner Seele" zu sehen (7). Dieses Ganze, das Wesen von Mahlers Musik, steht im Zusammenhang mit der Künstlerpersönlichkeit, zu der es gehört: „*sich auszudrücken*" (11; Hervorhebung im Origi-

---

10   Vgl. oben, Anm. 3.
11   Vgl. Arnold Schönberg, [Autobiographie (Entwürfe von 1944)], T42.03 im Archiv des Arnold Schönberg Center Wien, Teilabdruck in: Andreas Jacob, *Grundbegriffe der Musiktheorie Arnold Schönbergs* (FolkwangStudien 1), 2 Bde., Hildesheim 2005, S. 639–641.
12   Schönberg, *Mahler*, in: *GS 1*; vgl. Anm. 1.

nal). Abzuwehren sind Vorwürfe gegen Mahler, betreffend etwa „seine Sentimentalität und die Banalität seiner Themen" (11), die auch als „unoriginell" (14) bezeichnet
wurden; die Anwürfe werden nun einzeln widerlegt: 1. das scheinbar Banale sei lediglich „noch lange nicht ganz erschlossen" (12); 2. als Gewährsmann zur Klärung
des Unterschieds zwischen Sentimentalität und echtem Gefühl (das bei Mahler zu
erkennen sei) wird mit Arthur Schopenhauer eine für Schönberg maßgebliche Autorität herbeizitiert (13), insgesamt gilt dabei: das „Verhältnis [der betreffenden inkrimi-
nierten Stellen] zum Ganzen entscheidet" (13); 3. gegen das Verdikt der mangelnden
Originalität lässt sich dreierlei anführen: „Nicht das Thema ist der Einfall, sondern
das ganze Werk" (14) (womit ein Hinweis auf das später nochmals angesprochene
Konzept des musikalischen Gedankens bei Schönberg gegeben wird), auch „mit den
allergewöhnlichsten Tonfolgen müsste man die allerungewöhnlichsten Dinge sagen
können" (14) (hier erfolgt ein weiterer Verweis auf Schopenhauer), außerdem sei es
„überhaupt nicht nötig, dass ein Musikstück ein originelles Thema habe" (14) (was mit
dem Hinweis auf Johann Sebastian Bachs Choralvorspiele zu beweisen versucht wird).

Hervorzuheben sei bei Mahler die „unerhörte Einfachheit, Klarheit und Schönheit" der Anordnung der Partitur, „aus dem Partiturbild allein müßte ein Musiker, der
Formgefühl hat, erkennen, daß diese Musik nur von einem Meister sein kann" (15).
Es folgt die Analyse des Melodienbaus und der Themenbildung, insbesondere interessieren Schönberg Feinheiten der Periodenbildung, bei der neben der zu erwartenden Achttaktigkeit noch weitere Aspekte erkannt werden (16ff.) – dies ließe auf
„höchstentwickeltes Formgefühl" (17) schließen; die Teile seien auch nicht nach Art
eines „Potpourri" (17) zusammengewürfelt, sondern ließen erkennen, „daß die einzelnen Teile organische Bestandteile eines von einem Schöpfertrieb empfangenen
und als Ganzes gegebenen Lebewesens sind" (17). Ein wesentliches Argument für
die künstlerische Qualität des Komponisten Mahler wird seine Instrumentation (18)
angeführt: Im Gegensatz zum „Gut-Instrumentieren" der Zeitgenossen wird das „Fürs-
Orchester-Erfinden Mahlers" akzentuiert (18); in diesem Zusammenhang fällt auch
erstmals das Diktum von der „beispiellose[n] Sachlichkeit" (18) Mahlers, auf die später
noch einzugehen sein wird. Die Instrumentation wird als „klassisch" bezeichnet, wobei
vor allem die „zarten, duftigen Klänge" faszinieren, so etwa der Einsatz von „Gitarren-,
Harfen- und Soloklängen" in den Mittelsätzen der Siebten Symphonie (18).

Auch die Leistung des Dirigenten Mahler für die musikalische Interpretation
wird unter anderem mit Verweis auf dessen „unerhörtes Stilgefühl" wie dessen „Prä-
zision" (19) unterstrichen, wobei er schlichtweg – und hier wird Mahler selbst zitiert
– darauf bestanden hätte, „genau das zu spielen, was in den Noten steht" (19). Ein
Wende zurück zur Verehrung der Künstlerpersönlichkeit vollzieht Schönberg, wenn
er die „Weisheit" (21) Mahlers rühmt (und damit meint er nicht allein seine Belesen-
heit). In einem ikonographischen Abschnitt (22) werden die Künstlerbilder von Mahler untersucht. Dies bereitet die Darstellung der künstlerischen Entwicklung Mahlers
vor, bei der eine Dynamik zu erkennen sei hin zum Prinzip des musikalischen Gedankens, der sich objektiv äußere. So seien die „beiden Sätze der Achten Symphonie
nichts anderes [...] als ein einziger unerhört langer und weiter Gedanke, ein einziger,
auf einmal empfangener, überblickter und bewältigter Gedanke" (23). Mit diesem
Argument rekurriert Schönberg auf einen Topos, der seit dem 19. Jahrhundert geläu-

fig ist (so etwa bei Schopenhauers Erklärung in der *Vorrede* zur ersten Auflage von *Die Welt als Wille und Vorstellung* von 1818, in dem Werk solle „ein einziger Gedanke" mitgeteilt werden); gleichzeitig lässt Schönberg hiermit aber auch seine spätere, zentrale Konzeption vom musikalischen Gedanken vorscheinen.[13] Das Moment des Objektiven, das sich zu erkennen gebe, wird anlässlich der Neunten Symphonie noch genauer gefasst: „In ihr spricht der Autor kaum noch als Subjekt. Dieses Werk ist nicht mehr im Ich-Ton gehalten. Es bringt sozusagen objektive, fast leidenschaftslose Konstatierungen [...]" (23).

Viele jener Formulierungen verstetigten sich bei Schönberg, nur der Verweis auf die persönliche Weisheit Mahlers sowie die Ikonographie spielten später keine Rolle mehr. Dies ließe sich anhand zahlreicher Beispiele belegen, wobei auch neue kompositionstechnische Aspekte hinzutreten, die laut Schönberg bei Mahler bereits vorzufinden seien und nunmehr bei ihm selbst ihre volle Ausprägung erführen.

Um diesen Prozess einerseits etwas abzukürzen und andererseits die Wirkungsmacht derartiger Äußerungen auf seinen Schülerkreis zu demonstrieren, werden im Folgenden (in beschränkender Auswahl) zwei Aufsätze von Erwin Stein aus den Jahren 1926 und 1930 betrachtet, in denen von Mahler die Rede ist: der bereits erwähnte Titel *Mahler, Reger, Strauss und Schönberg* sowie *Mahlers Sachlichkeit* aus dem Mahler-Gedenkheft der *Musikblätter des Anbruch* von 1930 (im Folgenden in Klammern gesetzt die Seitenzahl der jeweils zitierten Stelle).[14]

1926 rekurriert Stein auf die Formulierung, Mahler habe eine besondere Fähigkeit besessen, „sich ... auszudrücken", erweitert jedoch um den Zusatz „plastisch" (65). Erneut finden sich Hinweis auf den Interpreten Mahler wie auch auf Mahlers Instrumentation (65). Bei Letzterer wird besonders auf den Einsatz von Soloinstrumenten verwiesen. Neu sind dagegen die Hinweise zur motivischen Entwicklung in der homophonen Schreibweise (66) und zu einer bei Mahler konstatierten Neigung zu polyphoner Anlage (67), die wiederum auf „Ökonomie" der „Kompositionstechnik" bzw. „Satzweise" zurückzuführen sei (67).

Beim Aspekt „Plastik" spielt eine Rolle, dass Schönberg ab ca. 1920 in Abwendung von früheren, hermetischen Künstlerpositionen das Postulat der Fasslichkeit verstärkt prononcierte[15] (womit auch die Suspendierung des Bildes vom einsamen Märtyrer erklärbar wird, das Schönberg für sich selbst jedoch immer wieder einmal in Anspruch nehmen sollte). Die Gegenüberstellung von homophonem, entwickelnden Stil und kontrapunktischen, „abwickelnden" Stil entspringt ebenfalls dem Reifungsprozess von Schönbergs Musiktheorie, wobei sein Verständnis von Kontrapunkt wiederum in Abgrenzung von dem zu lesen ist, was in den zwanziger Jahren als „linearer", neobarocker Kontrapunkt im Umfeld der Jugendbewegung oder auch der Neuen Sachlichkeit diskutiert wurde.[16] Die Betonung der Ökonomie schließlich bedeutet ei-

---

13 Vgl. hierzu Jacob, *Grundbegriffe*, Kapitel III „Der musikalische Gedanke", S. 126–173.

14 Vgl. Anm. 3. Zum Aufsatz *Mahlers Sachlichkeit* vgl. auch Thomas Brezinka, *Erwin Stein. Ein Musiker in Wien und London*, Wien 2005, S. 187f.

15 Vgl. hierzu auch Albrecht Riethmüller, *Hermetik, Schock, Faßlichkeit. Zum Verhältnis von Musikwerk und Publikum in der ersten Hälfte des 20. Jahrhunderts*, in: *Archiv für Musikwissenschaft* 37 (1980), S. 53–60.

16 Vgl. z.B. Hans Mersmann, *Alte und neue Polyphonie*, in: *Musikblätter des Anbruch* 8/6 (Juni 1926), S. 257–259. Zur Gegenposition Schönbergs vgl. z.B. Arnold Schönberg, *Alter und neuer*

nerseits eine Konkretisation dessen, was unter der „Einfachheit" der Anlage sowie der Rückführbarkeit auf einen einzigen Gedanken bereits 1912 vorgedacht gewesen war.

Anders als Schönberg – und das stellt Stein 1930 im Aufsatz *Mahlers Sachlichkeit* fest – sei er „sofort" von Mahlers Musik fasziniert gewesen, die für ihn ein Beispiel darstellt „wie Ausdruck restlos in Form aufzugehen vermag, wie Subjektives sich in Kunst objektiviert" (99). Hier geht Stein nicht allein auf die asymmetrische Formanlage Mahlers (bereits in Themen und Phrasen im Sinne der sogenannten musikalischen Prosa) ein, sondern insbesondere auf motivisch-thematische Arbeit. Diese bezeichnet er als „vielleicht das Alleroriginellste in seiner Kompositionstechnik" (99). Hierbei interessiert Stein – und das ist neu – vor allem jene Technik, die Schönberg als entwickelnde Variation bezeichnet hatte und die dieser bekanntlich zunächst vor allem bei Johannes Brahms ausgeprägt sah.[17]

Diese Technik – motiviert durch die Forderung nach Ökonomie der Mittel – durchdringt den musikalischen Satz und hat Konsequenzen auch für die Klanggestalt und damit erneut die Instrumentation: Die „Eigenart von Mahlers Klang" (100) beruhe letztlich auf ihrer Satzweise, „und die ist äußerst ökonomisch und sachlich" (101). Auch hier finden sich Hinweise auf solistische Situationen im Orchesterklang, die vielfach von einer „'linearen' Führung der Stimmen" (also erneut von kontrapunktischem Denken) bestimmt sei. Stein handelt – ähnlich wie Schönberg – nicht allein von der satztechnischen Dimension der Orchesterstimmenbehandlung (die eigentlich „komponiert, nicht instrumentiert" zu nennen sei), sondern spricht auch den damit eng zusammenhängenden Aufbau der Partituren an: „Für Sachlichkeit des Satzes und Durchsichtigkeit des Klanges sind seine Partituren vorbildlich" (101).

Wie man sieht, finden sich so gut wie alle Motive bei Stein vorher auch bei Schönberg, entweder schon 1912 oder in den zwischenzeitlich entstandenen theoretischen Schriften Schönbergs, die in diesem Rahmen nicht einzeln aufgeführt oder gar ausgewertet werden können.[18]

Kontrapunkt (1928), T35.34 im Archiv des Arnold Schönberg Center Wien, abgedruckt in: Jacob, *Grundbegriffe*, S. 845f.; ders., *Der lineare Kontrapunkt* (1931), T35.22 im Archiv des Arnold Schönberg Center Wien, abgedruckt in: Jacob, *Grundbegriffe*, S. 836–844; ders., *Linearer Kontrapunkt – Lineare Polyphonie* (1931), T35.36 im Archiv des Arnold Schönberg Center Wien, abgedruckt in: Jacob, *Grundbegriffe*, S. 847–850; vgl. auch die englischsprachigen Abdrucke der Aufsätze in: ders., *SI 75*, S. 288–297.

17 Bei der Erklärung der Begriffskonstellationen „musikalische Prosa" und „entwickelnde Variation" bezieht sich Schönberg immer wieder auf Brahms und auf von ihm beeinflusste Musiker, so insbesondere Max Reger, Mahler und sich selbst. Vgl. etwa die Erstfassung der einflussreichen Aufsatzes *Brahms the Progressive*: den Vortrag über Brahms, gehalten 1933 im Frankfurter Rundfunk, abgedruckt bei Thomas McGeary, *Schoenberg's Brahms lecture of 1933*, in: *Journal of the Arnold Schoenberg Institute* 15/2 (1992), S. 5–99.

18 Zwei weniger bekannte Dokumente seien immerhin als Beispiele angeführt: Schönberg demonstriert im Manuskript *Ältere Satzbaukunst* (o. D., T52.16 im Archiv des Arnold Schönberg Center Wien, abgedruckt in: Jacob, *Grundbegriffe*, S. 778f.) die Unregelmäßigkeit metrischer Strukturen in neuerer Musik an Mahler. Dort heißt es zur Formgebung: „Mahlers Symphonik unterscheidet sich dadurch, daß ihre Form sich mit dem Inhalt vollständig deckt, von der unseres (gepriesensten?) berühmtesten Hofkonditors: Richard Strauß..." – In den Notizen zu *Ältere und neuere Symphonik* (o. D., T73.17 im Archiv des Arnold Schönberg Center Wien, abgedruckt in: Jacob, *Grundbegriffe*, S. 762–767) erläutert er die Gestaltung der Hauptthemengruppen bei den „neueren" Symphonikern Mahler und Strauss: Sie „erinnert im Aufbau an den 1. Teil der Konzertform:

In den Schriften jenes besagten Zeitraums – umso mehr noch den späteren – finden sich im übrigen auch verschiedene Momente, die von Stein nicht aufgegriffen wurden. Insbesondere in Bezug auf die Entwicklung der Harmonik und den Umgang mit Tonalität – bei der Schönberg ja den offensichtlichen Umstand konstatieren muss, dass Mahler wie die meisten Komponisten seiner Generation stets der Tonalität verbunden blieb[19] – habe Mahler grundlegende Anregungen geliefert, aus denen er wiederum schließlich nur die Konsequenz, nämlich die „Emanzipation der Dissonanz" gezogen habe. Dies lässt sich in zwei Schritten beobachten. In dem 1926 veröffentlichten Aufsatz *Gesinnung oder Erkenntnis* heißt es in diesem Sinne:

> „Abgesehen von denen, die auch heute noch mit ein paar tonalen Dreiklängen das Auslangen finden [...], haben die meisten lebenden Komponisten aus dem Wirken der Werke Wagners, Strauss', Mahlers, Debussys, Puccinis etc. in harmonischer Hinsicht gewisse Konsequenzen gezogen, als deren Ergebnis die Emanzipation der Dissonanz zu erkennen ist."[20]

Und 1931 beschreibt Schönberg die Folgerichtigkeit des musikgeschichtlichen Fortschreitens: „Die Entwicklung hat dazu gedrängt. Am meisten vielleicht hat Richard Strauss ein Verdienst hieran und Gustav Mahler. Aber auch Debussy und Max Reger, ja auch Pfitzner haben kräftig vorgestoßen. Ich habe den letzten Schritt getan und habe ihn konsequent getan."[21]

Zusammenfassend also lässt sich sagen: In Instrumentation, Interpretation, polyphoner Satzweise, Themenbildung und Metrik (musikalischer Prosa), entwickelnder Variation sowie schließlich Emanzipation der Dissonanz wird Mahler zu irgendeinem Zeitpunkt von Schönberg und seiner Schule als Vorbild benannt – viel bleibt also nicht übrig, worin sich Schönberg laut eigener Aussage nicht auf Mahlers ‚Vorarbeiten' berufen hätte.

3. Instrumentation und Sachlichkeit

Die bei Schönberg und seiner Schule in Bezug auf Mahler oft in Konstellation auftretenden Begriffe ‚Instrumentation' und ‚Sachlichkeit' gilt es wegen ihrer nicht ohne weiteres verständlichen Wortverwendung näher zu betrachten. Evidenterweise ging Schönberg hierbei von einem anderen Begriff von Sachlichkeit aus, als etwa die in

---

die wichtigsten Themen sind (im allgemeinen ohne breitere Ausführung) knapp alternierend nebeneinandergestellt und werden durch eine (rondoartige) Wiederholung (gewöhnlich meist ausgebaut, etwa wie ein Hauptthema nach der Durchführung) abgeschlossen."

19 Vgl. bereits Schönberg, *Harmonielehre* 1911, S. 82: „Fast alle großen Meister unserer Zeit – Mahler, Strauß, Reger, Pfitzner – beharren beispielsweise noch größtenteils auf der Tonalität."

20 Arnold Schönberg, *Gesinnung oder Erkenntnis?*, datiert auf den 27.10.1925, zuerst veröffentlicht in: *25 Jahre Neue Musik. Jahrbuch der Universal Edition in Wien, 1926*, S. 21–30; Wiederabdruck in: ders., *GS 1*, S. 209–214, hier S. 209.

21 Arnold Schönberg, *Diskussion im Berliner Rundfunk mit Dr. Preussner und Dr. Strobel*, in: ders., *GS 1*, S. 272–282, hier S. 276.

den zwanziger Jahren stark vertretenen Strömungen der Neuen Sachlichkeit.[22] Diese hatten einen distanzierten Umgang mit dem musikalischen Material vorgeschlagen, das unter weitgehender Ausblendung subjektiver Ausdrucksinteressen objektiviert behandelt wird. Damit ist ironische Brechung ebenso ermöglicht wie Funktionalisierung oder eklektische Zusammenstellung heterogener Stilistiken, von Popularmusik – insbesondere dem, was man damals mit dem Titel ‚Jazz' bezeichnete, also rhythmusbetonte, synkopierte Tanzmusik – bis hin zu alter Musik. Demgegenüber orientierte sich Schönberg an einem Begriff von ornamentfreier Sachgemäßheit im Umgang mit Material, den er aus dem Umfeld von Adolf Loos bezog – dem Material entsprechend, das sozusagen ‚eigene Forderungen' an seine angemessene Verarbeitung stellt und eine gewisse Dignität beanspruchen kann. Dieser solcherart ‚sachgemäße', materialgerechte Umgang muss nicht ausschließen, dass damit eine Funktion oder Funktionalität verknüpft ist, wehrt sich aber gegen Funktionalisierung (womit übrigens Adornos dialektische Bemerkungen zur Funktion von Musik vorgeprägt sind). Symphonien auf der Basis von Volksliedern[23] scheiden aus diesem Grund bei Schönberg aus ähnlichen Motiven aus wie eine um ihrer selbst willen eingesetzte Klangfarbe in der Instrumentation, die nicht notwendigerweise zur Verdeutlichung einer kompositorischen Situation dient und folglich auch nicht dem Kriterium der Ökonomie entspricht. Schönberg spricht sich dabei in einem Dokument selbst schuldig, früher instrumentatorische Verstöße gegen das Prinzip der sachgemäßen Behandlung von musikalischen Themen begangen zu haben, da „wir alle – ausgenommen Gustav Mahler – von Wagner ausgiengen [und durch] unsern Klang nur einen Reichtum an Bewegung ausdrückten, der nicht in den Themen enthalten war."[24]

Aus diesem Grund ist es ihm 1918 auch so wichtig, dass Zemlinsky bei der Aufführung von Schönbergs *Pelleas und Melisande* (eines Werks also, das stark gefährdet ist, unter dieses sein eigenes Verdikt zu fallen) nicht ausgerechnet eine der raren Stellen überspringt, an denen er „solistische Instrumentation" einsetzte, eine Technik also, die mit dem Namen Mahlers zu assoziieren wäre.[25] Dass derartige „so-

---

22 Zur Begriffsgeschichte vgl. Stephen Hinton, *Neue Sachlichkeit* (1991), in: *Handwörterbuch der musikalischen Terminologie*, hrsg. von Hans Heinrich Eggebrecht, Wiesbaden 1972ff. Zu den betreffenden künstlerischen Äußerungsformen vgl. Nils Grosch, *Die Musik der Neuen Sachlichkeit*, Stuttgart 1999.

23 Vgl. Arnold Schönberg, *Volksmusik und Kunstmusik* (1925), T36.07 im Archiv des Arnold Schönberg Center Wien; Abdruck der englischsprachigen Übersetzung in: ders., *SI* 75, S. 167–169; ders., *Folkloristic Symphonies* (1947), in: ders., *SI* 50, S. 196–203; Wiederabdruck in: ders., *SI* 75, S. 161–166; von Schönberg selbst übersetzte, deutschsprachige Fassung als *Symphonien aus Volksliedern* abgedruckt in: ders., *GS 1*, S. 134–139.

24 Arnold Schönberg, *Sachgemäß*, o. D., T27.08 im Archiv des Arnold Schönberg Center Wien, abgedruckt in: Jacob, *Grundbegriffe*, S. 577f.

25 Vgl. den betreffenden Brief vom 20. Februar 1918, abgedruckt in: Alexander Zemlinsky, *Zemlinskys Briefwechsel mit Schönberg, Webern, Berg und Schreker* (Briefwechsel der Wiener Schule 1), hrsg. von Horst Weber, Darmstadt 1995, S. 187). Zu entsprechenden Belegen für diese Technik in Schönbergs kompositorischem Werk vgl. Horst Weber, *Schönbergs „solistische Instrumentation"*, in: *Bericht über den 3. Kongreß der Internationalen Schönberg-Gesellschaft. „Arnold Schönberg – Neuerer der Musik". Duisburg, 24. bis 27. Februar 1993* (Publikationen der Internationalen Schönberg-Gesellschaft 3), hrsg. von Rudolf Stephan und Sigrid Wiesmann unter Mitarbeit von Matthias Schmidt, Wien 1996, S. 102–107.

listische Instrumentation" innerhalb des Wiener Umfeldes durchaus als Charakteristikum Schönbergs erkannt wurde, geht aus den Ausführungen von Egon Wellesz zu
Schönbergs erster Kammersymphonie hervor, der darin eine in Mahlers Liedern vor-
gezeichnete Tendenz fortgesetzt sieht.[26] Umgekehrt sieht Stein bei Mahlers Orchesterbehandlung die Tendenz zum „Kammerorchester" vorgeprägt.[27]

Auf alle Fälle erkennt Schönberg in der „sachgemäßen" Instrumentation Mahlers einen Vorbildcharakter gegeben, den er bis an sein Lebensende betonen sollte. So
waren in den Entwürfen zu einem amerikanischen Lehrbuch der *Orchestration* von
1949 unter den Beispielen von pristinen, aber noch nicht zeitgenössischen Komponisten für Mahler mit 15 % nach Wagner (30 %) die zweitgrößten Anteile von Instru-
mentationsbeispielen vorgesehen gewesen, womit Mahler in Schönbergs internem Ran-
king dieser Gruppe knapp vor Strauss (12 %) und Debussy (10 %) rangierte.[28] In Zahlen wären dies 67 Beispiele gewesen, worunter auf jeden Fall Stellen aus der Neunten,
aber auch aus der Zweiten und der Sechsten Symphonie vertreten gewesen wären.

4. Mahlers Symphonik, eingerichtet für Kammerorchester

Schönberg und seinen Wiener Schülern war es durchaus ernst damit, dass sich bei
Mahler Tendenzen zum Kammermusikalischen aufzeigen ließen. Dies beweisen die
verschiedenen Versuche, Mahlers Werke kammermusikalisch einzurichten und im
Rahmen der Konzertabende des Vereins für musikalische Privataufführungen zu Ge-
hör zu bringen. Zwischen 1918 und 1921 erlebten so die drei Symphonien ihre Auf-
führung in den Einrichtungen von Alfredo Casella (Siebte Symphonie für Klavier zu
vier Händen), Zemlinsky (Sechste Symphonie, ebenfalls Klavier zu vier Händen) und
Erwin Stein (Vierte Symphonie für Kammerorchester); die *Lieder eines fahrenden
Gesellen* arrangierte Schönberg höchstpersönlich für Kammerorchester.[29] Mahlers
Werke stehen in dieser Beziehung nicht alleine, denn unter anderem wurden auch
Debussy *La mer* oder Regers *Romantische Suite* op. 125 in dieser Form (für Klavier
bzw. Kammerorchester) dargeboten. Auf diese Weise wird der von Alban Berg im
Prospekt des Vereins 1919 formulierte Anspruch eingelöst,

> „moderne Orchesterwerke – aller Klangwirkungen [...] und aller sinnlichen Hilfsmit-
> tel entkleidet – hören und beurteilen zu können. Damit wird der allgemein übliche
> Vorwurf entkräftet, dass diese Musik ihre Wirkung lediglich ihrer mehr oder minder

---

26   Vgl. Egon Wellesz, *Die neue Instrumentation* (Max Hesses Handbücher 91), 2 Bde., Berlin 1929,
      hier Bd. 2, S. 151.
27   Stein, *Mahlers Sachlichkeit*, S. 101.
28   Schönberg, *Orchestration* (1949), T68.12–15 im Archiv des Arnold Schönberg Center Wien,
      Teilabdruck in: Jacob, *Grundbegriffe*, S. 951–966, hier S. 965.
29   Überdies wurden im Verein auch fünf Lieder aus *Des Knaben Wunderhorn* sowie fünf *Lieder aus
      der Jugendzeit* (diese sogar relativ häufig) dargeboten. Zu den Aufführungen des Vereins vgl.
      Horst Weber (Hrsg.), *Schönbergs Verein für musikalische Privataufführungen* (Musik-Konzepte
      36), München 1984; zu Schönbergs Mahler-Einrichtungen vgl. darin insbesondere Rainer Riehn,
      *Über Mahlers „Lieder eines fahrenden Gesellen" und „Das Lied der Erde" in Arnold Schönbergs
      Kammerfassungen*, S. 8–30.

reichen und effektvollen Instrumentation verdanke und nicht auch alle Eigenschaften besäße, die bisher für eine gute Musik charakteristisch waren: Melodien, Harmoniereichtum, Polyphonie, Formvollendung, Architektur etc."[30]

Letztlich wird auf diese Weise also – wie es Thomas Brezinka anhand der Bearbeitung der Vierten Symphonie durch Erwin Stein ausführte – die „Struktur" statt die „Klangfarbe" der Stücke in den Vordergrund gerückt.[31] Ebendiese Bearbeitung (aufgeführt am 10., 20. und 23. Januar 1921) darf besonderes Interesse beanspruchen, da die verschiedentlich postulierte Tendenz Mahlers zur solistischen Instrumentation und zum Kammerorchester am ,lebenden Beispiel' nachhörbar überprüft werden kann. Steins Verfahren bestand dabei (wie man aus der überlieferten Einrichtungs-Partitur weiß) vor allem darin, den Streichersatz soweit möglich einem Streichquintett zuzüglich Fidel zu übertragen, ausgewählte Holzbläser einzusetzen und Tutti-Stellen bzw. großorchestrale, durch das Ensemble von Melodieinstrumenten nicht darstellbare Effekte durch Klavier und Harmonium sowie Schlagwerk zu simulieren.[32]

Anhand von mittlerweile zunehmenden Wiederaufführungen sowie von Einspielungen dieser Bearbeitung kann nun der Hörer selbst entscheiden, inwiefern der Anspruch eingelöst wird, die Struktur des Werks käme durch dieses arrangierende Verfahren klarer heraus. Vor allem an den Stellen, die eben nicht solistisch, sondern dezidiert großorchestral instrumentiert (bzw. – mit Schönbergs eigenen Worten – eben nicht instrumentiert, sondern komponiert) sind sowie bei großen dynamischen Wechseln lassen sich hierbei durchaus Schwierigkeiten der Umsetzung erkennen – doch bedeutet ja jede Bearbeitung auch eine Neuinterpretation des Gegenstandes.

Zwar lassen sich – wie bei der Aufführung nachzuvollziehen – einige Passagen tatsächlich verblüffend gut in reduzierter Besetzung darbieten; doch zeigt sich auch, dass es sich bei den postulierten Tendenzen hin zum Kammerorchester im Falle von Mahlers Symphonik eher um eine Wunschvorstellung des Schönberg-Kreises im Sinne der In-Dienstnahme für die eigene ästhetische Programmatik handelte als um ein zwingendes musiktheoretisch-instrumentatorisches Konzept.

5. Jenseits von Schönberg: Adornos Aufsatz *Mahler heute* von 1930

Abschließend sei ein kurzer Blick auf die frühe Mahler-Rezeption Theodor W. Adornos geworfen, wie sie sich in dem Aufsatz *Mahler heute* darstellt, der 1930 in der gleichen Publikation wie Steins *Mahlers Sachlichkeit* erschien (im Folgenden in Klammern gesetzt die Seitenzahl der jeweils zitierten Stelle in der Ausgabe von A-

---

30 Alban Berg, [Prospekt des „Vereins für musikalische Privataufführungen", Februar 1919], zitiert nach dem Teilabdruck in: ders., *Glaube, Hoffnung und Liebe. Schriften zur Musik*, hrsg. von Frank Schneider, Leipzig 1981, S. 173–176, hier S. 176.
31 Vgl. Brezinka, *Erwin Stein*, Wien 2005, S. 181–185, hier S. 183.
32 Die Besetzung lautete: Sopran (Martha Fuchs – bzw. Frl. Palffy?), 1. Violine (Rudolf Kolisch), Fidel (Oscar Adler), 2. Violone (Karl Floderer), Bratsche (Anna Fried), Violoncello (Maria Lazansky), Kontrabass (Karl Fiala), Flöte (Emmanuel Stepicka), Oboe (Ernest Netsch), Klariniette (G. Ortlieb), Harmonium (Hans Neumann), Klavier (Selma Stampfer), Schlagwerk (Karl Rankl, Felix Greißle); vgl. Brezinka, *Erwin Stein*, S. 182.

dornos *Gesammelten Schriften*, Bd. 18).[33] Hier liegt ein frappierendes Beispiel dafür
vor, wie es um die Nachwirkung der Schönberg-Schule bestellt war, die von Adorno
auf spezifische Weise uminterpretiert wurde – einige der zentralen Anliegen des
‚Meisters' suspendierend und vollkommen neu aufstellend. (Derartige Neudeutungen
gehören zu den Gründen, warum Schönberg, der Wissenschaftlern wie Kritikern gleichermaßen skeptisch gegenüber stand, Adorno „nie leiden" konnte.[34])

Wie Schönberg und Stein erblickt er Aspekte in Mahlers Kompositionstechnik,
die durchaus auf Gemeinsamkeiten zwischen Mahler und Schönberg, jener „Häupter
der Wiener Schule" (227) schließen lassen. Erneut taucht das Motiv auf, Mahler habe
als Interpret wie in seiner Instrumentation Wert auf Klarheit und Verständlichkeit
gelegt: Als Belege werden die spieltechnischen „Bezeichnungen, die die Plastik und
Faßlichkeit des Vortrages sicher stellen sollen" ebenso genannt wie das Aufrufen von
„Faßlichkeit" als „geradezu das Prinzip der Mahlerschen Instrumentation" (230).
Auch zwei weitere Aspekte sind aus den vorher zitierten Quellen bereits vertraut: Die
Bildung von Themen, die „nicht in symmetrischen Verhältnissen von Motiven angelegt sind" (231), und die Variationstechnik, die Schönberg und Mahler „gemeinsam"
(232) sei. In diesem Sinne fungiere Mahler tatsächlich als so etwas wie ein protei-
scher Schönberg, was seine Aktualität – gegen alles Gerede von der überwundenen
Romantik, der neuen Sachlichkeit und „vorklassischer und neuklassischer Polyphonie" (226) – ausmache: „Alle gegenwärtige kompositorische Technik liegt in Mahlers
Werk unter der dünnen Hülle der spätromantischen Ausdruckssprache bereit." (234)

Ebenjene Ausdruckssprache scheint Adorno aber selbst problematisch – und
das ist das Neue seiner Interpretation, deren Ausarbeitung in späteren Schriften so
wirkungsmächtig werden sollte. Er ventiliert erneut die Vorwürfe von Banalität und
Kitsch, erblickt darin aber gleichsam eine dialektische Finte des Ausbrechens aus den
gesellschaftlichen Zusammenhängen, in denen Mahler gefangen war. Zu konstatieren
sei eine „Unangemessenheit [...] zwischen der einsamen Subjektivität und der objektiven Sprache", wenn Mahler „die Rettung des Formkosmos der abendländischen
Musik versucht, indem er die Trümmer von dessen niedrigster Schicht mit ihren o-
bersten Wahrheitsgehalten zusammendenkt" (228). Adorno sieht eine geradezu ge-
walttätige „Dynamik" (229) am Werk, bei der die Form „aus der Auseinandersetzung
seiner Substanz mit jener romantischen Schicht" resultiere, „die ihm, immerhin, noch
Garantie der Objektivität bedeuten mochte" (230). Das ‚Objektive' in der Musik
Mahlers wird also vollkommen anders interpretiert als bei Schönberg, nämlich als ein
objektiv Ausgehöhltes, eben nicht mehr Tragfähiges. Damit wird Mahlers Schaffen in
seiner gesellschaftlichen Symptomatik angesichts einer krisenhaften Moderne interpretiert – von den Versuchen Schönbergs und seiner Schüler, den in seiner Subjektivität geradezu ‚Heiligen' mit den Attributen einzigartiger kompositorischer ‚Sachlichkeit' auszustatten, hat sich diese Wahrnehmungsweise, die so folgenreich werden
sollte, konzeptuell weit entfernt.

---

33 Adorno, *Mahler heute*, vgl. Anm. 4.
34 Vgl. Arnold Schönberg, *Wiesengrund* (1950), T32.12 im Archiv des Arnold Schönberg Center
    Wien, abgedruckt in: Jacob, *Grundbegriffe*, S. 582–587, hier S. 582; vgl. dazu auch Jan Maegaard,
    Schönberg hat Adorno nie leiden können, in: *Melos* 41 (1974), S. 262–264.

„…DER GESAMTEINDRUCK
WAR WUNDERBAR UND ERGREIFEND!"

Zur Mahler-Rezeption bei Karol Szymanowski

Regina Naczinski

In der europäischen Rezeption der Musik Gustav Mahlers fand zwischen den Traditionen der Spätromantik und der Neuen Musik der Jahrhundertwende das Beispiel des zweiundzwanzig Jahre jüngeren polnischen Komponisten Karol Szymanowski (1882–1937) in der Forschung bislang nur relativ wenig Beachtung.[1] Die schöpferische Suche des jungen Szymanowski und sein Verlangen, Tendenzen der zeitgenössischen europäischen Musik in seine Komposition aufzunehmen, führten ihn zunächst zur spätromantischen deutschen Musik. Mahlers Schaffen weckte bei dem jungen Komponisten schon frühzeitig Aufmerksamkeit und Bewunderung. Den ersten schriftlichen Hinweis auf seine beginnende Mahler-Rezeption entnehmen wir einem Brief an den befreundeten Musikwissenschaftler Zdzisław Jachimecki, dem er im Oktober 1910 schrieb: „Ich beneide Sie um Mahler – ich sah mir die Symphonie etwas an; sie ist mir aber unverständlich."[2]

Szymanowskis Beschäftigung mit Mahlers Werk intensivierte sich erst nach seinem Umzug nach Wien im Jahre 1911, zu einer Zeit, als er sich von Wagner und Strauss bereits zu distanzieren begann. In einem Interview aus dem Jahr 1912 äußerte sich Szymanowski in diesem Sinne: „Ich empfinde Hochachtung vor Mahler, den ich erst seit ein paar Jahren verstehe."[3] Eine entsprechende Äußerung machte Szymanowski auch in einem Brief an Stefan Spiess vom 29. Februar 1912: „Ich achte ebenfalls Mahler, den ich erst seit ein paar Jahren verstehe."[4]

---

1   Vgl. u.a. Zdzisław Jachimecki, *Karol Szymanowski*, in: *The Musical Quarterly* 8/1 (1922), S. 23–37; Zofia Lissa, *Szymanowski und die Romantik*, in: *Studia Musicologica Academiae Scientiarum Hungaricae*, 3/1 (1962), S. 223–242; Zoltan Roman, *The rainbow at sunset: The quest for renewal, and musico-poetic exoticism in the Viennese orbit from the 1890s to the 1920s*, in: *International Review of the Aesthetics and Sociology of Music*, 39/2 (2008), S. 203–209.

2   „Zazdroszczę Panu Mahlera – przeglądałem trochę tę symfonię, ale nie mogę sobie z niej zdać sprawę." Brief Szymanowskis vom 12. Oktober 1910 aus Majori (Stadtteil der Stadt Jurmula in Lettland) an den Zdzisław Jachimecki. Diese und die folgenden Übersetzungen aus dem Polnischen von Regina Naczinski und Therese Polus. Originaltext zitiert nach Karol Szymanowski, *Korespondencja*, Bd. 1 (1903–1919), hrsg. von Teresa Chylińska, Kraków, 1982, S. 224. Chylińska merkt zu diesem Brief an (ebd., S. 226): „Es ging um die VIII. Symphonie Mahlers, die in den ersten Septembertagen in München aufgeführt werden sollte und zu deren Aufführung Jachimecki fahren wollte."

3   Vgl. Teresa Chylińska, *Karol Szymanowski i jego epoka*, Kraków 2008, S. 255; Ryszard Ordyński, *Z mojej włóczęgi*, Kraków 1956, S.183 sowie 184–187.

4   „Mam także największy szacunek dla Mahlera, którego dopiero od kilku lat całkiem rozumiem." Vgl. Szymanowski, *Korespondencja*, Bd. 1, S. 333.

Und kurz darauf an denselben Adressaten: „Unlängst hörte ich mir zweimal die VIII. Symphonie von Mahler an, und stell Dir vor, sie wirkte auf mich so belebend und schmerzstillend, dass ich immer noch beeindruckt bin. Über die musikalischen Werte kann ich nichts sagen, vielleicht gibt es dort auch weniger schöne Dinge, aber der Gesamteindruck war wunderbar und ergreifend!"[5]

Dass Szymanowski seine Mahler-Bewunderung auch seinen Schülern vermittelt hat, belegt Charles Cuvilliers Brief, in dem dieser sich bei Szymanowski für den Hinweis auf Mahlers Kunst bedankt: „Am Sonntag hörte ich Mahlers IV. Symphonie; sie ist nicht besonders gut angekommen, mir jedoch gefiel sie sehr. Dank Ihnen fange ich an, den Charme der deutschen Musik zu begreifen. Auf meinem Klavier gibt es außer Mahler, Strauss, Wagner und Ihren Werken nichts anderes."[6] Ein wesentlich früher datierter Brief Szymanowskis an den Dirigenten Grzegorz Fitelberg zeigt, dass er auch mit Mahlers Liedern vertraut war und empfahl, sie bei einem Konzert in der Warschauer Philharmonie in das Programm aufzunehmen: „Vielleicht etwas von Mahler, z.B. *Lieder eines fahrenden Gesellen.*"[7]

Die Nachricht von Mahlers Tod hat Szymanowski persönlich sehr mitgenommen. Noch am gleichen Tag schrieb er an seinem Freund Spiess: „Heute stehen wir alle unter dem traurigen Eindruck von Mahlers Tod. Auf eigenen Wunsch wurde er aus Paris nach Wien überführt. In sämtlichen Zeitschriften kann man heute über ihn lesen. Du kannst Dir die Ergriffenheit der Stadt nicht vorstellen."[8] An Mahlers Begräbnis nahm Szymanowski gemeinsam mit Zdzisław Jachimecki teil, wie dieser berichtet:

---

5   „Wysłuchałem niedawno dwukrotnie VIII Symfonii Mahlera i wyobraź sobie, podziałała na mnie psychicznie tak orzeźwiająco i kojąco, że dotychczas czuję na sobie to wrażenie. O muzycznych wartościach nie mogę mówić, może tam są i nieładne rzeczy, ale wszystko razem jest cudowne i wzruszające." Brief Szymanowskis an Spiess vom 21. März 1912. Vgl. Szymanowski, *Korespondencja*, Bd. 1, S. 334.

6   „W niedzielę poszedłem posłuchać IV Symfonii Mahlera; nie spotkała się ze zbyt gorącym przyjęciem, mnie jednakowoż bardzo się podobała, dzięki Panu zaczynam pojmować urok muzyki niemieckiej, na moim fortepianie nie ma zresztą nic więcej prócz Mahlera, Straussa, Wagnera i Pańskich dzieł." Charles Cuvilliers Brief aus Paris an Szymanowski vom 21. Januar 1914. Vgl. Szymanowski, *Korespondencja*, Bd. 1, S. 413.

7   „Może Mahlera coś? Np. Lieder eines fahrenden Gesellen." Brief an Grzegorz Fitelberg vom 28. Obtober 1909. Vgl. Szymanowski, *Korespondencja*, Bd. 1, S. 191. In Szymanowskis Jugendjahren wurde auf dem Landgut in Tymoszówka viel musiziert; sein Cousin Jarosław Iwaszkiewicz berichtet in seinen Erinnerungen über die dortige Aufführung von Mahler-Liedern: „In jenen Zeiten war der Sommer in Tymoszówka ein einziger Strang von Besuchen, Vergnügungen und Unterhaltungen aller Art. Die Stimmung im Hause kann man nur dann verstehen, wenn man sich in die Welt der Kunst der letzten Jahre vor dem I. Weltkrieg versetzt. Die künstlerische Stimmung wurde durch Lieder von Brahms und Mahler hervorgerufen […]; wir haben den ganzen Morgen musiziert, indem wir Wolffs und Mahlers Lieder wiedergaben." [W owych czasach lato w Tymoszówce było jednym pasmem wizyt, zabaw i rozrywek najrozmaitszego rodzaju. Nastrój domu da się zrozumieć jedynie wówczas, kiedy się wżyjemy w artystyczny Świat ostatnich lat sprzed pierwszej wojny. Nastroje artystyczne zamknięte w pieśniach Brahmsa i Mahlera (...); przez cały ranek muzykowaliśmy, odtwarzając pieśni Wolfa i Mahlera.] Jarosław Iwaszkiewicz *Moje wspomnienia*, Kraków 1957, S. 55.

8   Brief aus Wien vom 18. Mai 1911. Vgl. Szymanowski, *Korespondencja*, Bd. 1, S. 265.

„Wir waren alle da. Bin gerade zurückgekommen. Weit hinter der Stadt, auf dem Grinzinger Friedhof. Eine kleine Dorfkirche und nur ein paar Hundert Menschen, und auf dem Friedhof unterbrach kein einziges Wort das Schweigen. Wir weinten wie Kinder. Es war seltsam, Slezak, Schwedes, Weidemann, Mayr, Mildenburg, Weidt bitterlich weinend zu sehen. Eine Heiligkeit des Künstlers und Menschen von so großartigem Charakter entstieg dem Sarg. Bin so niedergeschlagen, dass ich zittere. Man muss doch die Fassung bewahren und ihn in liebevoller Erinnerung behalten."[9]

Obwohl sich analytisch kaum eine unmittelbare Prägung durch Mahlers Schaffen in Szymanowskis Kompositionen nachweisen lässt, können in dessen Musik doch einige Parallelen zu Mahlers Werk festgestellt werden. Dies bezieht sich vor allem auf das Liedschaffen beider Komponisten und hier besonders auf den Umgang mit dem Volkslied. Beide Komponisten behandeln das Lied als eine für ihr Schaffen zentrale Gattung und Ausdrucksform besonderer Art und beschäftigten sich mit ihm ihr Leben lang. Die Werke, in denen Mahler volkstümliche Themen mit den musikalischen Mittel der Verfremdung und Ironisierung bearbeitete (vor allem die Lieder und Gesänge aus *Des Knaben Wunderhorn,* die *Fünfzehn Lieder* und die Erste, Zweite, Dritte und Vierte Symphonie) sind in diesem Zusammenhang zu nennen. Ähnlich wie bei Mahler zeichnen sich auch zahlreiche Werke Szymanowskis durch den Rückgriff auf die Volkspoesie aus, die er als Grundlage u.a. für die *Zwölf Kurpie-Lieder für Singstimme und Klavier* (op. 58) sowie die *Sechs Kurpie-Lieder für gemischten Chor* und *Słopiewnie* (op. 46) bis verwendet. Weitere Parallelen offenbaren vor allem der orientalische Geist in Szymanowskis Dritter Symphonie *Das Lied von der Nacht* op.27 (aus den Jahren 1914-1916) für Tenor, gemischten Chor und Orchester[10] und in den Liederzyklen *Des Hafis Liebeslieder* op.24 und op.26 nach Paraphrasen über Gedichte des Hafis von Hans Bethge (1876–1946), die dem Komponisten als Gegenstück zu Mahlers *Lied von der Erde* auf Nachdichtungen der altchinesischen Lyrik von Bethge gelten. Nicht zuletzt sind Parallelen zwischen zwei Liederzyklen, Mahlers *Kindertotenliedern* aus den Jahren 1901 bis 1904 und Szymanowskis *Kinderreimen* op.49 (1922–23, erwähnenswert. Die beiden Zyklen verbindet der Anlass ihrer Entstehung: Mahler schrieb die Lieder nach dem Tod seiner Tochter, Szymanowski widmete den Zyklus seiner tragisch verstorbenen kleinen Nichte.

Kürzlich hat Zoltan Roman stilistische Vergleiche zwischen Mahlers *Lied von der Erde* und Szymanowskis letztem Lied *Trauriger Frühling* aus *Des Hafis Liederzyklus* op. 24 vorgenommen.[11] Mahler ging es in seiner Vertonung der altchinesischen Lyrik um die Gestaltung einer farbigen musikalischen Atmosphäre des schmerzlichen Abschieds, der Liebe zur Schönheit des Lebens, zu den Menschen und des Verzichts. Als Klangchiffre eines zarten orientalischen Kolorits diente dem Komponisten die Verwendung eines pentatonischen Dreiklangmotivs, dem man wie

---

9   Zdzisław Jachimecki, Brief an seine Frau vom 22. Mai 1911. Vgl. Szymanowski, *Korespondencja,* Bd. 1, S. 266. Einer Anmerkung der Herausgeberin zufolge (ebd., S. 266) war es Wunsch, dass bei seinem Begräbnis weder ein Wort noch ein Ton erklingen sollten.
10 Der Text stammt vom persischen Dichter Mawlana Dschalal-ad-din-Rumi (1207–1273).
11 Zoltan Roman, *The rainbow at sunset,* S. 203–209.

einem Erinnerungssymbol im gesamten Zyklus immer wieder begegnet. Szymanowskis Liederzyklus *Des Hafis Liebeslieder* für eine Singstimme und Klavier ist in Wien im Jahr 1911 entstanden, zu einer Zeit, als sich der Komponist von der spätromantischen Tradition löste, um seinen eigenen Weg zu gehen. Wie *Das Lied von der Erde* besteht auch der Liederzyklus Szymanowskis aus sechs Liedern:

1. Wünsche	4. Tanz
2. Die einzige Arznei	5. Der verliebte Ostwind
3. Die brennenden Tulpen	6. Trauriger Frühling

Im Jahr 1914, nach seiner Nordafrika-Reise, vertonte Szymanowski fünf weitere Hafis-Nachdichtungen Bethges für Singstimme und Orchester und instrumentierte zudem drei der Klavierlieder aus op. 24: *Wünsche, Tanz* und *Der verliebte Ostwind*. Er fügte sie dem Zyklus op. 26 zu, der unter dem gleichnamigen Titel *Des Hafis Liebeslieder* veröffentlicht wurde. Der Zyklus wurde dem befreundeten österreichischen Komponisten, Pianisten und Dirigenten Joseph Marx gewidmet. Bei der Entstehung dieser Werke spielten die Bildungsreisen Szymanowskis nach Italien (1908 und 1910), Sizilien (1911) und Nordafrika (1914) eine wichtige Rolle. Szymanowski war vom exotischen Kolorit der Nachdichtungen von Hans Bethge außerordentlich fasziniert, wie man der folgenden Äußerung entnehmen kann: „Von meinem Hafis bin ich unheimlich ergriffen. Allah selbst hat ihn mir gesandt. Ich meine, es sind ideale Texte."[12] Seinem engen Freund Spiess, mit dem er gemeinsam nach Italien und Nordafrika gereist war, berichtet er: „Du ahnst nicht, mit welcher Befriedigung ich daran arbeite."[13]

Zoltan Roman hat auf einige Parallelen zwischen Mahlers *Der Trunkene im Frühling* und *Abschied* aus dem *Lied von der Erde* und dem letzten Lied *Trauriger Frühling* aus Szymanowskis Hafis Liedern hingewiesen. Dass Szymanowski mit Mahlers Symphonie vertraut war, beweisen seine bereits oben erwähnten Mitteilungen. Szymanowskis Briefen kann man entnehmen, dass die Bekanntschaft mit Hafis' Texten im Jahr 1911 erfolgte, also, bereits vor der Uraufführung von Mahlers Werk, wie Roman bemerkt.[14] Roman erwägt, ob Szymanowski möglicherweise in Anbetracht seines großen Bekanntenkreises aus dem Musik- und Literaturbereich in Wien von Mahlers Lied *Abschied* aus dem Jahr 1910 gewusst haben mag. Allerdings ist in Szymanowskis Briefen aus dieser Zeit keine Notiz über Mahlers Lied zu finden. Laut Zoltan Roman bezieht sich die Ähnlichkeit zwischen den Liedern *Der Trunkene im Frühling* (Mahler) und *Trauriger Frühling* (Szymanowski) besonders auf das Melodieschema, teilweise auf den ähnlichen Rhythmus wie auch auf die Dynamik.

---

12 Brief Szymanowskis an Zdzisław Jachimecki vom 12. Oktober 1911. Vgl. Szymanowski, *Korespondencja*, Bd. 1, S. 298.
13 Brief an Stefan Spiess vom 19. Oktober 1911. Ebd., Bd. 1, S. 303.
14 Roman, *The rainbow at sunset*, S. 204.

Notenbeispiel 1: Szymanowski, *Trauriger Frühling*, Takt 4–5

Notenbeispiel 2: Mahler, *Der Trunkene im Frühling*, Takt 52–54

Beide Melodien, die den Frühling ankünden, entsprechen einander in ihrer zurückhaltenden Dynamik *(piano)* und verlaufen in ähnlichem Rhythmus.[15] Entsprechende Affinitäten kann man in Mahlers *Abschied* und Szymanowskis *Trauriger Frühling* finden, deren Höhepunkt jeweils ein verzweifelter Ausruf des Leides mit entsprechenden Worten ist.[16]

Notenbeispiel 3: Szymanowski, *Trauriger Frühling*, Takt 13–19

15 Ebd., S.207f.
16 *Wo bleibst Du?* (Mahler) und *Doch wo bleibst Du?* (Szymanowski). Vgl. ebd.

Notenbeispiel 4: Mahler, *Abschied,* Takt 220–227

Obwohl beide Komponisten zusätzliche Hinweise für die Interpretation der Verzweiflung geben, die den gleichen Effekt erzielen sollen (bei Mahler *leidenschaftlich*, bei Szymanowski *molto espresso*), verwenden sie doch eine unterschiedliche Dynamik. Während bei Mahler der zitierte Ausruf in *forte* eingesetzt wird, verlangt Szymanowski von den Interpreten ein *piano*, lediglich bei der Wiederholung der Worte *Wo bleibst Du?* ein sich zum *mezzo piano* steigende Dynamik.[17]

Kurz vor dem Ersten Weltkrieg wuchsen Szymanowskis Zweifel an der „Dominanz" der deutschen Musikkultur, die ihn bis dahin stark beeinflusst hatte. Neue Kontakte mit Wiener Künstlerkreisen trugen zu Veränderungen seines musikalischen Denkens bei. Es kam zur Abkehr von der postromantischen deutschen Musik und zu einer stärkeren Annäherung an die französische und russische (Debussy und Strawinsky). Er kam mit dem musikalischen Impressionismus in Berührung und lernte durch Aufführungen der Ballette Sergej Diaghilews Werke des gleichaltrigen Igor Strawinsky kennen und schätzen: „Genial ist Strawinsky [...] Ich finde ihn überwältigend und beginne *par conséquent*, die deutsche Musik zu hassen (ich spreche nicht von den Alten)."[18] Durch die neue Orientierung ist die bisherige Bewunderung für den Komponisten Mahler gewichen, was man seinen späteren Aussagen entnehmen kann. In einem Artikel über neue Musik schreibt er im Jahr 1922: „Lassen Sie uns beliebige *Nocturnes* von *Debussy* oder *Chant du rossignol* von Strawinsky mit einem musikantischen Monster wie die von uns

---

17   Ebd.
18   „Genialny jest Strawiński (od ross.baletów, jestem nim strasznie przejęty i par conséquence zaczynam nienawidzić Niemców (nie mówię naturalnie o starych!)" Brief aus Tymoszówka an Stefan Spiess vom 14.Oktober 1911, vgl. Szymanowski, *Korespondencja*, Bd. 1, S. 394.

leider neulich gehörte IX Symphonie von Bruckner oder irgendeine Symphonie von Mahler vergleichen."[19] Szymanowski wandte sich einem neuen, klaren Kompositionsaufbau zu. Daher seine Bewunderung für Strawinsky und seine Ablehnung der formalen Konstruktion in Mahlers und Skrjabins Werken. In einem Aufsatz „Strawinsky" aus dem Jahr 1924 schreibt er:

> „Strawinsky ist wahrlich der größte lebende Musiker [...], den man in eine Reihe mit klassischen Meistern und denen der Renaissance stellen kann. Das Wesentliche der Schönheit gedeiht unmittelbar und organisch [...], ohne in den verborgensten Winkeln der Seele zwischen den Gespenstern der *Expression* und *Impression* als auch den mannigfaltigen *metaphysischen* Banalitäten zu wandeln, die in der postromantischen Epoche zu tragischen, manchmal komischen Konflikten zwischen *Inhalt* und der *Form* führten. Das Beispiel einer solchen inneren Verstimmung mit sich selbst ist in Deutschland Mahler [...] und in Russland Skrjabin."[20]

In einem weiteren literarischen Aufsatz über die zeitgenössische Musik aus dem Jahre 1926 äußert sich Szymanowski: „Der klassizistischen Haltung Max Regers, der in seinem Schaffen über Brahms fast bis zu den Bachschen Traditionen zurückgeht, steht als Neokonservatismus *sui generis* das scheinbare *Neuerertum* Gustav Mahlers gegenüber. Beide sind jedoch in den engen Kreis des Traditionalismus eingeschlossen, dessen Quellen sich immer finden lassen."[21]

In einigen Rezensionen der Werke Szymanowskis sehen die Musikkritiker unmittelbare Verbindungen zu Mahler, so etwa Richard Specht in seinem Aufsatz über Szymanowskis Zweite Symphonie und die Dritte Klaviersonate:

> „Ganz anders die Tondichtungen von Karol Symanowski: eine Symphonie und eine von Artur Rubinstein geradezu blendend gespielten Sonate für Klavier. Beide Werke sind vom gleichen Formgerüst getragen: ein weit ausschwingender, von leidenschaftlichen Ungestüm getriebener, aber trotzdem deutlich gegliederter und plastisch klarer erster Satz und dann ein zweiter, in dem eine von einer prächtigen Fuge gekrönte Va-

---

19 „Porównajmy chociażby jakies Nocturnes Debussy'ego – czy Chant du rossignol Strawińskiego – z takim monstrum muzykanckim, jak np. – niestety – wysłuchana przez nas niedawno IX Symfonia Brucknera lub któraś ze symfonii Mahlera..." Vgl. Interview vom 12. November 1922, in: Michałowski, *Pisma muzyczne,* Kraków 1984, S. 63.

20 „Strawiński jest istotnie największym z żyjących muzyków [...], stawia go niemal w rzędzie tych klasycznych czy renesansowych mistrzów, kiedy to najistotniejsze piękno wyrastało bezpośrednio, organicznie [...], nie tułając się po drodze po ciemnych zakamarkach duszy, pomiędzy błędnymi widmami „ekspresji" czy „impresji", czy też wielorakich „metafizycznych" banalności, prowadzących często – zwłaszcza w epoce poromantycznej – do tragicznych, a nieraz komicznych konfliktów pomiędzy „treścią" a „formą": W Niemczech klasycznym przykładem takiego wewnętrznego nieporozumienia z samym sobą jest G. Mahler, w Rosji – w pewnym znaczeniu – Al. Skriabin." Vgl. Szymanowski, Strawiński, in: Michałowski, *Pisma muzyczne,* Kraków 1984, S. 138.

21 „Klasycystyczna postawa Regera, nawiązującego swą twórczość poprzez Brahmsa niemal do Bachowskich tradycji, przeciwstawia sie jako jakis sui generis neokonserwatyzm do pozornego „nowatorstwa" G. Mahlera. Jednak przeciwstawienia te zamykają się w ścisłym kole tradycjonalizmu, którego istotne źródła zawsze dają się zbadać." Übersetzungen aus dem Polnischen von Ilona Reinhold (Hrsg.), *Begegnung mit Karol Szymanowski*, Leipzig 1982, S. 251.

riationenreihe die Elemente von Andante, Scherzo und Finale vereinigt. (Also eigentlich ähnlich wie die Anlage der „Achten" von Mahler!).“[22]

In der *La Revue Musicale* äußert sich André Tessier nach einem Konzert (1925)
vom Szymanowskis Dritten Symphonie unter dem Dirigat Fitelbergs:

> „Elle a de brusques et saisissants essors, coups de fouet sentimentaux, qui cinglent
> l'âme et la font se dresser, nerveuse, inquiète, désireuse sans objet. Alternés de mol-
> lesse, ces effets-là, d'une incontestable efficace agogique, rappellent ceux des poè-
> mes de Scriabine, mais il est une autre influence dont le Chant de la Nuit me paraît
> révéler l'art de Szymanowski à l'époque de cette symphonie, influence meilleure
> peut-être, en tout cas moins forcenée, celle d'un autre slave, civilisé, plus pudique
> par suite, et d'apparence germanisé, de Gustave Mahler, dont certaines symphonies
> avec chant sont à placer fort près de celle-ci.“[23]

In einer weiteren Kritik, die ebenso in der *La Revue Musicale* nach einem Konzert
(1930) vom Szymanowskis *Stabat Mater* erschienen ist, schreibt Robert Obussier:

> „Carol Szymanowski, dans son Stabat Mater, a suivi une troisième voie, celle de
> l'expression individuelle, telle qu'elle a été propre aux maîtres romantiques, y com-
> pris Gustav Mahler, ainsi qu'au Debussy du Martyre de Saint Sébastien. Avec une
> noblesse sans défaillance et une intensité lyrique pleine d'émouvants accents, le mu-
> sicien polonais chante la douleur de la Madone et la prière ardente du chrétien.“[24]

Szymanowski ist als Musikschriftsteller mit einer großen Zahl von Arbeiten hervorgetreten, darunter auch einem Aufsatz *Questions sur le Juif* (1918–19) mit
einem eigenen nachfolgend abgedruckten Kapitel über Mahler, den er seit vielen
Jahren nicht nur als Komponisten, sondern auch als Menschen bewunderte. Diese
Bewunderung wird jedoch überlagert von mitunter erschreckenden antisemitischen Äußerungen, deren Stellenwert im Denken des Komponisten in der Szyma-
nowski-Forschung bemerkenswerterweise bislang übersehen worden ist.

> „L'art de Mahler est émouvant au plus haut point – et, dans une certaine signification –
> immoral. J'ai remarqué que pour la plupart, les hommes nobles de cette race sont infini-
> ment tristes. On dirait que chacun d'eux (ils sont rares!) – (délivré de méchanceté, de lâ-
> cheté et d'autres traits caractéristiques de ses confrères communs – enfin envisagé
> comme essence du pur génie de la race) – semble porter sur son dos toute la lassitude des
> siècles que son peuple a vécus, toute la lassitude de cette culture trop ancienne, la fatigue
> infinie d'une existence trop longue et vraiment trop tragique. Ils sont réellement des
> Ahaswers – des Juifs errant par tous les temples du monde, aimant d'un cœur avide
> d'aimer tous les dieux, même celui des Chrétiens, mais déjà vieux, las, en face de la vie-
> Phénix, continuellement renouvelée de ses cendres – toujours immensement riche, res-
> plendissante de la beauté, frémissante du désir. Par quelle perfide cruauté la destine a-t-
> elle offert à ce people malheureux une existence, qui devient presque immortalité! Un

---

22 Richard Specht, *Der Merker*, 1912 Heft 2, S.78.
23 *La Revue Musicale,* Bd. VI, Nr. 10 (August 1925), S. 145f.
24 *La Revue Musicale,* B. XI, Nr. 104 (Mai 1930), S. 459.

juif noble a un certain sourire doux et triste, un sourire d'un homme vieux et sage, connaissant les cruautés de la vie et ne voulant pas détruire les illusions des jeunes. Le sourire, je le reconnais parlant dans l'art de Mahler. Son amour pour lajeunesse, pour la naïveté, pour la candeur a vraiment quelque chose de touchant. Le choix de ses textes le prouve. C'est presque toujours une poésie enfantine de *Knaben Wunderhorn*. Son amour pour les enfants – ces êtres uniques, aimés par lui – a trouvé son expression déchirante dans les *Kindertotenlieder*. S'il s'agit d'un amour, on trouve dans sa musique toujours une note d'un romantisme forcé, *la* passion n'y existe pas. Où en prendrait-il, lui – l'homme vieux et fatigué? Ainsi le contenu purement musical de son œuvre n'est pas proprement dit trop intéressant. Il est trop vieux pour créer, dans le sens propre du mot – il n'a pas de joie. Mais son cœur est devenu trop tendre, trop aimant, trop plein de senti-ment – son intelligence trop vive et trop habile pour qu'il ne parvienne pas à trouver l'expression. Ainsi c'est avec une peine mortelle, avec une sueur au front qu'il compose ses œuvres gigantesques. Et on les écoute avec des larmes aux yeux en ressentant cette peine atroce d'une âme si jeune et si vieille en même temps, cet effort vers le sublime. On oublie presque la musique – et on aime l'homme si grand et noble et si infiniment triste. Dans une de ses symphonies (la 3ème) il a pris pour texte le chant de Zarathoustra *O Mensch gib acht*! L'expression qu'il a donné dans son interprétation de cet hymne le plus orgueilleux, le plus passionné que n'a jamais créé un homme, est remarquable, ca-ractéristique. Point de joie délirante qu'on ressent habituellement dans ce chant. Chez Mahler c'est plutôt une voix angélique qui si loin de là, au milieu d'un profond silence promet à tous les malheureux de profondes et douces joies mystiques – des joies d'au-delà. Mahler a un profond pouvoir de suggérer l'essence spirituelle de son être dans le sens le plus large et profond. De là cette grande émotion [...] – qui n'est que rarement cause par les beautés purement musicales – ce qui est souvent le cas même chez Wagner, et presque toujours chez Strauss. C'est ce qu'il y a de commun en lui avec Beethoven quoique celui-ci nous parlait de choses bien différentes. Il faut tâcher toujours d'obtenir l'impossible, le possible étant dépourvu de tout l'intérêt. L'homme créateur connaît sou-vent si peu toutes les facultés de son être, toutes les possibilités de son esprit que parfois la grandeur inattendue de son œuvre le stupéfie et l'effraie. C'est comme un éclair qui pendant la nuit nous fait voir pour un moment un abîme sans fond. Je ne prétends pas que la création dans l'art soit un acte inconscient une inspiration de beau génie, mais l'imagination la plus vive, l'esprit le plus ingénieux, en combinant savamment les détails, en prévoyant les horizons les plus larges de l'œuvre prochaine, ne peut pourtant pas se représenter en toute ampleur l'effet intégral. Aussi Beethoven, s'il eût pu entendre sa IX Symphonie, serait peut-être tombé malade d'effroi."[25]

Mit der Judenthematik beschäftigte sich Szymanowski als Bewohner einer Region der Ukraine, deren Bevölkerung damals zu 60% jüdisch war, zwangsläufig.[26] Er war Zeuge der blutigen Verfolgungen in den Jahren 1905–06. Kurz vor und wäh-rend der Oktoberrevolution 1917 machte er sich die allgemein herrschenden Vor-urteile zu Eigen, die Juden hätten den Bolschewismus in die Welt gesetzt. In sei-nem Notizbuch von 1917–19 findet man Anmerkungen bezüglich der Bücher, die

25 Karol Szymanowski, *A musical Feuilleton*, in: Michałowski, *Pisma literackie*, S. 376.
26 Vgl. Teresa Chylińska, *Karol Szymanowski i jego epoka*, Band 1, Kraków 2008, S. 98.

zu lesen er sich vorgenommen hatte.[27] Nach Michałowskis Angaben muss Szymanowski neben anderen Schriften von Wagner auch dessen *Judenthum in der Musik* gekannt haben.[28] Szymanowski selbst arbeitete in den Jahren 1917–19 an seinem *Ephebos* und anderen polemischen Aufsätzen wie „Die Judenfrage". Darin vertritt er durchaus extreme Haltungen bezüglich der Kunst, ihres Ursprungs, der Religion, der Liebe, seiner eigenen Homosexualität und der Erotik. Seiner Meinung nach seien Juden nicht in der Lage, „echte" Kunst zu schaffen, da sie keinen freien Geist hätten. Da sie seit Jahrhunderten einem Gott dienten, dessen Geboten und Verboten sie sich unterordneten, seien sie seelisch versklavt und könnten daher weder tief empfundene Kunst noch Liebe entwickeln. Diese Äußerungen sowie weitere entsprechende Überzeugungen weisen auf eine judenfeindliche Haltung Szymanowskis hin.[29] Michałowski differenziert jedoch zweierlei Haltungen Szymanowskis gegenüber den Juden, eine politische und eine persönlich-künstlerische.[30] In die zweite Kategorie fallen respektvolle Äußerungen Szymanowskis über Mahler und seine zahlreichen Freundschaften mit jüdischen Künstlern wie Paweł Kochański, Grzegorz Fitelberg und Arthur Rubinstein.[31] Wie auch immer man diese Unterscheidungen im Einzelnen bewerten mag, so zeigt sich zweifellos, dass die problematische Haltung Szymanowskis zum Judentum in der Forschung nicht länger ignoriert werden darf.

27 Antoni Marylski *Dzieje sprawy żydowskiej w Polsce (Geschichte der Juden in Polen)*; Heinrich Graetz *Geschichte der Juden von den ältesten Zeiten bis auf die Gegenwart*; Ernest Renan, *Qu'est-ce qu'une nation?* Vgl. Michałowski, *Pisma literackie*, Kraków 1989, S. 229.

28 Ebd. Wagners *Die Kunst und die Revolution* sowie *Das Judentum in der Musik* wurden ins Polnische übersetzt und sind kurz vor dem Ersten Weltkrieg erschienen.

29 Vgl. Szymanowski, *Efebos* S.152, 158–161, *Plewy* S. 192–199, *Polska szlachecka kultura XVI W.* S. 205, *Kwestia żydowska* S. 226–240 sowie *Les juifs instruits*, S. 376f., in: Michałowski, *Pisma literackie*, Kraków 1989.

30 Ebd. S. 226

31 In einem Artikel vom 8.Oktober 1924 äußert Szymanowski anlässlich des ersten Auftrittes von Rubinstein Toleranz gegenüber Menschen jüdischer Abstammung und eine Neutralität bezüglich der Herkunft des Künstlers. Ebd. S.126

ÜBER SCHOSTAKOWITSCHS
WAHLVERWANDTSCHAFT MIT MAHLER

Johannes Schild

Historisches

Die erste russische Aufführung einer Mahler-Symphonie fand 1906 in St. Petersburg statt, dem Ort, an welchem im selben Jahr Dmitri Schostakowitsch zur Welt kam[1] – ein Zusammentreffen, das nicht ohne Symbolkraft ist, gilt Schostakowitsch doch heute neben den Komponisten des Schönbergkreises als zentrale Figur einer Mahler-Nachfolge im 20. Jahrhundert.

Im Unterschied zu den Komponisten der Wiener Schule entfaltete sich Schostakowitschs künstlerischer Werdegang ganz außerhalb der unmittelbaren Ausstrahlung Gustav Mahlers, in einer Zeit zudem, in der Mahler zwar als Epoche machender Dirigent, durchaus aber noch nicht als Komponist eine angemessene Würdigung erfuhr. Russland machte hier keine Ausnahme; im Gegenteil, wo man etwas von Mahlers Musik gehört hatte, überwogen die Ressentiments – und dies in teils paradoxer Weise: Galten Mahlers Symphonien in den Petersburger Kreisen um Rimski-Korsakow (dessen ,Enkelschüler' Schostakowitsch war)[2] als „untalentiert" und plump orchestriert und damit der klassischen symphonischen Tradition unwürdig,[3] so war im nachrevolutionären Russland dieselbe Musik unannehmbar, gerade *weil* man sie nun der bürgerlich-westlichen Symphonik zurechnete.[4] Schostakowitsch fand vor diesem Hintergrund auffallend spät zu Mahler, zu

---

1   Oskar Fried dirigierte am 10. November 1906 in St. Petersburg Mahlers Zweite Symphonie. Vgl. Wolfgang Schreiber, *Gustav Mahler mit Selbstzeugnissen und Bilddokumenten dargestellt,* Reinbek 1971, S. 9.

2   Schostakowitschs Mentor Alexander Glasunow und sein Kompositionslehrer Maximilian Steinberg waren Schüler Rimski-Korsakows.

3   Yastrebtsev überliefert ein Gespräch mit Rimski-Korsakow vom 31. Oktober 1907 (julianischer Kalender), kurz nach der von Mahler geleiteten Petersburger Aufführung der Fünften Symphonie: „A conversation arose about Mahler and his (ungifted and) tasteless symphony with its extremely coarse and cumbersome orchestration." Rimski wörtlich: „It's sort of a pretentious improvisation on paper, in which the composer himself doesn't know what his next measure will be. [...] In truth, he's a house painter [wörtl.: маляр = *Anstreicher*, hier wohl im Sinne von ,Schmierfink', ,Kritzler' o.ä.]. Far worse than Richard Strauss." Anm.: Yastrebtsev verwechselt in seinen Erinnerungen die Petersburger Aufführungen von Mahlers Zweiter und Fünfter Symphonie (vgl. Vassily Vassiliévitch Yastriebtsev, *Reminiscences of Rimsky-Korsakov,* New York 1985, S. 418f., S. 533 Anm. 26 und 31, S. 394, S. 530 Anm. 53).

4   Dies galt gleichermaßen für den sog. „Proletkult" – ab 1923 organisiert in der RAPM (Russische Assoziation Proletarischer Musiker) – wie für die avantgardistische ASM (Assoziation

Beginn der 30er Jahre erst[5] – Hauptwerke dieser Zeit sind die Oper *Lady Macbeth von Mzensk* (1930–32) und die Vierte Symphonie (1935/36).[6] Auslöser war wohl die ab 1927 bestehende Freundschaft des Komponisten mit dem russischen Theaterwissenschaftler und Universalgelehrten Iwan Sollertinski (1902–1944), einem ausgewiesenen Experten in Sachen Mahler. Als Referent und später künstlerischer Leiter der Leningrader Philharmonie zeichnete Sollertinski in den 30er Jahren für eine Dekade blühender Mahlerpflege in Leningrad verantwortlich,[7] und auch die 1932 erschienene erste russische Mahler-Monographie stammt aus seiner Feder.[8] Es gilt als sicher, dass Sollertinski das Mahlerbild Schostakowitschs seinerzeit genuin mitformte, und rückblickend ist kaum zu übersehen, dass wesentliche ästhetische Grundzüge von Schostakowitschs späterem symphonischen Schaffen in Sollertinskis Mahler-Essay von 1932 gewissermaßen antizipiert sind.

Sollertinski ging es um eine „heroische" Symphonik in der Tradition Beethovens, und Mahler galt ihm offenbar in neuerer Zeit als der einzige Komponist, der sich diesem Geist noch verpflichtet fühlte; die, so wörtlich, „in ihren Stuben hockenden späten Romantiker"[9] mit ihrer „Beschaulichkeit und Passivität"[10] kamen dafür augenscheinlich nicht in Frage. In Schostakowitsch sah Sollertinski wohl endlich einen neuen Bannerträger dieses Ideals aufsteigen, und die in den Folgejahren uraufgeführten Symphonien Fünf bis Sieben des Freundes schienen seine Erwartungen eindrucksvoll zu bestätigen. Schon 1941 – ein knappes Jahrzehnt

Zeitgenössischer Musiker). Vgl. Michael Koball, *Pathos und Groteske. Die deutsche Tradition im symphonischen Schaffen von Dmitri Schostakowitsch*, Berlin 1997, S. 51ff.

5   Die Erste Symphonie reflektiert noch den Petersburger Konservatoriumsstil, die einsätzigen Symphonien Zwei und Drei hingegen die kulturpolitischen Wirren ihrer Entstehungszeit, in der die russische Musik im Geiste der konträren Ideologien von ASM und RAPM, (s. vorige Anm.) vom klassischen Erbe loszukommen suchte. Schostakowitschs Zweite Symphonie op. 14 „*An den Oktober"* wurde einmal ein „ASM-Stück mit einem RAPM-Finale" genannt (vgl. Koball, *Pathos*, S. 74); zu den verschiedenen Phasen der Umorientierung von der „schmerzhafte[n] Entwöhnung vom Traditionalismus des Konservatoriums" bis zur ‚mahlerischen' Vierten Symphonie siehe: Edmund Stetina, *Die vierte Symphonie von Dmitrij Šostakovič – Ein zurückbehaltenes Bekenntnis*, Aachen 1997, S. 85f.

6   Koball sieht in der Nr. 9, *Adagio*, aus dem Ballett „*Das Goldene Zeitalter"* op. 22 (1929) eines der frühesten Beispiele des Mahler-Einflusses in Schostakowitschs Komposition (vgl. Koball, *Pathos*, S. 87).

7   Mit Ausnahme der Sechsten und Achten Symphonie wurden sämtliche Mahler-Symphonien und das *Lied von der Erde* zum Teil mehrmals aufgeführt (Iwan Sollertinski, *Gustav Mahler – Der Schrei ins Leere*, aus dem Russischen übersetzt von Reimar Westendorf, hrsg. und mit einem Originalbeitrag versehen von Günter Wolter, Berlin 1996, S. 14); abweichend erklärt Druskin, es seien „mehrmals alle Sinfonien von Mahler, ausgenommen die 6. und 7." aufgeführt worden (Michail Druskin, *Die deutsche Tradition in der Sinfonik von Schostakowitsch*. In: *Bericht über das Internationale Dmitri-Schostakowitsch-Symposion Köln 1985*. Regensburg 1986, S. 294); dies stimmt mit Feuchtners Angabe überein, nach der die sowjetische Erstaufführung von Mahlers Siebter Symphonie erst in den 60er Jahren stattgefunden habe (Bernd Feuchtner, *Dmitri Schostakowitsch. Und Kunst geknebelt von der groben Macht. Künstlerische Identität und staatliche Repression*, Kassel 2002, S. 95).

8   Sollertinski, *Gustav Mahler*.

9   Ebd., S. 44.

10   Ebd., S. 45.

nach seiner Mahler-Schrift – prophezeite Sollertinski ganz unumwunden die kommende Weltgeltung der „jungen sowjetischen Sinfonik" und schrieb:

„Die Geschichte der sinfonischen Weltkultur ist in jenes Stadium ihrer Entwicklung eingetreten, wo die führende Rolle an die junge sowjetische Sinfonik übergeht. Ihr fällt es jetzt zu, jene bewegenden Probleme anzupacken und zu lösen, die bei vielen namhaften Vertretern sowohl der westeuropäischen als auch der russischen Sinfonik des 19. und beginnenden 20. Jahrhunderts bedauerlicherweise unbewältigt blieben."[11]

Die Tatsache, dass Schostakowitsch nach seiner experimentellen Dritten (1929) rund sechs Jahre lang keine neue Symphonie herausbrachte, ist vielleicht weniger der zwischenzeitlichen Entstehung seiner Oper *Lady Macbeth von Mzensk* zuzuschreiben, als viel mehr dem Umstand, dass er sich in diesen Jahren intensiver Mahlerstudien als Symphoniker gewissermaßen neu erfinden musste. Als sein „kompositorisches Credo"[12] kündigte er schließlich die im Jahr 1935 in Angriff genommene Vierte Symphonie an,[13] und bezeichnenderweise blieb die Vierte bis heute diejenige unter den fünfzehn Schostakowitsch-Symphonien, welcher die vielleicht auffallendste Mahler-Affinität nachgesagt wird.[14] Musikalische Bezüge zu Mahler manifestieren sich hier nicht nur in Gestalt konkreter oder idiomatischer Übernahmen, wie in der „Lindenbaum-Episode" des ersten[15] oder dem ‚verstimmten' Trauermarsch zu Beginn des dritten Satzes,[16] sondern ebenso in etlichen Form- und Instrumentationsdetails.[17] Nicht zuletzt ist die Mahler-Nähe des Werkes aber auch

11 Iwan Sollertinski, *Historische Typen der sinfonischen Dramaturgie (1941),* in: ders., *Von Mozart bis Schostakowitsch,* Übersetzung von Christof Rüger, hrsg. von Michail Druskin, Leipzig 1979, S. 267–280, hier S. 267.

12 In einer autobiographischen Skizze von 1935 schrieb Schostakowitsch: „Gegenwärtig stehe ich unmittelbar vor dem Beginn der Niederschrift der 4. Sinfonie, die eine Art Credo meiner kompositorischen Tätigkeit sein wird" (Dmitri Schostakowitsch, *Mein Schaffensweg (1935),* in: ders.: *Erfahrungen,* aus d. Russischen übers. v. Christoph Hellmundt, hrsg. v. Christoph Hellmundt und Krzysztof Meyer, Leipzig 1983, S. 18f.).

13 Nach jahrelangen Vorstudien, Skizzen und Fehlversuchen begann am 13. September 1935 die Niederschrift der endgültigen Fassung der Vierten Symphonie (vgl. Stetina, *Die vierte Symphonie,* S. 94–120).

14 Unmittelbar vor der Komposition der Vierten Symphonie, so heißt es, „studierte er gründlich Mahlers Dritte, aus der er [...] sogar exzerpierte" (zit. n. Andreas Liebert, *Anmerkungen und Ergebnisse zum Verhältnis Mahler-Šostakovič,* in: *Theorie der Musik: Analyse und Deutung,* hrsg. von Constantin Floros et al., Laaber 1995, S. 223–252, hier 223).

15 Dorothea Redepenning, *Mahler und Schostakowitsch,* in: *Das Gustav-Mahler-Fest Hamburg 1989; Bericht über den Internationalen Gustav-Mahler-Kongress,* ed. Matthias T. Vogt, Kassel 1991, S. 345–362, hier S. 352ff..

16 Vorbild ist der dritte Satz aus Mahlers Erster Symphonie, wobei Schostakowitsch den Wechselbass der Pauken zum Tritonus ‚verstimmt'.

17 Redepenning weist darauf hin, dass die Orchesterbesetzung, „mit acht Hörnern, Glocken, Xylophon, Celesta [...] die Besetzungsbesonderheiten von Mahlers Sechster Symphonie aufweist"; „die solistische Verwendung der acht Hörner im Unisono" gehe offenbar „auf die gezielte Beschäftigung mit Mahlers Dritter Symphonie" zurück (vgl. Redepenning, *Mahler und Schostakowitsch,* S. 352); zu Mahlers Bedeutung für Schostakowitschs Vierte Symphonie siehe auch: Krzysztof Meyer, *Mahler und Schostakowitsch,* in: Otto Kolleritsch (Hrsg.), *Gustav Mahler, Sinfonie und Wirklichkeit,* Graz 1977, S. 118–132, hier S. 124ff.

eine inhaltliche: In seiner Vierten verwarf Schostakowitsch die staatstragenden re-
volutionsverherrlichenden Sujets der Zweiten und Dritten Symphonie zugunsten
eines mehr *subjektiven* philosophischen Gehaltes: „Das ‚Mahlerischste' in der tiefsten Bedeutung des Wortes", schreibt Marina Sabinina, sei hier Schostakowitschs
„Annäherung an das Problem ‚das Individuum und die Umwelt', seine Versuche,
im vollen Umfang die Gegensätze des Lebens darzustellen, die ihn quälen."[18]

Dass sich auch in der wenige Jahre zuvor vollendeten Oper *Lady Macbeth von
Mzensk* bereits musikalische Bezugnahmen auf Mahler finden, wurde von Dorothea Redepenning überzeugend nachgewiesen.[19] Indes erschöpft sich der Mahler-
Einfluss auch hier nicht im Musikalischen, sondern betrifft in diesem Fall sogar
die Gestaltung des Textbuches, welches Alexander Preis zusammen mit dem
Komponisten verfasste: Bekanntlich findet der dritte Akt der Oper keine unmittelbare Entsprechung in der zugrunde liegenden Erzählung Nikolai Leskows. Während bei Leskow die Protagonisten Katerina und Sergej bei ihrem dritten Mord,
jenem an Katerinas Neffen Fjodor, auf frischer Tat gestellt und nach Sibirien ver-
bannt werden,[20] fasste Schostakowitsch diesen zentralen Wendepunkt in der Oper
ganz neu. Der Mord an Fjodor wurde ersatzlos gestrichen, da ein Kindermord
nicht zur angestrebten Gestaltung Katerinas als einer positiven Figur passte.[21] Die
Aufdeckung der übrigen Morde hingegen platzt nun ins hierzu eigens in die Geschichte eingefügte Hochzeitsfest von Katerina und Sergej (6. und 8. Bild), welches – unterbrochen durch eine ebenfalls neu aufgenommene Szene auf der Poli-
zeistation (7. Bild) – den gesamten dritten Akt umspannt.[22] Während die Szene
auf der Polizeiwache als direkte Übernahme aus der *Geschichte einer Stadt* des
Satirikers Michail Saltykow-Schtschedrin anzusehen ist,[23] dürfte das Motiv der
verunglückten Hochzeitsfeier direkt auf ein Werk Mahlers zurückgehen, nämlich
dessen frühe Kantate *Das klagende Lied*. Wie in der *Lady Macbeth* kommt auch
im *klagenden Lied* die grausige Wahrheit am Hochzeitstag als Licht – ausgelöst
hier durch das Lied der Knochenflöte, welches die Klage des gemeuchelten Bru-
ders des Bräutigams anstimmt und so letzteren als Mörder überführt.

Schostakowitschs erzwungener Verzicht auf die Uraufführung der Vierten
Symphonie steht in der Geschichtsschreibung meist im Schatten des vorangegan-
genen Verdikts gegen die *Lady Macbeth*; gleichwohl dürfte diese Erfahrung den
Künstler nicht minder einschneidend getroffen haben, schien doch nach dem O-

18 Zit. n. Stetina, *Die vierte Symphonie*, S. 101.
19 Vgl. Redepenning, *Mahler und Schostakowitsch*, S. 349f.
20 Vgl. Nikolai Lesskow, *Lady Macbeth aus Mzensk*, Deutsch von Johannes von Guenther,
    Hamburg und München 1961, S. 77ff.
21 Volkow zufolge erklärte Schostakowitsch: „Wer Katerina Lwowna kategorisch verurteilt, geht
    davon aus, daß, wer ein Verbrechen begangen hat, auch schuldig ist. Das ist die allgemeine
    Meinung. Für mich aber ist die Person das wichtigste. [...] Alles hängt von der Situation ab, vom
    Menschen. Es ist durchaus eine Wendung möglich, bei der der Mörder nicht der Schuldige ist"
    (zit. nach Sigrid Neef, *Das jüdische Element in Schostakowitschs Opern*, in: *Dmitri Schostako-
    witsch und das jüdische musikalische Erbe*, Berlin 2001, S. 200–228, hier: S.223).
22 Vgl. Martina Fuchs, *„Ledi Makbet Mcenskogo uezda", Vergleichende Analyse der Erzählung
    N.S. Leskovs und der gleichnamigen Oper D.D. Šostakovičs*, Heidelberg 1992, S. 89ff.
23 Vgl. Sigrid Neef, *Die Opern Dmitri Schostakowitschs*, Berlin 2010, S. 92.

pernkomponisten nun auch der Symphoniker Schostakowitsch bis auf weiteres erledigt. Aus den Zeitdokumenten geht hervor, dass es nicht zuletzt die Mahler-Nähe der Vierten war, welche seinerzeit die Ordnungshüter der Kulturbürokratie auf den Plan rief. Ganz offen ist hier von einer „falschen Orientierung" Schostakowitschs „durch Kritiker wie Sollertinski" die Rede: Sollertinski, hieß es, sei von einer Art „Mahlaria" befallen und habe sich gar zu der unerhörten Forderung verstiegen, alle sollten von Mahler lernen.[24] Noch in der zweiten großen Maßregelung Schostakowitschs im Jahr 1948 spielte der Name Mahler eine prominente Rolle. In der Stellungnahme der linientreuen Kommission Musikwissenschaft des Komponistenverbandes heißt es hier über Schostakowitschs kompositorische Entwicklung:

> „Die stärksten Einflüsse, für die er sich empfänglich gezeigt hatte, waren mit der Hysterie des Expressionismus, dem schreienden Pessimismus der späten Sinfonien Gustav Mahlers und den dekadenten neobarocken Stilisierungen Strawinskys [...] verknüpft. Es bleibt völlig unbegreiflich, wie sich ein sowjetischer Künstler unserer Zeit für diese modernistischen, unserer Ästhetik so völlig fremden Richtungen begeistern konnte."[25]

Die öffentliche Selbstkritik, zu der sich der Komponist ab Mitte der 30er Jahre wiederholt genötigt sah, richtete sich so fast zwangsläufig auch gegen die Vierte Symphonie. Wenngleich Schostakowitsch das Werk aber als misslungen und an „Grandiosomanie" leidend abtat,[26] scheint es doch, als habe er insgeheim dieser ‚mahlerischsten' seiner Symphonien stets die Treue gehalten. Als das unterdrückte Werk 1961 schließlich zur Uraufführung kam – acht weitere Symphonien lagen schon vor – bekannte er im privaten Gespräch: „Mir scheint, daß die Vierte in vielerlei Hinsicht meine letzten Symphonien übertrifft."[27]

Ästhetische Verbindungslinien

Die historischen Fakten legen nahe, auch inhaltlich den Zugang zu Schostakowitschs Mahler-Affinität zunächst über Sollertinskis Mahler-Exegese zu suchen: Mahlers Symphonien, so erklärte Sollertinski, schlössen zwar unmittelbar an den großen ‚heroischen Entwurf' Beethovens an; gleichwohl bleibe Mahler als Künstler in seiner Zeit eine tragische Figur, da, so wörtlich, „die Schaffung einer heroischen Symphonik in der von heroischem Sauerstoff absolut leeren europäischen Atmosphäre des verfaulenden Kapitalismus – eine unmögliche Sache war."[28] Insgesamt verstand Sollertinski die Entwicklung der Orchestermusik des 19. Jahr-

---

24 Vgl. Ernst Kuhn (Hrsg.), *Volksfeind Dmitri Schostakowitsch*, Berlin 1997, S. 54.

25 Vgl. Kuhn (Hrsg.), *Volksfeind*, S. 115.

26 Vgl. Dmitri Schostakowitsch, *Gedanken über den zurückgelegten Weg (1956)*, in: ders.: *Erfahrungen*, aus dem Russischen übersetzt von Christoph Hellmundt, hrsg. von Christoph Hellmundt und Krzysztof Meyer, Leipzig 1983, S. 20–30, hier S. 28.

27 Vgl. Dmitri Schostakowitsch, *Chaos statt Musik? Briefe an einen Freund*, hrsg. und kommentiert von Isaak D. Glikman; aus dem Russischen von Thomas Klein und Reimar Westendorf; deutsche Ausgabe hrsg. von Reimar Westendorf, Berlin 1995, S. 17.

28 Sollertinski, *Gustav Mahler*, S. 12.

hunderts als „eine Geschichte der Versandung, der Austrocknung der Beethovenschen Symphonietradition", wobei sich mehr noch als die Programmmusik die
sogenannte absolute Musik von einer echten Beethoven-Nachfolge entfernt habe:
Bruckner etwa pflege einen „romantischen Pantheismus und beschaulichen Kult
der Natur", Schumann und teilweise Mendelssohn „einen verträumten Individua-
lismus in kammermusikalischer Konzeption". „Philosophisch komplizierter"
nehme sich einzig die Symphonik von Brahms aus, doch selbst „der Heroismus
und die Tragik von Brahms" trügen „eher individualistischen Charakter".[29] Kurz-
um, vor dem Anspruch des „simfonizm", jener spezifisch russischen Kategorie,
welche in den Strukturen symphonischer Musik stets auch die Widerspiegelung
eines gewissen weltanschaulichen Überbaus fordert, konnte im Anschluss an
Beethoven nur Mahler bestehen.[30] Während aber Beethoven als Wortführer der
Ideen der Französischen Revolution einen Ehrenplatz im Geschichtsbild des revolutionären Russland beanspruchen konnte,[31] haftete an Mahlers Symphonik der
Makel von Vergeblichkeit und fruchtloser Utopie; sie bleibe, so Sollertinski wörtlich, ein „Schrei ins Leere".

Angesichts manch irritierender soziologisierender Vereinfachung, die Sollertinski hier vornimmt, ist zu bedenken, dass die ‚proletarische' Vereinnahmung des
musikalischen Erbes zur Zeit der Niederschrift seiner Mahler-Studie in vollem
Gange war.[32] Manches entspringt somit wohl unvermeidlicher Konzession an den
Zeitgeist. Die pauschale Diskreditierung romantischer Symphonik als eine Art
biedermeierliche Schwundstufe Beethovenschen Heroentums zeigt sich jedenfalls
in Sollertinskis späteren Schriften deutlich relativiert: Der 1941 erschienene Essay
„Historische Typen der sinfonischen Dramaturgie" spricht ausdrücklich nur noch
von unterschiedlichen „Spielarten" von Symphonik und betont, dass die romantische Symphonik „keineswegs ‚Schmälerung', ‚Zerfall', ‚Verarmung' und ‚Zersetzung' des Beethovenschen Typus" bedeute;[33] Beethoven vertrete den Typus einer
„polypersonalen [...] *Shakespeare*-Sinfonik", heißt es nun, die Romantiker hingegen den einer *lyrischen* oder *monologischen* [...] *Byron*-Sinfonik". Der Komponist
der klassischen ‚Spielart', so Sollertinski, vermeide es, irgendeine Gestalt in seiner Musik „zum Sprachrohr seines ‚Ichs'" zu machen,[34] während bei der romantischen Spielart „der gesamte reale Prozeß des Kampfes zwischen den Ideen und
Personen [...] durch das Prisma des zutiefst individuellen Schöpfer-Ichs gebrochen

---

29 Ebd., S. 10f.
30 Der von Assafjew 1918 geprägte Begriff Simfonizm („Symphonismus") stellt ein gleichermaßen
    formal- wie inhaltsästhetisches Postulat auf und wird als „das künstlerische Prinzip der philoso-
    phisch verallgemeinernden, dialektischen Darstellung des Lebens in der musikalischen Kunst",
    z.T. aber auch einfach nur als „dramatische Musik" definiert (zit. n. Dorothea Redepennning, *Was
    wäre die sowjetische Symphonik ohne Gustav Mahler?* in: *Nachrichten zur Mahler-Forschung* 56,
    Herbst 2007, S.1–13, hier S. 4, bzw. Sollertinski, *Gustav Mahler*, Anm. 2, S. 9f.).
31 Vgl. Andreas Wehrmeyer / Elena Poldiaeva, *Bach in Russland,* in: Michael Heinemann /
    Hans-Joachim Hinrichsen (Hrsg.), *Bach und die Nachwelt*, Bd. 3, Laaber 2000, S. 157–205,
    hier S. 189.
32 Vgl. Günter Wolter, *„Balladen des Unterliegens". Zu einer „linken" Mahler-Interpretation,*
    in: Sollertinski, *Gustav Mahler*, S. 80–98, hier S. 82ff.
33 Sollertinski, *Historische Typen*, S. 272.
34 Ebd., S. 270f.

und einzig durch die Stimme des Autors vorgetragen" scheine. Die Musik verwandle sich hier „in eine Reihung leidenschaftlicher persönlicher Äußerungen, in die Seiten eines imaginären Tagebuchs, in eine flammende und zuweilen quälende Beichte."[35] Es steht zu vermuten, dass das wachsende Œuvre Schostakowitschs nicht ohne Einfluss auf die veränderte Sicht in Sollertinskis später Schrift war; insbesondere die inzwischen entstandenen Symphonien Vier bis Sechs boten reichlich Anhaltspunkte für einen – zumindest nach Sollertinskis Maßstäben – durchaus unbeethovenschen, weil gewissermaßen ‚autodiegetischen' Grundzug dieser Musik.[36] Namentlich erwähnt wird Schostakowitsch freilich auch jetzt nur am Rande, da der Autor ja explizit nur *historische* Typen von Symphonik abgehandelt wissen will. Wo am Ende wohl das Werk Schostakowitschs in seiner griffigen Typologie einen Platz gefunden hätte, bleibt damit offen.

Das ‚Markenzeichen' Schostakowitschs in einigen seiner Hauptwerke ist ja eine Dramaturgie, bei der das „symphonische Ich"[37] in eigentümlicher Weise mit dem ‚Schöpfer-Ich' in eins gesetzt scheint.[38] Als ein Beispiel mag hier Schostakowitschs Fünfte Symphonie dienen: Im Thementableau ihres Kopfsatzes spricht vieles dafür, das klagende, gleichsam niedergedrückte „supermollare" Hauptthema[39] als leidendes Subjekt, also eine Art personifiziertes ‚symphonisches Ich' wahrzunehmen – seine groteske Karikierung und Entstellung in der Durchführung mithin als das makabre *‚Werden der Persönlichkeit'*, als das der Komponist die Symphonie in einem Zeitungsartikel Anfang 1938 deklarierte.[40]

Notenbeispiel 1: Schostakowitsch, Fünfte Symphonie, 1. Satz Hauptthema (Exposition), T. 6ff.

35 Ebd., S. 272.
36 „Autodiegetisch" meint das Vorhandensein eines Ich-Erzählers, der zugleich Protagonist seiner Erzählung ist (vgl. Gérard Genette, *Die Erzählung*, Übers. v. Andreas Knopp, mit einem Nachwort hrsg. von Jochen Vogt, 2. Auflage, München 1998, S. 176).
37 Vgl. Martin Geck, *Von Beethoven bis Mahler: Die Musik des deutschen Idealismus,* Stuttgart und Weimar 1993, S. 375.
38 Koball nennt es „ein oft autobiographisch gefärbtes *symphonisches Ich*, das im Blick auf seine spezifische sowjetische Wirklichkeit [...] vom Durchleiden der eigenen Situation kündet." Vgl. Koball, *Pathos*, S. 23.
39 Zum Terminus ‚supermollar' vgl. Anm. 45. – Mit „Hauptthema" ist das Thema in T. 6ff. gemeint. Der Kopfsatz der Fünften Symphonie baut ‚klassisch' auf zwei Themen auf – mit einem zusätzlichen Einleitungs- oder Mottogedanken. Vgl. ähnliche Lösungen bei Schubert („Unvollendete" Symphonie D 759 und Sonate a-Moll D 845) und Bartók (Sonate für zwei Klaviere und Schlagzeug).
40 Schostakowitschs offizielle Erklärungen zu neuen Werken, dienten in den 30er und 40er Jahren oft dazu, Regimetreue zu dokumentieren; so auch im Januar 1938 in dem Artikel *Meine schöpferische Antwort* in einer Moskauer Zeitung: „Thema meiner Sinfonie", erläutert der Komponist, „ist das Werden der Persönlichkeit. In diesem durchgehend lyrischen Werk will ich den Menschen mit all seinem Erleben zeigen." Ironischerweise beschreibt dies den Inhalt des in existentieller Not geschriebenen Werkes durchaus treffend (zit. n. Krzysztof Meyer, *Dmitri Schostakowitsch*, Leipzig 1980, S. 99f.).

Als Dramatis persona ist dieses ‚symphonische Ich' nun eingespannt zwischen zwei weiteren charakteristischen Subjekten: Zunächst erscheint das scharf punktierte Mottothema (T. 1ff.). Es steht beim ersten Auftreten im strengen zweistimmigen Kanon und ist damit gemäß einer Jahrhunderte alten Tradition als ein musikalisches Symbol für Gesetz und Gehorsam kodiert – im konkreten Fall wohl als Sinnbild des unerbittlichen Staats- und Machtapparates (Notenbeispiel 2); zweistimmige Kanons mit diesem Symbolgehalt finden sich u. a. in Bachs *Johannespassion* zu Beginn des Chores der Hohenpriester *„Wir haben ein Gesetz, und nach dem Gesetz soll er sterben"* oder auch in der zweiten Szene von Wagners *Rheingold* bei Fasolts an Wotan gerichteter Mahnung zur Vertragstreue: *„Weißt du nicht offen, ehrlich und frei Verträgen zu wahren die Treu!"*

Notenbeispiel 2a: Johann Sebastian Bach *Johannespassion*, Teil 2, Chor „Wir haben ein Gesetz"[41]

Notenbeispiel 2b: Richard Wagner, *Das Rheingold*, 2. Szene[42]

Notenbeispiel 2c: Schostakowitsch, Fünfte Symphonie, 1. Satz, Mottothema (Exposition), T. 1ff.

Auf der anderen Seite steht das lyrische Liebesthema des Seitensatzes; es wird – wie Notenbeispiel 8 illustrieren wird – im Laufe des Satzes die Kanonführung des

41   Ausgabe VEB Deutscher Verlag für Musik Leipzig, DVfM 3093.
42   Klavierauszug von Felix Mottl, © 1914 by Edition Peters Leipzig, Nr. 3403, S. 83.

Mottothemas übernehmen und so gewissermaßen einen Burgfrieden mit dem Gesetz schließen, um dem ‚symphonischen Ich' das Weiterleben zu ermöglichen.

In der Rezeptionsgeschichte der in existentieller Bedrohung entstandenen Fünften Symphonie dominiert traditionell eine autobiographische Lesart, und es liegt nahe, dass ‚symphonisches Ich' und die Person des Autors hier kaum zu trennen sind. Von Anbeginn galt diese Symphonie als das Werk, mit dem der schwer bedrängte Komponist sozusagen um sein Leben schrieb, und man suchte jenseits der offiziellen Deutung des Stückes zuallererst die Widerspiegelung dieses persönlichen Dramas darin zu erkennen. So schien es, als spreche aus dieser Musik unmittelbar das terrorisierte und drangsalierte Subjekt; andererseits leistete sie allerdings auch jene „erschütternde Verallgemeinerung [...] der Gefühle" (Sollertinski)[43], die von einem symphonischen Werk erwartet werden konnte, denn Schostakowitschs Schicksal deckte sich mit dem unzähliger seiner Landsleute in diesen Jahren. Die Fünfte Symphonie kündete, so formulierte eine Zeugin der Premiere von 1937, „geschrieben mit dem Herzblut eines Zeitgenossen, vom Leiden Rußlands."[44]

Das Weiterleben des ‚symphonischen Ichs', um die kurze Themenanalyse abzuschließen, geht in der Reprise mit einer Inversion des Hauptthemas einher: Der Klagegestus des Originals und seiner bizarren Karikaturen in der Durchführung verwandelt sich in ein zaghaft tastendes Aufrichten der geschundenen Gestalt (Notenbeispiel 3). Dabei kann – auf tonsymbolische Weise – nun tatsächlich Schostakowitsch als Protagonist dieser Musik dechiffriert werden: Die Umkehrung des vormaligen Lamento-Themas geschieht nämlich nicht wortwörtlich; vielmehr transformiert sie die ursprüngliche Struktur in zwei identisch aufgebaute symmetrische „Terztetrachorde"[45], deren oberes sich exakt mit dem Tonvorrat von Schostakowitschs einschlägig bekanntem Initialenmotiv D-Es-C-H deckt. Am vorläufigen Endpunkt dieses ‚Werdens der Persönlichkeit' enthüllt sich also das Antlitz des Protagonisten.

43 Iwan Sollertinski, *Die siebente Sinfonie von Dmitri Schostakowitsch (1942)*, in: ders., *Von Mozart bis Schostakowitsch*, aus dem Russischen, Übersetzung von Christof Rüger, hrsg. von Michail Druskin, Leipzig 1979, S. 263–264, hier S. 263.

44 Galina Wischnewskaja, *Galina. Erinnerungen einer Primadonna*, München 1993, S. 198.

45 Die Begriffe „supermollar" und „Terztetrachord" entstammen der Terminologie von Jurij N. Cholopow. Der Passage in Bsp. 3 liegt ein „supermollarer" Modus – e-Phryg. mit den für Schostakowitsch charakteristischen tiefalterierten Stufen verm. 4 und verm. 8 – zugrunde; die beiden Tonleiterhälften (Tetrachorde) haben jeweils den symmetrischen Aufbau 1-2-1, Rahmenintervall ist dadurch die verm. 4 (enh. gr. 3), deshalb „Terztetrachord (vgl. Jurij N. Cholopow, *Die musikalische Sprache Schostakowitschs im Kontext der Musikströmungen des 20. Jahrhunderts*, in: *Bericht über das Internationale Dmitri-Schostakowitsch-Symposion Köln 1985*, Regensburg 1986, S. 502–515, hier S. 506f.).

Notenbeispiel 3: Schostakowitsch, Fünfte Symphonie, 1. Satz

Dass Schostakowitsch in seiner zwei Jahre später geschriebenen Sechsten Symphonie in mokantem Tonfall auf diesen wohl ‚persönlichsten' Moment seiner Fünften anspielt (siehe Notenbeispiel 4),[46] bringt unmittelbar einen der zentralen Begriffe von Sollertinskis Mahler-Exegese zur Anschauung, nämlich den der „Groteske". Sollertinski definiert sie als eine Art „indirekte Lyrik" und zieht dabei in der bereits erwähnten Spätschrift selbst eine Verbindungslinie von Mahler zu Schostakowitsch, und zwar passender Weise zu dessen Sechster Symphonie.

Notenbeispiel 4: Schostakowitsch, Sechste Symphonie, 2. Satz, Seitenthema (Reprise), Ziffer 70

Bei Mahler, erklärt Sollertinski, erscheine neben der direkten lyrischen Äußerung (wie z.B. im Schlusssatz der Dritten oder dem Kopfsatz der Neunten Symphonie) eine „Methode der *indirekten* oder *exzentrischen Lyrik,* wo das Lyrische nicht ‚frontal' gegeben, sondern durch eine groteske Intonation maskiert" werde. Beispiele für eine solche indirekte Lyrik in Mahlers Symphonik seien unter anderem der „Totenmarsch in Callots Manier" aus der Ersten, das „lustig-predigende Scherzo" aus der Zweiten sowie Ländler und Burleske aus der Neunten Symphonie. „Lyrik durch Groteske verhüllt und über die Exzentrik vermittelt, tiefe Menschlichkeit unter der Schutzmaske der Narrheit – dies alles" so Sollertinski, mache „Mahler mit einem anderen großen Künstler des Westens verwandt – mit Charly Chaplin."[47]

Als Beispiel einer solchen „Chapliniade" in der Musik versteht Sollertinski auch die Sechste Symphonie von Schostakowitsch, ein dreisätziges Werk mit einem viel diskutierten, eigenartig disparaten Aufbau: Dem Kopfsatz, einem nobeltrauervollen Largo mit unverkennbarer Nähe zum *Abschied* aus Mahlers *Lied von*

---

46 Da in Bsp. 3 die Begleitung nicht wiedergegeben ist, sei darauf hingewiesen, dass die Begleitstruktur in Bsp. 4 – Bordunquinte e-h und abschließendes Absinken des Basses auf d – mit dem Beispiel aus der Fünften Symphonie übereinstimmt.

47 Sollertinski, *Historische Typen,* S. 275.

der Erde[48] sowie zu Bach,[49] folgen zwei scherzoartige schnelle Sätze – *Allegro* und *Presto* – symphonische Leichtgewichte sozusagen, in denen alles zuvor Gesagte wie im Handstreich annulliert und weggewischt scheint. Diese merkwürdige Struktur, so Sollertinski, werde erst verständlich, „wenn man ihre dramatische Grundkonzeption als Gegenüberstellung von philosophisch vertiefter ‚direkter Lyrik‘ (erster Satz) einerseits und ‚indirekter‘ Lyrik andererseits (die letzten beiden Sätze) auffaßt. Die gesamte Symphonie" sei so gesehen „verblüffend geschlossen [...] und durchweg lyrisch – vom ersten bis zum letzten Takt."[50]

Der in den Notenbeispielen 3 und 4 gezeigte Rekurs des ersten Scherzos von Schostakowitschs Sechster Symphonie auf den Kopfsatz seiner Fünften verkörpert also ebenfalls ein Umschlagen von direkter in indirekte Lyrik – hier sogar auf Grundlage ein und desselben Themas: Das ‚symphonische Ich‘, eben noch klagendes Opfer der Tyrannei, ist unversehens ins Clownskostüm geschlüpft.

Die Mahlersche Groteske, erklärt Sollertinski in seinem Essay von 1932, müsse eigentlich „richtiger ‚tragische Ironie‘ genannt werden, da das Tragische in ihr stets als eine verborgene oder offen hervortretende Begleitung erscheint." Sie habe nichts gemein mit dem „Grotesken" und der „Parodiehaftigkeit" bei Strawinsky, Prokofiew und anderen, welche demgegenüber nur eine Methode der „De-Sentimentalisierung und De-Emotionalisierung der Musik" sei – eine „geistreiche Spöttelei über die Schablonen der kleinbürgerlichen Alltagsmusik." Mahler hingegen sei „am allerwenigsten geneigt, die ‚Form‘ oder das ‚Genre‘ zu parodieren"; ihm gehe es um „das Vereiteln der Maske sentimentaler bürgerlicher Wohlgestimmtheit," um „die „Entlarvung der ‚Übel der Erde‘."[51] Solch expliziter Distanzierung von jeder oberflächlich spöttelnden Parodie begegnet man übrigens im Erscheinungsjahr von Sollertinskis Mahler-Schrift auch in einem Text von Schostakowitsch, nämlich seinen Erläuterungen anlässlich der Vollendung seiner Oper *Lady Macbeth*: Man könne die *Lady Macbeth* „eine tragisch-satirische Oper nennen", erklärt der Komponist und fährt fort: „Das Wort ‚satirisch‘ verstehe ich durchaus nicht im Sinne von ‚lächerlich, spöttisch‘. Im Gegenteil: in der ‚Lady Macbeth‘ habe ich mich bemüht, eine Oper zu schaffen, die eine entlarvende Satire ist, die Masken herunterreißt und dazu zwingt, die ganze schreckliche Willkür und das Beleidigende des Kaufmannsmilieus zu hassen."[52]

Iwan Sollertinskis Herkunft aus Literatur- und Theaterwissenschaften hat sich seinem Denken über Musik spürbar eingeschrieben. Insbesondere sein Konzept der „Groteske" bei Mahler dürfte genuin aus literaturhistorischem Kontext stammen und erst im Nachhinein musikspezifisch ausformuliert worden sein. So stand beispielsweise das Werk Gogols – lange vor Mahler – in einer Genre-Tradition

---

48   Vgl. David Fanning, *Warum ist Schostakowitschs Sechste Symphonie so schwer verständlich?* in: Hartmut Hein / Wolfram Steinbeck (Hrsg.), *Schostakowitsch und die Symphonie. Referate des Bonner Symposions 2004*, Frankfurt/Main 2007, S. 161–198, hier S. 178.

49   In T. 19f. erklingt das Thema von Bachs Orgelfuge f-Moll BWV 534, begleitet von einer Terzenfigur, die T. 55ff. aus Mahlers *Abschied* assoziiert.

50   Sollertinski, *Historische Typen*, S. 276.

51   Sollertinski, *Gustav Mahler*, S. 36f.

52   Dmitri Schostakowitsch, *Eine tragische Satire (1932)*, in: ders.: *Erfahrungen*, S. 42–43, hier S. 42f.

des Grotesken, die den Anschauungen Sollertinskis auffällig gleicht: „Gogol" so
heißt es in einer einschlägigen Darstellung, „zeigt den Widerspruch zwischen
Schein und Sein [...] auf, wodurch sich die Zusammenhänge und Proportionen
verzerren und der Mensch zu einer von Trieben und Ängsten hin und her gerisse-
nen Marionette wird. Dem entspricht stilistisch die Neigung zu Übersteigerung
und Kontrast, das Umschlagenlassen von Pathos in Banalität [...], sodass die
Wirklichkeit ins Fantastische und Groteske gesteigert wird. Darin erweist sich
Gogol als großer Humorist, dessen Humor sich jedoch zusehends verdüstert und
als ‚Lachen durch Tränen' moralisch aufrütteln will."[53] Neben Gogol fällt auch
dem bereits erwähnten Michail Saltykow-Schtschedrin (1826-1889) eine Schlüsselrolle zu, wenn es darum geht, das Moment der „Groteske" vor einem breiteren
Horizont zu betrachten. (Sowohl Gogol als auch Saltykow-Schtschedrin fanden
übrigens in Schostakowitsch einen begeisterten Leser, nicht zuletzt im Hinblick
auf seine Opernsujets[54]). Saltykow-Schtschedrin schuf als frühes Zensur-Opfer
sein Werk teilweise unter vergleichbaren Bedingungen wie später Schostakowitsch; so verfiel er darauf, seine Gesellschaftskritik in politisch-satirischen Märchen in „äsopischer Sprache", wie er es nannte, zu verbergen, im Stil der Fabeln
von Äsop also.[55] Dieses Unterlaufen der Zensur durch indirekt vorgebrachte An-
klage und Kritik ähnelt durchaus Schostakowitschs späterer Methode, und es
scheint folgerichtig, dass sich der Begriff der „äsopischen Sprache" inzwischen
auch in der Schostakowitsch-Forschung eingebürgert hat. Aufschlussreich ist es
auch hier, wieder Sollertinski zu Wort kommen zu lassen, von dem eine skizzen-
haft überlieferte Studie zu Saltykow-Schtschedrin vorliegt. Eine „Sklavenmanier"
nennt er dort die äsopische Sprache, ein Schaffen in „Geistige[r] Leibeigen-
schaft". Allerdings hebt er hier auch eine besondere ästhetische Qualität hervor;
den Philosophen Alexander Herzen zitierend erklärt er: „Diese Sprache ist leidenschaftlicher als eine direkte Darlegung. [...] Ein Gedanke, dem der Zaum angelegt
wurde, konzentriert mehr Sinn in sich – und das in größerer Schärfe."[56] Ungewiss
ist, wie intensiv Sollertinskis Kontakte zum russischen Literaturwissenschaftler
Michail Bachtin waren;[57] erkennbar ist jedenfalls, dass Bachtin, der sowohl über
Dostojewski, als auch über Gogol arbeitete, mit seinem Begriff des „Karneva-

---

53 *Brockhaus Enzyklopädie,* Bd. 7, Wiesbaden 1969, S. 438.

54 Die Libretti der *Nase* sowie des Opernfragments *Die Spieler* gehen auf Vorlagen Gogols
    zurück, das 7. Bild der *Lady Macbeth* auf Saltykow-Schtschedrin (vgl. Anm 23).

55 Vgl. D. S. Mirsky, *A history of Russian literature from its beginnings to 1900,* New York
    1958, reprinted 1999 Northwestern University Press Evanston, Illinois, S. 293; für den rus-
    sisch-amerikanischen Literaturwissenschaftler Lev Loseff ist die äsopische Sprache allgemein
    „ein Modus des Schreibens [...], der der Existenz der Zensur (und also außerliterarischen Fak-
    toren) entspringt"; die „ambivalente, äsopische Äußerung ersetze die direktere Kritik, die der
    Zensor gestrichen hat, und sichere durch ihre oft (im Bachtin'schen Sinne) karnevalesken
    Mittel, die das vom Staat Hochgehaltene verlachen, eine komische Katharsis beim Leser" (zit.
    n. Beate Müller, *Zensurforschung: Paradigmen, Konzepte, Theorien,* in: Ursula Rautenberg
    (Hrsg.), *Buchwissenschaft in Deutschland,* Berlin/New York 2010, S. 321–360, hier 344f.).

56 Iwan Sollertinski, *Thesen, Pläne, Notizen,* in: ders., *Von Mozart bis Schostakowitsch,* S. 281-
    304, hier S. 302.

57 Vgl. Pauline Fairclough, *Mahler Reconstructed: Sollertinsky and the Soviet Symphony.* in:
    The Musical Quarterly 85(2), Summer 2001, S. 367–390, Oxford 2001.

lesken" in der Literatur ein Pendant zu Sollertinskis Konzept der „Groteske" lieferte; insbesondere das für die Musik Mahlers wie Schostakowitschs so zentrale Moment des Vermengens des Hohen mit dem Niedrigen, des Geheiligten mit dem Profanen findet in Bachtin einen Kronzeugen.[58]

Die zweite zentrale Kategorie in Sollertinskis Mahler-Studien ist neben der „Groteske" die „Monumentalität", und auch diesen Begriff sucht er im Lichte landläufiger Missverständnisse zu schärfen: „Eine gängige Meinung", so der Autor, „schrieb Mahler das ‚Streben zum Kolossalen' zu. Mahler [...] operiere nur mit gigantischen Orchester- und Chormassen [...] und die ‚Jerichosche' Klanglichkeit seiner Kulminationspunkte wurde sprichwörtlich."[59] Zwei Dinge gibt Sollertinski hier zu bedenken: Zum einen habe niemand so sehr wie Mahler für Kammerorchesterbesetzungen geschrieben – eine Tatsache auf die der Komponist ja schon selbst gelegentlich hinwies[60] – zum anderen leiteten sich die gigantischen Massen nachgerade zwingend aus der Zwiespältigkeit und Widersprüchlichkeit der symphonischen Grundkonzeption Mahlers ab: „Mahler", so wörtlich, „ist ‚Prediger' in absoluter Leere" und „Indifferenz [...] Mitten auf dem ‚Jahrmarkt' beginnt [er] laut schreiend zu klagen. [...] Gerade durch diesen Schrei ins Leere (und nicht durch die imperialistisch-wagnerische Tradition)" seien letztlich „seine grandiosen Besetzungen bedingt."[61] Einmal mehr ist Sollertinskis Mahler-Studie an diesem Punkt geradewegs als Blaupause für Schostakowitschs künftige Symphonik zu lesen: Die „Jerichoschen" Kulminationspunkte – im Verbund mit ausgedehnten kammermusikalischen Passagen – sie sollten auch Kennzeichen für Schostakowitschs Orchesterstil werden, und sie sollten im übrigen auf ähnliches Unverständnis stoßen wie bei Mahler: Von der „etwas schwülstigen Erhabenheit" der Werke Schostakowitschs sprach etwa Yehudi Menuhin in diesem Zusammenhang und von „Effekte[n], die seine besten Stücke ruinieren."[62]

Auch in kompositionstechnischer Hinsicht antizipiert Sollertinskis Mahler-Analyse von 1932 zahlreiche Charakteristika von Schostakowitschs Schreibweise; dies zeigt sich namentlich in Besonderheiten der Orchestrierung. Mahlers ungewöhnlich lyrische, rezitativartige Behandlung der Posaunen, seine Verwendung der Harfe unter weitgehendem Verzicht auf die traditionellen Arpeggi, sein charakteristischer Gebrauch der Sologeige oder auch die ungewohnt selbständige, oft lyrische Verwendung der Piccoloflöte, all dies sind Eigenarten, die Sollertinski hier hervorhebt, und sie alle sollten später auch zum festen Fundus von Schostakowitschs Instrumentationskunst gehören; allen voran vielleicht die zuletzt genannte – die ‚Piccolo über dem Abgrund' sozusagen – welche eine überaus typische orchestrale Situation in seinem Stil werden sollte. Allgemein bescheinigt

---

58 Vgl. Anm. 55.
59 Sollertinski, *Gustav Mahler*, S. 56.
60 Über den dritten Satz seiner Vierten Symphonie äußerte Mahler: „In diesem Satz, wie in der ganzen Symphonie, [...] kommt entsprechend seinem Gegenstand kein einziges Fortissimo vor – darüber werden sich die Herren, die immer behaupten, ich arbeite nur mit den stärksten Mitteln, wohl verwundern" (vgl. Natalie Bauer-Lechner, *Erinnerungen an Gustav Mahler*, Leipzig/Wien/Zürich 1923, S. 145).
61 Sollertinski, *Gustav Mahler*, S. 58.
62 Yehudi Menuhin, *Unvollendete Reise – Lebenserinnerungen*, München 1976, S. 208.

Sollertinski Mahler eine lineare Art der Instrumentation, die dem Orchesterstil seiner Zeit eher fremd gegenübersteht: Mahler, so erklärt er, instrumentiere „im Gegensatz zu Wagner und Bruckner immer kontrapunktisch – es gibt nur Stimmen und fast niemals Akkorde. Es ist fast unmöglich, in seinen Partituren sog. ‚Füllstimmen' [...] zu finden. Gebracht werden nur reale Stimmen. Dabei ist jede Stimme individualisiert, die Instrumente vermischen sich nicht untereinander. Ziel der Instrumentation Mahlers ist nicht der farbenreiche Effekt (wie bei Strauss und den Impressionisten), sondern Prägnanz, plastische Ausdruckskraft." Hier scheint – wenngleich recht apodiktisch formuliert – tatsächlich ein essentieller Aspekt von Mahlers Schreibweise berührt, und ganz sicher auch ein Hauptgrund für das Ressentiment der Rimski-Korsakow-Schule Mahler gegenüber. Der Komponist selbst betonte oft diesen kontrapunktischen Grundzug seiner Musik und begründete etwa seine besondere Affinität zu Wagners *Tristan* vor allem mit der kontrapunktischen Faktur gerade dieser Partitur: Wagner, so Mahler, sei nur im *Tristan* und in den *Meistersingern* „wirklich polyphon".[63] – Dieses linear bestimmte und tendenziell „unromantische"[64] Stilideal in Satz und Orchestrierung, verbunden mit einer gewissen Indifferenz oder sogar Abneigung gegenüber ‚impressionistischen' Errungenschaften der Orchesterbehandlung, teilte Schostakowitsch mit Mahler, und er beschritt damit gewissermaßen einen Sonderweg gegenüber seinen Landsleuten Prokofiew und Strawinsky, in deren Werken französische Einflüsse ungleich stärker Fuß fassten.

Nach alldem bleibt gleichwohl festzuhalten: Schostakowitsch war kein zweiter Mahler. Das gilt nicht nur für seine frühen und späten Werke, sondern ebenso für die monumentalen Symphonien der mittleren Periode. Denn trotz der gerade im Bereich der Orchesterbehandlung zahllosen Anknüpfungspunkte klingt auch hier kaum eine Partiturseite so, als könne sie ohne weiteres aus einer Mahler-Symphonie stammen. Schostakowitsch instrumentiert grundlegend anders als Mahler, nämlich viel großflächiger, gewissermaßen ‚pauschaler'. Die sublime Dynamik einer Mahler-Partitur mit ihrem Übermaß an differenzierenden Vortragsbezeichnungen, der beständige fast nervöse Wechsel der Instrumentalfarben – all das fehlt in Schostakowitschs Partituren: Instrumentale Texturen sind hier meist mit einem Blick zu erfassen und haben oft Gültigkeit für einen langen Formabschnitt. Auch übers Instrumentatorische hinaus – so in Harmonik, Tempobehandlung, Form, musikalischer Dramaturgie etc. – ist die starke Individualität beider Komponisten bei weitem dominierender als alle Gemeinsamkeiten: Mahler schreibt in einem gewissermaßen entkernten und polyphon aufgespreizten Dur-Moll-System; Schostakowitschs Tonalität hingegen resultiert aus einem weit verzweigten Modussystem, welches für sich genommen seinen Stil bereits über große

63   Vgl. Constantin Floros, *Neue Thesen über Mahlers Zehnte Symphonie*, in: *Österreichische Musikzeitschrift* Jg. 48/2, Februar 1993, S. 73–80, hier S. 75.
64   Vgl. Sofia Chentowa, *Bach und Schostakowitsch*, in: *Musikgeschichte in Mittel- und Osteuropa*, in: *Mitteilungen der internationalen Arbeitsgemeinschaft an der Universität Leipzig*, Heft 5, Leipzig 1999, S. 85–98, hier S. 86.

Strecken unverwechselbar macht.[65] Der inneren Erregtheit von Mahlers Musik, ihren ruhelos-fiebrigen Tempowechseln stehen bei Schostakowitsch Sätze gegen-über, die in geradezu stoischer Zwangsläufigkeit abrollen und dabei mit wenigen, oft sogar nur einer einzigen Tempovorschrift auskommen. Auch im Großen diffe-rieren die Konzeptionen der beiden Symphoniker erheblich: Anders als bei Mah-ler wird bei Schostakowitsch wieder der klassische viersätzige Aufbau zur Regel, wobei nach Vorbild von Schumanns Zweiter oder Beethovens und Bruckners Neunter Symphonie die durch die Verlangsamung des Kopfsatzes bedingte Ver-tauschung der Mittelsätze die vorherrschende Disposition ist. Abweichungen wie in der Sechsten oder Achten Symphonie sind hier eher als Defekt innerhalb der Normallösung, denn als eine individualistische Konzeption sui generis wahr-nehmbar. Die Tonalität der Ecksätze stimmt bei Schostakowitsch im Gegensatz zu Mahler meist überein, und die Sätze selbst verlaufen zwingend dramatisch und schlüssig – mit einer klar gesetzten Klimax meist am Ende der Durchführung und ohne wesentliche Tendenz zur ‚offenen Form'.

Selbst im unmittelbar praktischen Kompositionsprozess folgten die beiden Meister völlig unterschiedlichen Methoden und Gewohnheiten: Während Mahlers Komponieren oft einem ‚Häutungsprozess' glich, in dem sich ein Stück über klar definierte Zwischenstufen von der ersten knappen Skizze bis hin zum vollständig ausgeführten und instrumentierten Werk realisierte, trug Schostakowitsch seine Werke vorzugsweise direkt und vollständig in die Partitur ein. Von seiner Fünf-zehnten Symphonie behauptete er sogar, sie vor der Niederschrift „von der ersten bis zur letzten Note" im Kopf gehabt zu haben.[66] Dementsprechend findet natür-lich auch Mahlers Angewohnheit, frühere Werke anlässlich bevorstehender Auf-führungen wieder und wieder vorzunehmen und umzuinstrumentieren, in Schos-takowitschs Arbeitsweise keine Entsprechung. Die einzige nennenswerte Revision eines bereits abgeschlossenen Werkes geschah unter staatlichem Druck und betraf die *Lady Macbeth*, von der Schostakowitsch nach rund zwanzigjährigem Auffüh-rungsverbot eine entschärfte Fassung anfertigte, die schließlich im Jahr 1963 unter dem Titel *Katerina Ismailowa* auf die Bühne kam.

Wenig überraschend wirkt vor dem Hintergrund solch substanzieller Unter-schiede, dass Schostakowitsch der 1942 erhaltenen Bitte des amerikanischen Mahler-Enthusiasten Jack Diether, eine Vervollständigung des Fragments von Mahlers Zehnter Symphonie vorzunehmen, nicht entsprach. Zwar mag der Haupt-grund für Schostakowitschs Absage eher politischer als ästhetischer Natur gewe-sen sein. Schließlich kam die Anfrage aus den USA, diesem „von uns vielbespie-

---

65 Vgl. Ellon D. Carpenter, *Russian theorists on modality in Shostakovich's music,* in: David Fanning, *Shostakovich Studies*, Cambridge University Press 1995, S. 76-112. Vgl. Anm. 45. Von Schostakowitsch selbst stammt eine unverkennbar ironische Sentenz zu diesem Thema: Er habe, heißt es, einmal „beim Teetrinken" geäußert, „einige Theoretiker hätten in seinen Werken ‚Schostakowitsch-Modi' gefunden, wo er doch selbst sein ganzes Leben lang naiv gedacht habe, er schreibe noch in Dur und Moll" (zit. nach Juri Cholopow, *Modalität in den Streichquartetten von Schostakowitsch*, in: Andreas Wehrmeyer (Hrsg.), *Schostakowitschs Streichquartette – ein internationales Symposion*, Berlin 2002, S. 121–161, hier S. 140).

66 Vgl. Meyer, *Schostakowitsch*, 1995, S. 498.

enen Land", wie Schostakowitsch es einmal ausdrückte,[67] und sie betraf die musikalische Hinterlassenschaft eines ,westlich-dekadenten' jüdischen Komponisten, dessen übriges Spätwerk längst wegen ,Pessimismus' und Volksferne aus den sowjetischen Konzertprogrammen verschwunden war; die möglichen Konsequenzen des Projekts wären also für Schostakowitsch unabsehbar gewesen. Doch selbst wenn er die Entscheidung ganz frei hätte treffen können, ist zu bezweifeln, dass er sich ohne weiteres zu dieser Arbeit bereit gefunden hätte. Bedenkt man die Vermessenheit, welche in dem Anspruch liegt, kurzerhand zum Vollender des letzten Werkes eines Anderen werden zu wollen, ist es geradezu folgerichtig, dass derartige Arbeiten oft durch solide Handwerker wie Süßmayr, Alfano und andere ausgeführt wurden,[68] während die Komponisten der ersten Reihe hingegen sich auffällig zurückhielten. Von derartigen Skrupeln handelt letztlich auch der Antwortbrief an Diether, den Schostakowitsch 1943 verfasste: „Trotz meiner Liebe zu diesem Komponisten", heißt es darin, „kann ich diese übergroße Aufgabe nicht auf mich nehmen. Sie erfordert ein tiefes Eindringen in die geistige Welt eines Komponisten, ebenso wie in seine schöpferische und persönliche Ausdrucksweise. Für mich wäre dies unmöglich."[69]

Dass den Komponisten das „tiefe Eindringen" in Mahlers letztes Werk womöglich doch intensiver beschäftigte, als es dieser Brief zeigt, lässt indes die neue Schostakowitsch-Gesamtausgabe erahnen, welche auch bislang Unbekanntes zur Veröffentlichung bringen wird: Das Inhaltsverzeichnis ihres bislang nicht erschienenen Band 115 verzeichnet das Fragment eines vierhändigen Klavierarrangements aus Mahlers Zehnter Symphonie von Schostakowitschs Hand.[70] Allerdings ist hier zu bedenken, dass Schostakowitsch oft zu Unterrichtszwecken derartige Transkriptionen wichtiger Werke anfertigte, so dass das Arrangement aus Mahlers Zehnter ebenso gut in diesem Zusammenhang entstanden sein könnte. Mit seiner Tätigkeit als Kompositionslehrer hatte es im Übrigen auch zu tun, dass Schostakowitsch tatsächlich einmal ein größeres Werk eines anderen Komponisten zu Ende führte, nämlich die Tschechow-Oper *Rothschilds Geige* seines jüdischen Schülers Benjamin Fleischman. Der 28-jährige Komponist war 1941 als Mitglied der Volksbrigade zur Verteidigung Leningrads ums Leben gekommen. Fast könnte die zeitliche Nähe der Ereignisse nahe legen, die Entscheidung *gegen* die Vollendung von Mahlers Zehnter als eine Entscheidung *für* das Werk Fleischmans zu interpretieren. *Rothschilds Geige* jedenfalls wurde zu einem wichtigen Markstein in Schostakowitschs Schaffen, indem sich sein in den Folgejahren deutlich gesteigertes Interesse am jüdischen Idiom (von welchem noch die Rede sein wird) bei dieser Arbeit erstmals deutlich manifestieren konnte.

---

67   Dmitri Schostakowitsch, *Chaos statt Musik*, S. 321.
68   Franz Xaver Süßmayr (1766–1803) vervollständigte Mozarts *Requiem* (KV 626), Franco Alfano (1876–1954) Puccinis letzte Oper *Turandot*.
69   Übersetzung vom Verfasser. Schostakowitschs Antwort an Diether ist zitiert in dessen Brief an Deryck Cooke vom 8. März 1961 (vgl. Stiftung Archiv der Akademie der Künste Berlin, Berthold-Goldschmidt-Archiv, Klassifikationsgruppe 3.3, Lauf. Nr.: 377).
70   Association Internationale „Dimitri Chostakovitch" Paris, Editions DSCH *„Oeuvres complètes de Dimitri Chostakovitch" en 150 vol.*

Exkurs: Zum Adagio aus Schostakowitschs Fünfzehnter Symphonie

Das Dechiffrieren durch Umkehrung, von dem oben im Zusammenhang mit dem Hauptthema der Fünften Symphonie die Rede war, ist im Werk Schostakowitschs ein probater technischer Kunstgriff, welcher uns bereits im 3. und 4. Satz seiner Ersten Symphonie begegnet: Dort ‚wendet' sich – ähnlich wie in der Fünften – ein fallendes ‚Schicksalsmotiv' in ein steigendes, flankiert durch einen analogen Prozess in den Seitenthemen beider Sätze, welche ebenfalls im Umkehrungsverhältnis zueinander stehen.[71] Der mit *Adagio* überschriebene zweite Satz der Fünfzehnten Symphonie liefert ein eindrückliches Beispiel für dasselbe Verfahren, das vor allem deshalb Erwähnung verdient, weil es ein Schlaglicht auf die zahlreichen subtilen Mahler-Bezüge in Schostakowitschs letzter Symphonie wirft, von denen noch mehrmals zu sprechen sein wird. Die Ausgangssituation an der fraglichen Stelle des Adagios (T. 13ff.) ist eine quasi triviale und darum überaus auffällige V^7-I-Kadenz,[72] gefolgt von einem zwölftönigen Rezitativ des Solo-Cellos (siehe Notenbeispiel 5). Die zunächst mysteriöse Konstellation wird, vergleichbar dem Beispiel aus der Fünften Symphonie, gegen Ende des Satzes durch Inversion entschlüsselt: Die V-I-Wendung tritt dabei lediglich transponiert auf, statt G^7-C nun Fis^7-H, die Zwölftonreihe hingegen umgekehrt. Damit aber enthüllt sich die vormals rätselhafte Passage als verfremdende Rückschau des Komponisten auf den Beginn seines Weges als Symphoniker 45 Jahre zuvor. In gleichsam derangierter Gestalt ruft sie nämlich die periodisch gebauten Einleitungstakte der Ersten Symphonie in Erinnerung (siehe Notenbeispiel 5b): Die invertierte Zwölftonreihe lässt das zweimalige Kopfmotiv (A) aus Vorder- und Nachsatz der Periode aus der Ersten erklingen, die beiden Akkorde Fis^7-H hingegen entsprechen exakt den Schlussklängen dieser beiden Halbsätze.

---

71 Vgl. 3. Satz, bei Ziffer 3 → 4. Satz, Ziffer 35 sowie 3. Satz, Ziffer 9 → 4. Satz, Ziffer 20.

72 Rodion Schtschedrin nannte diese Stelle irrtümlich das „von mir herausgehörte tonika-dominante (sic!) harmonische Zitat aus Beethoven". Hintergrund ist ein Brief Schostakowitschs an Krzysztof Meyer, in dem er bzgl. der Fünfzehnten Symphonie „genaue Zitate von Rossini, Wagner und Beethoven" erwähnt (s. letztes Kapitel der vorliegenden Arbeit). Während Meyer angibt, ein Beethovenzitat sei „nirgends zu finden", und Schtschedrin zu der simplen V^7-I-Wendung greift, benannte Joseph Dorfman in einer Mitteilung an den Verfasser 1997 den Beginn des zweiten Satzes von Beethovens Sonate op. 81a *Les Adieux* als Quelle. Glikman schließlich verweist auf Beethovens Sechste Symphonie, ohne dies allerdings weiter zu konkretisieren. In der Tat betrifft die Übernahme die *Pastorale*, genauer den 3. Satz, *Lustiges Zusammensein der Landleute*, Fagottstimme T. 95ff.: vgl. Fünfzehnte, 3. Satz, Fagott T. 43ff. (vgl. Rodion Schtschedrin, *Das große Leben eines Musikers*, in: *Dmitri Schostakowitsch. Internationales Festival*, Duisburg 1985, S. 77f.; Schostakowitsch, *Erfahrungen*, S. 251; Meyer, *Schostakowitsch* 1995, S. 501; Schostakowitsch, *Chaos statt Musik?* S. 299).

Notenbeispiel 5a: Schostakowitsch, Fünfzehnte Symphonie

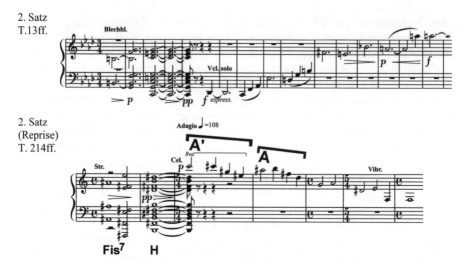

Notenbeispiel 5b: Schostakowitsch, Erste Symphonie, Beginn

Der Komponist pflegte den 12. Mai, das Uraufführungsdatum seiner Ersten Symphonie – den ‚Geburtstag' des Symphonikers Schostakowitsch sozusagen – all-
jährlich feierlich zu begehen.[73] Reminiszenzen an die Einleitung dieser Symphonie in späteren Werken bedeuten dementsprechend meist einen wehmütigen Wink
zurück zu den eigenen Anfängen. Dies gilt fürs Erklingen des Beginns der Symphonie im Kopfsatz des Achten Streichquartetts von 1960 (T. 13ff.) ebenso wie
für den hier gezeigten Ausschnitt seiner letzten Symphonie. Dabei ist im Adagio
der Fünfzehnten die Instrumentierung als Bedeutungsträger eingesetzt: Liegt die
Zwölftonreihe des Beispiels ursprünglich im Solo-Cello, so ist sie bei ihrer De-
chiffrierung zum elegischen Erinnerungsbild an die Erste Symphonie der Celesta

---

73   Vgl. Meyer, *Schostakowitsch* 1995, S. 455.

anvertraut, einem Instrument, das in Schostakowitschs Musik seit seiner Auseinandersetzung mit Mahler mit einer fixen Semantik verbunden war. Vorbild war dabei der *Abschied* aus Mahlers *Lied von der Erde*, von dem Schostakowitsch sagte, Mahler habe hier „die ‚Ewigkeit' mit der Celesta dargestellt."[74] Für die Relevanz dieses Topos' aus Mahlers Musik spricht nicht nur der exponierte Gebrauch der Celesta in Schostakowitschs zwei letzten Symphonien, welche sich ganz der Todesthematik widmen, sondern auch seine wohl früheste Verwendung des Instruments überhaupt. Sie findet sich in der *Lady Macbeth*, unter anderem in jener „Passage [...], in der Katerina den Entschluß zum Freitod faßt."[75]

Das Adagio aus Schostakowitschs Fünfzehnter Symphonie enthält eine weitere indirekte Bezugnahme auf Mahler, deren Hintergründe ähnlich komplex sind, wie die der zuvor dargestellten. Man könnte dieses Adagio nämlich als eine Art ‚Übermalung' des *Klavierstücks* op. 19/6 von Arnold Schönberg betrachten, des Stückes also, das Schönberg 1911 unter „dem unmittelbaren Eindruck des Todes von Gustav Mahlers komponierte."[76] Viermal erklingt bei Schönberg ein sechstöniger Akkord – stets gleich aufgespalten in zwei dreitönige Abteilungen (siehe Notenbeispiel 6); einzige Variable ist der zeitliche Abstand der beiden Klänge. Alternierend mit diesem starr wiederholten Akkordgebilde sind flüchtige Gesten wahrnehmbar – Seufzerfiguren, kurze melodische Ansätze, bis das Stück nach nur neun Takten verklingt.

Schostakowitschs Adagiosatz adaptiert diesen Verlauf unverkennbar: Viermal erklingt auch hier ein statisches, quasi identisch orchestriertes Akkordgebilde,[77] das wie bei Schönberg in zwei Hälften sukzessive von oben nach unten einsetzt; das ganze Klangfeld umfasst hier elf, die beiden Teilakkorde jeweils sechs Töne (der Ton *e* ist doppelt).[78] Umgeben ist der viermalige Doppelakkord vom eigentlichen thematischen Geschehen des Satzes, welches hier in der Hauptsache von choral- und trauermarschartigen und – wie gesehen – zwölftönig rezitativischen Passagen bestimmt ist.

---

74 Edison Denissow zufolge machte sich Schostakowitsch „ein bißchen darüber lustig, daß bei Mahler die ‚Ewigkeit' mit der Celesta dargestellt werde", was nicht dagegen spricht, dass er genau diese Konnotation auch für sein eigenes Werk übernahm. Ironische Distanzierung bestimmt Schostakowitschs Äußerungen oft gerade dort, wo es ihm unzweifelhaft ernst ist (vgl. Detlef Gojowy, *Dimitri Schostakowitsch mit Selbstzeugnissen und Bilddokumenten dargestellt,* Reinbek 1983, S. 89).

75 Redepenning, *Mahler und Schostakowitsch*, S. 349.

76 Dieter Rexroth, *Mahler und Schönberg*, in: Otto Kolleritsch (Hrsg.), *Gustav Mahler, Sinfonie und Wirklichkeit*, Graz 1977, S. 68–80, hier S. 79 (vgl. auch H. H. Stuckenschmidt, *Schönberg*, Zürich/Freiburg 1951, S. 55).

77 Eine geringe Abweichung der Instrumentierung beim dritten Durchgang (T. 178ff.) ist dem musikalischen Zusammenhang geschuldet: Der zweite Akkord erscheint hier *crescendo, senza sord* und durch einen Trommelwirbel verstärkt.

78 Meyer nennt das Klangfeld irrtümlich zwölftönig (vgl. Meyer, *Schostakowitsch*, S. 501).

Notenbeispiel 6a:
Arnold Schönberg, *Klavierstück*
op. 19/6, Beginn

Notenbeispiel 6b:
Schostakowitsch, Fünfzehnte *Symphonie* op. 141,
2. Satz, T. 116ff.

Der gestischen und großformalen Übereinstimmung beider Stücke steht entgegen, dass die zwei sechstönigen Klänge bei Schostakowitsch strukturell nicht unmittelbar Bezug auf Schönberg nehmen. Es sei deshalb auf einen möglichen früheren Referenzpunkt für Schostakowitsch hingewiesen, an dem sich bereits ein vergleichbarer eigentümlich starrer Doppelakkord findet, nämlich den zweiten Akt von Wagners *Parsifal* (Notenbeispiel 7). Dort erklingt zweimal der Vierklang *e-gis-d-c*, ein E^7-Akkord mit kleiner Sexte also, in der Wiederholung nur unterschieden durch Oktavversetzung, Dynamik und Instrumentierung. Von hier verläuft nun tatsächlich ein direkter Weg zu Schostakowitschs Adagio, denn der Wagnersche Klang ist im ersten von Schostakowitschs Akkorden vollständig enthalten; das *e* ist auch dort Grundton und zugleich der einzige Ton, der doppelt vorhanden und damit auch Bestandteil des zweiten Klanges ist.

Notenbeispiel 7: Richard Wagner, *Parsifal*, 2. Akt, T. 164ff.

Der Ausdruck von Erstarrung und Verharren, der „gleichsam resignierende Verzicht auf die musikalische Bewegung überhaupt", wie er Schönbergs Doppelakkord in op. 19/6 zugeschrieben wurde,[79] korrespondiert auffällig mit jenem der gezeigten Stelle bei Wagner. Sie malt die Starre und das Entsetzen Kundrys, wel-

---

79 Wolfgang Rogge, *Das Klavierwerk Arnold Schönbergs*, Regensburg 1964, S. 23.

che im Moment ihres Erwachens aus todesähnlichem Schlaf wütender Verwün-
schungen Klingsors gewahr wird. Kundrys Identität als Wagners weibliche Lesart
des *Ahasver*, des *„Ewigen Juden"*[80] ist an genau dieser Stelle im Sujet der Oper
verankert. Vom Fluch zur Wiedergeburt handelt Klingsors Rede und von der jüdischen Herodias – der Mutter Salomes – als früherer Inkarnation der Kundry:
*„Dein Meister ruft dich, Namenlose, Urteufelin! Hoellenrose! Herodias warst du
[...] Gundryggia"* usw. Mit dem schreckensstarren Doppelakkord hebt Kundrys
stammelnde Erwiderung an – „rauh und abgebrochen, wie im Versuche, wieder
Sprache zu gewinnen" (Wagner) – das Wehklagen einer Bühnengestalt, die vom
erklärten Antisemiten Wagner zur Jüdin gestempelt und in eine Szenerie von
Schmach und Verachtung gestellt ist: *„Ach! Ach! Tiefe Nacht! Wahnsinn! Oh!
Wut! Ach! Jammer! [...] Tiefer Schlaf! Tod!"*

Es muss offen bleiben, was „die beiden eigenartigen [...] Akkorde"[81] in
Schostakowitschs Adagio bedeuten, ob ihr viermaliges Erklingen gemäß dem
Grundriss von Schönbergs Epitaph für Gustav Mahler womöglich ein Hinweis ist,
dass Schostakowitsch mit diesem Satz ein eigenes – jüdisch konnotiertes –
Denkmal für Mahler schaffen wollte. Bemerkenswert ist allemal die in der neueren Forschung gewonnene Erkenntnis, dass für Mahler *Ahasver* tatsächlich „ein
ihn beschäftigender Topos war".

Jens Malte Fischer wies in diesem Zusammenhang auf einen Albtraum aus
Kindheitstagen hin, der den Komponisten offenbar bis ans Lebensende verfolgte,
und in dem ihn der ,*Ewige Jude'* als seine künftige Inkarnation zu fassen trachtet.
Hier das Ende von Mahlers Traumerzählung im Wortlaut:

> „Plötzlich aber bin ich auf dem Marktplatz unten. Die feurigen Dünste verfolgen
> mich und aus ihnen sehe ich, als ich mich umschaue, eine ungeheure Gestalt – den
> ewigen Juden – sich erheben. [...] Ich fliege in rasender Angst vor ihm her, aber mit
> wenigen Schritten hat er mich eingeholt und will *mir* seinen Stab (gleichsam das
> Symbol seiner ewig ruhelosen Wanderschaft) aufzwingen: Da erwache ich mit einem
> Schrei der schrecklichsten Angst."[82]

Zitatverfahren und Intertextualität

Gustav Mahler lebte dank seiner exzessiven Kapellmeistertätigkeit gleichsam um-
ringt von den musikalischen Meisterwerken aus Vergangenheit und Gegenwart.
Als Komponist waren ihm diese Umstände mitunter eine Last, vor allem dann,
wenn sie sich in Form ungebetener fremder Einflüsse auf sein Werk auswirkten.
Unerträglich schien ihm offenbar die Vorstellung, er könne angesichts unbedach-

---

80 *Ahasverus*: der *„Ewige Jude"*, der laut christlichem Mythos Jesus auf dem Kreuzweg ver-
    spottete und darob verflucht war, bis ans Ende der Tage unsterblich durch die Zeiten zu irren.
81 Meyer, *Schostakowitsch* 1995, S. 501.
82 Jens Malte Fischer, *Gustav Mahler. Der fremde Vertraute*, Wien 2003, S. 336f. (vgl. auch
    Timothy L. Jackson, *A Contribution to the Musical Poetics of Dmitri Shostakovich*, In: *D.
    Schostakowitsch und das jüdische Erbe*, S. 19-55, hier: S.46ff.: Jackson liest den Schlussteil
    des *Abschieds* aus dem *Lied von der Erde* als Darstellung des *Ewigen Juden*).

ter Anklänge an schon Dagewesenes als ideenlos und epigonenhaft hingestellt werden, was indirekt wohl auch ein Reflex auf den heftigen Richtungsstreit war, der den musikästhetischen Diskurs nach 1860 polarisiert hatte. Um 1875, als Mahler zum Studium nach Wien kam, war die Fehde zwischen ‚Zukunftsmusikern' und vermeintlich ‚Konservativen' längst auch ein Streit um das hohe Gut der künstlerischen Originalität geworden, welches die ‚Fortschrittlichen' einseitig für sich reklamierten. Richard Wagner und später auch Mahlers Studienkollege Hugo Wolf exponierten sich bekanntlich mit Leidenschaft, wenn es darum ging, Epigonentum und „musikalische Impotenz"[83] der ‚Konservativen' – allen voran Johannes Brahms – anzuprangern. Durch sein Pamphlet *Das Judentum in der Musik* (1850) hatte Wagner im übrigen bewirkt, dass Stichworte wie Eklektizismus, Unproduktivität, ein Durcheinanderwerfen der Formen und Stile etc. auch fester Bestandteil einer schnell wachsenden antisemitisch agitierenden Musikkritik geworden waren, was Mahler erst recht verwundbar machte.[84]

Mahlers Ästhetik befand sich also in einer durchaus paradoxen Position: Einerseits lag in seinem Prinzip der „‚Demokratisierung' der symphonischen Sprache", wie Sollertinski es später nannte,[85] die zwingende Notwendigkeit, das schon Dagewesene, „das Hohe und das Niedrige, das Abgeborgte und Abgelauschte" als musikalisches Vokabular verwenden zu können,[86] andererseits wollte und musste er mit jeder Note originell sein. Es ist höchst bezeichnend, wie er an diesem Punkt selbst mit Belanglosigkeiten haderte: So stieß er sich beispielsweise an zwei unscheinbaren Takten im Trio des zweiten Satzes der Ersten Symphonie, bei denen ihn, so wörtlich, „das Gedächtnis" verlassen habe, „und die an eine in Wien sehr bekannte Symphonie Bruckners" erinnerten. Während der Arbeit an der Vierten Symphonie stellte er erneut fest, „dass ihn zwei Anklänge darin ärgern, die ihm hineingeraten sind, und die er zu spät bemerkte, um sie zu entfernen: der eine aus einer Symphonie von Brahms [...], der andere aus einem Klavierkonzert von Beethoven."[87] Die Literatur hat längst eine Reihe weiterer „Anklänge" dieser Art ermittelt[88] – man denke etwa ans *Gralsthema* aus Wagners *Parsifal* als Prototyp für den Schlusshymnus von Mahlers ‚*Erster'* (Finale T. 627ff.) oder, um bei Wagner zu bleiben, die deutlichen Übernahmen aus *Siegfried-Idyll* und *Meistersingern* im Finale von Mahlers Fünfter;[89] gleichwohl bleibt der Eindruck, dass der

---

83   Hugo Wolf bezichtigte Brahms als Kritiker des *Wiener Salonblatts* „einer Sprache der intensivsten musikalischen Impotenz". Vgl. Kurt Honolka, *Hugo Wolf. Sein Leben, sein Werk, seine Zeit*, Stuttgart 1988, S. 103.

84   Repräsentant einer unverhohlen antisemitisch ausgerichteten Musikkritik war u. a. der Kritiker der *Münchner Neuesten Nachrichten* Rudolf Louis. In seinem 1909 erschienenen Buch *Die deutsche Musik der Gegenwart* bekannte er offen, Mahlers Musik sei ihm „widerlich, weil sie jüdelt", weil sie „musikalisches Deutsch [...] mit dem Akzent [...] des allzu östlichen Juden" spreche (zit. n. Fischer, *Gustav Mahler*, S. 316).

85   Sollertinski, *Gustav Mahler*, S. 40.

86   Fischer, *Gustav Mahler*, S. 335.

87   Bauer-Lechner, *Erinnerungen*, S. 145.

88   Vgl. Henry-Louis de la Grange, *Music about Music in Mahler*, in: Stephen E. Hefling (Hrsg.), *Mahler Studies*, Cambridge 1997, S. 122–168, hier S. 130f.

89   Vgl. *Meistersinger* 3. Akt, 5. Szene („Festwiese") T. 3ff. / Fünfte Symphonie, Finale Ziffer 26 (Ed. Peters 9015, 1904); *Siegfried-Idyll*, T. 77ff. / Fünfte Symphonie, Finale Ziffer 8.

Komponist ein unumwundenes Zitieren fremder Musik wohl weniger als konsequente künstlerische *Methode*, denn als unvermeidliche Kollateralerscheinung seines Kapellmeisterdaseins ansah.

Deutlich anders liegen die Dinge in dieser Hinsicht bei Schostakowitsch, in dessen Werk dem Musikzitat tendenziell konstitutive Qualität zukommt. Man muss hier allerdings hinsichtlich der verschiedenen Schaffensphasen des Komponisten differenzieren, was beim Blick ins vielleicht zitatfreudigste Werk seiner frühen Periode, das *Konzert für Klavier, Trompete und Streichorchester* op. 35 deutlich wird. Das Stück wirkt wie eine brillante symphonische Narrheit, welche mit pointierten motivischen Anspielungen die Heroen der klassischen Musik gleich reihenweise vom Sockel stößt: Der erste Satz intoniert nach einer eröffnenden Zirkusfanfare das Kopfmotiv aus Beethovens *Appassionata*, im verträumten Lento-Satz lugt für einen Moment der Augenaufschlag der frisch wachgeküssten Brünnhilde aus Wagners *Siegfried* hervor,[90] und mitten im Finalsatz meldet sich die Solo-Trompete unvermittelt mit einem Apropos aus Haydns D-Dur-Klaviersonate Hob.XVI:37 zu Wort[91] (die Aufzählung ließe sich noch erheblich verlängern).[92] Das Konzert entstand 1933, d.h. zwischen *Lady Macbeth* und Vierter Symphonie; Schostakowitschs Mahler-Rezeption war also längst virulent. Gleichwohl ist das unverkennbar groteske Moment des Stücks doch weit mehr Schabernack als ,tragische Ironie'; man bedenke, dass Schostakowitsch noch 1934 postulierte, er wolle „das legitime Recht auf Spaß in der sog. ,ernsten Musik' zurückerobern".[93] Doch derlei anarchische Verspieltheit sollte sich in den Werken ab Mitte der 30er-Jahre rasch verlieren. Nach den Angriffen gegen die *Lady Macbeth* im Jahr 1936 hielt Schostakowitsch es für geboten, sich weitgehend vom Operngenre zurückzuziehen und stattdessen die gewissermaßen unverfängliche Gattung der instrumentalen Symphonie ganz ins Zentrum seines Schaffens zu rücken – ein Schritt, mit dem auch das Musikzitat unversehens einen anderen Stellenwert erhielt. Das Zitieren und Alludieren von Themen, Satzstrukturen, orchestralen und intonatorischen Topoi wurde nun Teil einer notwendigen Semantisierung, welche die Instrumentalmusik auch für komplexe Sujets und Programme aufnahmefähig machte. Damit erst prägte sich jene ,äsopische' Musiksprache vollends aus, die dem Komponisten angesichts existenzieller Konflikte mit der Staatsmacht zur künstlerischen Überlebensstrategie wurde. Zitate werden nun zunehmend unterschwellig verwendet, werden gleichsam nicht mehr in Anführungszeichen gesetzt, und sie tragen auch nicht mehr zwangsläufig etwas parodistisch ,Uneigentliches' ins Stück, wie im frühen Klavierkonzert. Vielmehr übernehmen sie oft ungebrochen das semantische Feld ihres Prätextes. Gerade so

---

90 Schostakowitsch, Konzert für Klavier, Trompete und Streicher op. 35, 2. Satz, T. 95ff. / Wagner, *Siegfried*, 3. Akt, 3. Szene, 8 Takte vor „*Heil dir, Sonne!*".

91 Schostakowitsch, Konzert op. 35, Finale, 7. Takt nach Ziffer 51.

92 Feuchtner fühlt sich im ersten Satz an die „Burleske" aus Mahlers Neunter Symphonie erinnert (Feuchtner, *Dmitri Schostakowitsch*, S. 63f.).

93 Zit. n. Juri N. Cholopow, *Der russische Neoklassizismus*, in: Eberhardt Klemm (Hrsg.), *Jahrbuch Peters 1980, Aufsätze zur Musik*, Leipzig 1981, S. 170-199, hier S. 198.

allerdings entstehen in der entsprechenden Neukontextualisierung mitunter ganz unerhörte Aussagen.

Ein Beispiel aus der Fünften Symphonie soll dies illustrieren; es zeigt nebenbei einmal mehr den immensen Einfluss Iwan Sollertinskis auf Schostakowitschs Musik: 1937, also im Entstehungsjahr von Schostakowitschs Fünfter, veröffentlichte Sollertinski eine Abhandlung über Bizets *Carmen*.[94] In einem zugrunde liegenden Thesenpapier des Autors heißt es: „Das bürgerliche Europa hat Carmen anfangs nicht in der sittlichen Größe ihres Charakters akzeptiert, sondern sie sich angepasst und zu einer unsittlichen Figur, einer ‚Frau ohne Herz', einer Kokotte gemacht." Jedoch: „Der Untergang Carmens ist nicht ein abstrakt-fatalistischer; sie ist zum Untergang verurteilt, weil sich Aufrichtigkeit des Gefühls in einer Gesellschaft nicht halten kann, wo die Gefühle der Logik gehorchen müssen."[95]

Ebenfalls 1937 also brachte Schostakowitsch seine stark autobiographisch gefärbte Fünfte Symphonie heraus, die, wie bereits aufgezeigt, als unmittelbare Reaktion des Komponisten auf das Verdikt gegen die *Lady Macbeth* verstanden wurde. In Ost und West gleichermaßen missdeutete man sie allerdings lange als Kniefall vor dem Regime – ein Beleg dafür, dass die vergleichsweise harmlose, traditionalistische Fassade des Werkes ihre Funktion erfüllte. Was in der Diskussion über die Fünfte Symphonie damals wie heute kaum eine Rolle spielt (und wohl auch weithin unbemerkt blieb), ist die Tatsache, dass es sich beim Seitenthema ihres Kopfsatzes um den Refrain der *Habanera* aus Bizets *Carmen* handelt – in der Exposition noch stark verfremdet in es-Moll, in der Reprise dann in Bizets Originaltonart D-Dur (Notenbeispiel 8).

Notenbeispiel 8a: Georges Bizet, *Carmen*, Nr. 5 „Habanera", Refrain (Auszug)

Notenbeispiel 8b: Schostakowitsch, Fünfte Symphonie, 1. Satz, Reprise Ziffer 39

94   Vgl. Sollertinski, *Gustav Mahler*, Anhang S. 126.
95   Sollertinski, *Thesen, Pläne, Notizen*, S. 291f.

Von der „Aufrichtigkeit des Gefühls" hatte Sollertinski in seinem *Carmen*-Essay geschrieben, die sich „in einer Gesellschaft nicht halten kann, wo die Gefühle der Logik gehorchen müssen." Dies offenbar war die Formel, die Schostakowitsch in der Reprise der Fünften Symphonie vorschwebte: *„L'amour, l'amour, ..."* singt es aus der zitierten Refrainzeile der Carmen – aber: im strengen Kanon des Motto-themas; die Gefühle müssen der Logik gehorchen. Wer allerdings den vollständi-gen Text der *Habanera* kennt, wird dies als einen Gehorsam auf Abruf verstehen, denn Carmen bleibt unnachgiebig bis in den Tod: „Die Liebe ist ein rebellischer Vogel, den nichts zähmen kann. [...] Ganz umsonst wirst du ihn rufen [...] kein Schmeicheln hilft und keine Wut [...] Die Liebe [...] hat niemals ein Gesetz ge-kannt; [...] Der Vogel, den du zu gefangen glaubtest, schlägt mit den Flügeln und fliegt davon." – Seine Gegner, da konnte Schostakowitsch sicher sein, würden eine angemessene Kontextualisierung dieser Passage nicht leisten können; sie würden sich berückendem D-Dur-Wohlklang hingeben und den Komponisten endlich auf dem verordneten Weg von Tonalität, Volkstümlichkeit und Optimis-mus angekommen wähnen – nicht ahnend, dass sie gerade der Musik einer un-beugsamen Dissidentin ihr Wohlwollen schenkten.

Die Vorstellung eines ‚uneigentlichen', ‚doppelbödigen' Charakters von Schostakowitschs Musik wurde nach Erscheinen von Volkows Schostakowitsch-„Memoiren" zu einer Art Modeerscheinung in der westlichen Musikszene. Nicht zuletzt bot sie ja ein Argument, um die Popularisierung eines vermeintlich voll-kommen rückständigen Komponisten wie Schostakowitsch vor den Argusaugen der Avantgarde zu rechtfertigen. Zweifel allerdings sind hier angebracht: Der Begriff des ‚Uneigentlichen' trifft Stellen wie das gegebene Zitat aus *Carmen* durchaus nicht. Das Zitat parodiert nicht, sondern spricht unmittelbar, mit offe-nem Visier sozusagen; wo es missverstanden wird, d.h. wo bestimmte Konnotati-onen sich nicht einstellen, ist dies einzig dem Horizont des Adressaten geschuldet. Als Volkow in einem neueren Interview auf die etwaige ‚Doppelbödigkeit' von Schostakowitschs Musik angesprochen wurde, antwortete er auffällig zurückhal-tend: „Ich glaube [...] nicht" äußerte er, „daß Schostakowitsch seine Musik chiff-riert hat mit der Absicht: Ich schreibe eine Musik, die oberflächlich gesehen pro-sowjetisch und unter der Oberfläche anti-sowjetisch ist. Vielmehr drückte er sich so aus, wie er musikalisch fühlte, und die daraus resultierende Botschaft war in sich selbst doppelsinnig." Und weiter: „Ich denke nicht, daß es in der Fünften Symphonie eine Doppelbödigkeit gibt. Sie ist ziemlich unzweideutig. Wahr-scheinlich verstand irgendein Zensor sie anders. Das ist *sein* Problem."[96]
    Eine zweite Modeerscheinung, um beim Wort zu bleiben, ist in jüngster Zeit zu beobachten, nämlich eine gewisse Tendenz zur Verharmlosung bzw. Entpoliti-sierung in der Schostakowitsch-Exegese. Vielleicht war dies sogar ein vorausseh-barer rezeptionsgeschichtlicher Pendelschlag, war doch der kometenhafte Auf-stieg Schostakowitschs von einem im Westen tendentiell vernachlässigten bzw.

---

96   *Günter Wolter im Gespräch mit Solomon Volkow*, in: Günter Wolter und Ernst Kuhn (Hrsg.), *Dmitri Schostakowitsch – Komponist und Zeitzeuge* (Schostakowitsch-Studien, Bd. 2) Berlin 2000, S. 26f.

auf Avantgarde-Treffen „niedergelachten" Ostkünstler[97] zu einem der meistgespielten Komponisten des 20. Jahrhunderts nicht zuletzt von einer politisch motivierten Aufmerksamkeit geleitet, welche durch Volkows ‚Memoiren' geweckt
und im Zuge der Wende von 1989 weiter befeuert wurde. Anlässlich einer Neu-
einspielung der Fünften Symphonie unter seiner Leitung nahm kürzlich der junge
russische Dirigent Vassili Petrenko zu dieser Frage Stellung: Es sei gefährlich, die
politische Dimension von Schostakowitschs Musik überzustrapazieren, erklärte er
und gab als Beleg *seine* Deutung des *Carmen*-Zitats in der Fünften Symphonie,
die sich im Wesentlichen mit der des russischen Musikwissenschaftlers Manashir
Yakubow deckt: Schostakowitsch, heißt es demnach, sei zur Zeit der Komposition
der Fünften Symphonie heimlich in eine Frau verliebt gewesen, die ihn aber ab-
gewiesen und stattdessen in Spanien einen Mann namens Roman Carmen (!) ge-
heiratet habe. Dies erkläre, so Petrenko, warum er Bizets *Carmen* in seiner Symphonie verwendete.[98] Einerlei, ob diese Geschichte sich fünf Jahre nach Schostakowitschs Heirat mit Nina Warsar und ein Jahr nach der Geburt des ersten Kindes
so zugetragen haben könnte: Die Bagatellisierung eines Kernstücks der Fünften
Symphonie zur Privatsache bei gleichzeitigem Hinweghören über jeden musikalischen Zusammenhang bleibt ein zweifelhafter Analyseansatz.

Indes erfuhr auch die Zehnte Symphonie Schostakowitschs jüngst eine vergleichbare bagatellisierende Neubewertung: So wird das lange rätselhafte Horn-
signal ihres dritten Satzes inzwischen oft einfach das „Elmira-Motiv" genannt,
nachdem ein 1994 aufgetauchter Brief des Komponisten enthüllt hatte, dass
Schostakowitsch hier den Vornamen seiner ehemaligen Studentin Elmira Nazirowa mittels deutscher und italienischer Tonbuchstaben musikalisiert hatte.[99] Ein
wenig fühlt man sich an dieser Stelle an die populäre Rezeption von Leonardos
Monalisa erinnert, wird doch hier wie dort die Frage, wer im jeweiligen Werk
portraitiert sei, weitaus leidenschaftlicher diskutiert als alle künstlerischen Zusammenhänge. Es scheint aber, dass auch bei Schostakowitschs „Elmira-Motiv"
der ‚private' Aspekt eindeutig hinter einer allgemeinen philosophischen Aussage
zurücksteht, denn der Auftritt des Motivs in der Symphonie beruht nachweislich
auf weiteren Konnotationen: Er habe, schrieb Schostakowitsch in einem seiner
Briefe an Nazirowa, „am Tag zuvor eines seiner Lieblingswerke, das Lied von der
Erde gehört" und sei nun verwundert „über die merkwürdige Korrespondenz zwischen dem die Schreie des Affen symbolisierenden Hornthema bei Mahler und

---

97   Stuckenschmidt über die Darmstädter Ferienkurse: „ Es wurde viel geliebt und viel gehaßt im
     Darmstädter Juni. [...] Adorno kränkte die Blockflötenanhänger, Scherchen rüffelte Egk, die
     Webernianer verachteten Schönberg, ohne ihn zu kennen, ein Trio von D. Schostakowitsch
     wurde niedergelacht" (H. H. Stuckenschmidt, *Die Musik eines halben Jahrhunderts*, Mün-
     chen 1976, S. 153).

98   Andrew Clark, *A Liverpool orchestra at its peak*, CD-Rezension *Shostakovich, Symphonies
     Nos. 5 & 9*, Financial Times 14.03.2009 (vgl. auch: Interview mit Manashir Yakubow, in:
     Stephen Johnson, *Shostakovich – A Journey into light*, feature BBC Radio3, 20.08.2006).

99   Vgl. Allan B. Ho and Dmitry Feofanov, *Shostakovich's Testimony: Reply to an Unjust Criti-
     cism*, in: *Shostakovich Reconsidered*, Written and Edited by Allan B. Ho and Dmitry Feo-
     fanov, London 1998, S. 33–314, hier S. 183f.

ihrem Namenssymbol."[100] Es besteht also ein ‚Sowohl als auch' verschiedener Bedeutungsebenen und damit ein höheres Ganzes. Timothy Jacksons These sei hier zumindest erwähnt, welche im Lichte des ganzen Satzes – bekanntlich ein Selbstporträt – im fraglichen Motiv den Widerstreit zwischen theologischer und darwinistischer Weltsicht symbolisiert sieht: einerseits durch die Gottesmutter in Gestalt des Namensmotivs der Jüdin Elmira Nazirova, andererseits durch den Affen, den der mit Alma Mahler bekannte Wiener Künstler Max Klinger seinerzeit als ikonographisches Sinnbild des Darwinismus etabliert hatte.[101]

Ein Zitat, dem hingegen schon immer jeder Hintersinn abgesprochen wurde, ist das humoristisch wirkende Thema aus Rossinis Ouvertüre zur Oper *Wilhelm Tell*, welches im Kopfsatz von Schostakowitschs Fünfzehnter Symphonie fünfmal erklingt. Anekdotisch wird berichtet, die *Tell*-Ouvertüre sei Schostakowitschs früheste Erinnerung an ein klassisches Musikstück gewesen,[102] und werde deshalb in diesem Satz, welcher der Kindheit gewidmet sei, angespielt. Tatsächlich erschien ja eine Woche nach der Uraufführung der Symphonie ein Zeitungsartikel, in dem Schostakowitsch schrieb: „Der erste Satz beschreibt die Kindheit – nur ein Spielzeugladen, mit einem wolkenlosen Himmel darüber."[103] Anhand persönlicherer Äußerungen des Komponisten über die Fünfzehnte Symphonie lässt sich eine derart schlichte Deutung des Rossini-Zitats allerdings nicht erhärten. Bereits während der Arbeit am Finale, berichtet Glikman, habe Schostakowitsch mit ihm über die diversen Zitate in seiner Fünfzehnten gesprochen und dabei deren Bedeutung vollkommen im Dunklen gelassen. Glikman wörtlich: „Dmitri Dmitrijewitsch sagte mit einem irgendwie rätselhaften und, wie mir schien, schuldbewußten Lächeln: ‚Ich weiß selbst nicht, wozu diese Zitate da sind, aber ich war n i c h t imstande, diese Zitate n i c h t zu verwenden, ich war n i c h t imstande dazu.' Die dreifache Verneinung ‚nicht' sprach er sehr energisch aus."[104] – Angesichts dieses merkwürdig berührenden Passus' ist man versucht, mit Blick auf das *Tell*-Zitat doch ein wenig weiter zu denken. – Schostakowitsch wurde einmal gefragt, welches seiner Werke er am meisten liebe, und er antwortete: „Wissen Sie, es gibt ein russisches Sprichwort: Mag das Kind auch mißgestaltet sein, Vater und Mutter lieben es doch. Ich denke, der Sinn ist Ihnen klar, den ich in diese Worte lege."[105]

Der Sinn *ist* klar: Die Werke waren für Schostakowitsch wie Kinder, und er liebte sie alle – klar ist auch, dass damit ein Bezug auf *Wilhelm Tell* für ihn nie und nimmer eine harmlose Spielerei sein konnte, im Gegenteil: Der *Tell* war die treffende Parabel für seine eigene fragile Künstlerexistenz. Schließlich geht es hier um einen Tyrannenmord, und wer in Schillers Drama die Trias aus *Gessler*,

---

100 Zit. nach Koball, *Pathos*, S. 222.

101 Vgl. Jackson, *A Contribution,* S.42ff.

102 „[...] the direct quotation from the Rossini in the first movement of the Fifteenth Symphony was stated by Shostakovich to refer to that piece having been his earliest musical recollection" (*Shostakovich: the Man and his Music* edited by Christopher Norris, London 1982, S. 152).

103 Zit. nach Koball, *Pathos*, S. 232.

104 Dmitri Schostakowitsch, *Chaos statt Musik?* S. 299.

105 Dmitri Schostakowitsch, *Der Hörer bei uns ist wunderbar. Dmitri Schostakowitsch antwortet auf Fragen (1964/1966).* In: ders.: *Erfahrungen*, S. 170-175, hier S. 170.

Tell und seinem Kind durch *Stalin, Schostakowitsch* und sein Werk ersetzt, wird im Motiv des Apfelschusses das getreue Abbild von Schostakowitschs Lebensdrama erkennen. Gleich Tell, der vom Tyrannen gezwungen wird, auf das eigene Kind zu zielen, um begnadigt zu werden, sehen wir analog Schostakowitsch, der ebenso – vor allem natürlich bei der Fünften Symphonie – gezwungen war, das Liebste, sprich: das eigene Werk aufs Spiel zu setzen, um seinen Kopf aus der Schlinge zu ziehen. Doch, wie Schiller schreibt: „Wer sich des Kindes Haupt zum Ziele setzte, der kann auch treffen in das Herz des Feinds."[106] Schostakowitschs ‚Schuss' gelang, die Fünfte Symphonie ‚lebte' und wurde eines seiner berühmtesten Werke – und Stalin ließ ihn zähneknirschend gewähren.

Der Begriff des Zitats ist beim Schreiben über Schostakowitschs Musik meist schnell zur Hand und so als behelfsmäßige Formulierung auch in der vorliegenden Arbeit präsent. Eine eingehende Betrachtung zeigt allerdings, dass sein landläufiger Gebrauch hier in mancher Hinsicht unangemessen, ja verfälschend wirkt: Einmal sind hundertprozentige Übernahmen, wie sie der Ausdruck suggeriert, bei Schostakowitsch kaum zu finden, zum anderen subsumiert er unterschiedslos Phänomene, die in Wahrheit wenig miteinander gemein haben, also etwa ironische Distanzierung einerseits und affektive Annäherung an ein anderes Werk andererseits. Schließlich lässt er auch die unterschiedliche ‚Adressierung' außer Acht, d.h. die Tatsache, dass bestimmte Kundgebungen in Schostakowitschs Musik je nach Bildungshorizont des Publikums notwendigerweise unbemerkt bleiben. Grundsatz des Zitats im engeren Sinne wäre hingegen, dass es unbedingt wahrgenommen werden will; wo es das nicht will, ist es ein Plagiat.

Der Begriff der Intertextualität, welcher seit 1967 durch Julia Kristeva,[107] Gérard Genette[108] und andere in der Literaturwissenschaft etabliert wurde, ist bis jetzt auf musikalische Kunstwerke eher sporadisch angewandt worden,[109] und doch wird er vermutlich dem Geflecht aus Verweisen, Anspielungen und ‚äsopisch' kodierten Botschaften in Schostakowitschs Musik eher gerecht, als der Ausdruck des Zitats. Jedenfalls dürften schon die wenigen hier gegebenen Beispiele erkennen lassen, dass eine Literaturtheorie, der es um die „Transzendenz des Textes", seine „manifeste oder geheime Beziehung zu anderen Texten" geht (Genette),[110] eine angemessene Grundlage für das Verständnis vieler Phänomene in Schostakowitschs Musik böte; beispielsweise konnte das palimpsestartige Überschreiben eines Prätextes, welches eine zentrale Technik von literarischer In-

---

106 Friedrich Schiller, *Willhelm Tell* (1804), vierter Aufzug, dritte Szene.

107 Julia Kristeva, *Bachtin, das Wort, der Dialog und der Roman* (1967), in: *Literaturwissenschaft und Linguistik. Ergebnisse und Perspektiven,* Bd. 3, Hrsg. von Jens Ihwe, Frankfurt/M. 1972, S. 345–375.

108 Gérard Genette, *Palimpseste. Die Literatur auf zweiter Stufe,* Frankfurt/M. 1993.

109 Siehe u.a. Thomas Schäfer, *Modellfall Mahler: kompositorische Rezeption in zeitgenössischer Musik,* München 1999; außerdem: Matthias Tischer, Essay zur „Musikalischen Intertextualität", Kapitel V seines Buchs über Paul Dessau (vgl. Matthias Tischer, *Komponieren für und wider den Staat – Paul Dessau in der DDR,* Köln / Weimar / Wien 2009, S. 125ff.), sowie die Beiträge von Julian Caskel und Hartmut Hein in vorliegendem Band.

110 Genette, *Palimpseste,* S. 9.

tertextualität darstellt, ja in musikalischer Form im Adagiosatz der Fünfzehnten Symphonie aufgezeigt werden.

Es scheint, dass Friedrich Nietzsche einer der ersten war, die den notwendigerweise zum Intertextuellen drängenden Charakter der abendländischen Musik erfassten. In seinem nachgelassenen Fragment *Unter Musikern* heißt es: „Wir sind späte Musiker. Eine ungeheure Vergangenheit ist in uns vererbt. Unser Gedächtniß citirt beständig. Wir dürfen unter uns auf eine fast gelehrte Weise anspielen: wir verstehen uns schon. Auch unsere Zuhörer lieben es, daß wir anspielen: es schmeichelt ihnen, sie fühlen sich dabei gelehrt.“[111]

Das Jüdische Moment

Im Februar 1944 starb Iwan Sollertinski überraschend im Alter von nur 41 Jahren. In einem ersten Brief an die Witwe schrieb Schostakowitsch: „Er war mein nächster und teuerster Freund. Meine ganze Entwicklung verdanke ich ihm.“[112] Nach russischer Tradition komponierte er zum Gedenken an den Verstorbenen ein Klaviertrio, das noch im selben Jahr uraufgeführt wurde. In diesem Trio op. 67 und einer Anzahl folgender Werke dominiert mehr als je zuvor in Schostakowitschs Musik ein jüdischer Tonfall – eine Entwicklung, die man primär natürlich vor dem Hintergrund der Zeitereignisse wird sehen müssen: Im Angesicht des Holocaust, so erklärt Jascha Nemtsov, wurde „jüdische Musik nicht [mehr] nur als Folklore-Element aufgefasst, sondern vielmehr als politisches und moralisches Symbol“;[113] das „‚jüdische‘ Finale“ des op. 67 lasse sich dementsprechend als „die Reaktion auf antisemitische Verfolgungen und die Vorahnung der drohenden Katastrophe“ auffassen.[114] Die Tatsache, dass Schostakowitschs Klaviertrio ein Requiem für den bedeutendsten Mahler-Forscher des Landes darstellte, legt allerdings nahe, sein jüdisches Kolorit auch mit Mahler und dessen Judentum zu assoziieren. Mahlers dreifache Heimatlosigkeit – „als Böhme unter den Österreichern, als Österreicher unter den Deutschen und als Jude in der ganzen Welt“[115] – berührte sich zweifellos mit dem Schicksal des im eigenen Land verfemten und drangsalierten Schostakowitsch, anders gesagt: für Schostakowitsch war wie für Mahler die „Heimat“ längst als Fiktion entlarvt; das Jüdische als „Symbol für die menschliche Schutzlosigkeit“, wie Schostakowitsch es ausdrückte,[116] wurde damit geradezu zwangsläufig ein Kristallisationspunkt seines Lebensgefühls. In ihrer

111 Friedrich Nietzsche, *Nachgelassene Fragmente Anfang 1888 bis Anfang Januar 1889*, in: *Kritische Gesamtausgabe*, hrsg. v. Giorgio Colli und Mazzino Montinari, Berlin 1972, S. 36.
112 Vgl. Meyer, *Schostakowitsch* 1995, S. 309.
113 Vgl. Jascha Nemtsov, *„Der Skandal war perfekt“ – Jüdische Musik in Werken europäischer Komponisten*, in: *Impulse für Europa. Tradition und Moderne der Juden Osteuropas* (Osteuropa, 58. Jg., Nr. 8–10/2008), S. 183–210, hier S. 183.
114 Vgl. ebd., S. 208.
115 Dieser angeblich von Mahler oft verwendete Ausspruch wurde von Alma Mahler überliefert. Vgl. Erich Wolfgang Partsch / Oskar Pausch (Hrsg.), *Die Ära Gustav Mahler. Wiener Hofoperndirektion 1897-1907*, Österreichisches Theatermuseum., Wien 1997, S. 22.
116 Vgl. Solomon Volkow, *Die Memoiren des Dmitri Schostakowitsch*, Hamburg 1979, S. 250.

Bezogenheit auf das Judentum haben die Biographien von Mahler und Schostakowitsch somit einen markanten Schnittpunkt – und sind dabei doch völlig unterschiedlich. Geradezu antithetisch verliefen die Wege der beiden Künstler – bei
Schostakowitsch hin zum Jüdischen, bei Mahler davon weg.

Für Mahler war ja die jüdische Herkunft vor allem Bürde auf dem steilen
Karriereweg; er entschied sich notgedrungen für die vollständige Assimilierung –
einschließlich der Konversion zum Katholizismus vor seinem Wechsel an die
Wiener Hofoper,[117] wobei er freilich nicht, wie Alma Mahler glauben machen
wollte, zum überzeugten Katholik wurde: Die Bitte, eine Messe zu schreiben,
schlug er bekanntermaßen mit der Begründung ab, „er könne kein Credo komponieren.“[118] – Eine starke Bindung zum jüdischen Glauben seiner Väter lässt sich
allerdings ebenso wenig belegen. „Wenn Mahler das Wort ‚Gott' aussprach“ di-
agnostiziert Jens Malte Fischer, „so war nicht der christliche oder der jüdische
Gott gemeint, sondern ein Amalgam aus all dem und aus noch mehr“.[119]

Schostakowitsch, der fest verwurzelte russische Patriot und Nichtjude, nahm
also einen umgekehrten Weg, nämlich den einer emphatischen Hinwendung zum
Jüdischen – nicht im religiösen sondern im oben angedeuteten affektiven,
menschlichen Sinne, welcher natürlich auch das Werk umfasste. Die Identifikation mit dem Jüdischen trieb ihn zwar nicht weg vom Russentum, wohl aber von
dem, was daraus unter Stalin geworden war und was ihn letztlich zum Fremden
im eigenen Land hatte werden lassen. Jewtuschenkos Gedichtzeilen aus *„Babi
Jar"* – von Schostakowitsch 1962 im ersten Satz seiner Dreizehnten Symphonie
vertont – bringen die komplexe Identität des Komponisten auf den Punkt: „Mir
ist, als wenn ich selbst ein Jude bin“, heißt es zu Beginn, und später:

> „Der Juden Blut fließt nicht in meinem Blut.
> Doch tiefer Hass verfolgt mich bis zum Schlusse:
> Für Judenfeinde bin ich wie ein Jud'.
> Und darum steh' ich hier als wahrer Russe.“[120]

In der Gegenüberstellung mit Schostakowitsch tritt eine irritierende Eigenschaft
Mahlers besonders plastisch hervor, wobei allerdings einmal mehr der unterschiedliche zeitgeschichtliche Horizont der beiden Künstler in Rechnung zu stellen ist. Gemeint ist Mahlers Indifferenz gegenüber Antisemitismus im Allgemeinen und gegenüber dem Antisemitismus Richard Wagners im besonderen. Ausge-

---

117 Zu Mahlers katholischer Taufe am 23. Februar 1897 erklärt der jüdische Schriftsteller Soma
    Morgenstern, ein Freund Alban Bergs: „Gustav Mahler ließ sich taufen, damit er Direktor der
    Wiener Staatsoper werden konnte. Er hat es damit sich und Kaiser Franz Joseph leichter ge-
    macht.“ Vgl. Michael Haber, *Das Jüdische bei Gustav Mahler*, Frankfurt 2009, S. 59.
118 Ebd., S. 58.
119 Fischer, *Gustav Mahler*, S. 323.
120 Schostakowitsch, Dreizehnte Symphonie *„Babi Jar"*, Worte von Jewgeni Jewtuschenko, dt.
    Nachdichtung von Jörg Morgener; Jewtuschenko und Schostakowitsch entfachten mit dem
    Stück einen Konflikt mit der Staatsführung, die der Meinung war, die russischen Opfer des
    deutschen Massakers von Babi Jar würden zu Gunsten der jüdischen vernachlässigt. Die Fol-
    ge war eine zeitweilige Umdichtung, die die gewünschte ‚Relativierung' brachte (vgl. Schos-
    takowitsch, *Chaos statt Musik?* S. 193 u. 201ff.).

hend vom jugendlichen Wagnerianertum der späten 1870er Jahre stimmte Mahler ja ein lebenslanges Preislied auf Wagner an, ohne jemals an dessen antisemitischen Ausfällen nennenswerten Anstoß zu nehmen,[121] und dies obgleich er selbst wiederholt Opfer „antisemitische[r] Ranküne", vermutlich sogar direkt von Seiten Cosima Wagners wurde.[122] Ganz anders Schostakowitsch: „Oft prüfe ich einen Menschen an seiner Einstellung zu den Juden. Heutzutage kann kein Mensch, der den Anspruch auf Anständigkeit erhebt, Antisemit sein."[123] Wie Mahler war auch Schostakowitsch ein stupender Kenner und Bewunderer der Werke Wagners. Maxim Schostakowitsch berichtet, sein Vater sei in der Lage gewesen, den gesamten *Ring*-Zyklus auswendig auf dem Klavier vorzutragen.[124] Beim Thema Antisemitismus allerdings fällte Schostakowitsch ein geradezu manichäisches Urteil: Wagner sei ein Rassist gewesen und konnte folglich kein Genie sein, denn, so wörtlich: „Genie und Verbrechen sind zwei unvereinbare Dinge."[125]

Inwieweit Jüdisches bei Mahler oder Schostakowitsch auch konkret in der Musik manifest wird, ist weitaus schwerer zu fassen als alles Biographische und Weltanschauliche. Namentlich im Falle Mahlers sind die Ansichten über diese Frage überaus konträr, zumal angenommen wird, dass Mahler „nie im Leben traditionelle jüdische Musik gehört" hat.[126] Überdies herrscht – und das betrifft Mahler und Schostakowitsch gleichermaßen – keineswegs Einigkeit über die Grundfrage, was denn eigentlich jüdische Musik sei,[127] das heißt, wo nicht, wie z.B. in einigen Stücken aus Schostakowitschs *Präludien und Fugen* op. 87, der Nachweis originaler jüdischer Quellen aus Klezmer oder Synagogengesang gelingt,[128] bleibt vieles hypothetisch. Das geläufige Vorgehen, eine Musik nach bestimmten, zuvor als *jüdisch* definierten Elementen und Idiomen durchzukämmen und dann sozusagen nach Statistik zu entscheiden, scheint jedenfalls wenig hilfreich. Im Gegenteil: Gewisse Einzelerscheinungen, welche in der Literatur als typisch jüdisch beschrieben werden, sei es die sog. „um-ta"-Begleitung, seien es „rezitativartige melodische Floskeln",[129] bestimmte Modustypen oder auch charakteristische Motivbildungen wie die sog. „jambische Prime",[130] sind für sich genommen durchaus

---

121 Vgl. Constantin Floros, *Gustav Mahler*, München 2010, S. 14; s. auch: „*Ahnung und Aufbruch, Der junge Gustav Mahler und das Wien um 1870*", Neue Züricher Zeitung 2. Juni 2001. Zitat: „Mahler übernahm Wagners Antisemitismus nicht [...], aber er hat sich auch nie mit diesem Antisemitismus kritisch auseinander gesetzt, soviel wir wissen."

122 Vgl. Fischer, *Gustav Mahler*, S. 308f. und 313.

123 Vgl. Volkow, *Die Memoiren*, S. 249.

124 Maxim Shostakovich, *Six Lectures on the Shostakovich Symphonies*, in: *Shostakovich Reconsidered*, S. 402.

125 Schostakowitsch, *Chaos statt Musik?* S. 12.

126 Günter Wolter, „*Geheimsprache der Dissidenz*", Schostakowitsch und das jüdische Element bei Mahler, in: *D. Schostakowitsch und das jüdische Erbe*, S. 325–337, hier: S. 330.

127 Vgl. Eckhard John, Heidy Zimmermann (Hrsg.), *Jüdische Musik? Fremdbilder – Eigenbilder*, Köln 2004, S. 2.

128 Vgl. Wolter, *Geheimsprache*, S. 335; Wolter nennt irrtümlich das *Präludium Nr. 14 e-Moll*; es müsste heißen: „es-Moll".

129 Vgl. Nemtsov, „*Der Skandal war perfekt*, S. 200.

130 Vgl. Kadja Grönke, *Analytische Aspekte der ersten acht Streichquartette von Dmitri Schostakowitsch*, in: Wehrmeyer (Hrsg.) *Schostakowitschs Streichquartette*, S. 41–80, hier S. 66.

unspezifisch und damit kein Garant für jüdischen Einfluss.[131] Die „freygische"
Tonleiter etwa (s. u.) kommt zwar in jüdischer Musik und namentlich auch bei
Mahler vor,[132] ebenso aber in der spanischen, der byzantinischen und – als Hijaz
bezeichnet – in der türkischen und arabischen Musiktradition. Die jambische Prime, um ein anderes Element herauszugreifen, ist zum Beispiel die dominierende
musikalische Figur in Bachs *Fuga fis-Moll* (BWV 859) aus dem ersten Band des
Wohltemperierten Klaviers – gewiss kein jüdisches Stück. Aufhorchen lässt allerdings, dass Schostakowitsch in seinem Präludium gleicher Tonart (op. 87/8) diese
Häufung jambischer Primen von Bach übernimmt und nun tatsächlich ein Stück
unverkennbar jüdischen Charakters daraus gestaltet.

Soweit zu erkennen ist, vermied es Schostakowitsch konsequent, sich über jüdische Musik in einem musikalisch-technischen Sinne zu äußern. Bekannt geworden ist einzig seine Charakterisierung der jüdischen Volksmusik als ein „Lachen
durch Tränen [hindurch]", eine Eigenschaft, so der Komponist, die seiner eigenen
„Vorstellung, wie Musik sein soll, sehr nahe" komme.[133] Der Ausdruck „Lachen
durch Tränen" allerdings, das wurde bereits weiter oben gezeigt, ist eine Art ge-
flügeltes Wort in der russischen Literaturgeschichte, welches genuin weder mit
Musik, noch mit dem Aspekt des Jüdischen verknüpft war. Als Urheber der Formulierung ist wohl Puschkin anzusehen, der sie 1836 in seiner Kritik der Gogol-
schen Erzählungen „*Abende auf dem Weiler bei Dikanka*" verwendete, und damit
in der Rezeption Gogols einen Topos schuf, der bis heute tradiert wird.[134] Schostakowitschs Verwendung des Begriffs zeigt also einmal mehr den affektiven ‚russischen Blick' auf das Jüdische, von dem bereits die Rede war.

Dass es dem Komponisten in jüdisch konnotierten Werken nicht um unmittelbaren Folklorismus ging, mag ein charakteristisches technisches Detail belegen,
die Tatsache nämlich, dass typische jüdische Intonationen bei Schostakowitsch oft
gerade *nicht* in den bekannten jüdischen Modi wie Freygisch/„Ahava Rabboh"
oder „Mi Sheberach" (Modi auf der V. bzw. IV. Stufe in *harmonisch Moll)* erscheinen, sondern in einer Hybridform, welche die charakteristischen Alterationen

---

131 Ritzarev behauptet, dass selbst das sogenannte ‚*jüdische Thema'* aus Schostakowitschs op. 67
    (vgl. Bsp. 9) erst nachträglich als jüdisch empfunden wurde, nämlich nachdem Schostako-
    witsch in den Gesängen op. 79 explizit jüdische Poesie in ähnlichen modalen Strukturen ver-
    tont hatte: „The probable conclusion [...] is that this [...] theme is not as Jewish as we might
    have thought. [...] I suggest that [...] this theme came to be perceived as Jewish retrospec-
    tively, after Shostakovich had written his vocal cycle *From Jewish Folk Poetry*. Casting its
    light on his other works, this cycle made people ‚think Jewish' in regard to Shostakovich's
    work perhaps more than the composer himself had intended" (Marina Ritzarev, *When Did
    Shostakovich Stop Using Jewish Idiom?* In: *D. Schostakowitsch und das jüdische Erbe*,
    S. 114–130, hier: S. 123f.).
132 Vgl. „*Des Antonius von Padua Fischpredigt*" T. 19–22, 145–148, 153f. usw. sowie Analog-
    stellen im Scherzo der Zweiten Symphonie; das Adagio der Zehnten Symphonie bedient sich
    zu Beginn der fis-Freygischen Leiter.
133 Vgl. Volkow, *Die Memoiren*, S. 176.
134 „In any case, the expression ‚laughter through tears' is not Gogol's. [...] The expression
    ‚laughter through tears' is Pushkin's (review of second edition of *Evenings on a Farm near
    Dikanka*, in: *Sovremennek*, No. 1, 1836)" (zit. nach Vasili Vasilievich Gippius, *Gogol*, edited
    and translated by Robert A. Maguire, Durham 1989, S. 203, Anm. 13).

der genannten Modi, nämlich phrygische Sekunde und übermäßige Quarte in einer einzigen Leiter vereint.[135] Derartige ‚jüdische Schostakowitsch-Modi' kommen nicht nur in diversen Nachkriegswerken des Komponisten wie etwa dem *Cellokonzert* op. 107 (Seitenthema des ersten Satzes) und natürlich den *Gesängen aus jüdischer Volkspoesie* op. 79 vor, sondern eben auch im Finale des Klaviertrios op. 67 – als Tonvorrat von dessen zweitem Thema, welches gewohnheitsmäßig, womöglich unter Berufung auf den Komponisten selbst, sein ‚jüdisches Thema' genannt wird.[136] Der zugrunde liegende Modus ist eine Art c-Dorisch mit den zusätzlichen Alterationen übermäßige Quarte *fis* und phrygische Sekunde *des*.

Notenbeispiel 9: Schostakowitsch, Klaviertrio Nr. 2 op. 67

Bemerkenswert ist, dass Schostakowitsch von diesem bekannten ‚jüdischen Thema' aus dem Klaviertrio später eine direkte Brücke zu Mahler schlug, und zwar bei der Neuauflage des Themas in seinem Achten Streichquartett, das er 1960 – übrigens fast auf den Tag genau an Mahlers einhundertstem Geburtstag – in Gohrisch bei Dresden vollendete.[137]

Das Jahr 1960 war in Schostakowitschs Biographie ein dramatischer Tiefpunkt – bedingt durch den erzwungenen Eintritt des Komponisten in die Kommu-

135 Die sechste Stufe des Modus variiert in den genannten Beispielen: Der ‚*dorischen'* großen Sexte im Klaviertrio steht in op. 107 bzw. im dritten Stück aus op. 79 die kleine Sexte gegenüber. In ihren ersten fünf Stufen entspricht diese Leiter im übrigen den von Lajos Bárdos unter Zigeuner-Phrygisch rubrizierten Modi (vgl. Lajos Bárdos, *Die volksmusikalischen Tonleitern bei Liszt*, in: Klara Hamburger (Hrsg.), *Franz Liszt – Beiträge ungarischer Autoren*, Budapest 1978, S. 183).

136 Wehrmeyer spricht vom „Thema aus ‚jüdischer Folklore'" (vgl. Andreas Wehrmeyer, *Überlegungen zu Schostakowitschs achtem Streichquartett*, in: ders. (Hrsg.), *Schostakowitschs Streichquartette*, S. 213-228, hier S. 221).

137 Mahlers Geburtstag ist der 7. Juli; Schostakowitsch weilte vom 9. bis 15. Juli in Gohrisch und beendete das Quartett am 14. Juli.

nistische Partei. Sein Freund Glikman hat diese Ereignisse unter der Überschrift „Vorgeschichte des Achten Streichquartetts" ausführlich beschrieben.[138] Es kann danach als gesichert gelten, dass Schostakowitsch den Parteieintritt, den er zuvor monatelang mit allen denkbaren Winkelzügen abzuwenden versuchte, als eine beispiellose Niederlage empfand – als seinen „moralischen Tod" sozusagen, welchem durch Freitod zuvorzukommen ihm zeitweise als einziger Ausweg erschien. In dieser Situation also schrieb der Komponist im Juli 1960 innerhalb von drei Tagen sein Achtes Streichquartett, das er kurz nach seiner Rückkehr aus der DDR in einem Brief an Glikman nicht nur als durch und durch autobiographisches Werk, sondern sozusagen als sein eigenes Requiem ankündigte:

> „Ich dachte darüber nach, daß, sollte ich irgendwann einmal sterben, kaum jemand ein Werk schreiben wird, das meinem Andenken gewidmet ist. Deshalb habe ich beschlossen, selbst etwas Derartiges zu schreiben. Man könnte auf seinen Einband auch schreiben: ‚Gewidmet dem Andenken des Komponisten dieses Quartetts'. Grundlegendes Thema des Quartetts sind die Noten D. Es. C. H., d.h. meine Initialen (D. Sch.). Im Quartett sind Themen aus meinen Kompositionen und das Revolutionslied ‚Gequält von schwerer Gefangenschaft' verwandt. Folgende meiner Themen: aus der 1. Symphonie, der 8. Symphonie, aus dem Trio, dem Cellokonzert, aus der Lady Macbeth. Andeutungsweise sind Wagner (Trauermarsch aus der ‚Götterdämmerung') und Tschaikowski (2. Thema des 1. Satzes der 6. Symphonie) verwandt. Ach ja: Ich habe noch meine 10. Symphonie vergessen."[139]

Die Zitate und Allusionen, die Schostakowitsch hier aufzählt, spannen dieser Musik einen weiten intertextuellen Assoziationsrahmen auf, und doch verschweigt der Komponist – wie er es übrigens fast immer tut – den wichtigsten weil womöglich tiefsten und persönlichsten Bezug, nämlich den zu Gustav Mahler. Dass ein solcher in einem erklärten Abschiedswerk Schostakowitschs vorhanden ist, versteht sich von selbst, und es dürfte des Weiteren nicht überraschend sein, dass das Mahlersche Stück, auf welches hier rekurriert wird, der *Abschied* aus dem *Lied von der Erde* ist. Schostakowitschs Verhältnis zum letzten Satz des *Liedes von der Erde* war ja ein ganz spezielles – selten redete er anders als in Superlativen davon: Dies sei „das Genialste [...], das je in der Musik geschaffen wurde", erklärte er etwa seinem Schüler Denissow – und fügte noch, in Abwandlung einer geläufigen Devise Sollertinskis hinzu: „Das steht noch über Bach und Offenbach."[140]

Vergegenwärtigen wir uns hier den mit *Allegro molto* überschriebenen zweiten Satz von Schostakowitschs Achtem Streichquartett; ihm liegen insgesamt drei

---

138 Dmitri Schostakowitsch, *Chaos statt Musik?* S. 174f.

139 Ebd., S. 173f.

140 Zit. nach Gojowy, *Dimitri Schostakowitsch*, S. 63/64; Sollertinski, dies zum Hintergrund des Wortspiels, pflegte zu sagen, man müsse die Musik „von Bach bis Offenbach" verstehen, und variierte damit wohl einen noch älteren Ausspruch, nämlich von Johannes Brahms: Der hatte seine Festansprache bei der Feier zu Eduard Hanslicks 70. Geburtstag 1895 seinerzeit mit dem Aperçu gewürzt, der Jubilar liebe „Bach am liebsten als Kompositum von Offenbach" – eine Spitze gegen Hanslicks zunehmende Neigung zum leichteren Genre (vgl. Dmitri Schostakowitschs, *Gedanken über den zurückgelegten Weg*, S. 24 sowie Max Kalbeck, *Johannes Brahms*, zweite verbesserte Auflage, Nachdruck Tutzing 1976, Bd. 4, zweiter Halbband, Kap. 9, S. 406).

Themen von jeweils fest umrissener Semantik zugrunde: Das erste, ein zweitaktiges Ostinato-Motiv und sozusagen die treibende Kraft des Satzes, stammt direkt aus dem fälschlich *Invasionsepisode* genannten grotesken Gewaltmarsch im Kopfsatz der Siebten Symphonie.[141] Im Quartett bildet sich das Motiv bereits zum Schluss des ersten Satzes heraus und wird beim Attacca-Übergang zum zweiten Satz abrupt auf das vierfache Tempo beschleunigt (Notenbeispiel 10).

Notenbeispiel 10a: Schostakowitsch, Siebte Symphonie, 1. Satz, „Invasionsepisode" vor Ziffer 37

Notenbeispiel 10b: Schostakowitsch, Achtes Streichquartett, Übergang 1./2. Satz

Als zweiter Gedanke erklingt – im Wesentlichen unverändert übernommen – das *Jüdische Thema* aus dem Klaviertrio op. 67 (vgl. Notenbeispiel 9); einen entsprechenden Hinweis auf das Trio enthält der oben zitierte Brief an Glikman.

Besondere Aufmerksamkeit indes verdient das dritte Thema des Satzes, welches sich aus zwei kontrastierenden Hälften zusammensetzt: Zunächst erscheinen in ganzen Noten die vier Töne des Initialenmotivs *D-Es-C-H* (im zitierten Brief ebenfalls erwähnt); überlappend schließt sich im vierten Takt eine zweistimmig in Dezimenparallelen geführte thematische Gestalt an, die eindeutig als das jambische zweite Hauptmotiv des *Abschieds* aus Mahlers *Lied von der Erde* zu identifizieren ist (Notenbeispiel 11). Die Veränderungen gegenüber dem Original sind marginal; zum einen werden Mahlers Trillerfiguren jetzt als Triolen ausgeschrieben, was dem rasenden Tempo des Satzes geschuldet ist, zum anderen ist die diatonische Anlage des originalen Motivs chromatisiert, ein verfremdendes Moment, welches weder die Identität des Motivs antastet, noch dessen Tonalität, welche in beiden Fällen c-Moll ist. Dass in diesem Thema Mahler und Schostakowitsch gleichsam motivisch ‚zusammenrücken', dürfte dessen geradezu bildhaft plastische Grundidee sein.

141 Die Quellen besagen, dass der Satz wohl schon vor Hitlers Angriff auf Russland konzipiert oder sogar vollendet war. Vgl. Koball, *Pathos*, S. 183.

Notenbeispiel 11a:
Mahler, *Das Lied von
der Erde*, Nr. 6
Der Abschied T. 27

Notenbeispiel 11b:
Schostakowitsch, Achtes Streichquartett, 2. Satz T. 178ff.

Insgesamt entsteht in dem Satz der Eindruck einer musikalischen Rückschau in die dunkle Zeit der frühen 40er Jahre: Zunächst erscheint die treibende Ostinato-figur aus der *Leningrader Symphonie*, welche – in der Symphonie im schneidigen Marschtempo – hier im Quartett eine wilde Hetzjagd entfacht, sodann inmitten der wütenden Raserei das *jüdische Thema*, schließlich aber – und dies ist das eigentlich Erstaunliche – die Verschmelzung der *D-Es-C-H*-Chiffre mit dem jambischen Motiv aus Mahlers *Abschied*. Es scheint, dass Schostakowitschs Wort vom Jüdischen als dem „Symbol für die menschliche Schutzlosigkeit" für die Programmatik dieser Musik ebenso relevant ist, wie – in Gestalt des dritten Themas – die oben vermutete persönliche Identifikation Schostakowitschs mit Mahler in Zeiten eines entfesselten Antisemitismus'.

In seiner Liebe zu Mahlers *Abschied* wird Schostakowitsch im übrigen kaum entgangen sein, dass Mahler im großen c-Moll-Orchesterzwischenspiel, welches als Klammer zwischen den beiden vertonten Gedichten *„Erwartung des Freundes"* und *„Abschied des Freundes"* steht, die Kombination des *D-Es-C-H*-Monogramms mit dem jambischen Motiv sozusagen schon ,vorausahnte': Mahlers Viertonmotiv *Es-D-H-C*, welches in den ersten Takten dieses Zwischenspiels entwickelt wird, ist die Krebsumkehrung von Schostakowitschs späterem Initialenmotiv (Notenbeispiel 12).[142]

Notenbeispiel 12: Mahler, *Das Lied von der Erde*, Nr. 6 *Der Abschied* T. 333ff.

---

142 Vgl. Marina Ritzarev, *When Did Shostakovich Stop Using Jewish Idiom?* in: *D. Schostako-witsch und das jüdische Erbe*, S. 114-130, hier: S. 121.

Bachverehrung

Johann Sebastian Bach bedeutete für Mahler und Schostakowitsch gleichermaßen einen Fixstern des kompositorischen Schaffens, wobei beide bereits gestandene Komponisten waren, als dieses Gestirn unverhoffte Strahlkraft erreichte.

Bei Mahler fällt dieses Ereignis wohl in die Zeit vor und während der Entstehung seiner Fünften Symphonie. Hier habe, wie Bruno Walter überliefert, eine „hingebungsvolle Vertiefung in Bach, und namentlich die *Kunst der Fuge* [...] einen großen Einfluß auf seine kontrapunktische Arbeit genommen."[143] Zunächst allerdings stand für Mahler hier gar nicht unbedingt Bach auf der Agenda; vielmehr suchte er wohl ganz allgemein in Sachen Kontrapunkt in Klausur zu gehen – als Handgelenksübung sozusagen für ein noch solideres und reibungsloseres Komponieren: Er begreife jetzt, äußerte er im Juli 1900, „daß Schubert [...] noch kurz vor seinem Ende Kontrapunkt studieren wollte. Er empfand, wie der ihm fehlte. Und ich kann ihm das nachfühlen, weil mir selbst dieses Können und ein richtiges, hundertfältiges Üben im Kontrapunkt aus der Lernzeit so abgeht."[144]

Dass ihn diese Studien in faszinierende Zwiesprache mit einem der Größten brachten, wurde Mahler womöglich erst mit der Zeit in ganzer Tragweite bewusst; jedenfalls wirkte sein Tonfall schon im Folgejahr merklich hochgestimmt. Vom „Bachschen Genius" und dem zeitlosen „Wunder seiner Polyphonie" war nun die Rede,[145] aber auch von einer „angeborenen" Nähe seines eigenen musikalischen Denkens zu jenem Bachs. Mahler wörtlich:

> „Unsagbar ist, was ich von Bach immer mehr und mehr lerne (freilich als Kind zu seinen Füßen sitzend): denn meine angeborene Art zu arbeiten ist Bachisch! Hätte ich nur Zeit, in diese höchste Schule mich ganz zu versenken! Von welcher Bedeutung das wäre, kann ich selbst nicht ausdenken. Ihm aber seien meine späteren Tage, wenn ich endlich mir selbst gehöre, geweiht!"

Etwas Wesentliches scheint Mahler erst in diesen Sommermonaten 1901 an Bach aufgegangen zu sein, indem er erkannte, dass sich dessen musikalisches Denken nicht in kontrapunktischen Exerzitien und Grübeleien erschöpfte, sondern an jene zweite Unmittelbarkeit rührte, die *nach* allem technischen Nachsinnen kommt: Nicht die Strenge Bachs rühmte er nun, sondern im Gegenteil dessen „ungeheure Freiheit [...], die kaum je wieder musikalisch erreicht wurde und die auf dem unerhörten Können und Gebieten über alle Mittel beruhe." Und er fügte wörtlich hinzu: „In Bach sind alle Lebenskeime der Musik vereint wie in Gott die Welt. Eine größere Polyphonie war nie da!"[146] Umgekehrt geißelte Mahler nun ohne Gnade Werke, die seinem an Bachs Polyphonie geschärften Musik-Ideal nicht mehr genügen wollten. Tschaikowskys *Pathetique* etwa nannte er ein „untiefes

---

143 Bruno Walter, *Gustav Mahler,* Berlin und Frankfurt/Main 1957, S. 80f.
144 Bauer-Lechner, *Erinnerungen*, S. 138.
145 Ebd., S. 161.
146 Ebd., S. 157.

und äußerliches, schrecklich homophones Werk [...] nur Geflunker, Sand in die
Augen! Wenn man der Sache näher rückt, bleibt verteufelt wenig übrig."[147]

Mahlers eigenes Komponieren zehrte bereits in der Fünften Symphonie erheblich von seinen eindringlichen Bachstudien, und zwar keineswegs nur in den
fugierten Couplets ihres Rondo-Finales, sondern etwa auch im populär geworde-
nen *Adagietto*, welches der expressiven Polyphonie der D-Dur-*Air* von Bach (von
der Mahler bekanntlich in späten Jahren eine Bearbeitung anfertigte)[148] näher stehen dürfte, als manchem Bruckner-Adagio. Bei der Wiener Erstaufführung der
Symphonie am 7. Dezember 1905 setzte Mahler bezeichnenderweise die Bachmo-
tette *„Singet dem Herrn ein neues Lied"* mit aufs Programm,[149] jenes Werk also,
dessen achtstimmige „Wunderpolyphonie" – angefangen von der enthusiastischen
Rezeption durch Mozart im Jahr 1789[150] – immer wieder als unübertreffliches
Exempel Bachscher Meisterschaft gerühmt wurde. Keine Frage, das ‚neue Lied',
das Mahler mit seiner Fünften anstimmte, sollte somit demonstrativ als von Bach
herkommend nobilitiert werden.

Ein wahres Monument der Bachverehrung repräsentiert auch das bereits
oben erwähnte Orchesterzwischenspiel des *Abschieds* aus dem *Lied von der Erde*.
Gleich dem Bruchstück einer imaginären riesenhaften c-Moll-Fuge scheint es in
das Lied gefallen und realisiert hier eine eigenartige Synthese fugenhafter Real-
stimmigkeit und dem schweren Schreiten eines todessymbolischen Kondukts. In
der Handschrift bezeichnete Mahler diese Musik als „Grabgeläut".[151] Womöglich
unbewusst unterlief ihm hier auch ein konkreter Bach-Anklang, nämlich an den
Beginn der Triosonate aus dem *Musikalischen Opfer*,[152] auf welchen bekanntlich
schon Robert Schumann im Adagio-Thema seiner zweiten Symphonie anspielte –
Johannes Brahms wies als einer der ersten darauf hin.[153] – Mahlers Neuformulie-
rung desselben Gedankens bringt hier also ein Gebilde hervor, in dem sich gleich
mehrere intertextuelle Ebenen überlagern und durchdringen (Notenbeispiel 13).

147 Ebd., S. 158.
148 Gustav Mahler, *Suite aus den Orchesterwerken von Johann Sebastian Bach* (1909).
149 Vgl. Donald Mitchell, *Gustav Mahler, Volume II: The Wunderhorn Years*, Berkeley and Los An-
     geles 1975, S. 350. Für den Hinweis auf dieses interessante Detail sei Alain Gehring gedankt.
150 Mozart, heißt es in Neumanns Vorwort der Bachmotetten, sei „auf seiner Durchreise durch
     Leipzig bei den jubelnden Klängen der Motette ‚Singet dem Herrn' in helle Bachbegeiste-
     rung" ausgebrochen und habe sich nachher die Stimmen auch der übrigen Motetten erbeten,
     „um sich von dem Geiste dieser Wunderpolyphonie durchströmen zu lassen" (J. S. Bach,
     Sämtliche Motetten, Neue Ausgabe von Werner Neumann, C. F. Peters/Leipzig, Vorwort,
     November 1949).
151 Vgl. Gottfried Eberleg, *Mahlers Lied von der Erde*, Berliner Philharmoniker, Programmheft
     Nr. 19 zum 01.11./03.11.2007.
152 Martin Jahnke sei für den Hinweis auf diesen möglichen Zusammenhang gedankt.
153 Hinsichtlich Schumanns C-Dur-Symphonie schrieb Brahms am 8. Dezember 1855 an Clara
     Schumann: „Ein Anklang an dies schöne Adagio in Bachs ‚Musikalischem Opfer' wird Sie
     interessieren, wenn Sie ihn nicht wissen" (Clara Schumann, Johannes Brahms, *Briefe aus den
     Jahren 1853-1896*, Hrsg. Berthold Litzmann. Leipzig 1927, Erster Band S. 160).

Notenbeispiel 13a:
Johann Sebastian Bach, *Ein Musikalisches Opfer,* Triosonate 1. Satz[154]

Notenbeispiel 13b:
Robert Schumann, Zweite Symphonie, 3. Satz, Beginn[155]

Notenbeispiel 13c:
Mahler, *Das Lied von der Erde,* Nr. 6 *Der Abschied,* T. 334ff.

„Warum habt ihr nicht diese phantastische Tradition fortgesetzt?"[156] – so lauteten die erstaunten, fast vorwurfsvollen Worte Dmitri Schostakowitschs an seine deutschen Gastgeber beim Bachfest 1950 in Leipzig. Diese Äußerung, die sich auf Bachs *Wohltemperiertes Klavier* bezog, illustriert, dass die Bachverehrung des russischen Komponisten zu dieser Zeit – ganz ähnlich wie jene Mahlers fünfzig Jahre zuvor – enthusiastische Züge angenommen hatte.

Schostakowitschs Kenntnis der Werke Bachs war freilich schon in frühester Zeit eminent. Im Klavierunterricht bei Ignati Gljasser, einem Schüler Hans von Bülows habe er „beide Bände des *Wohltemperierten Klaviers* bereits als 12jähriger gespielt", heißt es, und die Fächer Kontrapunkt und Fuge lernte er ebenfalls schon vor dem Studium am Petrograder Konservatorium mit Passion.[157] Die Tatsache, dass Kompositionsprinzipien wie Fuge und Kanon praktisch in sämtlichen frühen Symphonien wie auch seinen beiden Opern nachweisbar sind, wird man dennoch nicht leichthin einem ungebrochenen Bach-Einfluss zuschreiben können. Die 20er Jahre, in denen Schostakowitsch seine ersten Schritte als Symphoniker tat, waren zwar eine Zeit intensiver Bach-Rezeption, einer Rezepti-

---

154 Ausgabe Bachgesellschaft Leipzig, Bd. 31, 1885.
155 Klavierauszug von Theodor Kirchner, Leipzig: Edition Peters 1882.
156 Gojowy, *Dimitri Schostakowitsch,* S. 89.
157 Chentowa, *Bach und Schostakowitsch,* S. 85.

on freilich mit deutlicher Tendenz zur Überbetonung des Linearen bei Bach. Im Ideenkreis der „Neuen Sachlichkeit"[158] entstand hier eine „lineare Moderne",[159] die mit ihrer Absage an spätromantische ‚Ausdrucksmusik' dem bis dato vorherrschenden Bild Bachs entgegentrat, welches vor allem dessen unerschöpfliche und visionäre Harmonik einseitig in den Vordergrund gerückt hatte.[160] Ernst Kurths 1917 erschienene Abhandlung *„Grundlagen des linearen Kontrapunkts"* wurde dabei – sehr zum Verdruss ihres Autors – zum willkommenen Stichwortgeber der Moderne. Mehrmals bemühte sich Kurth hier um Klarstellung: „Es ist nicht wahr, dass ich für Bach das Lineare durchaus als das Primäre hinstelle" erklärte er 1927 in einem Brief an August Halm; „ich führe [...] aus, dass Lineares und Harmonisches einander in jedem Werk und jedem Augenblick unabgrenzbar durchdringen."[161] Ebenso im Vorwort zur dritten Auflage seiner Schrift, in dem er mit scharfen Worten die „schlagwortartige Entstellung" seines Begriffs anprangerte. Die Bezeichnung „linearer Kontrapunkt", so Kurth, werde „skrupellos zur Deckung eines harmoniefreien, in neuen Klangbereichen experimentierenden Zusammenflickens von Tonlinien mißbraucht und auf alle möglichen Versuche eines ‚absoluten' oder rücksichtslosen, d.h. um alle Zusammenklänge unbekümmerten Kontrapunkts angewandt."[162]

Genau dieser ‚rücksichtslose' Kontrapunkt allerdings war es, der Schostakowitschs Werke der 20er-Jahre prägte, wobei nicht ausschlaggebend aber immerhin bemerkenswert ist, dass Kurths Schrift auch in Russland aufmerksam studiert wurde[163] und selbst in Aufzeichnungen Sollertinskis Erwähnung findet.[164] Schostakowitsch hatte der akademischen Tradition nach dem Abschluss des Konservatoriums den Rücken gekehrt und war vor dem Hintergrund der polyglotten Musikszene im Russland der 20er Jahre in eine Experimentierphase eingetreten, in der er sich mit diversen avantgardistischen Konzepten in der Musik seiner Zeit vertraut machte. Auch seine Verwendung von Kanon und Fuge nahm in diesen Jahren einen zunehmend ‚modernistischen' Charakter an, wobei sie sich – cum grano

---

158 In der Malerei fasste der Begriff „Neue Sachlichkeit" ab 1923 klassizistische und veristische Strömungen zusammen, die sich gegen Impressionismus und Expressionismus absetzten; 1926 übertrug Heinrich Strobel den Begriff auf die Musik.

159 Vgl. Detlef Gojowy, *Neue sowjetische Musik der zwanziger Jahre,* Laaber 1980, S. 258.

160 Repräsentativ ist hier eine Äußerung des jungen Max Reger (1891): „Glauben Sie mir, all die harmonischen Sachen, die man heute zu erfinden sucht und die man als so grossen Fortschritt anpreist, die hat unser großer unsterblicher Bach schon längst viel schöner gemacht!" (zit. nach Else von Hase-Koehler (Hrsg.), *Max Reger, Briefe eines deutschen Meisters; ein Lebensbild,* Leipzig 1928, S. 40).

161 Zit. nach: *Volltextbriefe zum Inventar Nachlass Ernst Kurth,* erstellt von Nora Schmid, aktualisiert von Lea Hinden, Institut für Musikwissenschaft der Universität Bern, S. 349, Sigl. H5.21: *Ernst Kurth an August Halm, 31. Januar 1927, Abschrift Dr. Luitgard Schader,* Quelle: http://www.musik.unibe.ch, (vgl. Luitgard Schader, *Ernst Kurths „Grundlagen des Linearen Kontrapunkts": Ursprung und Wirkung eines musikpsychologischen Standardwerks,* Stuttgart 2001, S. 78).

162 Ernst Kurth, *Grundlagen des linearen Kontrapunkts,* Vorwort zur dritten Auflage, Bern 1917, S. XIII.

163 Vgl. Wehrmeyer / Poldiaeva, *Bach in Russland;* S. 177.

164 Sollertinski, *Thesen, Pläne, Notizen,* S. 284.

salis – in zwei Haupttendenzen diversifizierte: Die eine orientierte sich an der genannten „linearen Moderne", während sich eine andere ungleich radikalere Richtung herausbildete, die in der Polyphonie nur mehr ein logistisches Verfahren erblickte, mit dem sich bei entsprechendem Zuwachs in Stimmenzahl und Komplexität neuartige flächig und z.T. geräuschhaft wirkende Klangbilder erzielen lassen. Beispiele für diesen zweiten Weg sind das 13-stimmige auf Ligeti vorausweisende „Klangtextil" zu Beginn der Zweiten Symphonie op. 14,[165] die con sordino gespielte „Schattenfuge" im Ballett *Das Goldene Zeitalter* op. 22 (Nr. 36)[166] und nicht zuletzt das tosende Presto-Fugato im ersten Satz der Vierten Symphonie (bei Ziffer 63). Mit ehrfürchtiger Bach-Nachfolge hatte dies so wenig zu tun, wie mit neobarocker Stilisierung, um an eine parallele Erscheinung der 20er-Jahre zu erinnern. Etwa ab der Zeit der Fünften Symphonie verloren freilich solche Grenzfälle linearer Gestaltungsmöglichkeiten nach und nach an Bedeutung für Schostakowitschs Schaffen. Die Polyphonie wurde klarer und plastischer, gewissermaßen auch ‚mahlerischer', das gesamte Satzbild oft durchhörbar bis zur Kargheit. Kennzeichnend für Schostakowitschs Stil der mittleren Periode sei, so formuliert Sofia Chentowa, die „Synthese der formbildenden homophon-harmonischen Prinzipien mit dem Lakonismus Bachs."[167]

1950 also besuchte Schostakowitsch das Leipziger Bachfest, welches zum zweihundertsten Todestag des Meisters ausgerichtet wurde. Er war als Mitglied einer 23-köpfigen sowjetischen Delegation vermutlich auf direkte Weisung Stalins nach Leipzig entsandt worden[168] und hatte hier – offenbar auf Initiative von Thomaskantor Günther Ramin[169] – vor allem die Aufgabe, als Juror im angeschlossenen Bach-Klavierwettbewerb mitzuwirken. Schostakowitsch, der kurz vor seiner Abreise in die DDR eine Aufführung der *h-Moll-Messe* in Leningrad besucht hatte,[170] hörte in Leipzig Aufführungen der *Johannespassion* und wieder der *h-Moll-Messe*, und er empfing vor allem wohl durch den genannten Klavierwettbewerb, in dem das *Wohltemperierte Klavier* im Mittelpunkt stand, die Anregung zu seinen eigenen *24 Präludien und Fugen* op. 87, welche er in den Folgemonaten komponieren sollte. Es besteht kein Zweifel, dass Schostakowitsch als enthusiastischer Bachverehrer aus Deutschland zurückkehrte. Sein Freund Glikman traf ihn mehrmals in den Sommermonaten 1950 und schrieb darüber: „Zu dieser Zeit be-

---

165 Gojowy, *Dimitri Schostakowitsch*, S. 43.

166 Vgl. Koball, *Pathos*, S.89.

167 Vgl. Chentowa, *Bach und Schostakowitsch*, S. 91.

168 Vgl. Christiane und Detlef Gojowy, *Das Bachfest Leipzig 1950 und Šostakovič*, in: *Die Musikforschung*, 55. Jahrgang 2002, S. 32-50, hier S. 44.

169 Ramin war Präsident des „Bach-Ausschusses", der die Verantwortung für den Verlauf des Bach-Fests 1950 hatte (vgl. Charlotte Ramin, *Günther Ramin: Ein Lebensbericht*. Freiburg 1958, S. 33).

170 In der Leipziger Volkszeitung erklärte Schostakowitsch, er „stehe noch unter dem Eindruck eines kurz vor seiner Abreise in Leningrad veranstalteten Konzertes mit der Aufführung der h-moll-Messe, die in dem überfüllten Konzertsaal ihn wie alle anderen in ihren Bann geschlagen habe" (vgl. *In der Sowjetunion liebt man Bach – Gespräch mit Dimitrij Schostakowitsch*, Leipziger Volkszeitung 28.07.1950). Die Quelle wurde dem Verfasser freundlicherweise von Herrn Dr. Stefan Altner, Geschäftsführer des Leipziger Thomanerchores zur Verfügung gestellt.

fand er sich unter dem starken Eindruck des Bach-Jubiläums, zu dem er kurz zuvor in Leipzig gewesen war. Schostakowitsch sprach mir gegenüber unermüdlich
mit herzlicher Liebe über Bach, den ungewöhnlichen Menschen, den handwerklich phänomenalen, ja handwerklich genialen Komponisten."[171] Und eine weitere
Aussage des Komponisten – überliefert von Boris Tischtschenko – belegt die
Tragweite seines Bach-Erlebnisses: „Ich dachte," so Schostakowitsch, „daß das
‚Lied von der Erde' das beste Werk für alle Zeiten wäre, aber jetzt scheint mir,
daß Bach stärker ist."[172]

Abbildung 1:
Schostakowitsch
und Günther Ramin
(Leipzig 1950)[173]

Mit der Komposition der *24 Präludien und Fugen* op. 87, die im Frühjahr 1951
beendet war, begab sich Schostakowitsch gegenüber der offiziellen Kulturdoktrin
in erhebliche Erklärungsnot. Wenige Jahre zuvor, im Jahr 1948, war er erneut ins
Visier von Stalins Parteiideologen Schdanow geraten und nach einer Schmutz-
kampagne wegen „niedrigen Fachniveaus" aus allen Lehrämtern entlassen worden. Ausgerechnet die angebliche Empfänglichkeit des Komponisten für die „de-
kadenten neobarocken Stilisierungen Strawinskys" hatte damals mit auf der Liste
der Verfehlungen gestanden (siehe oben). So konnte wenig Zweifel bestehen, dass
ein Werk wie die *Präludien und Fugen* von offizieller Seite als erneuter Rückfall
in den ‚Formalismus' gewertet würde. Schostakowitsch tat alles, um diesem ab-
sehbaren Vorwurf antizipierend den Wind aus den Segeln zu nehmen: Unmittelbar vor der offiziellen Vorführung des neuen Werks vor Mitgliedern des Kompo-
nistenverbands brachte er seinen Essay *Über echte und scheinbare Programmatik*
heraus, der – ohne das Werk namentlich zu erwähnen – eine Rechtfertigung der
Präludien und Fugen aus inhaltsästhetischer Sicht vornahm. Hatte Strawinsky die
Ansicht vertreten, die Fuge sei „eine vollkommene Form, in der die Musik nichts
jenseits ihrer selbst bedeutet",[174] bezog Schostakowitsch jetzt die genaue Gegenposition. Wörtlich schrieb er:

---

171 Schostakowitsch, *Chaos statt Musik?* S. 100f.
172 Boris Tischtschenko, *Etude zu einem Porträt,* in: *Dmitri Schostakowitsch. Internationales
     Festival,* Duisburg 1985, S. 68.
173 Das Foto von der Titelseite der Leipziger Volkszeitung 20.07.1950 wurde dem Verfasser
     freundlicherweise von Herrn Dr. Stefan Altner, Geschäftsführer des Leipziger Thomanercho-
     res zur Verfügung gestellt.
174 Igor Strawinsky, *Musikalische Poetik,* Mainz 1949, S. 47.

„Für mich sind höchst inhaltsreich, das heißt aber auch programmatisch, solche Werke wie die Fugen von Bach [...]. Zum Beispiel im cis-Moll-Präludium und der dazugehörigen Fuge aus dem I. Teil des ‚Wohltemperierten Klaviers' von Bach spürt man deutlich den tiefen und bewegenden Ausdruck menschlichen Leids; umgekehrt sehe ich persönlich in Präludium und Fuge Cis-Dur aus demselben Teil ein Bild der Kindheit, einer vertrauensseligen, naiven und fröhlichen Kindheit."[175]

Obgleich die taktischen Gründe dieser Argumentation unverkennbar sind, spricht doch auch einiges dafür, dass Schostakowitsch hier mit Überzeugung sprach: Die Charakterisierung der *Cis-Dur-Fuge* aus dem *Wohltemperierten Klavier* als ein „Bild der Kindheit" ähnelt ja auffällig einer bereits oben erwähnten Äußerung des Komponisten, nämlich über seine Fünfzehnte Symphonie; dort hieß es: „Der erste Satz beschreibt die Kindheit – nur ein Spielzeugladen, mit einem wolkenlosen Himmel darüber."[176] Tatsächlich ist – wie das folgende Notenbeispiel zeigt – das Allegretto-Flötenthema, mit dem die Fünfzehnte Symphonie beginnt, eine ausgedehnte Abhandlung über die Motivik der genannten *Cis-Dur-Fuge*, wobei nicht nur das Thema, sondern auch die (bei Bach aus dem Präludium entlehnte) Spielfigur der Takte 35ff. Gegenstand der Verarbeitung ist.

Notenbeispiel 14a: Bach, *Wohltemperiertes Klavier I, Fuga Cis-Dur* BWV 848

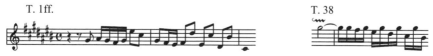

Notenbeispiel 14b: Schostakowitsch, Fünfzehnte Symphonie, 1. Satz *Allegretto*

Schostakowitsch – dafür mag nicht zuletzt dieses Beispiel einen Beleg liefern – stand einem objektivierenden neoklassizistischen Blick auf Bach offenbar zeitlebens fern.[177] Waren seine frühen konstruktiven Experimente mit polyphonen Techniken ohnehin keiner unmittelbaren Bach-Rezeption geschuldet, so erscheint

---

175 Dmitri Schostakowitsch, *Über echte und scheinbare Programmatik (1951)*, in: ders.: *Erfahrungen*, S. 82–87, hier S. 83f.

176 Zit. nach Koball, *Pathos*, S. 232.

177 Miroslav Černý sieht in der Nichtbeachtung „inhaltlich evokativer Zusammenhänge" ein Kennzeichen des neoklassizistischen Umgangs mit dem Vergangenen. Habe die „Benutzung älterer Formen und Verfahren in der Musik des 19. Jahrhunderts [...] fast stets ausgesprochen semantische Bedeutung", verführen die „‚Neoklassizisten' [...] mit dem Erbe der Vergangenheit [...] ganz frei und unbefangen als mit einem offenen, unbelasteten Paradigma" (vgl. Miroslav K. Černý, *Neoklassizismus. Zur Begriffsbestimmung*, in: Eberhardt Klemm (Hrsg.), *Jahrbuch Peters 1980, Aufsätze zur Musik*, Leipzig 1981, S. 54–56, hier S. 57).

ihm Bach, wo er dann tatsächlich mit Macht in sein Werk eintritt, gerade nicht als fernes Objekt formaler Stilisierung, sondern als ein höchst bedeutungstiefer, poetischer Komponist – ein Bachverständnis, das unwillkürlich an die hermeneutischen Anschauungen der Jahrhundertwende, etwa bei Albert Schweitzer[178] und Hermann Kretzschmar,[179] denken lässt. Nicht zuletzt schließt Schostakowitsch mit dieser Haltung auch wieder an Gustav Mahler an: Mahler ging es bei Bach um das Berührende und Lebendige – um den „wirklichen Bach", wie er sagte, und nicht „ein armseliges Gerippe davon".[180] Der sozusagen ‚beseelte Kontrapunkt', zu dem Schostakowitsch in manchen der *Präludien und Fugen* op. 87, aber auch in den Ecksätzen des bereits erwähnten Achten Streichquartetts op. 110 fand, zeugt eindrucksvoll von diesem durchaus ‚unsachlichen' Bachverständnis. Die Schlussfuge des Achten Quartetts, seines ‚Requiems in eigener Sache' (s. o.), sucht dabei unverkennbar die geistige Nähe zum Schluss der *Kunst der Fuge*, wird doch hier wie dort das persönliche Namensmotiv des Komponisten als antikisierendes Soggetto mit abschließender Diskantklausel gestaltet. Die flagranteste Übereinstimmung allerdings ergibt die Gegenüberstellung dieses Quartettschlusses mit der zentralen Fuge aus Bachs früher Trauerkantate *„Gottes Zeit ist die allerbeste Zeit"* BWV 106, bekannt unter dem Namen *Actus tragicus*.

Notenbeispiel 15a:
J. S. Bach, *„Gottes Zeit ist die allerbeste Zeit"*
Kantate BWV 106, *Actus tragicus*
Chorfuge: „Es ist der alte Bund"
(Thema und Kontrasubjekt)

Notenbeispiel 15b:
Schostakowitsch, Achtes Streichquartett
Schlussfuge
(Thema und Kontrasubjekt)

178 Schweitzers Bach-Monographie entsprang aus einer kleinen Studie zum *Orgelbüchlein*, die ein bis dato ungewohntes Bild Bachs als das eines ‚musikalischen Poeten' modellierte (vgl. das Vorwort von Schweitzers Orgellehrer Widor). Aus dieser Miszelle wurde im fertigen Buch schließlich ein über 100-seitiges Kapitel zu Bachs Ästhetik, das von den Grundzügen der Figurenlehre, die seinerzeit überhaupt noch nicht wissenschaftlich erfasst war, bis zu einem Abschnitt „Bach und die Programmusik" reichte (vgl. Albert Schweitzer, *J. S. Bach*, Leipzig 1908, 398ff.).

179 Vgl. etwa Kretzschmars Abhandlung zur C-Dur-Fuge des *Wohltemperierten Klaviers* (Hermann Kretzschmar, *Neue Anregungen zur Förderung musikalischer Hermeneutik*: Satzästhetik, in: ders., *Gesammelte Aufsätze aus den Jahrbüchern der Musikbibliothek Peters*, Nachdruck der Originalausgabe 1911, Leipzig 1973, S. 280–293, hier 282ff.).

180 Zit. nach Bauer-Lechner, *Erinnerungen*, S. 157.

Thema und Kontrasubjekt der Chorfuge „Es ist der alte Bund: Mensch, du musst sterben" werden in den beiden Soggetti bei Schostakowitsch in nachdrücklicher Weise beschworen. Allerdings erhält jedes der beiden Subjekte dabei eine eigene, ganz persönliche Note: das Hauptthema durch Eingravierung des Initialenmotivs *D-Es-C-H* und das seufzergetränkte Kontrasubjekt „Mensch, du musst sterben" durch die Einbindung eines eintaktigen Motivs aus der *Lady Macbeth*. Es handelt sich hier um eine zentrale Motivgestalt aus dem vierten Akt der Oper, in dessen Zentrum der Freitod der Protagonistin steht. Beispiel 16 zeigt das erste Auftreten des Motivs.[181]

Notenbeispiel 16: Schostakowitsch, *Lady Macbeth von Mzensk* (Urfassung 1932), 4. Akt T. 7ff.

Es bleibt einstweilen offen, wie Schostakowitsch die *Kantate Nr. 106* kennenlernte, doch ist in diesem Zusammenhang daran zu erinnern, dass sie von je her zu den beliebtesten Bach-Kantaten überhaupt gehörte: Neben dem zeitigen Erstdruck von 1830 kursierten im 19. und frühen 20. Jahrhundert bald etliche weitere Ausgaben und Bearbeitungen des *Actus tragicus*,[182] und schon 1893 fand die Petersburger Erstaufführung statt.[183] Dass die Kantate dem musikalischen „Allesfresser" Schostakowitsch[184] womöglich schon seit Studienzeiten geläufig war, ist unter diesen Umständen denkbar. Spätestens Iwan Sollertinski allerdings dürfte ihn – angeregt durch seine nachweisliche Rezeption der Bach-Monographien von Spitta und Schweitzer[185] – darauf aufmerksam gemacht haben.

Was Bach ihm bedeutete, mag man an Hand eines kurzen Textes ermessen, den Schostakowitsch im September 1974, also ein Jahr vor seinem Tod verfasste. Es handelt sich um das Vorwort zum Klavierauszug der Oper *Die Reisende*

---

181 Zur weiteren Verwendung des Motivs in der *Lady Macbeth* siehe: David Fanning, *Leitmotif in Lady Macbeth*, in: ders., *Shostakovich Studies*, S. 137f., hier S. 141, 146 u. 148.

182 Adolph Bernhard Marx hatte im ‚Windschatten' von Mendelssohns Wiederaufführung der *Matthäuspassion* die Kantaten BWV 101-106 im Klavierauszug herausgegeben. Weitere Editionen des *Actus tragicus* folgten 1860 (Heinrichshofen), 1864 (Leuckart), 1866 (Peters), 1876 (Gesamtausgabe der Bachgesellschaft, Bd. 23), 1893 (Breitkopf) und 1927 (Eulenburg).

183 Vgl. Zanna Knjazeva – Lucinde Braun, *Bach-Rezeption in Russland: Sankt Petersburg;* in: Michael Heinemann; Hans-Joachim Hinrichsen (Hrsg.), *Bach und die Nachwelt,* Bd. 2, Laaber 1999, S. 85-123, hier S. 104f.

184 Vgl. folgende Interviewäußerung des Komponisten: „Jemand hat [...] über mich gesagt, [...] dass ich ein Allesfresser bin, dass ich ‚fresse' sozusagen alle Musik, ‚von Bach bis Offenbach'" (zit. nach: Schostakowitsch, *Der Hörer bei uns ist wunderbar*, S. 173).

185 Sollertinski, *Thesen, Pläne, Notizen*, S. 284; Spitta nannte das Stück 1873 „aus den etwa hundert jetzt veröffentlichten Bachschen Cantaten die beliebteste" (Philipp Spitta, *Johann Sebastian Bach*, Bd. 1, Leipzig 1873, S. 459).

(1967/68) von Mosche Weinberg. Über den „Höhepunkt der Oper", eine Konzert-Szene in Auschwitz schreibt Schostakowitsch Folgendes:

> „Dem todgeweihten Tadeusz hatte man befohlen, auf seiner Geige eine abge-schmackte Melodie zu spielen und auf diese Weise den Lagerkommandanten zu un-terhalten. Statt dessen aber spielt Tadeusz die *Chaconne* von J. S. Bach. Der Solovio-line schließt sich dann das ganze Orchester an, wodurch das klangliche Gewicht die-ser unsterblichen Musik noch weiter erhöht wird. Die tragische Kraft dieser Szene läßt sich nur schwer in Worte fassen."[186]

Die letzten Dinge – Zum Finale der Fünfzehnten Symphonie

> „In der letzten Zeit bin ich oft kränklich. Ich bin es auch jetzt. [...]. Im Sommer habe ich noch eine Sinfonie abgeschlossen, die 15. Vielleicht sollte ich nicht mehr kom-ponieren. Doch ohne das kann ich nicht leben. Die Sinfonie ist viersätzig. Sie enthält genaue Zitate aus Rossini, Wagner und Beethoven. Manches steht unter dem direkten Einfluß von Mahler."[187]

Schostakowitsch schrieb diese Briefzeilen an Krzysztof Meyer im September 1971, also knapp vier Jahre vor seinem Tod, offensichtlich im deutlichen Be-wusstsein, dass er hier das Erscheinen seines symphonischen Schwanengesangs annoncierte. Bemerkenswert ist der zitierte Passus insofern, als er einen jener ra-ren Momente enthält, in denen der Komponist den Einfluss Mahlers auf eines seiner Werke direkt anspricht, wenn auch nicht weiter konkretisiert. Die feine Unterscheidung, mit der Schostakowitsch bei Rossini, Wagner und Beethoven von „genauen Zitaten" spricht, bei Mahler hingegen von einem „direkten Ein-fluss", stuft Mahler übrigens nicht herab, eher im Gegenteil: Genaue Zitate wirken ja tendenziell als etwas Fremdes, kollageartig Einmontiertes – von einem „direk-ten Einfluss" zu sprechen heißt hingegen, dass das Fremde tatsächlich ein Eigenes geworden ist. Mit der raffiniert zusammengewürfelten Polystilistik, wie sie Schnittke und Bernd Alois Zimmermann zur Entstehungszeit der Fünfzehnten Symphonie betrieben, hat diese allemal wenig gemein; namentlich die wörtlichen Zitate von Wagner und Beethoven sind so gründlich ‚verdaut' und der eigenen Sprache anverwandelt, dass sich der Eindruck einer Kollage kaum einstellen will.
    Die Todesverkündigung aus Wagners *Walküre* – verschränkt mit dem Rhyth-mus des Trauermarsches aus der *Götterdämmerung* sowie dem Dreitonmotiv vom Beginn des *Tristan*-Vorspiels – eröffnet als düsteres Memento mori den Finalsatz von Schostakowitschs Fünfzehnter Symphonie; das *Walküren*-Motiv erscheint später noch mehrere Male – Koball vermutet hier ein Leitmotiv des „schwarzen Mönchs" aus Tschechows gleichnamiger Erzählung, auf welche die Symphonie wohl Bezug nimmt.[188] Es ist, als würde man in dieser Musik buchstäblich der

---

186 Dmitri Schostakowitsch, *Vorwort zu Weinbergs Oper „Die Reisende" (1974)*, in: *D. Schosta-kowitsch und das jüdische Erbe*, S. 339–341, hier: S. 340.
187 Schostakowitsch, *Erfahrungen*, S. 251.
188 Koball, *Pathos*, S. 44.

Grablegung des Symphonikers Schostakowitsch beiwohnen, der sich nun einreiht ins Pantheon der Meister der Vergangenheit, welche repräsentiert sind durch *ihre* jeweiligen Abschiedswerke; die bereits oben aufgezeigten Bezüge zur jeweils letzten Oper von Rossini und Wagner, also *Wilhelm Tell* und *Parsifal*, sind durchaus auch in diesem Licht zu sehen.

Im Finale der Fünfzehnten fällt zuallererst die Anknüpfung an die von Schostakowitsch hochgeschätzte letzte Symphonie von Johannes Brahms auf:[189] Hier wie dort steht im Zentrum des Finales die Passacaglia-Form. Während aber bei Brahms der ganze Finalsatz eine Passacaglia nebst Coda darstellt, ist die Passacaglia in Schostakowitschs letztem Symphoniesatz in eine größere sonatenartige Anlage eingebettet, in welcher sie – ähnlich wie die so genannte *Invasionsepisode* im Kopfsatz der *Leningrader Symphonie* – als eine Art ‚Durchführungsmarsch' figuriert. Auf die *Leningrader Symphonie* verweist auch das *Thema* der Passacaglia, worauf u.a. Krzysztof Meyer aufmerksam macht:[190] Zumindest im Themenkopf lässt es sich unschwer als ein sarabandenartiger Abkömmling des berühmten *Invasionsthemas* identifizieren. Der Höhepunkt der Passacaglia allerdings, an dem dieser Themenkopf rhythmisch gestrafft und von *gis* nach *c* gewendet im strahlenden Blechsatz erklingt, legt unversehens eine ganz andere Assoziation nahe, die nämlich zu einer anderen *letzten* Symphonie, der Symphonie Nr. 104 von Joseph Haydn. Ihre eröffnende Adagio-Fanfare ist hier in geradezu ostentativer Weise nachgebildet (Notenbeispiel 17).

Notenbeispiel 17a:
Joseph Haydn, Symphonie D-Dur
Hob. I:104, Einleitung

Notenbeispiel 17b:
Schostakowitsch, Fünfzehnte Symphonie
Finale T. 216ff. (Auszug)

Zum Ende von Schostakowitschs Passacaglia kommt auch wieder Gustav Mahler ins Spiel, und zwar – nicht ganz überraschend – mit *seinem* letzten vollendeten Werk, dem *Adagio* der Zehnten Symphonie. Das Katastrophenszenario dieses Satzes, das in einem schockierenden Neuntonklang gleich einem expressionistischen Aufschrei gipfelt, korrespondiert mit dem Schluss von Schostakowitschs Passacaglia, welche in einen fürchterlichen Zusammenbruch in Gestalt eines e-

---

189 Krzysztof Meyer gegenüber äußerte sich Schostakowitsch über die vier Brahms-Symphonien: „Am meisten liebe ich die Symphonie Nr. 4, natürlich, sie ist die beste. Danach die Zweite, dann die Erste und am wenigsten mit Sicherheit die Dritte" (vgl. Meyer, *Schostakowitsch* 1995, S. 551).
190 Ebd., S. 500.

benfalls neuntönigen Schreckensakkordes mündet (T. 232). Die Erinnerung an
diese finale Katastrophe wirkt noch im Abgesang von Schostakowitschs Satz
nach, wenn unmittelbar vor der Coda der gleiche neuntönige Klang wie nachhal-
lend zwei weitere Male in den sordinierten Blechbläsern erklingt (T. 322ff.). Koball
erklärt in einer Art doppeltem Irrtum, auf dem Höhepunkt der Passacaglia stehe
„ein elftöniger Schreckensakkord [...] als vertikales Abbild des Passacagliathemas"
und nennt diesen Klang im Folgenden ein „Cluster".[191] Hier war vermutlich der
Wunsch Vater des Gedankens, denn es handelt sich wie gesagt getreu dem Mahlerschen Vorbild um neun Töne. Zudem ist auch das Passacagliathema nicht wie angenommen elf-, sondern zwölftönig – eine Zwölftönigkeit allerdings, die sich bemerkenswerterweise im Alternieren zweier Elftonreihen realisiert (siehe Notenbeispiel 18): Das in *Reihe 1* fehlende „d" wird umgehend in *Reihe 2* nachgeliefert, das
dort fehlende „dis" in der folgenden Wiederholung von *Reihe 1*, usw.

Notenbeispiel 18: Schostakowitsch, Fünfzehnte Symphonie, Finale T. 105ff.

   Reihenstruktur des Passacagliathemas

Auch die Bezeichnung „Cluster" für Schostakowitschs Neunton-Akkord scheint
unangemessen; sein Aufbau ist nicht clusterartig sondern – ebenso wie bei Mahler
– als Dominantharmonie disponiert: Vergleicht man Mahlers „Schreckensakkord"
mit demjenigen Schostakowitschs, wird man bemerken, dass die pitch classes der
Akkorde – relativ zur jeweiligen Tonika (Mahler: Fis-Dur / Schostakowitsch: A-
Dur) überhaupt nur in einem einzigen Ton voneinander abweichen. In beiden Fällen erklingt ein großer Dominantseptnonenakkord mit den drei Zusatztönen Tritonus, kl. Sexte und kl. None – bei Mahler ergänzt durch die große Septime, bei
Schostakowitsch durch die Mollterz.

 Notenbeispiel 19 stellt beide Akkorde direkt gegenüber und liefert zwecks
besserer Vergleichbarkeit jeweils eine Skizze, in der die Töne in weitgehend analoge Schichtung gebracht sind. Die drei zum Zwölftonfeld fehlenden Töne des
Neuntonklangs sind dabei als potentielle tonikale Auflösung in Klammern hintan
gefügt. Hierbei wird klar, dass jeweils die wichtigsten Töne der Tonika, nämlich
Grundton und Durterz, im dominantischen Neuntonakkord ausgespart sind.[192]
Augenfällig ist in der direkten Gegenüberstellung allerdings auch die Verschie-

---

191 Koball, *Pathos*, S. 241.
192 Nach dem Funktionsbegriff Albert Simons ergeben die in Klammern gesetzten Dreitongrup-
  pen jeweils die Tonikafunktion, im einen Fall mit dem Grundton *fis* und den Quinttönen *ais*
  und *e*, im anderen mit den Grundtönen *a* und *dis*, und dem Quintton *cis* (vgl. Bernhard Haas,
  Die neue Tonalität von Schubert bis Webern. Hören und Analysieren nach Albert Simon,
  Wilhelmshaven 2004).

denartigkeit in der satztechnischen Auftragung des Akkordes: Bei Mahler expansiv vom tiefen bis zum höchsten Register – ein markerschütternder Schrei sozusagen – bei Schostakowitsch hingegen kompakt zusammengeschnürt und fast wie erstickend hervorgestoßen. Regiert bei Mahler der traditionelle Terzenaufbau, so fehlt dieser bei Schostakowitsch fast ganz; einzig der dominantische E-Dur-Dreiklang sticht markant im Hörnersatz der Mittellage hervor.

Identisch in tonaler Hinsicht ist auch der Orgelpunkt, der den Akkord in beiden Beispielen einfasst – das a'' der Trompete bei Mahler, das c (mit Auftakt G) der Pauke bei Schostakowitsch. Er liegt jeweils eine kleine Terz über dem Tonikagrundton.

Notenbeispiel 19a: Mahler, Zehnte Symphonie, *Adagio* Fis-Dur, T. 207ff.

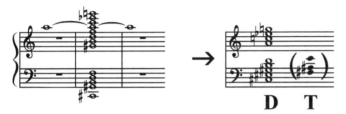

Notenbeispiel 19b: Schostakowitsch, Fünfzehnte Symphonie, Finale A-Dur, T. 232f.[193]

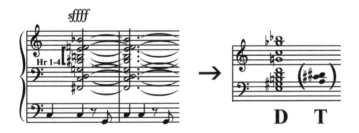

Wenige Takte nach dem Zusammenbruch der Passacaglia – gleichsam im Nachbeben der Katastrophe – greift die Reprise des Finalsatzes der Fünfzehnten einen choralartigen Satz aus der Exposition im Streicher-Pizzikato auf, beginnend mit der Tonfolge *B-A-C-H* in der Oberstimme. Dass Schostakowitschs *15. Symphonie* mehrfach von Bachs Namensmotiv Gebrauch macht, ist eine an sich bekannte Tatsache;[194] man vergegenwärtige sich allerdings, dass Bach es als Subjekt nur in seinem *letzten* Werk verwendete, der *Kunst der Fuge*, womit sich einmal mehr die Auffassung des Finales der Fünfzehnten Symphonie als eine Art eschatologischer Reigen der letzten Dinge bestätigt.[195] In Schostakowitschs ‚B-A-C-H-Choral'

193 Im Dienste besserer Vergleichbarkeit wurden stillschweigend enharmonische Korrekturen vorgenommen.
194 Vgl. Meyer, *Schostakowitsch* 1995, S. 501.
195 Wenig bekannt ist, dass der dritte Satz von Charles Ives' stark religiös geprägter Vierter Symphonie eine vergleichbare Anspielung auf die *Kunst der Fuge* enthält. Der Satz ist eine Fuge über das amerikanische Kirchenlied „*From Greenland's icy mountains*", und nimmt in drei

wird allerdings noch ein weiteres *letztes* Werk beschworen, nämlich die *Symphonischen Tänze* op. 45 des 1943 gestorbenen Sergei Rachmaninow. Das folgende Beispiel zeigt dies im direkten Vergleich.[196]

Notenbeispiel 20a: Rachmaninow, *Symphonische Tänze*, T. 10ff.

Notenbeispiel 20b: Schostakowitsch, Fünfzehnte Symphonie, Finale T. 249ff.

Die Reprise des Finales der Fünfzehnten Symphonie ist – ähnlich dem Kopfsatz der Fünften – als ,Spiegelreprise' angelegt, d.h. das Hauptthema steht nun am Schluss. Obgleich nicht wörtlich zitiert, scheint in dieser verklärenden Wiederkehr des Allegretto-Themas die Reprise des *Adagios* aus Mahlers Zehnter Symphonie allgegenwärtig: Dabei tut zum einen natürlich die vergleichbare formale Position – nämlich sozusagen noch im Nachklang des fatalen Neuntonklangs – ihre Wirkung. Vor allem aber ist es die erdenferne Heiterkeit der Musik selbst, die hier unwillkürlich entsprechende Passagen bei Mahler beschwört. Dass sich dabei auch ganz unmittelbare musikalische Übereinstimmungen ausmachen lassen, illustriert Notenbeispiel 21, sind doch Satzstruktur und Instrumentierung der dort gegenübergestellten Abschnitte in wesentlichen Punkten identisch: Hohe sich zweistimmig umspielende Kantilenen der beiden Violinen über einem Begleitsatz in Streicher-Pizzikato bzw.

     großen Zwischenspielen jeweils auf ein Werk Bachs Bezug: Die ersten beiden (T. 24ff bzw. 52ff.) entstammen den Zwischenspielsequenzen der Orgelfuge d-Moll BWV 538 („dorische"), das dritte hingegen (T. 71ff.) spielt auf T. 222f. des letzten Contrapunctus' der *Kunst der Fuge* an (Basseinsatz *B-A-C-H* in Umkehrung, ausgehend von *a*).

196 Über Schostakowitschs Verhältnis zu seinem Landsmann Rachmaninow ist wenig bekannt, außer der Tatsache, dass er als junger Pianist einige von dessen Werken ins Repertoire nahm. Rachmaninow seinerseits, der ab 1918 mit Unterbrechungen in den USA lebte, verfolgte die Entwicklung Schostakowitschs offenbar mit Interesse und – v. a. nach dem Erfolg der *Leningrader Symphonie* (1941) – nicht ohne Bitterkeit angesichts schwindender Präsenz der eigenen Werke. Als Victor Seroff anlässlich seines 70. Geburtstags einen Artikel über ihn plante, antwortete Rachmaninow: „Warum soll man diesen schreiben? Wir russischen Komponisten sind alle vergessen. Es gibt nur einen – Schostakowitsch" (zit. nach: Max Harrison, *Rachmaninoff: Life, Works, Recordings*, London / New York 2005, S. 338, Übersetzung d. Verf.).

Harfe; dabei stabile tonale Harmonisierung in der Grundtonart des jeweiligen Satzes – Fis-Dur bei Mahler, A-Dur bei Schostakowitsch – und, ebenfalls übereinstimmend, das Erklingen der unteren Großterzverwandtschaft als eine Art Gegenfarbe zur Tonika – D-Dur in T. 221 bei Mahler, F-Dur in T. 309 bei Schostakowitsch. Für einen Moment wird man womöglich sogar Zitatartiges wahrnehmen, nämlich in T. 312 bei Schostakowitsch, dessen erste Violinstimme stark der Oberstimme (hier zweite Violine) in Mahlers Takt 223 ähnelt.

Notenbeispiel 21a: Mahler, Zehnte Symphonie, *Adagio* T. 217ff.[197]

Notenbeispiel 21b: Schostakowitsch, Fünfzehnte Symphonie, Finale T. 309ff.[198]

197 Gustav Mahler, *Tenth Symphony,* prepared by Deryck Cooke, © 1976 by Associated Music Publishers, Inc., S. 23f.
198 Schostakowitsch, Fünfzehnte Symphonie A-Dur, op. 141, © 1972 by Musikverlag Hans Sikorski Hamburg, S. 122f.

Mit der Wiederkehr des Hauptthemas kommt auch der dreitönige *Tristan*-Auftakt vom Satzbeginn noch einmal ins Spiel: Er wird nun vom Thema abgespalten und zu einem neuen kurzen Schlussgruppenmotiv umgestaltet, welches – alternierend mit dem Neuntonakkord vom Passacaglia-Ende – die letzten Takte vor der Coda bestimmt. Dieses Schlussgruppenmotiv lässt noch die Herkunft vom *Tristan*-Beginn erkennen, nun aber quasi als ‚Zitat des Zitats', denn als offensichtlicher Referenzpunkt figuriert nicht nur der *Tristan* selbst, sondern auch der ‚tristaneske' Beginn des *Adagios* aus Bruckners unvollendeter Neunter Symphonie (vgl. Notenbeispiel 22). Dieses *Adagio* ist Bruckners *letzter* Symphoniesatz und reiht sich damit in die übrigen intertextuellen Bezüge in Schostakowitschs Finale ein. Nicht „markig, breit" wie bei Bruckner erhebt sich allerdings hier das Motiv, sondern mild verklärend im sordinierten Streicherklang, wie zu einer letzten somnambulen Romanze.[199]

Notenbeispiel 22a: Notenbeispiel 22b:
Bruckner, Neunte Symphonie   Schostakowitsch, Fünfzehnte Symphonie
Adagio (Beginn)   Finale T. 323ff.

Das Finale der Fünfzehnten Symphonie mündet in eine Coda, die zum Rätselhaftesten in Schostakowitschs Musik überhaupt gezählt wird. „Ein zappelndes Skelett, das sich mit dem finalen Decrescendo in der Ferne verliert", glaubte man hier zu hören,[200] „ein gleichsam in sich hineinkicherndes Spielwerk, das nur noch sich selbst genügt und niemandem mehr zugänglich ist."[201] Krzysztof Meyer, der nicht mit Kritik an der Fünfzehnten Symphonie spart, rätselt: „Die Coda will wohl gleichsam das ganze Werk in Frage stellen."[202] Andere sprechen schlicht von der „Coda des Abschiedes",[203] und zwar wörtlich verstanden als Widerhall von Mahlers *Abschied* aus dem *Lied von der Erde*. In der Tat liefert Schostakowitschs Coda mit ihrer langen Pianissimo-Orgelpunktfläche und dem finalen Dur mit ajoutierter Sexte ein musikalisches Gerüst, welches dem der Coda von Mahlers *Ab-*

199 Man beachte den nahezu identischen Übergang zur Coda in Schostakowitschs Präludium Fis-Dur op. 87/13 (T. 47f.).
200 Claus Spahn, *Begeisterung mit gefletschten Zähnen. Zum 100. Geburtstag des Komponisten Dmitri Schostakowitsch*, in: *Die Zeit*, Nr. 40, 28. September 2006.
201 Attila Csampai, Dietmar Holland, *Der Konzertführer: Orchestermusik von 1700 bis zur Gegenwart*, Reinbek 1987, S. 1058.
202 Vgl. Meyer, *Schostakowitsch* 1995, S. 502.
203 Julia Kreinin, *Schostakowitschs letzte Streichquartette und Mahlers Spätwerk (2002)*, in: Wehrmeyer (Hrsg.) *Schostakowitschs Streichquartette*, S. 163-176, hier S. 167.

schied nahe kommt.[204] Und auch die erneute prominente Verwendung der Celesta als des Mahlerschen ‚Symbols der Ewigkeit' spricht nachdrücklich für diese Sicht. Erinnert sei an die Celesta-Episode im zweiten Satz derselben Symphonie (Notenbeispiel 5a).

Doch der Mahler-Bezug dieser Coda ist umfassender als das, was durch einzelne Analogien zur Coda des *Liedes von der Erde* hätte gesagt werden können. Sie verbindet sozusagen Alpha und Omega von Mahlers Musik – die Coda des *Abschieds* und den Beginn der Ersten Symphonie. So wie Mahler sein symphonisches Lebenswerk begann, so beendet Schostakowitsch das seine, in einem Streicherflageolett „a" über das gesamte Register des Orchesters (Notenbeispiel 23).

Das „Erwachen der Natur aus langem Winterschlafe" nannte Mahler den Beginn seiner Ersten Symphonie im Programm der Hamburger Erstaufführung. Zum Streicherflageolett treten nach und nach weitere „Naturlaute", Quartmotive der Holzbläser, träge tastend zunächst und sich dann allmählich belebend, bis daraus erste musikalische Gestalten entstehen. Diese ersten Seiten der Partitur, „noch feucht vom Tau der Rose",[205] wie Sollertinski formulierte, waren es offenbar, die Schostakowitsch zur einzigartigen Finallösung in seiner Fünfzehnten Symphonie inspirierten: Zunächst das Vorbeiziehen der Abschiedswerke von Bach, Brahms, Bruckner, Haydn usw., dann der fatalistische Zusammenbruch im Schreckensakkord aus Mahlers Zehnter, und noch einmal der Mahnruf von Wagners *Todesverkündigung*, gefolgt von einem letzten Gedenken ans Epitaph des zweiten Satzes der Symphonie in Gestalt des starren Doppelakkordes, der hier noch zweimal in Erinnerung gerufen wird. Endlich aber, nach all diesen Beschwörungen des Endgültigen und Unausweichlichen, lösen sich die Fesseln; die Celesta nimmt das Wort und leitet über in Mahlers Streicherflageolett-„a" – bei Schostakowitsch ergänzt durch die Quinte „e" – welches 41 Takte lang, bis zum Schluss der Symphonie ausgehalten wird. (Die Tonart A-Dur von Schostakowitschs letzter Symphonie, über die manche Spekulation angestellt wurde,[206] findet hier ihre zwingende Begründung). Alles weitere ergibt sich mit frappierender Logik: Wo bei Mahler die erwachende Natur ertönt, mit atmenden und langsam sich belebenden Quartmotiven, die allmählich immer charakteristischere Gestalt annehmen, herrscht in Schostakowitschs Coda der inverse Prozess: Zunehmende Erosion, ein Zerfall der musikalischen Gestalten zu uncharakteristischen Elementarzuständen. Am Ende stehen – gerade so wie bei Mahler zu Beginn – einsame Quartmotive, doch sind sie nicht Keime des Lebens sondern dessen Zerfallsprodukte – noch eben identifizierbar als letzte Bruchstücke aus den Takten 3 und 4 des Passacagliathemas. Die ‚atmenden' Holzblasinstrumente sind lange verstummt; die Coda gehört neben Streicherflageolett und einem differenzierten uhrwerkhaften Schlagzeugsatz (ein

---

204 Sehr viel unmittelbarer zeigt sich dieser Anklang allerdings am Ende des dritten Satzes von Schostakowitschs Zehnter Symphonie. Siehe hierzu: Jackson, *A Contribution*, S.46.
205 Sollertinski, *Thesen, Pläne, Notizen*, S. 294.
206 Kreinin, *Schostakowitschs letzte Streichquartette*, S. 167.

Selbstzitat aus der Vierten Symphonie)[207] vor allem Pauke, Xylophon und Celesta – den musikalischen Insignien von Schicksal, Tod und Ewigkeit.[208]

Notenbeispiel 23a: Mahler, Erste Symphonie, Beginn (Particell)

Notenbeispiel 23b: Schostakowitsch, Fünfzehnte Symphonie, Finale T. 365ff.
(Particell ohne Percussion)

---

207   Vgl. Schostakowitsch, Vierte Symphonie op. 43, zweiter Satz *Moderato con moto*, Coda.
208   Frühe europäische Darstellungen des Xylophons, z. B. der *Totentanz* von Hans Holbein dem Jüngeren (1523), zeigen den Tod auf einem Xylophon spielend.

MAHLER UND DIE LITERATUR

Annette Kreutziger-Herr

> „Bücher fresse ich immer mehr und mehr!
> Sie sind ja doch die einzigen Freunde,
> die ich mit mir führe! Und was für Freunde!
> Gott, wenn ich die nicht hätte!"
> (Gustav Mahler)

Heimat, das Ziel aller Träume, ist kein Ort, sondern ein Gemütszustand.[1] Heimat ist der Ort, an dem wir am wenigsten auffallen, an dem wir sind und unentwirrbar verwachsen mit unserer Umgebung. Ein Gemütszustand, mehr als ein physischer Ort. In diesem Sinne möchte ich mit Hilfe der Definition von Susan Vahabzadeh nachdenken über die innere Heimat Gustav Mahlers, Einsichten in Mahlers Seelenzustand vorschlagen, mich Mahlers gedanklicher Heimat nähern. Im Hörbaren der Musik ist Unhörbares aufgehoben, das Sein im Klingenden – tiefe, ästhetische Schichten, von denen nur im Hauchschnitt erahnt werden kann, wie tief sie hinabreichen ins Herz des Denkens. „Genuine ästhetische Erfahrung muß Philosophie werden oder sie ist überhaupt nicht,"[2] schreibt Adorno im Kapitel „Rätselcharakter, Wahrheitsgehalt, Metaphysik" seiner unvollendet gebliebenen *Ästhetischen Theorie*. Eine ans Unendliche reichende Dichte der Möglichkeiten, ungeahnte Perspektiven in der Gegenwart, kristallisieren zum musikalischen, unerreichten und nie endgültig dechiffrierbaren Kunstwerk, das die Symphonik Mahlers zu einem Monument des menschlichen Geistes werden lässt. *Opus metaphysicum* nennt George Steiner musikalische Werke, die diese Qualität haben.[3] Das hat wenig zu tun mit einer Debatte um Form und Inhalt, schon mehr mit den „tönend bewegten Formen" Eduard Hanslicks, am allermeisten aber mit der Suche um Bedeutung im Kontext der Multiperspektivität und Multiidentität künstlerischen Handelns in der Moderne. *Opus metaphysicum* spielt auch an auf das Reflexiv-Werden von Musik in der Moderne, auf einen kritischen Vermittlungsprozess zwischen Konzeption, Intention, Werkgestalt und Rezeption.

---

1   Susan Vahabzadeh, *Jeder für sich und alle für Belgrad. Heimat ist ein Gemütszustand – Dark Lungulovs Here and There*, Rezension, in: *Süddeutsche Zeitung*, 22. April 2010, S. 12. Vgl. dazu Corinna Waffender, *Heimat*, Tübingen 2010; Patrice Djoufack, *Entortung, hybride Sprache und Identitätsbildung. Zur Erfindung von Sprache und Identität bei Franz Kafka, Elias Canetti und Paul Celan*, Göttingen 2010.

2   Theodor W. Adorno, *Ästhetische Theorie*, herausgegeben von Gretel Adorno und Rolf Tiedemann, Frankfurt am Main 1973, S. 197.

3   George Steiner, *Von realer Gegenwart. Hat unser Sprechen Inhalt?* München 1990, S. 14. Vgl. hierzu auch Bruno Hillebrand, *Ästhetik des Nihilismus. Von der Romantik zur Moderne*, Stuttgart 1991, S. 3–17.

Der vorliegende Text ist ein Beitrag zur inneren Biographie Mahlers, zur Entschlüsselung von Mahlers *opus metaphysicum*, und er kann dabei nur verweisen auf das, was Mahlers große Biographen Constantin Floros,[4] Henry-Louis de La Grange[5] und Jens Malte Fischer[6] längst als Konstante in Mahlers Denken und Leben ausgemacht, analysiert und beschrieben haben. Die Frage danach, was Mahler gelesen hat und wie er gelesen hat, auch die Frage danach, warum er sich mit Literatur beschäftigt hat, reicht hinein in die Frage nach Mahlers Weltanschauung und Selbstbild, sie ist tatsächlich die Frage nach dem Bezugs- und Koordinatensystem eines Komponisten, dessen Lebensbogen von Literatur geprägt, teilweise sogar ausgestaltet war.

Der Bogen von Gustav Mahlers Beschäftigung mit Literatur beginnt mit dem elterlichen Bücherschrank, in dem sich Klassiker und Märchen, hohe Literatur und Unterhaltsames befanden. Er erstreckt sich über ein komplexes und in der Musikgeschichte singuläres Lesepensum, von dem noch zu reden sein wird, und findet Ausdruck in jener „Bücherfresser-Aussage", die aus der Hamburger Zeit Mahlers (1891–97)[7] überliefert ist. Der Bogen durchwandert die Einbindung von Literatur in sein Schaffen, das Zulassen der Präfigurierung musikalischen Handelns durch Literatur, der konstanten Interaktion mit Gelesenem und endet 1911 mit dem Buch *Das Problem des Lebens* von Eduard von Hartmann, ein Buch, das die mechanistische Weltanschauung der Jahrhundertwende heftig kritisiert und Naturwissenschaft und Naturphilosophie auf der Basis einer metaphysischen Prinzipienlehre zu versöhnen sucht. Der letzte Teil des Buches widmet sich dem Tod und unterstreicht den Entwicklungsgedanken des Lebens, die Entelechie. Mahler konnte zuletzt das 450 Seiten dicke Werk nicht in den Händen halten und hatte es in kleinere Konvolute zerteilen lassen, um es in den letzten Lebenstagen lesen zu können.[8] Bis zuletzt also spürt Mahler die Selbstverpflichtung zur Fortbildung, und *Das Problem des Lebens* begleitet ihn bis an den Rand menschlicher Existenz.

Gustav Mahler, der Leser

Die von Herta Blaukopf herausgegebenen Briefausgaben, die Erinnerungen von Natalie Bauer-Lechner und Alma Mahler, die Mahlerbiographien von Henry-Louis de La Grange, Constantin Floros, Jens Malte Fischer und Hermann Danuser und sogar schon die 1913 (später überarbeitete) Würdigung von Richard Specht vermitteln Mahler als einen Bücherfresser und Suchenden. Mahler ist selten an Philologie

---

4   Constantin Floros, *Gustav Mahler*, Bd. I: *Die geistige Welt Gustav Mahlers in systematischer Darstellung*, Wiesbaden 1977; Bd. II: *Mahler und die Symphonik des 19. Jahrhunderts in neuer Deutung. Zur Grundlegung einer zeitgemäßen musikalischen Exegetik*, Wiesbaden 1977; Bd. I-II: *Die Symphonien*, Wiesbaden 1985.

5   Henry-Louis de La Grange, *Gustav Mahler*, Bd. I, New York 1973; Bd. II–IV Oxford / New York 1995–2008.

6   Jens Malte Fischer, *Gustav Mahler. Der fremde Vertraute*, München 2010.

7   Herta Blaukopf (Hrsg.), Gustav Mahler, *Briefe*, zweite Neuausgabe, Wien / Hamburg 1996, S. 141. Vgl. dazu auch Vladimir Karbusicky, *Mahler in Hamburg. Chronik einer Freundschaft*, Hamburg 1996.

8   Fischer, *Gustav Mahler*, S. 845.

interessiert, Literatur ist für ihn Zugang zum Leben selbst, zu Gott, zum Menschen, zum Kosmos. Und so wie Mahler Musik „kosmisch" und damit umfassend denkt, ist auch Literatur ein Kosmos – das komplexe, unergründliche Leben selbst. So interessiert ihn die Literatur nicht um ihrer selbst willen – sie ist ihm Zugang zum Leben, wie seine eigenen schriftlichen Aussagen deutlich machen. Vermutlich könnte man in einigen dieser Aussagen das Wort „Literatur" durch das Wort „Musik" ersetzen und sie blieben plausibel.

Mahler hat seit seiner Jugend kontinuierlich Bücher ausgeliehen, spätestens seit der Studienzeit kontinuierlich Bücher gekauft und las sein Leben lang immer ein Buch. Immer, ohne Ausnahme. Auch wenn Mahlers Bibliothek durch die erzwungene und überstürzte Abreise Alma Mahlers aus Wien 1938 nicht erhalten ist und auch kein Katalog angefertigt werden konnte, so erschließt sich eben doch aus zahlreichen Briefen sein riesiges Lesepensum. Mahler entfacht oft Diskussionen um Lektüren, versucht Freunde und Fremde zur Lektüre bestimmter Texte zu überreden und entscheidet klar, was er zum Beispiel nicht liest: Strindberg, Ibsen oder andere Literatur, die um 1900 in Wien en vogue ist, die Literatur, für die sich der wertungsfreie Terminus „Jahrhundertwendeliteratur" eingebürgert hat.[9] Thomas Mann und Zeitgenossen sagen ihm deutlich weniger als die Klassiker, wobei ihm große Literatur gleich lieb ist wie Fachliteratur aus den Bereichen Biologie und Geographie. Poesie wie Prosa spielen eine zentrale Rolle in Mahlers Lesepensum, Philosophie ist immer im Focus seiner Fragen.

Mahlers wichtigste Bezugspunkte sind Goethe, Jean Paul und Dostojewski, und mit diesen Klassikern ist schon eine andere Grundsatzentscheidung von Mahler angedeutet: Mahler liest im Zweifel seine Lieblingsbücher immer wieder und verzichtet oft darauf, sich neue Literatur anzueignen zu Gunsten der Vertiefung des bereits Gelesenen. Dies trifft zu auf seine Goetheausgabe, ohne die er auf keine Reise ging, auf die Gespräche Goethes mit Eckermann, auf die großen Romane von Jean Paul und auf Dostojewskis *Brüder Karamasow*. In seinem Lesefundus befanden sich die griechische Tragödien und Shakespearestücke, zentrale Novellen der deutschen Romantik, Gedichtbände von Hölderlin und Heine und E. T. A. Hoffmann. *Don Quichotte* von Cervantes, Laurence Sternes *The Life and Opinions of Tristram Shandy, Gentleman*, verschiedene Romane von Charles Dickens (*A tale of two cities*, *Great expectations*, *David Copperfield* und andere) hat er mehrfach und immer wieder gelesen. Neben Belletristik ist es besonders Philosophie (besonders Schopenhauer, Nietzsche, Fechner),[10] die Mahler verschlingt, immer wieder Kant, der auch in seiner Handbibliothek Platz hat, aber auch natürlich Nietzsche – der Nietzsche *vor* dem Bruch mit Wagner – und die *Geschichte des Materialismus und Kritik seiner Bedeutung in der Gegenwart* von Friedrich Albert Lange. Immer wieder hat er zu *Brehms Tierleben* gegriffen und stundenlang darin geschmökert. *Brehms Tierleben* ist für Jahrzehnte der einzig mögliche Zugang zu einem wissenschaftlichen Naturverständnis für das Bildungsbürgertum um 1900, und Mahlers

---

9   Sven Kramer, *Literatur, Buchmarkt, Theater*, in: Werner Faulstich (Hrsg.), *Das Erste Jahrzehnt. Kulturgeschichte des 20. Jahrhunderts*, München 2006, S. 59–69.
10 Constantin Floros, *Gustav Mahler*, München 2010, S. 57.

Interesse an Natur findet also auch über einen Leseweg Antworten und neue Fragen, nicht nur bei Spaziergängen am Attersee.

Nur ein Bruchteil von Mahlers Dauerlektüre taucht im kompositorischen Werk auf, die Einflüsse des Gelesenen und Durchdachten sind deutlich komplexer, wie auch die Suche nach Rezeptionsspuren in Form von reinen Zitaten zu oberflächlich und mechanistisch gedacht wäre. Mahlers Gesamtwerk ist ein *opus metaphysicum* im Sinne George Steiners.

Dabei beruhen das *Das klagende Lied* und *Die Lieder eines fahrenden Gesellen* auf Mahlers eigener Dichtung. In seinen Werken verwendet er Dichtung von Klopstock, Texte von Friedrich Nietzsche, Goethe und Hrabanus Maurus (in der Achten Sinfonie), chinesische Gedichte in der Nachdichtung von Hans Bethge im *Lied von der Erde*, Gedichte von Friedrich Rückert in den *Kindertotenliedern* und immer wieder – in den Liedern für eine Singstimme und Klavier, den Wunderhornliedern und der Zweiten, Dritten und Vierten Sinfonie, Gedichte aus der Sammlung *Des Knaben Wunderhorn*, eine dreibändige Sammlung von Volksliedtexten, die zwischen 1805 und 1808 von Clemens Brentano und Achim von Arnim herausgeben worden waren.

In die Quellen, die Aufschluss geben über das Verhältnis von Mahler und Literatur, sollten auch die zahlreichen Aussagen Mahlers selbst einbezogen werden, Mahlers eigenes Sprechen über Kunst. Hans Heinrich Eggebrecht überlegt:

> „Aber so wie kompositorisch die Anknüpfungen ans musikalisch Umgangssprachliche erst durch ein Zusätzliches und Eigentliches, nämlich durch die Hineinnahme in die Kunst, zu Vokabeln werden, wobei am Gewohnten das Gewöhnliche getilgt wird, während doch die Deutlichkeit des musikalischen Benennens bleibt, so auch werden in Mahlers Sprechen über Musik die hergebrachten Anschauungen gleichsam zu Vokabeln, vokabularen Benennungen einer Auffassung von Kunst, erst durch die erlebnishafte Betroffenheit. Das die Welt verbal ansprechende und das die Welt komponierende Ich greift hier wie dort zu den durch Tradition inhaltsgesättigten Materialien und formt sie zu den emotionalen Benennungen seiner selbst. In Mahlers Sprechen über Kunst brechen die herkömmlichen Vorstellungen und Begriffe so eruptiv aus der Mitte der Existenz hervor, aus würden sie zum erstenmal gesagt."[11]

Denn Mahlers eigene Aussagen zur Kunst verraten ein originäres Denken und einen reflexiven Zugriff auf den schöpferischen Prozess, der sich in seinem Umgang mit Literatur spiegelt. Dieser Umgang ist nicht philologisch angelegt, auch nicht suchend-tastend. In der Auswahl zu vertonender Texte strebt Mahler aktiv und konsequent das Ziel einer Einheit von Textaussage – scopus – und ihrer musikalischen Umsetzung an, und leichte Eingriffe in die textliche Substanz rechtfertigen sich aus dem Plan, den emotionalen Gehalt, die durch und durch polyphon empfundene Vielschichtigkeit von Leben und Kunst sowie die Gefühlssphäre, die das musikalisch Gesagte durchdringt und aus ihr zugleich hervorströmt, zu verstärken. Mahlers Arbeit an den Wunderhornliedern zeigt diesen Prozess exemplarisch und sehr eindrucksvoll.[12] Also ist Mahlers Zugang zur Literatur weniger der Versuch einer Lite-

---

11 Hans Heinrich Eggebrecht, *Die Musik Gustav Mahlers*, Wilhelmshaven 1999, S. 269.
12 *Gustav Mahler. Briefe und Musikautographen aus den Moldenhauer-Archiven in der Bayerischen Staatsbibliothek*, hrsg. von Sigrid von Moisy, München 2003, S. 86–92.

rarisierung von Musik, auch nicht der Versuch einer objektivierbaren Rezeption von Literatur durch Musik, sondern ein weltanschaulich geprägter Zugang, der Kunst als ein Mittel der Subjektivierung und Individualisierung betrachtet. Ich ziehe nun aus Mahlers Bibliothek zunächst die Jean-Paul-Ausgabe heraus. Sie teilt mit der von Gustav Mahler immer wieder evozierten Wunderhornwelt nicht nur den Entstehungszeitraum: Es ist Jean Paul, der für Mahler die Wunderhornwelt öffnet.

Jean Paul

Dass Mahler ein Jean-Paul-Verehrer war, lässt sich bereits an Mahlers berühmtgewordenen Aussagen zur Affinität von Kunst und Kosmos ablesen. Beispielsweise äußerte er anläßlich einer Leseprobe zur Vierten Sinfonie mit den Wiener Philharmonikern am 12. Oktober 1901: „[Die Symphonie] muß etwas Kosmisches an sich haben, muß unerschöpflich wie die Welt und das Leben sein, wenn sie ihres Namens nicht spotten soll. Und ihr Organismus muß *einer* sein, darf durch nichts Unorganisches, Flicken und Bänder, getrennt sein."[13] Romantische Kunstästhetik, die der Welt als Realem und Begrenztem eine poetische Welt des Entgrenzten entgegensetzt und die eigentliche Welt meint, „*eine* Welt", ist jenes gedankliche Panorama, in dem sich der neue Romantypus entfalten kann und der für Mahler konstitutive Bedeutung im eigenen Werk annimmt. Es ist, als habe Jean Pauls neues Programm für die Gattung „Roman" selbst Pate gestanden für Mahlers Konzeption einer universellen Symphonik. Bereits Laurence Sterne hatte im 18. Jahrhundert in seinem *Tristram Shandy* mit der Romangattung experimentiert und das kunstvolle, digressive Erzählen, das bewusste Abschweifen des Erzählers, kultiviert und zur Kunstform erhoben.[14] Jean Pauls Konzept von Roman geht über das von Laurence Sterne einen Schritt hinaus und verkörpert das, was Manfred Engel als Transzendentalroman bezeichnet.[15]

Jean Paul, der von 1763 bis 1825 lebte, nimmt in der Literaturgeschichte eine Schlüsselposition ein. Jean Paul – und man kann hier Mahler sofort mitdenken –, denkt das sich mitteilende Subjekt als unendlich. Er konstruiert eine Illusion epischer Totalität und schafft in seiner Prosa literarische Gesamtkunstwerke des Phantastischen, denen weder Hohes noch Tiefes, weder Erhabenes noch Profanes, weder Ernstes noch Humoristisches, weder Normales noch Skurriles fremd ist. Im Transzendentalroman Jean Pauls wird analog zur Transzendentalphilosophie des deutschen Idealismus ein Romantypus konzipiert, der die „Grundstrukturen des menschlichen Bewusstseins" erzählerisch ausgestaltet und ausweitet. Seine Merkmale sind

13 *Gustav Mahler in den Erinnerungen von Natalie Bauer-Lechner*, hrsg. von Herbert Killian, Hamburg 1984, S. 198. Vgl. dazu „Zur Durchführung: Die Zitate aus dem Lied Das himmlische Leben", in: Gustav Mahler, Briefe und Musikautographen aus den Moldenhauer-Archiven in der Bayerischen Staatsbibliothek, hrsg. von der Kulturstiftung der Länder und der Bayerischen Staatsbibliothek München 2003, S. 136/137.

14 *Metzler Lexikon Literatur*, hrsg. von Dieter Burdorf, Christoph Fasbender und Burkhard Moennighoff, Stuttgart / Weimar 2007, S. 220.

15 Manfred Engel, *Der Roman der Goethezeit*, Bd.1: *Anfänge in Klassik und Frühromantik: Transzendentale Geschichten* (Germanistische Abhandlungen 71), Stuttgart 1993.

eine „Semantik der Form, die auf einer Verstärkung der epischen Organisations-
prinzipien beruht (symbolische Binnen-Bezüge, Selbstreflexivität des Erzählvorgangs) und die Vermittelbarkeit von Subjekt und Objekt als grundlegende ästhetische Erfahrung." Unmittelbare Vorgänger dieses Typus sind Goethes *Wilhelm
Meisters Lehrjahre*, Hölderlins *Hyperion* und Novalis' *Heinrich von Ofterdingen*.[16]
Alle drei Romane waren Mahler vertraut.

Jean Pauls Werk vom *Titan* über *Des Luftschiffers Gianozzo Seebuch*, vom *Leben des Quintus Fixlein* über die *Flegeljahre* bis hin zu den *Biographischen Belusti-
gungen unter der Gehirnschale einer Riesin* vermitteln eine Ganzheit literarischer
Erfahrung wie kaum ein Autor vor ihm– und es fällt nicht schwer, Mahlers tiefe Fas-
zination im Kontext seines eigenen umfassenden Konzepts von Welt-Symphonik
entweder als rezeptionsästhetische Konvergenz mit seiner Jean-Paul-Rezeption oder
als rezeptionsgeschichtliche Hingabe an das Werk Jean Pauls zu deuten.[17]

Dies trifft keineswegs nur auf die Erste Symphonie zu, aber auf sie natürlich in
besonderem Maße. Ursprünglich nach dem Roman *Titan* benannt, folgen die einzelnen Sätze Bildern von Jean Paul, in ihrem Bezug auf Volkstümliches, in ihrer ironischen Verfremdung, der collagenartigen Anlage aus Motiven und den teilweise
schroffen Wechseln im Ton. Jean Pauls polyphone Ich-Identitäten finden ihr Pendant
in der Vielfalt und Multiidentität musikalischer Gestalten bei Mahler, der das Emp-
findsame und das Philosophische, Naturverehrung und Verstörung durch Natur, Religiöses und Weltliches, Heterogenes und Inkommensurables, Erkennendes und er-
staunt Unverstandenes nebeneinanderrückt – als hätte sich Mahler derartig Ver-
Rücktes und Antagonistisches aus den Romanen herausgelesen: Mahlers Symphonik
und Jean Pauls Transzendentalroman als komplementäre Konzeptionen.

In der Dritten Symphonie treten eine Textpassage aus Friedrich Nietzsches zwischen 1883 und 1885 entstandenem *Also sprach Zarathustra* – das mit dem kerni-
gen Untertitel „Ein Buch für alle und keinen" versehen ist – und ein Wunderhorntext in einen Dialog, und dieser Dialog selbst ist so „Jean Paul‚‚ ohne das Jean Paul
zitiert wird. Ein „fast irritierender Gesamtverlauf", geprägt durch eine „ungewöhnliche Fülle von Idiomen, vor allem außersymphonischen oder ‚umgangssprachlichen'",[18] in seiner Disparatheit und der dennoch geheimnisvollen Einheit ein ein-
maliges Jean Paulsches *opus metaphysicum*. Mahler, der Nietzsche-Exeget und Intellektuelle, ist zuallererst ein Jean-Paul-Leser – oder andersherum der Jean-Paul-
Leser wird zu einem Nietzsche-Exegeten, dem es nicht um Literaturvermittlung,
sondern Weltenbau geht:

> „Daß ich sie Symphonie nenne, ist eigentlich unzutreffend, denn in nichts hält sie sich
> an die herkömmliche Form. Aber Symphonie heißt mir eben: mit allen Mitteln der
> vorhandenen Technik eine Welt aufbauen. Der immer neue und wechselnde Inhalt be-

---

16   *Metzler Lexikon Literatur*, S. 779f.
17   Der Begriff der *rezeptionsgeschichtlichen Konvergenz* wurde von Hans Robert Jauss geprägt.
     Vgl. Jauss, *Ästhetische Erfahrung als Zugang zu mittelalterlicher Literatur. Zur Aktualität der
     Questions de littérature von Robert Guiette*, in: ders., *Alterität und Modernität der mittelalterli-
     chen Literatur. Gesammelte Aufsätze 1956–1976*, München 1977, S. 389.
18   Jörg Handstein, *Ein ungeheures Lachen über die ganze Welt*, in: Renate Ulm (Hrsg.), *Gustav
     Mahlers Symphonien*, Kassel [4]2007, S. 103–117.

stimmt sich seine Form von selbst. In diesem Sinne muß ich stets wieder lernen, mir meine Ausdrucksmittel neu zu erschaffen, wenn ich auch die Technik noch so vollkommen beherrsche, wie ich, glaub' ich, jetzt von mir behaupten kann."[19]

Fjodor M. Dostojewski

Die Unsterblichkeit der menschlichen Seele, die sich immer weiter entfaltet und entwickelt, ist wichtiger Angelpunkt von Mahlers Denken – es ist die Unsterblichkeit der Seele, die den materiellen Organismus zur Entwicklung bringt und ihn überdauert, die dafür sorgt, dass das Genie im Werk fortleben kann und die jene Phasendifferenz der Wahrnehmung evoziert, die dem Totalitätsgedanken einer Weltsymphonik das „ungeheure Lachen"[20] beistellen kann. Es ist diese elementare Überzeugung von der unsterblichen Seele, die Gustav Mahler zu einem Verehrer von Dostojewski werden ließ, wie ein anekdotischer Hinweis von Jens Malte Fischer belegen kann:

„Bruno Walter merkte es einmal daran, dass Mahlers Schwester Emma ihn unvermittelt fragte: ‚Wer hat recht, Aljoscha oder Ivan' und ganz verwundert war, als Walter, der die *Brüder Karamasow* noch nicht gelesen hatte, diesen Test nicht bestand, gar nicht wusste, worauf sie hinauswollte. Olga Samaroff-Stokowski, die amerikanische Pianistin, die den Dirigenten Leopold Stokowski heiratete, traf Mahler in New York einmal anlässlich einer Einladung bei den Steinways. Sie war seine Tischdame, hatte aber mit ihren Versuchen, eine Konversation in Gang zu setzen, kein Glück – was sie sagte, schien ihn bis zur Unhöflichkeit nicht zu interessieren. Da erinnerte sie sich, dass er vor dem Essen aus dem Bücherschrank eine Ausgabe der *Brüder Karamasow* herausgenommen hatte. Sie liebte dieses Buch sehr, wollte Mahler aber provozieren und fragte ihn scheinheilig, ob er nicht glaube, dass dieser Roman erheblich überschätzt werde. Damit war der Abend zumindest für Mahler und Olga Samaroff-Stokowski gerettet, denn er benutzt die nächsten Stunden dazu, um sie von dem Wert des Buches zu überzeugen."[21]

Dostojewski ist in Mahlers Seelenleben ein Heimatfaktor. Das mag erstaunen, als es sich hierbei um zeitgenössische Literatur handelt, für die der Komponist nicht unbedingt viel übrig hatte. Die große Dostojewski-Rezeption im deutschsprachigen Raum beginnt flächendeckend zwar erst nach dem Ersten Weltkrieg, aber vereinzelt entdecken ihn schon um 1900 einige besonders aufmerksame, europäische Leser außerhalb Russlands: Heimito von Doderer, Friedrich Nietzsche, Franz Kafka und eben auch Gustav Mahler. *Die Brüder Karamasow* z.B. erscheinen auf Russisch 1878/1880, auf Deutsch 1884, *Schuld und Sühne* war bereits 1882 in der Übersetzung von Wilhelm Henckel erschienen.

Die frühen Übersetzungen Dostojewskis verstärken für Mahler und Zeitgenossen den Eindruck, hier sei weniger ein kunstvoll formulierender Autor als vielmehr ein zutiefst in der russischen Volksseele verwurzelter Schriftsteller am Werk, des-

---

19 *Gustav Mahler in den Erinnerungen von Natalie Bauer-Lechner*, S. 35.
20 Gustav Mahler über die Dritte Symphonie. Zitiert ebd.
21 Fischer, *Gustav Mahler*, S. 179.

sen Mitgefühl mit der Menschheit, als die in seinem Werk die russische Gesellschaft erscheint, ihn zu einem schonungslosen Blick auf die Wirklichkeit und zu Solidarität mit den Schwachen antreibt.[22] Dostojewski ist ein philosophischer, volksnaher Autor, der religiöse Fragen in einer säkularen Sphäre behandelt und dessen Mittel künstlerisch-traditionell sind. Die Religion, die Dostojewski vertritt, ist die Religion des Mitleides, die sich im Konflikt mit kirchlich-auktorialem Handeln befindet und die sich besonders am Umgang mit Kindern in den *Brüdern Karamasow* zeigt: „Wehe dem, der einem Kind etwas zu leide tut!" heißt es im sechsten Buch des Zweiten Teiles „Über das Gebet, die Liebe und die Berührung mit anderen Welten". Das Echo der Kinderapotheose aus den Evangelien und des Kinderglaubens besonders im Lukasevangelium ist tief in Dostojewskis Glaubensapologie eingeschrieben, und Mahler hat ohne Zweifel diese Verbindungen gezogen.

Im fünften Buch des Zweiten Teiles *der Brüder Karamasow* findet sich eine Passage, die in einem philosophischen Dilemma Leiden und seine Überwindung, das Verhältnis von Individuum und Gesellschaft zusammenbringt. Es heißt dort:

> „Rebellion? Dieses Wort hätte ich von dir nicht zu hören gewünscht, sagte Iwan ergriffen. Kann man denn im Zustand der Rebellion leben? Und ich will ja doch leben. Sag es mir selbst geradeheraus, ich rufe dich auf, antworte: Stell dir vor, du selbst hättest das Gebäude des Menschenschicksals auszuführen mit dem Endziel, die Menschen zu beglücken, ihnen Friede und Ruhe zu bringen; dabei wäre es jedoch zu eben diesem Zweck notwendig und unvermeidlich, sagen wir, nur ein einziges winziges Wesen zu quälen – beispielsweise jenes Kind, das sich mit den Fäustchen an die Brust schlug – und auf seine ungerächten Tränen dieses Gebäude zu gründen: Würdest du unter diesen Bedingungen der Baumeister dieses Gebäudes sein wollen? Das sage mir, und lüge nicht! – Nein, ich würde es nicht wollen, erwiderte Aljoscha leise."

Dostojewski, der von 1821 bis 1881 lebte, wurde als 24jähriger auf Grund seiner Teilnahme an einem revolutionären Zirkel verhaftet und zum Tode verurteilt, erst unmittelbar vor seiner Erschießung begnadigt, in ein Arbeitslager gesteckt und zum Militärdienst nach Sibirien gebracht. Zehn Jahre später kehrte Dostojewski als gebrochener Mann nach Petersburg zurück, unternahm ausgedehnte Reisen nach Deutschland, Frankreich, Italien und England und schrieb und schrieb. Alle seine Romane entstanden nach der einschneidenden Lebenszäsur von Haft, Todesurteil und Arbeitslager, und es war für Mahler ein elementares Signum, dass es das Leiden ist, dem allein Humanität und Mitgefühl entspringen.

Richard Specht hat ausführlich beschrieben, wie die Begegnung Mahlers mit dem Werk Dostojewskis ein „Erlebnis von determinierender Kraft" gewesen war:

> „Man hat, trotzdem Mahler von Dostojewski sprach, so oft er konnte und alle, die ihm wert waren, zu den Werken des großen Russen hinzwingen wollte, viel zu wenig Ge-

---

22 Vgl. Gerald Sommer (Hrsg.), *Gassen und Landschaften. Heimito von Doderers Dämonen vom Zentrum und vom Rande aus betrachtet*, Würzburg 2004; *Fjodor M. Dostojewski. Dichter, Denker, Visionär*, hrsg. von Heinz Setzer, Tübingen 1998; Gary Adelman, *Retelling Dostoyevsky: Literary responses and other observations*, Lewisburg 2001; Theoderich Kampmann, *Dostojewski in Deutschland*, Münster 1931.

wicht auf sein Verhältnis zu diesem Dichter gelegt, der auf ihn jene offenbarende, ja schicksalsmächtige Wirkung geübt hat, wie Beethoven auf Wagner, wie Kleist auf Hebbel. Wer Dostojewski wirklich empfangen hat, wird zu Mahlers Musik – wenigstens zu seinen ersten vier Symphonien – eine andere Beziehung haben als zuvor."[23]

Man kann vermuten, dass Richard Specht anspielt auf Mahlers Weltverständnis, das ihm wie ein Echo auf Dostojewski Evangelium des Leidens erscheint, auf Dostojewskis Ringen um die Theodizee Gottes und auf die Auseinandersetzungen des späten 19. Jahrhunderts, die zwischen einem Leben ohne Gott, ohne Transzendenz und dem Glauben an Ewigkeit und die Liebe Gottes zu vermitteln suchen. Laut Richard Specht hat Mahler dieses Bekenntnis formuliert, das ein direktes Echo auf seine Dostojewski-Lektüre ist:

> „Wir kehren alle wieder, das ganze Leben hat nur Sinn durch diese Bestimmtheit und es ist vollkommen gleichgültig, ob wir uns in einem späteren Stadium der Wiederkunft an einer früheres erinnern. Denn es kommt nicht auf den einzelnen und sein Erinnern und Behagen an, sondern nur auf den großen zum Vollendeten; zu der Läuterung, die in jeder Inkarnation fortschreitet. Deshalb muss ich ethisch leben: um meinem Ich, wenn es wiederkommt, schon jetzt ein Stück Weges zu ersparen und um ihm sein Dasein leichter zu machen."[24]

Johann Wolfgang von Goethe

Wenn Goethe unser „größtes Kaufhaus"[25] ist, in dem jeder findet, „was er braucht" – so Martin Walser in seiner Goethewürdigung und Goetherezeptionskritik – dann ist Mahlers Goetherezeption in einer eigenen Liga anzutreffen. Denn Mahler kauft bei Goethe nicht ein, sondern ist eine Art Untermieter in Goethes Haus. Mahler formt sein Weltverständnis mit Hilfe seiner Goethelektüre und wird mit seinem Staunen über die Tiefe und Komplexität goetheschen Denkens nicht fertig. So ist jenes Bild auf Mahlers Goetherezeption zutreffender, das Bruno Walter findet:

> „Als Sonne aber stand am Himmel seiner geistigen Welt Goethe, den er in selten umfassender Weise kannte und aus unbegrenzter Gedächtniskraft zu zitieren liebte. Auch Goethes Gespräche, und nicht nur die mit Eckermann, waren ihm häufig Lektüre, und das Gespräch mit Falk über die Unsterblichkeit bildete einen der festen Punkte seiner geistigen Existenz."[26]

Das rastlose Streben des Menschen, des Thema der Entelechie, das Denken über Leben und Welt in Kategorien, die im Spannungsfeld zwischen Christentum und Philosophie angesiedelt sind, die Möglichkeit, das Gute zu erkennen, die Verbin-

---

23   Richard Specht, *Gustav Mahler*, Berlin 1913, S. 35
24   Ebd., S. 52.
25   Martin Walser, *Leseerfahrungen, Liebeserklärungen: Aufsätze zur Literatur*, Frankfurt/Main 1997, S. 607
26   Bruno Walter, *Gustav Mahler. Ein Portrait*, Wilhelmshaven 1981, S. 102. Vgl. dazu Constantin Floros (Hrsg.), *Gustav Mahler und die Oper*, Zürich 2005, S. 53–79.

dung von Natursuche und Naturverständnis sind für Mahler zentrale Themen und unerschöpfliche Fragen, die er gemeinsam mit seiner Goethelektüre an das Leben selbst stellt. Eine Textpassage aus den Gesprächen Goethes mit Eckermann (4. Februar 1829) ist wie aus Mahlers Seele gesprochen:

> „Der Mensch soll an Unsterblichkeit glauben, er hat dazu ein Recht, es ist seiner Natur gemäß, und er darf auf religiöse Zusagen bauen; wenn aber der Philosoph den Beweis für die Unsterblichkeit unserer Seele aus einer Legende (d.h. aus der christlichen Religion) hernehmen will, so ist das sehr schwach und will nicht viel heißen. Die Überzeugung unserer Fortdauer entspringt mir aus dem Begriff der Tätigkeit; denn wenn ich bis an mein Ende rastlos wirke, so ist die Natur verpflichtet, mir eine andere Form des Daseins anzuweisen, wenn die jetzige meinen Geist nicht ferner auszuhalten vermag.“[27]

Mahlers Goetherezeption verbindet sich nicht nur mit seinem Interesse für Literatur und Natur gleichermaßen, es prägt sein Verständnis von Glauben und Religion, das auch für Mahlers Symphonik zentral ist und das in meinen Bemerkungen zu Dostojewski nur kurz angeklungen ist. Die Diskussionen um Mahlers Juden- oder Christentum, die auch im Gefühl von Heimatlosigkeit seinen Ausdruck findet, rücken in ein anderes Licht, wenn man die Tür öffnet und den frischen Wind der Goetherezeption hereinlässt. Denn die Vielfalt der gelesenen Literatur und besonders die Beschäftigung mit Goethe korrelieren mit Mahlers Unmöglichkeit, sich in einer einzelnen Kirche oder einem einzigen Welterklärungsmuster allein beheimatet zu fühlen. In einem umfassenden Sinne war Mahler von der Existenz eines liebenden, allumfassenden Gottes überzeugt, der zu groß für eine Kirche oder ein einziges religiöses Bekenntnis ist. Mahler sucht mit Hilfe seiner Goethelektüre auch nach dem Schöpfer-Geist, der in der Achten Sinfonie evoziert ist, und der aus Mahlers Leben und Überzeugung heraus am besten im Glauben von Kindern erspürt wird. Ernst Decsey berichtet, dass Mahler ihm im Sommer 1909 seinen Gottesglauben darin begründet habe, dass ihm der pure Materialismus, der auf die Zeitgeistfahne des 19. Jahrhunderts geschrieben war, unbefriedigend und oberflächlich sei: „Nicht wahr, wenn Sie eine komplizierte Maschine sehen, ein Automobil, werden Sie annehmen, dass keine treibende Kraft vorhanden sei, weil sie sie nicht sehen? Und beim Menschen glauben Sie nicht, dass eine unsichtbare zeugende Kraft vorhanden ist?“[28]

    Die Achte Symphonie von Mahler ist ein Monument für Mahlers Goethezeption. Ein tönendes Universum – ein gigantisches Gesamtkunstwerk, die Konzeption seiner Symphonie der Tausend.[29] Im eigenen Anspruch nimmt sie in seinem Schaffen jenen Platz ein, den die Neunte Symphonie in Beethovens symphonischen Werk und der Ring-Tetralogie im musikdramatischen Schaffen Richard Wagners zukommt.

    Das ambitionierte Werk will nicht weniger und nicht mehr als die Konzeption einer universalen Symphonik sein, ein Werk, das die Geheimnisse von Leben und Tod in einer geistigen Schau enthüllt. Man mag an die mittelalterliche Konzeption

27   Johann P. Eckermann, *Gespräche mit Goethe in den letzten Jahren seines Lebens*, Berlin 1982, S. 265.
28   Fischer, *Gustav Mahler*, S. 483
29   Christian Wildhagen, *Die Achte Symphonie von Gustav Mahler. Konzeption einer universalen Symphonik*, Frankfurt 2000.

einer „Musica mundana" denken, in der die Ordnung des Kosmos Klang wird und Planeten liebliche Harmonien erzeugen. Die beiden heterogenen Texte, der Hymnus *Veni creator spiritus* und die Schlussszene aus *Faust II*, sind im Abstand von eintausend Jahren entstanden, aber durch ein geheimes Band verknüpft, das in Goethes philosophischem Denken und seinen naturwissenschaftlichen Ambitionen seinen Ausgangspunkt nimmt: „Der herrliche Kirchengesang. *Veni Creator Spiritus* ist ganz eigentlich ein Appell ans Genie; deswegen es auch geist- und kraftreiche Menschen gewaltig anspricht", kann man in Goethes Maximen und Reflexionen lesen. Goethe, wie Dieter Borchmeyer unterstreicht, sah im Pfingsthymnus weniger die Ausgießung des Heiligen Geistes auf die Gläubigen als vielmehr die umfassende Schöpferkraft repräsentiert, wie sie sich in allem Schöpferischen äußert, in allen Menschen, für die pars pro toto in besonderem Maße Künstler stehen.[30] Es ist Mahler, dessen Goetherezeption die Heterogenität der Texte auflöst in ein größeres Bild. Die holzschnittartige Faktur des Pfingsthymnus und die ausdifferenzierte Sprache der Schlussszene zu Goethes *Faust II* werden zu einer universalen Vision menschlichen Daseins, das kosmische Dimensionen annimmt. Der Chorus mysticus führt Fausts Weg als Suchenden hinauf zum Lichtpfad und ist textlich Goethes reinstes Formulieren und Bekenntnis von Entelechie. Entelechie, ein aristotelischer Begriff, *en-tel-echeia,* meint wörtlich „Was sein Ziel in sich selbst hat" (zusammengesetzt aus *en*, *telos* und *echeia*) und bezieht sich auf ein von Goethe und Mahler oft bemühtes, teleologisches Formprinzip, das beide hinter der Selbstentwicklung von Organismen vermuten und mit dessen Hilfe sie Entwicklung und Fortschritt erklären. Entelechie ist Immanenz in unverfälschter Form. Sie ist die allem eingeschriebene Möglichkeit der Entwicklung, das angelegte Potential. Während für Aristoteles Entelechie Energie ist, spielt Entelechie im Denken Goethes und Leibniz' und eben auch im Denken Mahlers eine zentrale Rolle als Potential und endlose Möglichkeit der Weiterentwicklung. Ohne Entelechie ist Mahlers Konzept einer kosmischen Symphonik nicht zu denken, und Entelechie bringt die Dritte und die Achte Symphonie Mahlers in eine umfassende Vision von Schöpfung, Kreativität und endloser Entwicklung. Christian Wildhagen resümiert über die Achte Symphonie:

> „Als Werk des Schöpfer-Geistes ist die Welt ein Zeugnis der Liebe. Liebe führt – nach Goethes Gleichnis – zur Unsterblichkeit. Als Eros aber ist sie Quelle alles Zeugens. Wo Liebe sich in physischem Zeugen äußert, wirkt sie als Grundprinzip allen Lebens. Als geistiges Zeugen – als ‚Production' – ist sie das Sinnbild aller Kreativität. Mahlers Symphonie ist kreatives Zeugnis und Botschaft universaler Liebe."[31]

Ausblick

Wenn an einem Punkt das jüdische Erbe von Gustav Mahler besonders deutlich wird, dann an seinem kontinuierlichen Bekenntnis zur Selbstbildung durch Litera-

---

30   Dieter Borchmeyer, *Gustav Mahler Goethe und Goethes Heiliger Geist*, in: *Nachrichten zur Mahler-Forschung* 32 (1994), S. 18f.

31   Wildhagen, *Die Achte Symphonie von Gustav Mahler*, S. 420.

tur, zur kontinuierlichen Fort- und Weiterbildung durch Lesen. Das Judentum vermittelt wie kaum eine andere Religion die Hochachtung vor Wissen und Bildung
und ist ohne „endlos fortgesetzten Kommentar und Kommentar zum Kommentar
nicht denkbar".[32] Das, was George Steiner als „Lesen ohne Ende" bezeichnet hat
und als die wichtigste Garantie jüdischer Identität ausmachte, ist gleichzeitig ein
verbindendes Element zur Heimat, sei sie verloren, wiedergefunden oder nur er-
sehnt. Denn das Licht der Erkenntnis, das durch die Lampen fortgesetzten Erläu-
terns und vertieften Nachdenkens leuchtet, ist zugleich eine leichte Phasendifferenz
zum Ursprung und zur unmittelbaren Umgebung selbst.

> „Einerseits ist aller Kommentar in bestimmten Sinne schon selbst ein Akt der Exilie-
> rung. Alle Exegese und Glossierung rückt den Text in eine gewisse Entfernung und
> Verbannung. In die Schleier von Analyse und metamorpher Darlegung gehüllt, befin-
> det sich der *Ur*-Text schon nicht mehr unmittelbar auf Heimatboden. Andererseits be-
> kräftigt der Kommentar die fortdauernde Autorität und das Überleben des primären
> Diskurses. Er befreit das Leben des Bedeutens von dem historisch-geographischer
> Kontingenz. Sind wir zerstreut unter die Völker, so ist der Text unsere Heimat."[33]

Wenn Gustav Mahler sich selbst als dreifach Heimatlosen bezeichnet hat, dann war
ihm Literatur als „Text der Heimat" Dreh- und Angelpunkt eines in sich trotz aller
Brüchigkeit konsistenten, kraftvollen Lebens. Das Verfremdende der Leseerfah-
rung, Weltferne und Weltentrückung bei gleichzeitiger Weltdurchdringung, ist immer auch eine Möglichkeit der Individualisierung. Sie vermittelt zwischen Nähe
und Distanz, ist zugleich sowohl ein „persönlicher Freiraum"[34] als auch ein Akt der
Verortung in Zeit und Raum durch schöpferische Arbeit. In diesem Sinne ist Mahlers Lesen ein beeindruckender Akt von Selbstermächtigung und sein erfolgreicher
Versuch, das verlorene Paradies in die Imagination zurückzuholen, um es künstlerisch zu realisieren. Ein Mehr an Heimat, ein tieferes Realisieren von Bei-sich-
selbst sein ist auf Erden nicht zu haben.

---

32 George Steiner, *Von realer Gegenwart*, S. 61. Vgl. dazu Andreas Gotzmann, *Juden, Bürger,*
    Deutsche: Zur Geschichte von Vielfalt und Differenz 1800–1933, Tübingen 2001; Andrea Hen-
    neke-Weischer, *Poetisches Judentum. Die Bibel im Werk Else Lasker-Schülers*, Mainz 2003;
    Bernd Witte, *Jüdische Tradition und literarische Moderne*, München 2007; Desanka Schwara,
    Unterwegs. Reiseerfahrung zwischen Heimat und Fremde in der Neuzeit, Göttingen 2007;
    Dagmar Lorenz, *Wiener Moderne*, Stuttgart ²2007.
33 Steiner, *Von realer Gegenwart*, S. 61
34 Constantin Floros, *Gustav Mahler*, München 2010, S. 56.

NEBEN DER MODERNE

Anmerkungen zu Mahlers Repertoire

Arnold Jacobshagen

„Kapellmeistermusik": Mit dieser leicht despektierlichen Vokabel, die in der Genieästhetik zugleich ihren Ursprung und ihr Gegenbild hat, wurde im 19. und frühen 20. Jahrhundert gern die von hauptamtlichen Dirigenten verfasste Orchesterliteratur belegt. Auch Gustav Mahlers Symphonien fielen unter dieses Verdikt.[1] Vor allem die drei Dimensionen Regelkonformität, Rückständigkeit und massenhafte Produktion sind kennzeichnend für einen schillernden Begriff, dessen Prägung Hugo Riemann mit Robert Schumanns Kampfansage der „Davidsbündler" gegen die „Philister" ansetzt: Gemeint sind „jene wohlgeschulten Komponisten von Amts wegen, die Inhaber der ersten Kapellmeisterstellungen, für deren Produktionen man den Terminus ‚Kapellmeistermusik' geprägt hat; sie haben große Mengen von Musik geschrieben, gegen die weiter nichts einzuwenden ist, als daß sie die Kunst nicht vorwärts gebracht hat, und an der nicht weiter anzuerkennen ist, als dass in ihr alles ‚nach den Regeln' wohl in Ordnung ist."[2]

Riemanns klare Worte bedürfen einer historischen Differenzierung. Institutionengeschichtlich bedingt waren Kapellmeister im 19. Jahrhundert primär Theaterdirigenten. Die Vorstellung, dass sie zugleich auch komponierten, war nicht nur vollkommen selbstverständlich, sondern geradezu die Voraussetzung für die Entstehung einer eigenständigen deutschen Opernkultur, die sich ungefähr seit der Epoche der Romantik anschickte, auch international eine Rolle zu spielen. Es ist allgemein bekannt, dass die fünf mutmaßlichen Hauptrepräsentanten der deutschen romantischen Oper (E. T. A. Hoffmann, Carl Maria von Weber, Louis Spohr, Heinrich Marschner und Richard Wagner) ausnahmslos Kapellmeister waren. Dass sie „die Kunst nicht vorwärts gebracht" hätten, würde auch Riemann sicherlich so nicht behauptet haben wollen. Andererseits komponierten auch sie zweifellos eklektisch, was Weber selbst ohne Umschweife als ästhetisches Programm deklariert hat: „Der Italiener und Franzose haben sich eine Operngestalt geformt, in der sie sich befriedigt hin und her bewegen. Nicht so der Deutsche. Ihm ist es rein eigenthümlich, das Vorzügliche aller übrigen wißbegierig und nach stetem Weiterschreiten verlangend an sich zu ziehen: aber er greift alles tiefer."[3]

---

1   Vgl. Marius Flothuis, *Kapellmeistermusik*, in: *Mahler-Interpretationen. Aspekte zum Werk und Wirken von Gustav Mahler*, hrsg. von Rudolf Stephan, Mainz 1985, S. 9–16.

2   Hugo Riemann, *Handbuch der Musikgeschichte. Zweiter Band, dritter Teil: Die Musik des 18. und 19. Jahrhunderts. Die großen deutschen Meister*, Leipzig ²1922, S. 227.

3   Carl Maria von Weber, *Sämtliche Schriften. Kritische Ausgabe*, hrsg. von Georg Kaiser, Berlin und Leipzig 1908, S. 277.

Der Zusammenhang zwischen „Amt" und „Werk" wird offensichtlich, sobald man das Terrain etwas weiter fasst, denn tatsächlich verfügten die meisten repertoiregängigen Opernkomponisten in der ersten Hälfte des 19. Jahrhunderts zumindest zeitweilig über Kapellmeisterstellungen, und ihre Karrieren reflektieren zugleich den Aufstieg der damals noch relativ neuen Dirigentenprofession.[4] Die historisch bedingte und bis in die Gegenwart anhaltend hohe Dichte an Musiktheaterbühnen (noch heute sind hierzulande die meisten Berufsorchester an Opernhäusern angesiedelt) schuf hierfür die Voraussetzungen.[5] Umgekehrt fällt auf, dass gerade die prominentesten unter den zu Lebzeiten eher erfolglosen deutschen Opernkomponisten jener Epoche – man denke an Beethoven, Schubert oder Schumann – keine Kapellmeister waren.[6] Die Frage, inwieweit sich innerhalb dieser Profession schon frühzeitig Netzwerke bildeten, die der Verbreitung ihres Repertoires dienten, wäre weiterer Untersuchungen wert. Die Schlüsselrollen, die spätere Kapellmeister als Musikfunktionäre wie Franz Liszt bei der Gründung des Allgemeinen Deutschen Musikvereins oder Richard Strauss bei der vereinsmäßig organisierten Durchsetzung des Urheberrechts spielten, deuten hierauf hin.[7]

In einer Epoche, in der die Spezialisierung des „freischaffenden" Komponisten wie auch die des modernen Dirigenten mit dem aufkommenden ästhetischen Primat der absoluten Musik einherging, wog der Eklektizismusvorwurf zunehmend schwerer. Adolf Bernhard Marx zufolge sei „Kapellmeistermusik in der endlosen Geschäftigkeit um hundert fremde Werke und Sachen zusammengehascht und der knappen Zeit abgestohlen."[8] Die musikalische „Autonomieästhetik als Resultat und Symbol einer tatsächlichen oder eingebildeten bürgerlichen Emanzipationsgeschichte"[9] diskreditierte nicht nur die institutionellen Bindungen der komponierenden Kapellmeister, sondern erstreckte sich auch auf ihre vorgeblich „abhängigen" Werke.[10] Gerade im Falle Mahlers ist bekannt, dass sich seinerzeit nicht nur dessen

4   Dies gilt u.a. für Joseph Weigl, Adalbert Gyrowetz, Ferdinand Guhr, Ignaz von Seyfried, Peter von Winter, Andreas Romberg, Georg Abraham Schneider, Louis Wilhelm Maurer, Peter von Lindpaintner, Joseph Hartmann Stuntz, Franz Lachner, Conradin Kreutzer, Louis Schloesser, Heinrich Dorn, Carl Gottlieb Reißiger, Carl Ludwig Amand Mangold, Friedrich Eduard Sobolewski, Louis Schindelmeißer, Julius Rietz, Ferdinand Hiller, Otto Nicolai, Heinrich Esser und in späteren Jahren auch Albert Lortzing. Vgl. Siegfried Goslich, *Die deutsche romantische Oper*, Tutzing 1975, S. 29–126.
5   Vgl. Arnold Jacobshagen, *Strukturwandel der Orchesterlandschaft*, Köln 2000, S. 25–36.
6   Schumanns späte Anstellung als Städtischer Musikdirektor in Düsseldorf (1850) umfasste keinen Theaterdienst und erfolgte zudem erst nach Abschluss von *Genoveva* und *Manfred*.
7   Vgl. u.a. Irina Lucke-Kaminiarz, *Die Tonkünstlerversammlung des ADMV: ein internationales Forum zeitgenössischer Musik?* In: *Franz Liszt und Europa*, hrsg. von Detlef Altenburg, Laaber 2005, S. 63–75; dies., *Der Allgemeine Deutsche Musikverein und seine Tonkünstlerfeste 1859–1886*, in: *Liszt und die Neudeutsche Schule*, hrsg. von Detlef Altenburg, Laaber 2006, S. 221–235; Michael Walter, *Richard Strauss und seine Zeit*, Laaber 2000, S. 281–306.
8   Adolf Bernhard Marx, *Ludwig van Beethoven. Leben und Schaffen*, Berlin 1859, Bd. 2, S. 171.
9   Frank Hentschel, *Bürgerliche Ideologie und Musik. Politik der Musikgeschichtsschreibung in Deutschland 1776–1871*, Frankfurt/Main 2006, S. 307.
10   Dass erfolgreich dirigierende Komponisten jüdischer Herkunft wie Ferdinand Hiller, Anton Rubinstein, Joseph Joachim oder Mahler solchen Vorwürfen häufiger ausgesetzt waren als andere, ist zu vermuten. Richard Wagner, dessen Pamphlet *Das Judenthum in der Musik* (1850) gegen den Gewandhauskapellmeister Mendelssohn und den Preußischen Generalmusikdirektor

Feinde sowie notorisch reaktionäre oder antisemitisch verblendete Kritiker, sondern auch wohlwollende Zeitgenossen zu entsprechenden Einschätzungen verstanden.[11] Dass Mahler, der den ganz überwiegenden Teil seiner Lebensarbeitszeit mit Einstudierungen, Aufführungen und Vorstellungsbesuchen von Opern sowie mit administrativen Aufgaben im Theater zugebracht hat, als Komponist fast ausschließlich Symphonien und Lieder schrieb,[12] unterscheidet ihn zugleich deutlich von der Mehrzahl seiner Kapellmeisterkollegen.

Im Folgenden soll es freilich nicht um Mahlers Kompositionen gehen, sondern darum, welche Rückschlüsse sein Repertoire als Orchesterleiter auf seine Kapellmeistertätigkeiten nahelegt, und wie dieses Repertoire im Kontext der zeitgenössischen Musik der Jahrhundertwende zu bewerten ist. „Mahler der Fortschrittliche" – ein solches Bild wird gern ohne weiteres vom Komponisten auch auf den Dirigenten und Spielplangestalter Mahler übertragen. Franz Willnauers Bilanz der Wiener Hofoperndirektion zufolge sei es „das Besondere an Mahlers Musiktheater" gewesen, „dass nicht nur der Ansatz für die Interpretation der Werke neu war, sondern dass diese Werke selbst zum überwiegenden Teil dem zeitgenössischen Schaffen angehörten. Beim Kampf um die Durchsetzung der ‚Moderne', um Herrmann Bahrs Signalwort zu zitieren, gab es für den Operndirektor Mahler kein edleres Ziel als den Einsatz für seine Zeitgenossen."[13]

Im Gegensatz zu diesem heute geläufigen Bild Mahlers als eines bedingungslosen Vorkämpfers der Moderne ist zu seinen Lebzeiten eher konstatiert worden, dass der Dirigent ziemlich selten zeitgenössische Werke aufführte. Tatsächlich scheint es, dass Mahler gerade in der Oper das Dirigieren neuester Werke mied, es sei denn, er hegte besondere Neigungen zu einzelnen Autoren oder Stücken, er erwies einem Kollegen einen persönlichen Dienst, oder er konnte sich der ihm angetragenen Aufgaben schlechterdings nicht entziehen. Auch in seinen Konzertprogrammen spiegelt sich eine dezidierte Vorliebe für die „Moderne" bis zu sei-

Meyerbeer zielt, bemühte die entsprechenden antisemitischen Vorurteile wie „Oberflächlichkeit", „elegante Kapellmeisterei" oder „Trivialität" auch in seiner Schrift *Über das Dirigieren*.(1869). Vgl. Hans-Joachim Hinrichsen, *Musikalische Interpretation und antisemitisches Rezeptionsparadox. Joseph Joachim – Richard Wagner – Hans von Bülow*, in: *Musikwelten – Lebenswelten. Jüdische Identitätssuche in der deutschen Musikkultur*, hrsg. von Beatrix Borchard und Heidy Zimmermann, Köln / Weimar / Wien 2009, S. 181–191, hier S. 190.

11   Dies gilt z.B. für Romain Rolland (*Musiker von heute*, München 1925, S. 242f.). Rolland zufolge gelang es Mahler nicht, „sich in einer wahrhaft aufrichtigen und persönlichen Art auszudrücken", seine Gedanken kämen „nur durch einen Schleier von Reminiszenzen durch eine klassische Atmosphäre zu uns"; die Ursache liege „in Mahlers Dirigentenberuf […] und in der Übersättigung mit Musik." Zitiert nach: Kurt Blaukopf, *Mahler. Sein Leben, sein Werk und seine Welt in zeitgenössischen Bildern und Texten*, Wien 1976, S. 245.

12   Vgl. Tobias Janz, *Über das Opernhafte von Mahlers Musik*, in: *Mahler-Handbuch*, hrsg. von Bernd Sponheuer und Wolfram Steinbeck, Stuttgart 2009, S. 140–152.

13   Franz Willnauer, *Der Hofoperndirektor Gustav Mahler*, in: *Studia Musicologica Academiae Scientiarum Hungaricae* 31 (1989), S. 389–404, hier S. 396. Willnauer zufolge (ebd., S. 389) lasse sich „die Ära Mahler als erster glanzvoller Höhepunkt der Wiener, ja der europäischen Kunstgeschichte des 20. Jahrhunderts" bezeichnen. An anderer Stelle (*Gustav Mahler und die Wiener Oper*, Wien 1993, S. 215) spricht Willnauer von einer „nie wieder erreichten Glanzzeit der österreichischen, der europäischen Theatergeschichte" und einem „schwer überbietbarer Gipfel menschlicher Schöpferkraft".

nem Wechsel nach New York kaum wider. Natürlich ist zu bedenken, dass Mahlers Einfluss auf die Spielplangestaltung zumindest bis zu seiner Wiener Hofoperndirektion gering war. Und obwohl es keinen zweiten um 1900 tätigen Dirigenten geben dürfte, dessen Konzert- und Opernrepertoire so umfassend untersucht worden wäre wie dasjenige Mahlers, wirft dessen Bewertung daher weiter viele Fragen auf. Vor allem dank der Arbeiten von Knud Martner ist Mahlers Wirken als Kapellmeister nahezu lückenlos dokumentiert.[14] Darüber hinaus sind neben seiner Wiener Hofoperndirektion auch seine New Yorker,[15] Hamburger[16] und Budapester[17] Dirigate Gegenstand detaillierter Studien geworden (in den vorherigen Kapellmeisteranstellungen hatte Mahler hingegen kaum Gestaltungsmöglichkeiten). Das Spektrum seines Repertoires in Konzert und Oper ist beeindruckend und übertrifft in seinem Umfang dasjenige der meisten heutigen Dirigenten bei weitem, wie Martners Erhebungen zeigen: Mahler dirigierte insgesamt 123 verschiedene Opern von 79 Komponisten in mehr als zweitausend Vorstellungen und brachte zudem in mehr als dreihundert Konzerten u.a. 44 verschiedene Symphonien, 39 Instrumentalkonzerte, 26 Tondichtungen und 52 Ouvertüren von mehr als hundert Komponisten zur Aufführung.[18]

Ein Vergleich mit anderen Dirigenten dieser Zeit wird dadurch erschwert, dass nur für wenige unter diesen umfassende Repertoirestudien und belastbare Vergleichszahlen vorliegen. Zweifellos dirigierte der von Mahler bewunderte dreißig Jahre ältere Hans von Bülow (1830–1894) ungeachtet seiner notorischen Wandlung vom „Progressisten" zum „Reactionär"[19] relativ mehr „zeitgenössische" Musik als Mahler: Komponisten seiner eigenen Generation wie Brahms, Raff, Saint-Saëns und Rubinstein liegen in der Spitzengruppe seines Konzertrepertoires als Dirigent, und selbst der viel jüngere Richard Strauss ist bei Bülow bereits mit sieben Werken prominent vertreten.[20] Auch Strauss, seit 1898 Hofkapellmeister in Berlin, konzentrierte sich in seinen dortigen Konzerten „hauptsächlich auf Werke lebender Komponisten", wie Michael Walter unterstrichen hat:

> „Sgambati, Pfitzner, Schillings, Thuille, Ertel, Carl von Schirach (der Vater Baldur von Schirachs), Mahler, Wolf, Hausegger, Reznicek, d'Indy, Charpentier, Bruneau, Stanford

---

14 Vgl. Knud Martner, *Mahler im Konzertsaal. Eine Dokumentation seiner Konzerttätigkeit 1870–1911*, Kopenhagen 1985; ders., *Mahler im Opernhaus. Eine Bilanz seiner Bühnentätigkeit 1880–1910*, in: *Neue Mahleriana. Essays in Honour of Henry-Louis de La Grange on His Seventieth Birthday*, Bern 1997, S. 163–173; ders., *Mahler's Concerts*, New York 2010.

15 Vgl. Zoltán Roman, *Gustav Mahler's American Years, 1907–1911. A Documentary History*, New York 1989.

16 Vgl. Irmgard Scharberth, *Gustav Mahlers Wirken am Hamburger Stadttheater*, in: *Die Musikforschung* 22 (1969), S. 443–456; Bernd Schabbing, *Gustav Mahler als Konzert- und Operndirigent in Hamburg* (Musicologica Berolinensia 9), Berlin 2006.

17 Vgl. Zoltán Roman, *Mahler and the Budapest Opera*, in: *Studia Musicologica Academiae Scientiarum Hungaricae*, 31/1 (1989), S. 353–369; ders., *Gustav Mahler and Hungary* (Studies in Central and Eastern European Music 5), Budapest 1991.

18 Angaben nach Martner, *Mahler's Concerts*, S. 348–350 und S. 365.

19 Vgl. Hans-Joachim Hinrichsen, *Musikalische Interpretation. Hans von Bülow* (Beihefte zum Archiv für Musikwissenschaft, 46), Stuttgart 1999, S. 26–45.

20 Vgl. Hinrichsen, *Bülows Konzertrepertoire: Orchesterwerke*, in: ebd., S. 488–510.

waren Namen, die auf den Konzertprogrammen vertreten waren. Es war vermutlich nicht allein der Wunsch, lebende Komponisten zu fördern, der Strauss zu dieser Programmauswahl trieb, sondern auch die Notwendigkeit, sich mit einem Repertoire zu profilieren, das sich nicht mit dem der anderen Berliner Orchester deckte; bezeichnenderweise dirigierte er auch Bruckner, dessen Sinfonien er wenig schätzte. Außerdem hatte er seinem Ruf als ‚Moderner‘ gerecht zu werden. Überlegungen dieser Art waren nicht illegitim, sondern pragmatisch, was auch von der Berliner Presse so gesehen wurde.‟[21]

Eine ähnliche Konzentration auf ein zeitgenössisches Konzertrepertoire ist bei Mahler lange Zeit kaum auszumachen. Seine Programme bestätigen vor allem die Kanonisierung der „großen Meisterwerke" der Vergangenheit. Gewiss war Mahler gerade in Wien und mit Blick auf die Presse nicht unbedingt darauf bedacht, seinem gefährlichen „Ruf als Moderner" auch auf dem Dirigentenpodium zusätzlichen Nachdruck zu verschaffen. Aus eigenem Antrieb setzte er in Wien und Hamburg nur wenig Neues an. Bei Solistenkonzerten hatte er zumeist den Wünschen der Interpreten zu folgen, die ihr individuelles, oft zeitgenössisches Repertoire z. B. mit Werken von Edouard Lalo, Edward McDowell, Giuseppe Martucci oder Moritz Moszkowski spielten.[22] Unter Mahlers Leitung brachten gefeierte Virtuosen wie Pablo de Sarasate und Emile Sauret in Hamburg oder Franz Xaver Scharwenka und Sergei Rachmaninow in New York ihre eigenen Konzerte zur Aufführung. Die Instrumentalkonzerte vertreten zugleich den internationalsten Repertoirebereich Mahlers. Ein Überblick der zwanzig von Mahler am häufigsten dirigierten Komponisten bestätigt hinsichtlich der Moderne indes die Richtigkeit der Einschätzung Almas: „Der einzige, an dem Mahler noch immer gelegen war, war Strauss, daneben waren alle anderen mehr oder weniger belanglos.‟[23]

Tabelle 1: Mahlers Konzertdirigate: 20 Komponisten mit den meisten Aufführungen[24]

235	Richard Wagner (1813–1883)	23	Joh. Sebastian Bach (1685–1750)
169	Gustav Mahler (1860–1911)	22	Johannes Brahms (1833–1897)
166	Ludwig van Beethoven (1770–1827)	21	Franz Liszt (1811–1886)
53	Franz Schubert (1797–1828)	18	Felix Mendelssohn (1809–1847)
43	Robert Schumann (1810–1856)	17	Joseph Haydn (1732–1809)
36	Richard Strauss (1864–1949)	13	Bedřich Smetana (1824–1884)
30	Wolfgang Amadeus Mozart (1756–1791)	11	Anton Bruckner (1824–1896)
29	Pjotr Tschaikowski (1840–1893)	10	Antonín Dvořák (1841–1904)
25	Hector Berlioz (1803–1869)	10	Jules Massenet (1842–1912)
24	Carl Maria von Weber (1786–1826)	10	Edward Elgar (1857–1934)

Besonders konservativ nehmen sich Mahlers Wiener Konzertprogramme aus. Unter den insgesamt siebzig Werken, die er in den „Philharmonischen Konzerten" (1898–1901) aufführte, stammen nur acht von damals noch lebenden Komponis-

21 Michael Walter, *Richard Strauss und seine Zeit*, Laaber 2000, S. 184.
22 Vgl. Schabbing, *Mahler als Konzert- und Operndirigent*, S. 72.
23 Alma Mahler-Werfel, *Erinnerungen an Gustav Mahler* / Gustav Mahler, *Briefe an Alma Mahler*, hrsg. von Donald Mitchell, Frankfurt / Berlin / Wien 1978, S. 127.
24 Alle Angaben nach Martner, *Mahler's Concerts*, New York 2010, S. 349f.

ten: neben drei eigenen sowie drei Werken von Dvořák nur Goldmarks Ouvertüre *Im Frühling* sowie *Aus Italien* von Strauss.[25] Erst in New York, wo Mahler die weitaus größten Freiheiten genoss, profilierte er sich mit einem dezidiert zeitgenössischen Konzertrepertoire. Ausdrücklich ein „All-Modern Program" kündigte die Philharmonic Society of New York im Januar 1911 an: Neben Mahlers Vierter Symphonie wurden Pfitzners Ouvertüre zu *Das Käthchen von Heilbronn* und Richard Strauss' *Ein Heldenleben* gespielt.[26] Auffällig ist in Amerika die Hinwendung zu den vorher vielleicht auch aus kulturpolitischen Rücksichten eher gemiedenen Franzosen. So präsentierte die Philharmonic Society im Januar 1911 unter Mahlers Leitung ein „All-French-Programme" mit Werken von George Enescu, Edouard Lalo, Jules Massenet und Claude Debussy. Werke von Debussy (*Ibéria, Rondes de printemps, Trois Nocturnes* und *Prélude à l'après-midi d'un faun*) hat Mahler ausschließlich in New York dirigiert, und dies immerhin in neun Konzerten mit vier verschiedenen Programmen. An der Manhattan Opera wohnte er auch der amerikanischen Premiere von *Pelléas et Mélisande* bei, deren Musik er indes für „harmlos" befand.[27] Auch für Alexis Emanuel Chabrier (*Briséis, España, A la musique*) entwickelte Mahler erst in Amerika mit ebenfalls neun Konzerten eine auffällige Präferenz. Paul Dukas' *Zauberlehrling (L'Apprenti sorcier)* dirigiert er im Jahre 1909. Von Massenet nahm Mahler in New York wiederholt Opernszenen aus Werken ins Programm, die er im Theater nie aufgeführt hatte (*Le Jongleur de Notre-Dame, Le Mage, Manon*). Ein zeitgenössisches italienisches Programm dirigierte er im Februar 1911 mit Werken von Marco Enrico Bossi, Ferruccio Busoni, Giuseppe Martucci und Leone Sinigaglia. Von Busoni hatte Mahler bereits ein Jahr zuvor in New York auch die Orchestersuite aus *Turandot* angesetzt, zusammen mit Debussys *Prélude à l'après-midi d'un faun* sowie Strauss' *Tod und Verklärung* enthielt.[28] Auch für jüngere einheimische und englische Komponisten begann er sich zu engagieren, denen er im Februar 1911 ebenfalls ein eigenes Konzert mit Werken von George Whitefield Chadwick, Edward Elgar, Henry Kimball Hadley, Charles Martin Loeffler, Edward Mac Dowell und Charles Villiers Stanford gewidmet hatte. Unter den russischen Komponisten, von denen Mahler bis dahin Rubinstein und Tschaikowski häufig im Programm hatte, begegnet in New York erstmals auch Rimski-Korsakow (*Scheherazade*), ein geplantes Mussorgski-Dirigat (*Joshua*) kam dagegen krankheitshalber ebenso wenig zustande wie Mahlers Leitung des Violinkonzerts von Sibelius.[29]

A propos Sibelius: Schon bei seinem einzigem Konzert in Helsinki (1907) hatte sich Mahler nicht besonders um eine Sibelius-Aufführung bemüht, obwohl er oft mit dem Kollegen zusammentraf, wie der finnische Kollege sich erinnert: „Ich wollte nicht, er solle glauben, dass ich ihn nur besucht hätte, um ihn für meine Kompositionen zu interessieren. Als er mich auf seine strenge Weise fragte:

---

25 Vgl. Martner, *Mahler's Concerts*, S. 127–163.
26 Ebd., S. 297.
27 Vgl. Roman, *Gustav Mahler's American Years*, S. 92.
28 Vgl. Martner, *Mahler's Concerts*, S. 265.
29 Ebd., S. 311–316.

‚Was wollen Sie, dass ich von Ihnen dirigiere?' antwortete ich nur: ‚Nichts.'"[30] So blieb es dabei: Sibelius hat Mahler nie dirigiert.

Auch in Mahlers Opernrepertoire begegnen auf den vorderen Rängen praktisch keine Generationsgenossen:

Tabelle 2: Mahlers Operndirigate: 20 Komponisten mit den meisten Aufführungen[31]

514	Richard Wagner (1813–1883)	37	Albert Lortzing (1801–1851)
255	Wolfgang Amadeus Mozart (1756–1791)	37	Johann Strauß (1825–1899)
107	Carl Maria von Weber (1786–1826)	35	Pietro Mascagni (1863–1945)
87	Bedřich Smetana (1824–1884)	34	Victor Ernst Nessler (1841–1890)
72	Ludwig van Beethoven (1770–1827)	29	Karl Goldmark (1830–1915)
65	Giuseppe Verdi (1813–1901)	29	Jacques Offenbach (1819–1880)
61	Georges Bizet (1838–1875)	27	Heinrich Marschner (1795–1861)
55	Pjotr Tschaikowski (1840–1893)	24	Otto Nicolai (1810–1849)
50	Engelbert Humperdinck (1854–1921)	18	François Boieldieu (1775–1834)
38	Giacomo Meyerbeer (1791–1864)	18	Gioachino Rossini (1792–1868)

Dieser Befund scheint in einem gewissen Widerspruch zu Franz Willnauers Spielplanauswertung der Ära Mahlers an der Wiener Hofoper zu stehen:

„In welchem Maß der Musiker Mahler auch als Operndirektor ‚progressiv' und dem Neuen zugetan war, wird aus der Vielzahl der Erstaufführungen sichtbar, mit denen er den Spielplan der Wiener Hofoper den Komponisten seiner Zeit öffnete. Nicht weniger als 24 von seinen 62 Premieren gelten Ur- und Erstaufführungen von Novitäten, für die Mahler mit dem ganzen Gewicht seiner Persönlichkeit kämpfte."[32]

Willnauers Zahlen verdienen eine nähere Betrachtung. Zunächst einmal entfallen auf diese vierundzwanzig „Novitäten" unter Mahlers Leitung nur drei Uraufführungen, von denen keine größere operngeschichtliche Spuren hinterlassen hat: *Die Kriegsgefangene* von Karl Goldmark (1899), *Es war einmal* von Alexander von Zemlinsky (1900) und *Der dot Mon* („Der tote Mann", 1902) von Josef Forster.[33] Zehn der einundzwanzig Wiener Erstaufführungen unter Mahler galten Opern, deren Premieren viele Jahre zurücklagen und deren Komponisten man kaum mit der Moderne der Jahrhundertwende in Verbindung bringen wird: von Haydns *Der Apotheker* und Mozarts *Zaide* über Albert Lortzings *Opernprobe*, Bedřich Smetanas *Dalibor* und Georges Bizets *Djamileh* bis zu Anton Rubinsteins *Dämon*, Pjotr Tschaikowskys *Eugen Onegin*, *Pique Dame* und *Jolanthe*, Jacques Offenbachs *Hoffmanns Erzählungen* oder Giuseppe Verdis *Falstaff*.

Überblickt man die elf Wiener Erstaufführungen Mahlers von Werken „moderner" Komponisten, so fällt zunächst die fast vollständige Abstinenz des inter-

---

30 Karl Ekman, *Jean Sibelius*, Helsinki 1935, S. 185, zit. nach Blaukopf, *Mahler*, S. 254.
31 Alle Angaben nach Martner, *Mahler's Concerts*, S. 366–371.
32 Franz Willnauer, *Der Hofoperndirektor Gustav Mahler,* in: *Studia Musicologica Academiae Scientiarum Hungaricae* 31 (1989), S. 389–404, hier S. 396.
33 Darüber hinaus wertet Willnauer auch Robert Hirschfelds Bearbeitungen von Haydns *Apotheker* und Mozarts *Zaide* als „Uraufführungen".

nationalen Repertoires ins Auge: Mit Ruggiero Leoncavallos *La Bohème* (Uraufführung Venedig 1897, in Wien 1898) und Gustave Charpentiers *Louise* (Paris
1900, Wien 1903) begegnet jeweils nur eine italienische und eine französische
Oper.[34] Zu bedenken ist ferner, dass Mahler die Partitur Leoncavallos nur mit
größtem Widerwillen dirigiert und sich äußerst negativ über das Werk geäußert
hat (was freilich nicht für alle italienischen Stücke dieser Zeit galt).[35] Für Charpentiers *Louise* hingegen, neben Debussys *Pelléas et Mélidande* eine der ersten
Opern auf ein Prosalibretto, wusste sich Mahler durchaus zu begeistern.[36]

„Kapellmeisteropern" überwiegen unter Mahlers übrigen Premieren zeitgenössischer Werke sowohl quantitativ als wohl auch qualitativ: Neben *Feuersnot*
von Strauss (1902, UA Dresden 1901) und *Die Rose vom Liebesgarten* aus der
Feder des damals ebenfalls in Berlin tätigen Theaterdirigenten Hans Pfitzner
(1905, UA Elberfeld 1901) können Siegfried Wagners Opernerstling *Der Bären-
häuter* (1899, UA München 1899), Leo Blechs *Das war ich!* (1904, UA Dresden
1902) und Emil Nikolaus von Rezniceks *Donna Diana* (1898, UA Prag 1894)
infolge der Tätigkeitsschwerpunke ihrer Schöpfer ohne weiteres dieser Kategorie
zugerechnet werden. Mit Reznicek verkehrte Mahler freundschaftlich,[37] Blech
revanchierte sich im folgenden Jahr mit der Prager Aufführung von Mahlers Fünfter Symphonie. Daneben hat Mahler in Wien 1905 Ermanno Wolf-Ferraris Erfolgs-
stück *Die neugierigen Frauen* (UA München 1903) sowie *Die Abreise* (UA Frankfurt 1898) des Klaviervirtuosen Eugen d'Albert dirigiert, mit dem er in diesen Jahren auch gemeinsam in Konzerten auftrat (1903 in Wiesbaden mit Liszts Klavierkonzert Nr. 1 und 1906 in Antwerpen mit Liszts Konzertfassung von Schuberts
Wandererfantasie).[38] Und schließlich leitete Mahler 1900 den volkstümlichen
Bundschuh (Troppau 1892) von Josef Reiter sowie 1904 den *Corregidor* (Mann-
heim 1896) seines kurz zuvor verstorbenen ehemaligen Weggefährten Hugo Wolf.

Dass diese Novitätenbilanz Mahlers bezogen auf die Moderne weniger glänzend
ausfällt, als es die von Willnauer vorgelegten Analysen suggerieren, ist nicht allen
Kommentatoren entgangen.[39] Als Erklärungsversuch wird angeführt, „dass in der so
reichen Opernzeit zwischen 1890 und 1920 es gerade die Jahre zwischen 1897 und

---

34 Die wenigen anderen Wiener Erstaufführungen internationaler Werke überließ Mahler seinen
    Kollegen: Bruno Walter dirigierte die verspäteten Wiener Premieren von Léo Delibes' *Lak-
    mé*, Camille Erlangers *Der polnische Jude* und Saint-Saëns' *Samson und Dalila*. Francesco
    Spetrino übernahm Puccinis *La Bohème*, Franz Schalk leitete Giordanos *Fedora*.
35 Vgl. Josef-Horst Lederer, *Mahler und die beiden „Bohèmes"*, in: *Festschrift Othmar Wessely
    zum 60. Geburtstag*, hrsg. von Manfred Angerer, Eva Diettrich, Gerlinde Haas, Christa Har-
    ten, Gerald Florian Messner, Walter Pass und Herbert Seifert, Tutzing 1982, S. 399–405.
36 Alma Mahler-Werfel, *Erinnerungen an Gustav Mahler*, S. 82–85.
37 Gustav Mahler, *Unbekannte Briefe*, hrsg. von Herta und Kurt Blaukopf, Wien 1983, S. 131–142.
38 Martner, *Mahler's Concerts*, S. 177 und 201.
39 Eher zurückhaltend hat Robert Werba Mahlers Novitäten bilanziert: „Mit Neuheiten hatte er
    wenig Glück. Das einzige geniale Meisterwerk eines lebenden deutschen Komponisten, die
    Salome, durfte er nicht auf die Bühne bringen. Und zur italienischen und französischen Oper
    hatte er wenig Beziehung. (...) Was ihn nicht interessierte, gab er gerne ab." Vgl. Werba,
    *Marginalien zum Theaterpraktiker Gustav Mahler: Aspekte seiner regielichen und dramatur-
    gischen Tätigkeit an der Wiener Oper im Spiegel der Kritik*, in: *Studia Musicologica Acade-
    miae Scientiarum Hungaricae*, 31/1 (1989), S. 371–388, hier S. 380.

1907 waren, also Mahlers Jahre, die sich merkwürdig arm an wirklich bedeutenden neuen Werken erweisen" würden, wie Jens-Malte Fischer unterstreicht.[40] Nachgerade als „Mahlers Tragik" sieht auch Willnauer es an, „dass seine zehnjährige Direktionszeit mit einem Tiefstand der zeitgenössischen Opernproduktion zusammenfiel."[41]

Diesen Einschätzungen ließe sich bereits mit dem Hinweis auf Puccinis *Tosca* (Rom 1900) und *Madama Butterfly* (Mailand 1904), Debussys *Pelléas et Mélisande* (Paris, Opéra-Comique 1902), Janáčeks *Jenufa* (Brünn 1904) oder Strauss' *Salome* (Dresden 1905) entgegnen. (Immerhin hatte sich Mahler um eine Aufführung der *Salome* vergeblich bemüht und diejenige der *Butterfly* noch kurz vor seiner Demission geplant, während er Janáčeks persönliche Avancen abwimmelte.) Neben diesen fünf Zentralwerken der Jahrhundertwende, die bis in die Gegenwart zu den wenigen Repertoireopern des 20. Jahrhunderts zählen,[42] wäre an die Bühnenwerke Nikolai Rimski-Korsakows und Antonín Dvořáks zu erinnern, deren Premieren sich gerade in diesem Zeitraum besonders verdichten, die allerdings außerhalb ihrer Heimat damals noch keine Verbreitung fanden.[43] International dominant war weiterhin die italienische Oper, deren stilistische Vielfalt durch den problematischen Begriff des Verismo kaum angemessen zu umschreiben ist.[44] Sie wird repräsentiert durch Komponisten wie Pietro Mascagni, Umberto Giordano, Francesco Cilea, Ruggiero Leoncavallo, Alberto Franchetti, Franco Alfano und natürlich Puccini.[45] Unter den französischen Komponisten war damals Jules Massenet tonangebend, der seine jahrzehntelange internationale Erfolgsserie mit weiteren Weltpremieren fortsetzte: In Paris gelangten damals an der Opéra-Comique *Sapho* (1897), *Grisélidis* (1901) und *Cendrillon* (1900), an der Opéra *Ariane* (1906) sowie in Monte-Carlo *Le Jongleur de Notre-Dame* (1902), *Chérubin* (1905) und *Thérèse* (1907) zur Uraufführung. Neben Debussy und Massenet fallen Opernpremieren von Vincent d'Indy, Alfred Bruneau, Gabriel Fauré, Camille Saint-Saëns und Paul Dukas in das Mahler-Jahrzehnt.[46] Die

40 Jens-Malte Fischer, *Gustav Mahler. Der fremde Vertraute*, München / Kassel [2]2010, S. 572.

41 Franz Willnauer, *Der Hofoperndirektor Gustav Mahler*, in: *Studia Musicologica Academiae Scientiarum Hungaricae* 31 (1989), S. 389–404, hier S. 396.

42 Drei der fünf in Deutschland, Österreich und der Schweiz meistgespielten Opern des 20. Jahrhunderts stammen aus den „Mahler-Jahren": Von 2004 bis 2009 brachte es *Tosca* auf 751, *Madama Butterfly* auf 535 und *Salome* auf 305 Aufführungen. Die Ränge drei und fünf belegen Strauss' *Rosenkavalier* mit 323 und Puccinis *Turandot* mit 303 Aufführungen. Vgl. *Wer spielte was? Werkstatistik des Deutschen Bühnenvereins*, Bd. 59–62, Köln 2006–2010.

43 Rimski-Korsakow brachte in jenen Jahren in Moskau u.a. *Sadko* (1898), *Mozart und Salieri* (1898), *Die Zarenbraut* (1899) und *Das Märchen vom Zaren Saltan* (1900) sowie in St. Petersburg *Servilia* (1902) und *Die Legende von der unsichtbaren Stadt Kitesch* (1907) zur Aufführung. Dvořák erlebte in Prag mit *Jakobín* (Neufassung 1897), *Teufelskäthe* (1899), *Rusalka* (1901) und *Armida* (1904) den Höhepunkt seiner Opernkarriere.

44 Vgl. Andreas Giger, *Verismo: Origin, Corruption, and Redemption of an Operatic Term*, in: *Journal of the American Musicological Society*, 60 / 2 (2007), S. 271–315.

45 Cilea: *L'Arlesiana* (Mailand 1897), *Adriana Lecouvreur* (Mailand 1902); Giordano: *Fedora* (Mailand 1898), *Siberia* (Mailand 1903); Mascagni: *Iris* (Rom 1898), *Le maschere* (Genua 1901), *Amica* (Monte-Carlo 1905); Leoncavallo: *Zazà* (Mailand 1900), *Der Roland von Berlin* (Berlin 1904); Franchetti: *Germania* (Mailand 1902); Alfano: *Rissurrezione* (Turin 1904).

46 D'Indy: *Fervaal* (Brüssel 1897), *L'Etranger* (Brüssel 1903); Bruneau: *Messidor* (Paris 1897), *L'Ouragan* Paris (1901); Fauré: *Prométhée* (Béziers 1900); Saint-Saëns: *Les Barbares* (Paris 1901), *Hélène* (Monte-Carlo 1904); Dukas: *Ariane et Barbe-Bleue* (Paris 1907).

Welturaufführung von Massenets *Werther* hatte übrigens 1892 an der Wiener Hofoper stattgefunden – fünf Jahre *vor* Mahlers Ankunft. Es entbehrt nicht einer gewissen Ironie, dass *Werther* bis in die Gegenwart neben Strauss' *Die Frau ohne Schatten* die einzige dauerhaft repertoirefähige Oper bleiben sollte, die jemals (!) im Haus am Kärntnerring uraufgeführt wurde.[47]

Wenn man überhaupt von Repertoireengpässen und einem Mangel an bedeutenden Werken um 1900 sprechen kann, so betreffen diese höchstens die deutsche Oper, deren „pragmatische Probleme"[48] nach wie vor nicht behoben waren und die weiter im Schatten der Musikdramen Richard Wagners stand. Immerhin lassen sich neben Strauss, Pfitzner und Wolf-Ferrari aus dem Mahler-Jahrzehnt Werke wie Humperdincks *Königskinder* (München 1897), Eugen d'Alberts *Tiefland* (Prag 1903) oder Max von Schillings' *Pfeifertag* (Schwerin 1899) und *Moloch* (Dresden 1906) anführen.[49] Das Jahrzehnt war nicht ärmer an bedeutenden zeitgenössischen Opern als das Jahrzehnt zuvor oder dasjenige danach. Nur: Weder in Mahlers Repertoire noch im Spielplan der Wiener Hofoper spiegelt sich das damalige Spektrum der zeitgenössischen europäischen Oper annähernd wider. Dass Mahler neben einem von ihm selbst ausgesprochen kritisch beurteilten Frühwerk Alexander von Zemlinskys als einzige Uraufführungen ausgerechnet den blassen Einakter *Der dot Mon* des damals 64jährigen Forster sowie eine weitere Kurzoper des 69jährigen Goldmark ansetzte und dirigierte, wird man weder dem konsequenten Willen zur Förderung der Moderne noch dem Mangel an geeigneten Alternativen zuschreiben können. Ebenso wenig trägt Willnauers Ansicht, dass die angeblich „wahren Meisterwerke der Operngeschichte des beginnenden 20. Jahrhunderts, *Elektra, Der Rosenkavalier, Herzog Blaubarts Burg, Der ferne Klang, Doktor Faust, Palestrina* und *Wozzeck* (…) zur Zeit der Hoferndirektion Mahlers noch nicht geschrieben" waren, zur Erklärung der mageren Bilanz bei.

Ein erster Überblick internationaler Premieren im „Mahler-Jahrzehnt" verdeutlicht, dass sich die Wiener Hofoper als Uraufführungsort und Umschlagplatz des europäischen Musiktheaters der Jahrhundertwende nicht nur verglichen mit den Opernmetropolen Mailand und Paris, sondern auch gegenüber Berlin, Brüssel, Dresden, Monte Carlo oder München im Abseits befand. Auch deutsche Erstaufführungen internationaler Werke fanden eher selten in Wien statt, und wenn doch,

---

47 Vgl. Franz Hadamowsky, *Die Wiener Hoftheater (Staatstheater): Ein Verzeichnis der aufgeführten und eingereichten Stücke mit Bestandsnachweisen und Aufführungsdaten, Teil 2: Die Wiener Hofoper (Staatsoper) 1811–1974*, Wien 1975, S. 659–661.

48 Vgl. Michael Walter, *Richard Strauss und seine Zeit*, Laaber 2000, S. 207–210.

49 Zudem machte die sehr große Zahl an Bühnen schon damals Deutschland und Österreich für Uraufführungen auswärtiger Opern besonders attraktiv, insbesondere solche italienischen Komponisten, aber auch Stücke englischer Provenienz wie Ethyl Smyths *Fantasio* (Weimar 1898) und *Strandrecht* (Leipzig 1906) oder Frederick (Fritz) Delius' *Romeo und Julia auf dem Dorfe* (Berlin 1907). Zu Delius' deutschen Beziehungen vgl. James Deaville, *Der Allgemeine Deutsche Musikverein. Frederick / Fritz Delius und die Organisation des britischen Musiklebens am Anfang des 20. Jahrhunderts*, in: *Im Herzen Europas. Nationale Identitäten und Erinnerungskulturen*, hrsg. von Detlef Altenburg, Lothar Ehrlich und Jürgen John, Köln / Wien 2008, S. 343–354.

so häufiger an der Volksoper als an der Hofoper.[50] Willnauers Diktum über den
„Tiefstand der zeitgenössischen Opernproduktion" trifft also primär auf die *Wie-ner* Opernproduktion zu, und für diese „Tragik" Mahlers war der Hofoperndirek-tor nicht völlig unverantwortlich. Tatsächlich fanden unter Mahlers oft gerügten
Vorgängern Franz von Dingelstedt (1867–70), Johann von Herbeck (1870–75),
Franz von Jauner (1875–80) und Wilhelm Jahn (1881–97) ebenso wie unter sei-nen Nachfolgern Felix von Weingartner (1908–11), Hans Gregor (1911–18),
Franz Schalk (1918–29) und Richard Strauss (1919–24) im Durchschnitt keines-wegs weniger Ur- und Erstaufführungen an der Hofoper statt als unter Mahler.[51]
Das erzkonservative, bisweilen provinzielle Repertoire wie auch die durchaus
nicht immer auf Weltniveau angesiedelten Sängerbesetzungen jener Zeit relativie-ren die verbreitete, aber womöglich zu stark auf Mahlers Aura, das exzellente
Orchester und die Regie gemünzte Ansicht, der zufolge die Wiener Oper damals
„unbestritten (…) das bedeutendste Institut der Welt" gewesen sei.[52]

Ähnliche Tendenzen in Mahlers Opernrepertoire deuteten sich schon früher
an. Auch die Hamburger „Repertoirewende" zur Zeit Mahlers, die nicht zuletzt
auf die Ersetzung der zeitgenössischen durch wesentlich ältere Werke hinauslief,
wurde bereits von Natalie Bauer-Lechner prägnant charakterisiert:

> „Nicht wieder zu erkennen war das Repertoire: ein Reichtum und Wechsel der
> schönsten Stücke, wie man ihn längst nicht mehr gekannt, und höchstens einmal die
> Woche ein Ballett! Die unbedeutenden Massenets, Mascagnis, Kienzls und derglei-chen, die früher den Hauptbestandteil des Repertoires gebildet hatten, verschwanden
> jetzt in weite Abstände, dagegen hatte Mahler *Dalibor, Zar und Zimmermann, Zau-berflöte*, den *Ring des Nibelungen, Lohengrin*, den *Fliegenden Holländer, Tannhäu-ser* und *Tristan* ganz oder teilweise neu einstudiert, von den Strichen befreit und eine
> wahre Wiederentdeckung an ihnen vollzogen."[53]

Man sollte Mahlers Anteil an dieser Entwicklung nicht überbewerten, denn seine
Möglichkeiten, den Hamburger Spielplan zu bestimmen, waren begrenzt.[54] Im-merhin dirigierte Mahler gerade in Hamburg durchaus aktuelle Opern von Masse-net, Mascagni, Kienzl, Bruneau und Giordano, die er weder vorher noch nachher

---

50 Vgl. hierzu das Verzeichnis der „Erstaufführungen und Gesamtaufführungsziffern der zwi-schen 1891 und 1921 an deutschsprachigen Bühnen gespielten veristischen bzw. jungitalieni-schen Opern" bei Josef-Horst Lederer, *Verismo auf der deutschsprachigen Opernbühne
1891–1926. Eine Untersuchung seiner Rezeption durch die zeitgenössische musikalische
Fachpresse*, Wien 1992, S. 303–305.

51 Vgl. Hadamowsky, *Die Wiener Hoftheater*, Bd. 2, S. 624–643; Wilhelm Beetz, *Das Wiener
Opernhaus 1869 bis 1945*, Zürich 1949, S. 209–216.

52 Vgl. Fischer, *Gustav Mahler*, S. 357f. An anderer Stelle hat Fischer seine Einschätzung so for-muliert: „Man wird sagen können, dass die Wiener Hofoper das ruhmreichste und künstlerisch
anspruchsvollste Opernhaus der Welt war, aber man wird dies eigentlich erst sagen können für
die zehn Jahre, in denen Mahler dort wirkte und für einige Jahre darüber hinaus, in denen sein
Wirken noch spürbar war." Vgl. Fischer, *Mahler. Leben und Welt*, in: *Mahler-Handbuch*, hrsg.
von Bernd Sponheuer und Wolfram Steinbeck, Stuttgart / Weimar 2010, S. 14–59, hier S. 37.

53 Vgl. *Gustav Mahler in den Erinnerungen von Natalie Bauer-Lechner*, hrsg. von Herbert Kil-lian, Hamburg 1984, S. 104.

54 Vgl. Schabbing, *Gustav Mahler als Konzert- und Operndirigent*, S. 185–193.

in seinem Repertoire hatte.[55] Vor allem sein großer Einsatz für Pietro Mascagni, dessen *Cavalleria rusticana* er bereits in Budapest mit überwältigendem Erfolg dirigiert hatte, verdient Erwähnung, denn in Hamburg nahm sich Mahler sogleich auch die beiden nächsten Opern *L'amico Fritz* und *I Rantzau* des noch nicht einmal dreißigjährigen Shootingstars vor. Mascagnis *L'amico Fritz* sei „in Folge großer Subtilitäten schwer aufzuführen", so Mahler im Januar 1893 an seine Schwester Justine, doch habe er seine „ganze Individualität aufgeboten, um das Werk ‚der Canaille gegenüber' durchzusetzen". Zugleich betont er, dass „zwischen mir und Mascagni eine Menge Berührungspunkte bestehen."[56] Solche Affinitäten ließen sich biographisch leicht begründen: Beide Komponisten stammten aus kleinen provinziellen Verhältnissen und hatten gegen erhebliche Widerstände Kapellmeisterkarrieren zurückgelegt. Tatsächlich sollte Mascagni unter den führenden italienischen Opernkomponisten dieser Generation der einzige bleiben, dessen kontinuierliche internationale Dirigentenlaufbahn denjenigen von Strauss oder Mahler vergleichbar war. Insgesamt hat Mahler alle drei Mascagni-Opern kurz nach deren Uraufführungen mindestens 35mal dirigiert: Keinem zweiten Opernkomponisten seiner Generation hat Mahler jemals mehr Aufmerksamkeit und Hingabe geschenkt.

Außerdem dirigierte Mahler in Hamburg gleich zwei Opern eines weiteren zeitgenössischen Italieners, Alberto Franchetti. Der aus einer äußerst vermögenden venezianischen Bankiersfamilie stammende jüdische Baron Franchetti war in seiner Generation ein Außenseiter: In Deutschland ausgebildet, komponierte er zunächst in Dresden eine Symphonie, ehe er sich mit der nordischen Legende *Asrael* (1888) und der Historienoper *Cristoforo Colombo* (1892) an der Spitze des italienischen Wagnerismus positionierte und zugleich vom Verismo deutlich distanzierte. Beide Opern dirigierte Mahler in Hamburg insgesamt achtmal, *Asrael* hatte er zuvor auch schon in vier Vorstellungen in Budapest geleitet.

Die Hamburger Uraufführungen unter Mahlers Leitung waren *Hochzeitsmorgen* (1893) des jüdischen Bankierssohns Karl Freiherr von Kaskel (von dem Mahler 1896 auch drei Aufführungen der Oper *Sjula* dirigierte) sowie *Gloria* (1896) des jüdischen Pianisten Ignaz Brüll, eines aus der mährischen Provinz stammenden Schülers von Mahlers Wiener Klavierprofessor und frühem Mentor Julius Epstein. Weitere Hamburger Novitäten betrafen Mahlers Amtsgeschäfte in unmittelbarer und bezeichnender Weise. Der komponierende Dilettant Graf Bolko von Hochberg, dessen *Wärwolf* Mahler im Frühjahr 1895 zweimal dirigierte, verdankte diese Ehre allein seiner gesellschaftlichen und beruflichen Stellung: Er war Generalintendant der Berliner Königlichen Bühnen, wohin er als Dirigenten 1891 Felix Weingartner und als dessen Nachfolger 1898 Richard Strauss verpflichtete. Vermutlich wird ihn auch Mahler, der nur drei Wochen vor der *Wärwolf*-Premiere gemeinsam mit Strauss in Berlin konzertiert hatte, als potentiellen Dienstherrn

---

55 Vgl. das Verzeichnis von Mahlers Hamburger Opernaufführungen, ebd. S. 300–321.
56 Gustav Mahler, *Unbekannte Briefe*, hrsg. von Herta und Kurt Blaukopf, Wien 1983, S. 112.

wahrgenommen haben.[57] Außerdem dirigierte Mahler sieben Vorstellungen des *Evangelimanns* von Wilhelm Kienzl, seinem direkten Hamburger Kapellmeistervorgänger. Die weitaus meisten „modernen" Hamburger Aufführungen unter Mahlers Leitung erreichte hingegen *Hänsel und Gretel* von Engelbert Humperdinck, Wagners ehemaligem Assistenten und Privatlehrer von dessen Sohn Siegfried, für den sich Mahler gewiss auch „Bayreuth zuliebe" ins Zeug legte.

Musik von Puccini hat Mahler dagegen überhaupt nur ein einziges Mal dirigiert, auch dies in Hamburg, ausgerechnet den Opernerstling *Le Villi*. Persönliche Neigungen wie zu dem Kapellmeister Mascagni oder dem universell gebildeten, in deutscher Kultur beheimateten Juden Franchetti dürften kaum bestanden haben: „Mahler und Puccini waren sich bis in die Atome wesensfremd", wie Alma Mahler berichtet.[58] Während Mahler sich über Puccinis *La Bohème* noch positiv geäußert hatte, war ihm die grelle Brutalität der „realistischen" Opernästhetik von *Tosca* unerträglich.[59] Anzumerken ist, dass Mahlers mitunter schroffe Urteile über einzelne Opern zumeist an deren Inhalten orientiert sind. Schon in Budapest hatten sein äußerst sensibler Geschmack, sein Moralempfinden und seine notorische Abneigung gegen „wirres Gemetzel" und „brutales Geknalle der verschiedensten Schießinstrumente" Mahler zum Erstaunen der Kritiker dazu veranlasst, den gesamten fünften Akt von Meyerbeers *Hugenotten* ersatzlos zu streichen, um das Werk mit dem großen Liebesduett des vierten Aktes enden zu lassen,[60] mit jener Szene also, die er für „die schönste und dramatisch die einzig wahre des Werkes" hielt.[61] In ähnlich drastischer Weise bearbeitete Mahler auch den Schluss von Smetanas patriotischem Musikdrama *Dalibor*: Auch hier strich er den „realistischen" Schluss, der eine umfangreiche Schlachtszene enthält, um die Oper stattdessen im Zustand zarter Emotionen enden zu lassen.[62] In *Tosca* freilich, eine Partitur, deren musikdramaturgische Perfektion wohl auch Mahler anerkannt haben mag, als er von ihr als einem „großen Meistermachwerk" sprach, wären ähnliche Eingriffe aussichtslos gewesen. Auch die Modernität von Puccinis Tonsatz

---

57   Strauss dirigierte in diesem Konzert der Berliner Philharmoniker am 4. März 1895 Werke von Mendelssohn, Saint-Saëns, Chopin, Liszt und Weber. Mahler leitete die Uraufführung der ersten drei Sätze seiner Zweiten Symphonie. Vgl. Martner, *Mahler's Concerts*, S. 109.

58   Alma Mahler-Werfel, *Erinnerungen an Gustav Mahler*, S. 63.

59   „Gestern war ich also am Abend in der Oper ‚Tosca' von Puccini. (…) Im ersten Akt Aufzug des Papstes mit fortwährendem Glockengebimmel (das eigens von Italien bestellt werden musste) – 2. Akt wird einer mit gräßlichen Schreien gefoltert, ein anderer mit einem spitzigen Brotmesser erdolcht. – 3. Akt wird wieder mit der Aussicht von einer Citadelle auf ganz Rom riesig gebimbambummelt, wieder eine ganz andere Partie Glocken – und einer von einer Compagnie Soldaten durch Erschießen hingerichtet. Vor dem Schießen bin ich aufgestanden und fortgegangen. Man braucht wohl nicht zu sagen, dass das Ganze wieder ein großes Meistermachwerk ist; heutzutage instrumentiert doch jeder Schusterbub famos." Ebd., S. 261f.

60   Zur Diskussion dieser Fassung vgl. Constantin Floros, *Gustav Mahler und das Musiktheater. Inszenierungen aus dem ‚Geiste der Musik'*, in: *Gustav Mahler und die Oper*, hrsg. von Constantin Floros, Hamburg 2005, S. 9–20.

61   Mahlers Zeitungsartikel zu *Les Huguenots* ist abgedruckt bei Kurt Blaukopf, *Mahler. Sein Leben, sein Werk und seine Welt in zeitgenössischen Bildern und Texten*, Wien 1986, S. 184.

62   Vgl. die Diskussion der *Dalibor*-Bearbeitung bei Henry-Louis de La Grange, *Mahler*, Bd. 1, New York 1973, S. 454–456.

vor allem im Bereich der Harmonik, auf die erstmals der Schönberg-Schüler René Leibowitz in einer Analyse der *Tosca* hingewiesen hat, dürfte Mahler nicht entgangen sein.[63] Gleichwohl blieb es bei seiner Ablehnung für diese Oper, die erst 1910 auf den Spielplan der Wiener Hofoper gelangen sollte.

Aus einer persönlichen Abneigung gegen einzelne Werke oder gegen bestimmte dramaturgische Eigenheiten eine opernästhetische Positionierung Mahlers herleiten zu wollen, würde seiner persönlichen Haltung indes kaum gerecht werden. Der Dirigent Mahler hielt sich – wie oft und zu Recht festgestellt worden ist – aus den musik- und opernästhetischen Richtungskämpfen seiner Zeit heraus.[64] Auch wenn er Wagner und Mozart in seinem Bühnenrepertoire klar privilegierte und in seinen Konzerten neben den genannten Komponisten vor allem Beethoven und die romantischen Symphoniker bevorzugte, begegnete er zeitgenössischen Werken generell unvoreingenommen und höchst professionell. Dass er dabei auffallend viel Musik von komponierenden Kapellmeisterkollegen zu dirigieren hatte, ist für seine Identität als Künstler ebenso symptomatisch wie für den Musikbetrieb seiner Zeit. Unter seinen Wiener und Hamburger Opernnovitäten ist der hohe Anteil zeitgenössischer jüdischer Komponisten (Blech, Brüll, Franchetti, Goldmark, Kaskel, Zemlinsky) ebenso auffällig wie derjenige notorischer Antisemiten (Pfitzner, Reiter, Strauss, Siegfried Wagner, Wolf). Man sollte entsprechende Befunde freilich nicht überbewerten. Das Zustandekommen von Spielplänen ist ein so komplexer Vorgang, dass es sich verbietet, einseitige oder übereilte Schlussfolgerungen im Hinblick auf die Popularität bestimmter Werke oder auf individuelle Vorlieben der unmittelbar Beteiligten zu riskieren. Eine gründliche Analyse der von unzähligen einander überlagernden Faktoren abhängenden Spielplanentscheidungen, in die Mahler involviert war, steht weiterhin aus. Ein solches Vorhaben würde erhebliche methodologische Probleme zu bewältigen haben, um den Blick für die Akteure, Netzwerke und Repertoireachsen im damaligen Konzert- und Opernleben zu schärfen. Und auf dem Spiel stünden dabei wahrscheinlich manche gern gehegte Annahmen zum Mythos Mahler und zum Mythos der musikalischen Wiener Moderne.

---

63 Vgl. René Leibowitz, *Histoire de l'opéra*, Paris 1957, S. 338–342. Es sei daran erinnert, dass auch Schönberg selbst gegenüber Puccini stets großen Respekt hegte.
64 Vgl. Janz, *Über das Opernhafte von Mahlers Musik*, S. 144.

PERSONENREGISTER

Staatsoper Stuttgart / Xavier Zuber (Hg.)

Berlioz' Troyens und Halévys Juive im Spiegel der Grand Opéra

2011. 142 Seiten mit 15 Farb- und 2 s/w- Abbildungen. Kart.
ISBN 978-3-515-09859-5

In der Spielzeit 2007/08 feierten zwei Stücke an der Stuttgarter Staatsoper Premiere, die in den Spielplänen unserer Republik nur mehr selten zu finden sind: *Les Troyens* von Hector Berlioz und *La Juive* von Ludovic Fromental Halévy. Beide Kompositionen nehmen in der Tradition der französischen Oper eine besondere Stellung ein. Hector Berlioz überschaut als großer Solitär kommentierend sein Jahrhundert nicht nur als Kritiker, sondern auch als Erfinder einer Musikästhetik, die Werke wie die *Sinfonie Fantastique, La Damnation de Faust* oder *Benvenuto Cellini* hervorbrachte. Halévy steht in der ersten Hälfte des 19. Jahrhunderts als Vertreter eines aufgeklärten und gesellschaftlich anerkannten Judentums, der als Lehrer am Konservatorium zum Mentor einer erfolgversprechenden nächsten Generation von Opernkomponisten wurde. Sein früher Erfolg mit *La Juive* war selbst dem jungen Richard Wagner nicht entgangen. Die Beiträge des Symposiums, das die Staatsoper anlässlich der beiden Neuinszenierungen ausrichtete, vermitteln detaillierte Einblicke in Text und Partitur, die zum einen den Interpreten in der künstlerischen Arbeit zugute kommt – zum anderen dem Zuschauer einen neuen Zugang zur Grand Opéra eröffnet.

Franz Steiner Verlag

Musikwissenschaft

Postfach 101061, 70009 Stuttgart
www.steiner-verlag.de
service@steiner-verlag.de

Rebecca Wolf

Friedrich Kaufmanns Trompeterautomat

Ein musikalisches Experiment um 1810

**Archiv für Musikwissenschaft
– Beiheft 68**

2011. 242 Seiten mit
38 Abbildungen.
Geb.
ISBN 978-3-515-09381-1

Ein berühmtes Exponat des Deutschen Museums in München bildet den Ausgangspunkt des Bandes: F. Kaufmanns Trompeterautomat (Dresden, 1810/12). Dieser Musikandroid faszinierte das 19. Jahrhundert hindurch in Ausstellungen sowie auf Konzertreisen ein breites Publikum und animierte Komponisten wie Kritiker zu zahlreichen überlieferten Äußerungen. Das Spektrum der Vergleiche reichte dabei vom menschlichen Virtuosentum über E.T.A. Hoffmanns Erzählungen bis zum Feld der reisenden Wissenschaft.

Im Zentrum dieser Untersuchung steht die Rezeption solcher Instrumententypen als Musikinstrument, Maschinenmensch und akustisches Experiment, was zu zentralen Fragen der Speicherung, Reproduktion und Transformation eines Geschehens mit Aufführungscharakter führt. Rebecca Wolf beleuchtet das Objekt aus musiktheoretischer ebenso wie aus wissenschafts- und technikgeschichtlicher Perspektive und bezieht auch philosophisch-ästhetische, theaterwissenschaftliche sowie ökonomische Aspekte mit ein.

Die Arbeit wurde mit dem „Award of Excellence" des österreichischen Bundesministeriums für Wissenschaft und Forschung ausgezeichnet.

Franz Steiner Verlag

Musikwissenschaft

Postfach 101061, 70009 Stuttgart
www.steiner-verlag.de
service@steiner-verlag.de

Tobias Bleek / Camilla Bork (Hg.)

Musikalische Analyse und kulturgeschichtliche Kontextualisierung

Für **Reinhold Brinkmann**

2010. 177 Seiten mit
19 Abbildungen
und zahlreichen
Notenbeispielen.
Geb.
ISBN 978-3-515-08820-6

Das Verhältnis von musikalischer Analyse und kulturgeschichtlicher Kontextualisierung steht in der neueren musikwissenschaftlichen Forschung im Zentrum einer kontroversen Debatte. Wie eine tiefgreifende analytische und philologische Auseinandersetzung mit musikalischen Werken und die Deutung ihrer kulturellen Kontexte fruchtbar aufeinander bezogen werden können, hat der Musikwissenschaftler Reinhold Brinkmann in seinen Arbeiten in exemplarischer Weise gezeigt. Der vorliegende Band, der dem Ernst von Siemens Musikpreisträger gewidmet ist, greift diese Forschungsthematik auf. In zwei theoretischen Beiträgen und fünf Fallstudien beleuchten die Autoren das Verhältnis von musikalischer Analyse und kontext-orientierter Forschung aus unterschiedlichen Perspektiven. Kompositionen von Franz Schubert, Maurice Ravel, Arnold Schönberg, Igor Strawinsky, Paul Hindemith und John Cage bilden dabei die Bezugspunkte der Diskussion.

AUS DEM INHALT

B. Schergaut: Zu Theodor W. Adornos Suche nach dem ‚Mehr' der Werke → **H. Danuser:** Die Kunst der Kontextualisierung. Über Spezifik in der Musikwissenschaft → **C. Bork:** Hindemiths *Cardillac* und der Liebesdiskurs der Neuen Sachlichkeit → **T. Bleek:** Maurice Ravels ‚Foxtrott' aus *L'Enfant et les sortilèges* im kulturellen Kontext → **J. P. Sprick:** Arnold Schönbergs Violinkonzert op. 36 im Exilkontext? → **A. C. Shreffler:** Politische und unpolitische Betrachtungen zu Strawinskys *Movements* für Klavier und Orchester (1959) → **A. Meyer:** John Cage in Harvard → Verzeichnis der Schriften Reinhold Brinkmanns

Franz Steiner Verlag

Musikwissenschaft

Postfach 101061, 70009 Stuttgart
www.steiner-verlag.de
service@steiner-verlag.de